CLAUDIO NEDDEN

Die Geschäftsführung ohne Auftrag im Öffentlichen Recht

Münsterische Beiträge zur Rechtswissenschaft

Herausgegeben im Auftrag der Rechtswissenschaftlichen Fakultät
der Westfälischen Wilhelms-Universität in Münster durch die Professoren
Dr. Hans-Uwe Erichsen Dr. Helmut Kollhosser Dr. Jürgen Welp

Band 84

Die Geschäftsführung ohne Auftrag im Öffentlichen Recht

Von

Claudio Nedden

Duncker & Humblot · Berlin

Die Deutsche Bibliothek – CIP-Einheitsaufnahme

Nedden, Claudio:
Die Geschäftsführung ohne Auftrag im öffentlichen Recht /
von Claudio Nedden. — Berlin : Duncker und Humblot, 1994
(Münsterische Beiträge zur Rechtswissenschaft ; Bd. 84)
Zugl.: Münster (Westfalen), Univ., Diss., 1994
ISBN 3-428-08181-1
NE: GT

D 6

Fotoprint: Berliner Buchdruckerei Union GmbH, Berlin
Printed in Germany

ISSN 0935-5383
ISBN 3-428-08181-1

Inhaltsübersicht

Inhhaltsverzeichnis

Abkürzungsverzeichnis

AE-PolG	Alternativentwurf einheitlicher Polizeigesetze des Bundes und der Länder
AK	*Däubler* u.a., Kommentar zum Bürgerlichen Gesetzbuch (Reihe Alternativkommentare)
bay...	bayerisches ...
BayJMBl.	Bayerisches Justizministerialblatt
berl...	berlinisches ...
bw...	baden-württembergisches ...
BK	Bonner Kommentar zum Grundgesetz
brbg...	brandenburgisches ...
brem...	bremisches ...
EGVwR/PAG ÄndG	Erstes Gesetz zur Änderung des Verwaltungsrechtseinführungsgesetzes und des Polizeiaufgabengesetzes vom 19. Dezember 1991 (mevpGVBl. S. 534)
EVwVerfG 1963	Musterentwurf eines Verwaltungsverfahrensgesetzes, 2. Aufl., Köln – Berlin 1968
FS	Festschrift, Festgabe, Gedächtnisschrift
hamb...	hamburgisches ...
HansOLG	Hanseatisches Oberlandesgericht
hess...	hessisches ...
HessVGH	Hessischer Verwaltungsgerichtshof
Jahrb.	Jahrbücher des Sächsischen Oberverwaltungsgerichts
KH	Das Krankenhaus, Zentralblatt für das deutsche Krankenhauswesen (Zeitschrift)
KompGH	Kompetenzgerichtshof, Kompetenzkonfliktsgerichtshof
ME-PolG	Musterentwurf eines einheitlichen Polizeigesetzes nach dem Beschluß der Innenministerkonferenz vom 25.11.1975, abgedruckt bei *Heise/ Riegel*, Musterentwurf
mevp...	mecklenburg-vorpommerisches ...
MünchKomm	Münchener Kommentar zum Bürgerlichen Gesetzbuch
nds...	niedersächsisches ...
nw...	nordrhein-westfälisches ...
PersVerk.	Der Personenverkehr (Zeitschrift)
PreußABG	Preußisches Allgemeines Berggesetz vom 24.6.1865 (prGS S. 705)
PreußOVG	Preußisches Oberverwaltungsgericht

Prot I	Protokolle der Kommision zur Ausarbeitung des Entwurfs eines bürgerlichen Gesetzbuchs (hier zitiert nach *Jakobs/Schubert*, Beratungen)
Prot II	Protokolle der Kommission für die zweite Lesung des Entwurfs des Bürgerlichen Gesetzbuchs
rhpf...	rheinland-pfälzisches ...
RGRK	Das Bürgerliche Gesetzbuch, Kommentar, herausgegeben von Mitgliedern des Bundesgerichtshofs
saarl...	saarländisches ...
sächs...	sächsisches ...
SächsThürArch	Archiv für Rechtspflege in Sachsen, Thüringen und Anhalt (Zeitschrift)
sachsanh...	sachsen-anhaltinisches ...
SchlHOLG	Schleswig-Holsteinisches Oberlandesgericht
sh...	schleswig-holsteinisches ...
TE-OR	Teilentwurf zum Obligationenrecht
thür...	thüringisches ...
ThürOVG	Thüringisches Oberverwaltungsgericht
ThürRdsch	Thüringer kommunale Rundschau (Zeitschrift)
VwRdsch	Die Verwaltungsrundschau (Zeitschrift)
WürttKompGH	Württembergischer Kompetenzgerichtshof
ZfB	Zeitschrift für Bergrecht

Im übrigen folgen die verwendeten Abkürzungen dem Abkürzungsverzeichnis von Hildebert *Kirchner*, Abkürzungsverzeichnis der Rechtssprache, 4. Aufl., Berlin – New York 1993, oder sind aus sich heraus verständlich. Die Abkürzungen für älterere Zeitschriften etc. richten sich nach der zweiten Auflage des Verzeichnisses von *Kirchner* (Berlin 1968). Landesgesetze sind in jeweils landesüblicher Weise abgekürzt.

Einleitung

A. Problemaufbereitung

I. Einführung in das Thema

1. GoA als Institut des Privatrechts

„Geschäftsführung ohne Auftrag“ (GoA) lautet die Überschrift der §§ 677 – 687 des Bürgerlichen Gesetzbuchs. Es handelt sich um Rechtsnormen aus dem Bereich des Privatrechts. Sie regeln ein zweiseitiges, gesetzliches Schuldverhältnis, welches seinen Entstehungsgrund darin hat, daß jemand (Geschäftsführer) die Angelegenheiten eines anderen (Geschäftsherrn) besorgt, ohne dazu von diesem beauftragt oder sonst berechtigt zu sein. Schulbeispiele für eine seitens des Geschäftsherrn und damit auch seitens der Rechtsordnung erwünschte GoA sind etwa die Annahme einer Postsendung für den abwesenden Nachbarn oder die Rückführung eines verlorengegangenen Kleinkindes zu seinen Eltern. Daneben gibt es unerwünschte GoA, die zumeist mit einem Eingriff in fremde Rechtssphären einhergeht, beispielsweise die eigenmächtige Verfügung über fremdes Eigentum oder die eigenmächtige Züchtigung eines fremden Kindes.

Die am Interesse des Geschäftsherrn orientierte wertende Einteilung in erwünschte (berechtigte) und unerwünschte (unberechtigte) GoA hat ihre Bedeutung im Hinblick auf die Rechtsfolgen einer GoA. Bei berechtigter GoA kann der Geschäftsführer seine Aufwendungen ersetzt verlangen (§ 683 BGB i.V.m. § 670 BGB), und die ausgeführte Tätigkeit wird sogar vergütet, wenn sie zugleich zum ausgeübten Beruf oder Gewerbe des Geschäftsführers gehört[1]. Schlechter gestellt ist der Geschäftsführer dagegen bei unberechtigter Ge-

---

[1] So jedenfalls die h.M. in Anlehnung an § 1835 Abs. 3 BGB, s. RG, Recht 1921 Nr. 1615; BGH, NJW 1971, 609 (612); BGHZ 65, 384 (390); BGH, WM 1989, 801 (802); *Larenz*, Schuldrecht II/1, § 57 I b; *RGRK-Steffen*, BGB, § 683 Rdnr. 7; *Staudinger-Wittmann*, BGB, § 683 Rdnr. 3. Dagegen wollen *Seiler* (*MünchKomm*, BGB, § 683 Rdnr. 24 f.), *Esser/Weyers* (Schuldrecht II, § 46 II 4 c, *Fikentscher* (Schuldrecht, Rdnr. 936, *Dorn*, JZ 1964, 93 [94 f.]), *Wollschläger* (Die GoA, S. 314 ff.) und *Köhler* (JZ 1985, 359 [362 ff.]) sogar berufsfremde Tätigkeiten des Geschäftsführers vergüten; kritisch hierzu *Erman-Ehmann*, BGB, § 683 Rdnr. 8; kritisch zum Ganzen *Medicus*, Bürgerliches Recht, Rdnr. 430; gegen jede Vergütung auch RG, Recht 1909 Nr. 2386.

schäftsführung. Er erhält keinen Aufwendungsersatz, sondern kann lediglich nach Bereicherungsrecht die Herausgabe desjenigen verlangen, was der Geschäftsherr durch die Geschäftsführung erlangt hat (§ 684 Satz 1 BGB)[2]; außerdem haftet er dem Geschäftsherrn verschärft, nämlich auch für zufällige Schäden, sofern er erkennen mußte, daß die Übernahme der Geschäftsführung zu dem wirklichen oder mutmaßlichen Willen des Geschäftsherrn im Widerspruch stand (§ 678 BGB).

Das Kriterium, ob eine Geschäftsführung im Sinne dieser Unterscheidung berechtigt ist oder nicht, ist deren Übereinstimmung mit dem Interesse und dem wirklichen oder mutmaßlichen Willen des Geschäftsherrn (§§ 677, 683 Satz 1 BGB), wobei eine Geschäftsführung, die zum Zeitpunkt der Geschäftsübernahme nicht dem Willen und Interesse des Geschäftsherrn entsprach, nachträglich durch den Geschäftsherrn genehmigt werden kann (§ 684 Satz 2 BGB). Ein der Geschäftsführung entgegenstehender Wille des Geschäftsherrn ist von vornherein unbeachtlich, wenn ohne die Geschäftsführung eine Pflicht des Geschäftsherrn, deren Erfüllung im öffentlichen Interesse liegt, oder eine gesetzliche Unterhaltspflicht des Geschäftsherrn nicht rechtzeitig erfüllt würde (§§ 679, 683 Satz 2 BGB).

Bezweckt die Geschäftsführung die Abwendung einer dem Geschäftsherrn drohenden dringenden Gefahr, so ist die Haftung des Geschäftsführers durch § 680 BGB auf Vorsatz und grobe Fahrlässigkeit beschränkt. Diese Haftungsbeschränkung gilt sogar, wenn die Geschäftsführung dem wirklichen oder mutmaßlichen Willen des Geschäftsherrn widerspricht[3], es sei denn, daß der Geschäftsführer dies erkennen mußte[4].

Eine besondere Fallgruppe bilden diejenigen Fälle, in denen der Geschäftsführer eine fremde Angelegenheit als eigene behandelt. Geschieht das wissentlich (sog. Geschäftsanmaßung), so stehen dem Geschäftsherrn besondere Ersatzansprüche nach § 687 Abs. 2 BGB zu. Besorgt der Geschäftsführer dagegen ein fremdes Geschäft als eigenes, ohne zu wissen, daß es sich um ein fremdes Geschäft handelt (sog. unechte GoA), so finden die Vorschriften über GoA

---

[2] Der Höhe nach ist der Bereicherungsanspruch des § 684 Satz 1 BGB auf die Höhe eines angemessenen Aufwendungsersatzes beschränkt, s. *Wolf*, JZ 1966, 467 (470); *Erman-Ehmann*, BGB, § 684 Rdnr. 1; *RGRK-Steffen*, BGB, § 684 Rdnr. 9; a.A. *MünchKomm-Seiler*, BGB, § 684 Rdnr. 6.

[3] *Erman-Ehmann*, BGB, § 684 Rdnr. 3; *RGRK-Steffen*, BGB, § 684 Rdnr. 11; *Soergel-Mühl*, BGB, vor § 677 Rdnr. 2.

[4] RGZ 101, 18 (19); *Erman-Ehmann*, BGB, § 680 Rdnr. 3; *RGRK-Steffen*, BGB, § 680 Rdnr. 14; *Soergel-Mühl*, BGB, § 680 Rdnr. 1.

keine Anwendung (§ 687 Abs. 1 BGB). Es gelten dann die allgemeinen Vorschriften über die Deliktshaftung und des Bereicherungsrechts[5].

2. GoA als Institut des Öffentlichen Rechts

Die eingangs gebildeten Fallbeispiele entstammen sämtlich dem Gebiet des Privatrechts. Die Beteiligten sind Privatrechtssubjekte, und es werden jeweils private Angelegenheiten besorgt. Die §§ 677 ff. BGB finden unmittelbare Anwendung. Daneben gibt es Geschäftsführungsverhältnisse mit Anknüpfungspunkten zu öffentlichrechtlichen Lebenssachverhalten. Bezüge zum Öffentlichen Recht können sich einmal daraus ergeben, daß öffentliche Rechtsträger als Geschäftsherr oder Geschäftsführer beteiligt sind. Zum anderen kann die Geschäftsbesorgung auch ihrem Gegenstand nach dem Öffentlichen Recht zugehörig sein, wenn es sich beispielsweise um die Wahrnehmung von Verwaltungsaufgaben oder um die Erfüllung öffentlichrechtlicher Pflichten handelt.

Für die Anwendung der Rechtsgrundsätze der GoA in öffentlichrechtlichen Fallkonstellationen besteht ausweislich der umfänglichen einschlägigen Rechtsprechung[6] augenscheinlich ein großes praktisches Bedürfnis. Zwar ist das – weithin nicht dispositive – Öffentliche Recht mehr als das Privatrecht von dem Gedanken der Wahrung und Einhaltung rechtsnormativer Geschäftszuordnungen (Verwaltungszuständigkeiten) geprägt. Dessen ungeachtet geschieht es in der Rechtspraxis nicht selten, daß – häufig aus einer Handlungsnot – Verwaltungsbehörden füreinander, Bürger anstelle von Verwaltungsbehörden sowie Behörden statt eines handlungspflichtigen Bürgers agieren und anschließend die ihnen hieraus entstehenden (vor allem Kosten-)Nachteile abzuwälzen suchen. In diesen Fällen könnte das im Bürgerlichen Recht verankerte Institut der GoA eine brauchbare Handhabe vermitteln, Kostenlast und Haftungsrisiko auf die an sich zur Verrichtung bestimmte Behörde oder Person – den Geschäftsherrn – zu übertragen. Dagegen hält das geschriebene Öffentliche Recht derartige Ausgleichsmechanismen anscheinend nicht in ausreichender Weise parat.

Die Rechtsprechung teilt diese Sichtweise und steht einer Anwendung der §§ 677 ff. BGB in solchen Fällen nahezu durchweg positiv gegenüber. Für die Anwendung der GoA in öffentlichrechtlichen Zusammenhängen spricht auf den ersten Blick, daß – insbesondere vermittelt durch den Aufwendungsersatzanspruch aus § 683 BGB – in einem weiteren Sinne die Zuordnung der Aus-

---

[5] *Erman-Ehmann*, BGB, § 687 Rdnr. 2; *MünchKomm-Seiler*, BGB, § 687 Rdnr. 7; *Staudinger-Wittmann*, BGB, § 687 Rdnr. 3.

[6] Vgl. unten, S. 22 ff.

gabenlast zur Aufgabenverantwortung nachträglich hergestellt wird. Indem derjenige Rechtsträger, der für die Erledigung der Verwaltungsaufgabe an sich „in natura“ zuständig gewesen wäre, zumindest die Kosten der Maßnahme zu tragen hat, steht das Finanzvolumen des „Geschäftsführers“, dessen Mittel für einen fremden Zweck verwendet wurden, wieder seinem ursprünglichen Zweck zur Verfügung.

Drei Fallbeispiele aus der jüngeren Rechtsprechung geben einen ersten Eindruck von der Bandbreite der im Öffentlichen Recht auftretenden Lebenssachverhalte, in denen das Rechtsinstitut der GoA offenbar geeignet und angemessen scheint, einen Ausgleich herbeizuführen:

a) Auf einer Bundeswasserstraße wird schwimmendes Öl bemerkt. Die örtliche Wasserschutzpolizei des Landes, die ein sofortiges Eingreifen für erforderlich hält, veranlaßt die Beseitigung der Öllache. Anschließend verlangt das Land von der Bundesrepublik die Erstattung seiner Aufwendungen mit der Begründung, es habe eine fremde Angelegenheit, nämlich eine schifffahrtpolizeiliche Aufgabe des Bundes, erledigt.

Das Bundesverwaltungsgericht gab der Klage aus dem rechtlichen Gesichtspunkt der (öffentlichrechtlichen) GoA statt[7]. Es führt aus, die Beseitigung der Ölverschmutzung habe zu den schiffahrtpolizeilichen Aufgaben des Bundes gehört. Diese Aufgabe habe das Land durch Beauftragung eines Entsorgungsunternehmens wahrgenommen, es habe somit ein fremdes Geschäft geführt und könne Ersatz aus §§ 677, 683 BGB verlangen. In der Begründung heißt es: „Trifft eine Polizeibehörde in rechtmäßiger Wahrnehmung ihrer Eilkompetenz eine Maßnahme, die in den Aufgabenbereich einer anderen Behörde fällt, so sind die dabei von ihr verauslagten Kosten von dem an sich – daß heißt ohne die gebotene Eile – zuständigen Aufgabenträger nach den Grundsätzen der öffentlichrechtlichen Geschäftsführung ohne Auftrag zu erstatten.“

Problematisch ist die Vereinbarkeit dieser Entscheidung mit Art. 104a Abs. 1 GG, da eine Behörde, obwohl sie in *eigener* Zuständigkeit und Kompetenz tätig wurde, nicht selbst für die im Rahmen ihres Eingreifens entstandenen Kosten aufkommen soll, sondern die Behörde eines anderen Verwaltungsträgers, dessen Zuständigkeit und Handlungspflicht im gegebenen Fall aufgrund der Eilbedürftigkeit gerade zurücktrat. Die Ausführungen des Bundesverwaltungsgerichts veranlassen dazu, nachzufragen, ob nicht jede Polizei auf dem Gebiet der Gefahrenabwehr stets aufgrund einer Eilkompetenz an Stelle einer anderen, ohne die gebotene Eile an sich zuständigen Behörde tätig wird, und ob nicht somit die Aufgabe der Polizei schlechthin eine „geschäfts-

---

[7] BVerwG, NJW 1986, 2524.

führende" Tätigkeit für andere Behörden ist. Kann es aber, wenn die Tätigkeit der Polizei stets eine „geschäftsführende" ist und als solche im Bund-Länder-Verhältnis den Aufgaben- und Ausgabenkompetenzen der Länder zugewiesen wurde, noch eine Erstattung der für die Einzelmaßnahme beim Land anfallenden Kosten durch den Bund geben?

b) Auf dem Betriebsgrundstück eines Tanklagers befindet sich ein verfallenes Uferdeckwerk. Nachdem die private Betreiberin des Tanklagers den öffentlichen Deichverband vergeblich zur Neuanlage der Uferbefestigung aufgefordert hat und die Sicherheit ihres Tanklagers durch weiteres Zuwarten gefährdet sieht, nimmt sie die erforderliche Neuanlage selbst vor und verlangt sodann die Aufwendungen vom Deichverband sowie von der Bundesrepublik ersetzt, zu deren Aufgabenbereich die Neuanlage gehört habe.

Das klageabweisende Berufungsurteil wurde vom Bundesverwaltungsgericht aufgehoben und zur erneuten Entscheidung unter dem Aspekt der öffentlichrechtlichen GoA zurückverwiesen[8]. Die Neuanlage des Uferdeckwerks sei eine Aufgabe einer Verwaltungsbehörde gewesen, welche von der Klägerin erledigt worden sei. Die Klägerin habe somit ein fremdes Geschäft geführt. Allgemein formuliert das Bundesverwaltungsgericht[9]: „Wer eine Angelegenheit erledigt, die – wie er weiß – zum Aufgabenbereich einer Behörde gehört, tätigt ein objektiv fremdes Geschäft und handelt als Geschäftsführer ohne Auftrag." Das Bundesverwaltungsgericht nennt zwei mögliche Fallgestaltungen der Geschäftsführung eines Privaten für die Verwaltung:

(1) Ein Privater leistet in einer besonderen Notlage Hilfe, solange die zuständige Behörde dazu nicht in der Lage ist, und

(2) die Behörde, die die Aufgabe an sich wahrnehmen könnte, ist dazu – aus welchen Gründen auch immer – nicht bereit.

Auch diese Rechtsansicht wirft grundsätzliche Fragen auf, so etwa den Fragenkomplex, ob nicht einer Erledigung öffentlicher Aufgaben durch (nicht beliehene) Private das öffentlichrechtliche Kompetenzgefüge entgegensteht. Ist es des weiteren überhaupt möglich, daß private Geschäftsführer Verwaltungsaufgaben *interessengemäß* erledigen, wenn ihnen doch hierzu die spezifischen hoheitlichen Mittel nicht an die Hand gegeben sind? Wird nicht auch die Ermessensausübung der Verwaltung in unzulässiger Weise außer Kraft gesetzt, wenn private Geschäftsführer anstelle der zuständigen Behörden selbst eingreifen und die anstehenden Verwaltungsaufgaben nach ihrem eigenen Ermessen erledigen? Und schließlich: Wird nicht durch die Anerkennung einer Ge-

[8] BVerwGE 80, 170.

[9] BVerwGE 80, 170 (172).

schäftsführung Privater für die Verwaltung letztlich das System des verwaltungsgerichtlichen Rechtsschutzes – einerseits die Möglichkeit der Leistungsklage bei gegebenem subjektivem Öffentlichen Recht auf Durchführung der Maßnahme und andererseits der Ausschluß der Popularklage – aufgegeben oder zumindest partiell unterlaufen?

c) Im Bereich einer Bimsgrube kommt es bei starken oder länger andauernden Regenfällen jeweils zu Überschwemmungen und Verschmutzungen der anliegenden Bundesstraße mit Bims und Abraum. Das Land läßt diese Verschmutzungen durch die zuständige Straßenbaubehörde entfernen und kündigt den Betreibern der Grube an, diesen die Kosten für die Räumung der Fahrbahn in Rechnung stellen. Jene erwidern dem Land, es sei ihrer Auffassung nach nicht deren Aufgabe, sondern die Aufgabe der Straßenmeisterei, die an der Straße entstehenden Schäden zu beseitigen. Ungeachtet dieses Schriftwechsels fährt die Straßenbaubehörde mit der Reinigung der Straße von Bims und Abraum in der Folgezeit fort.

Der später erhobenen Klage des Landes wegen der Erstattung der über die gesamte Zeit angefallenen Räumungskosten gab der Bundesgerichtshof in voller Höhe statt[10]. In erster Linie sei es eine (sich aus Landesrecht ergebende) Pflicht der Bimsgrubenbetreiber gewesen, Straßenverschmutzungen, die aus der von ihnen ausgebeuteten Grube stammen, zu beseitigen. Daran ändere sich nichts, wenn außer den Betreibern auch das Land nach Art. 90 GG, § 20 FernStrG für die Verkehrssicherheit auf der am Betriebsgelände vorbeiführenden Straße in eigener Verantwortlichkeit zu sorgen hatte. Indem das Land die Reinigung besorgte, habe es zumindest *auch* eine Pflicht der Betreiber erfüllt. Daher habe die Straßenreinigung in deren Interesse gestanden und sei ihnen zugute gekommen.

Bedenklich und in der Literatur[11] auf großen Widerstand gestoßen ist auch diese, sich in ähnlich gelagerten Fällen ständig wiederholende Rechtspraxis des Bundesgerichtshofs. Einmal ist die Frage nach dem Vorbehalt des Gesetzes aufgeworfen, ob nämlich die Verwaltung ohne besondere gesetzliche Eingriffsnorm in einer für den Bürger kostenbelastenden Weise tätig werden darf. Weitere Bedenken ergeben sich aus dem Gesichtspunkt, daß die Vornahme von Handlungen auf Kosten eines Gefahrenverursachers abschließend durch verwaltungsvollstreckungsrechtliche Vorschriften – insbesondere durch die Vorschriften über Ersatzvornahme – geregelt sein könnten und sich aus diesem Grund ein Rückgriff auf das allgemeine Rechtsinstitut der GoA verböte. Schließlich fragt sich, ob die Voraussetzungen und Rechtsfolgen der in den

---

[10] BGHZ 65, 354.

[11] Nachweise unten, S. 52, Fußn. 171.

§§ 677 ff. BGB geregelten GoA überhaupt auf das Verhältnis zwischen Staat und Bürger passen, ob beispielsweise der Staat als Geschäftsführer sein Handeln in dem Maße dem wirklichen oder mutmaßlichen Willen eines privaten Geschäftsherrn unterstellen darf, wie es die §§ 677 ff. BGB im Verhältnis Privater untereinander vorsehen.

3. Rechtsnormative Grundlagen zur GoA im Öffentlichen Recht

Eine allgemeine Rechtsnorm über GoA im Öffentlichen Recht existiert nicht. Sehr vereinzelt finden sich öffentlichrechtliche Spezialnormen, welche auf die bürgerlichrechtliche GoA verweisen. Im Bundesrecht handelt es sich – soweit ersichtlich – nur um die Vorschrift des § 52 Abs. 1 Satz 2 BVG. Sie normiert die Pflicht zur Erstattung einer rechtmäßig bewilligten und an die Angehörigen ausgezahlten Verschollenheitsrente, wenn sich im Nachhinein herausstellt, daß der Verschollene noch lebt. Danach hat der zurückgekehrte Verschollene die ausgezahlten Versorgungsleistungen gemäß den Vorschriften über die GoA zu ersetzen, sofern er seiner gesetzlichen Unterhaltsverpflichtung aus vertretbaren Gründen nicht nachgekommen ist[12].

Des weiteren verweisen die landesrechtlichen Vorschriften der §§ 57 bwPolG, 61 Abs. 1 bremPolG[13], 75 Abs. 2 mevpSOG, 42 Abs. 2 nwOBG und 224 Abs. 2 shLVwG auf das Recht der GoA. Dabei handelt es sich um einen Regreß der Polizei- bzw. Ordnungsbehörde gegen eine polizeilich bzw. ordnungsrechtlich verantwortliche Person. Tatbestandlich setzen die Vorschriften voraus, daß die Behörde den Schaden eines Dritten zu ersetzen hat, den sie als polizeilichen Nichtstörer in Anspruch genommen hat. Wegen dieser Aufwendungen kann sich die Behörde nach den Vorschriften über die GoA an den polizeilich verantwortlichen Verhaltens- oder Zustandsstörer wenden und ihrerseits Ersatz verlangen. In ähnlicher Weise verweisen die §§ 33 Abs. 6 bremBrandSchG, 39 Abs. 3 hessBrSHG und 33 Abs. 2 nwFSHG auf die GoA wegen eines entsprechenden Regreßanspruchs der Feuerwehrbehörden.

Der sachliche Anwendungsbereich dieser Spezialvorschriften ist sehr begrenzt. Die weitaus meisten Fälle der unbeauftragten Fremdgeschäftsführung im Öffentlichen Recht werden durch diese Normen nicht erfaßt. Jener Bereich, der keinerlei positivrechtlichen Regelung unterliegt, ist Gegenstand der streitigen Diskussion um die Anerkennung des Rechtsinstituts der GoA als allgemeines (Ausgleichs-)Institut auch des Öffentlichen Rechts. Für die im Öffent-

---

[12] Die jeweiligen Vorschriften werden unten (S. 101 ff.) eingehender untersucht.

[13] Die bremische Vorschrift verweist nicht ausdrücklich auf GoA, sondern allgemein auf Haftungsvorschriften des BGB; das betrifft aber wohl hauptsächlich die Vorschriften über GoA.

lichen Recht gesetzlich nicht geregelten Fremdgeschäftsführungsverhältnisse sind gedanklich drei Lösungsansätze in Betracht zu ziehen:

1. Es besteht ein Rechtsvakuum: Unbeauftragte Fremdgeschäftsführung auf dem Gebiet des Öffentlichen Rechts begründet *kein Schuldverhältnis.*
2. Unbeauftragte Fremdgeschäftsführung auf dem Gebiet des Öffentlichen Rechts begründet ein *privatrechtliches Schuldverhältnis.*
3. Unbeauftragte Fremdgeschäftsführung auf dem Gebiet des Öffentlichen Rechts begründet ein *öffentlichrechtliches Schuldverhältnis.*

Jeder dieser drei Lösungsansätze ist in Rechtsprechung und Literatur vertreten.

II. Rechtspraxis

1. Historische Entwicklung in der Rechtsprechung

a) Rechtspraxis vor 1900

Vor dem Inkrafttreten des Bürgerlichen Gesetzbuchs am 1. Januar 1900 wurde die öffentlichrechtliche GoA unter den Gesichtspunkten der Geschäftsführung (negotiorum gestio) und der nützlichen Verwendung (Versionsklage) abgewickelt[14].

Eine kritische Auseinandersetzung mit der damaligen Rechtspraxis erscheint allerdings nur noch von rechtshistorischem Interesse und weitgehend bedeutungslos für die gegenwärtige Diskussion. Die negotiorum gestio – Vorläufer der GoA im Römischen Privatrecht – galt in der römischen Gesellschaft als sozialethische Pflicht zwischen privaten Freunden; sie entsprach einem Gebot der fides und hatte eine spezifisch gesellschaftliche Funktion[15]. Die weite, recht unbestimmte Fassung des Rechtsinstituts mußte durch ein bisweilen kontroversenreiches Fallrecht eingeengt werden[16].

Erst mit der Kodifikation der einzelnen Fremdgeschäftsführungstatbestände durch die §§ 677 ff. BGB ist das Rechtsinstitut konstruktiv erfaßt und in seiner normativen Ausgestaltung dem heutigen Rechtssystem angepaßt. Eine Rückschau auf die weit verzweigte Einzelfalljudikatur zur früheren negotiorum

---

[14] S. hierzu die zahlreichen Nachweise bei *Wollschläger*, GoA im öffentlichen Recht und Erstattungsanspruch (Entscheidungsregister S. 105 ff.).

[15] S. *Seiler*, Der Tatbestand der negotiorum gestio, S. 2 f.

[16] S. *Seiler* (Fußn. 15), S. 324.

gestio unter dem Aspekt einer Übertragung auf heutige Tatbestände des Öffentlichen Rechts hieße, die geschehene Kodifikation und die damit einhergegangene Fortentwicklung des Bürgerlichen Rechts sowie des Rechts insgesamt in unsachgemäßer Weise zu ignorieren.

b) Rechtspraxis zwischen 1900 und 1948

In der Zeit nach 1900 wandten die Zivilgerichte die §§ 677 ff. BGB ungeachtet etwaiger Sachbezüge zum Öffentlichen Recht unmittelbar auf jedweden Fall der unbeauftragten Fremdgeschäftsführung an. Grundlegend und beispielhaft sind zwei inhaltsähnliche Entscheidungen des Hanseatischen Oberlandesgerichts[17]: Die hamburgische Polizeibehörde ließ syphilitisch erkrankte Frauen gegen den Willen der Krankenkasse stationär behandeln und verlangte anschließend von der Kasse den Ersatz der Behandlungskosten. Das Gericht sprach den Anspruch aus § 683 BGB zu. Es führte aus, die Polizeibehörde habe durch ihr Einschreiten zumindest auch ein Geschäft der verklagten Krankenkasse geführt, deren Aufgabe es sei, ihren Mitgliedern ärztliche Hilfe zu gewähren[18]. Der entgegenstehende Wille der Krankenkasse sei unbeachtlich, weil die Kasse gegenüber der Allgemeinheit die Pflicht gehabt habe, die Krankenhausbehandlung eintreten zu lassen (§ 679 BGB).

Der Senat geht noch unter dem Einfluß der Fiskuslehre[19], wonach der Staat in vermögensrechtlicher Hinsicht als Privatrechtssubjekt galt, stillschweigend davon aus, das Rechtsverhältnis zwischen den beteiligten Hoheitsträgern sei privatrechtlicher Natur. Mit dieser Sichtweise befinden sich die Entscheidungen des Hanseatischen Oberlandesgerichts mit der allgemeinen Rechtspraxis der folgenden Jahre im Einklang. Nach damaliger Auffassung konnte es den privatrechtlichen Charakter der Geschäftsführung nicht in Frage stellen, wenn ein öffentlicher Hoheitsträger in der Person des Geschäftsführers oder des Geschäftsherrn stand oder wenn das besorgte Geschäft in der Erfüllung einer öffentlichrechtlichen Pflicht bestand[20].

---

[17] HansGZ Beibl. 1907, 277 = OLG Rspr. 18, 23 und HansGZ Beibl. 1909, 41 = BreslauAK 1912, 37.

[18] A.A. OLG Kiel, SchlHA 1930, 44 (45): Im Interesse der Erkrankten genüge eine ambulante Behandlung. Die Unterbringung im Krankenhaus sei lediglich durch gesundheitspolizeiliche Interessen erforderlich geworden.

[19] S. *Forsthoff*, Lehrbuch des Verwaltungsrechts I, S. 112 f.

[20] RG in Ständ. Rspr. (Nachweise in den folgenden Fußnoten); s. auch BadKompGH, BadVerwZ 1920, 95 (99 f.); WürttKompGH, WüRV 10 (1917), 73; WürttVGH, WüRV 10 (1917), 47 (48); kritisch aber ThürOVG, ThürRdsch 8 (1931), Sp. 403 (404).

Wegen der Erledigung fremder Verwaltungsaufgaben erhielten außerdem Aufwendungsersatz aus § 683 BGB zugesprochen:

- eine Krankenanstalt von dem Fürsorgeverband wegen der Aufwendungen für die Heilbehandlung eines offensichtlich Mittellosen[21],
- die Stadtgemeinde Wiesbaden vom preußischen Staat wegen Aufwendungen für den Transport und die medizinische Versorgung verunglückter Personen[22],
- der Kreis Arnsberg vom preußischen Fiskus wegen der Aufwendungen für eine allgemeine Pockenschutzimpfung für Erwachsene[23],
- ein Kreis vom Staatsfiskus wegen der Druckkosten für Bekanntmachungen zur Abwehr einer Viehseuchengefahr[24],
- die Stadtgemeinde Stettin vom preußischen Fiskus wegen der Aufwendungen für die Einrichtung und Unterhaltung einer Cholerastation[25],
- ein städtischer Krankenhausträger von der Krankenkasse wegen der Fortführung einer im Einvernehmen mit der Krankenkasse begonnenen stationären Heilbehandlung[26],
- der Rheinische Provinzialverband von der Stadtgemeinde Essen wegen Aufwendungen für die Unterbringung von Fürsorgezöglingen[27],
- eine Stadtgemeinde von der kirchenbaulastpflichtigen Kirchengemeinde wegen der Aufwendungen für Ausbesserungsarbeiten am Kirchgebäude[28],
- eine Stadtgemeinde von der Landesschulkasse wegen der Aufwendungen für das Ruhegehalt eines Volksschullehrers[29].

Ebenso konnten private Bürger von Hoheitsträgern aus privatrechtlicher GoA in Anspruch genommen werden, so etwa:

- der Eigentümer eines brachliegenden Ackers vom Reichsnährstand, nachdem der Reichsnährstand den Acker im öffentlichen Interesse hatte bestellen lassen[30],
- der fahrlässige Brandstifter vom Fiskus als Träger der Kirchenbaulast wegen der Aufwendungen für den Wiederaufbau der abgebrannten Kirche[31],

---

[21] LG Essen, JW 1934, 1932; s. auch RGZ 150, 243 zur Rechtswegfrage.

[22] RG, JW 1910, 186.

[23] RG, JW 1911, 992 = Gruchot 56 (1912), 380.

[24] OLG Posen, PosMSchr 1913, 16 (17).

[25] RGZ 77, 193.

[26] KG, JRPV 1940, 141; dagegen erhielt eine nicht im Dienste der Krankenkasse stehende Hebamme keinen Aufwendungsersatz für die Geburtshilfe bei Kassenmitgliedern, LG Frankfurt/O., KGBl. 1918, 89.

[27] RGZ 75, 276.

[28] RGZ 102, 9. Im umgekehrten Verhältnis s. PreußOVG, OVG 76, 328; 86, 199.

[29] RGZ 113, 178.

[30] AG Goldberg, RdRN 1936, 1017.

- der Hauseigentümer von der Stadt wegen der ersatzweisen Vornahme einer Handlung, zu welcher der Hauseigentümer gesundheitspolizeilich verpflichtet worden war[32],
- ein privater Bahnübergangsberechtigter von der Eisenbahnverwaltung wegen der Bewachung des Übergangs, welche dadurch erforderlich geworden war, daß der Berechtigte den Bahnübergang wiederholt nicht ordnungsgemäß verschlossen hatte[33],
- der Vater eines geisteskranken, in einer Heilanstalt untergebrachten Sohnes von der Stadtgemeinde wegen der Verpflegungskosten[34].

Vereinzelt wurde auch privaten Rechtsträgern gegenüber der Verwaltung Aufwendungsersatz aus privatrechtlicher GoA zugesprochen, so etwa:

- einem Arzt gegenüber dem Ortsarmenverband wegen der medizinischen Versorgung Hilfsbedürftiger in dringenden Fällen[35] und
- einem Vorsitzenden der freiwilligen Feuerwehr gegenüber der Gemeinde wegen seiner privaten Aufwendungen für die Beschaffung von Feuerwehrleitern und -uniformen[36].

Wegen Unzulässigkeit des Rechtswegs wurde eine Klage erstmals (nach Inkrafttreten des BGB[37]) durch das Land- und das Oberlandesgericht Stettin abgewiesen[38]. Die Strombauverwaltung hatte den vermeintlichen Eigentümer eines gesunkenen Kahns unter Fristsetzung dazu aufgefordert, den Kahn zu beseitigen. Nach Verstreichen der Frist ließ die Strombauverwaltung den Kahn selbst heben und verlangte sodann Kostenerstattung aus GoA, und zwar von dem wirklichen Schiffseigner. Das Oberlandesgericht wies die Klage wegen Unzulässigkeit des Rechtsweges ab. Der Wasserbauinspektor habe in Wahrnehmung staatlicher Hoheitsrechte mittels polizeilicher Verfügung gehandelt;

---

[31] RGZ 82, 206 „Fuldaer Dombrandfall".

[32] OLG Kolmar, DJZ 1903, 576.

[33] OLG Kiel, SchlHA 1907, 33.

[34] OLG Stuttgart, WürttZSprBeil. 1928, S. 18. Bei mittellosen Eltern konnte der Fürsorgeverband entsprechend herangezogen werden, BAH, Entsch. Bd. 66, 27.

[35] OLG Celle, OLGRspr. 12 (1906), 272; ebenso LG Posen, PosMSchr 1908, 98. Ähnlich LG Berlin, KGBl. 1914, 46: Klage einer Privatklinik gegen den Ortsarmenverband wegen der Aufnahme zweier schwer geschlechtskranker Dirnen; sowie OLG Jena, SächsThürArch. 1935, 280: Klage einer Hebamme gegen den Fürsorgeverband wegen der Geburtshilfe an fürsorgeberechtigten Frauen. Ablehnend noch LG Berlin, KGBl. 1906, 104; s. außerdem OLG Kiel, SchlHA 1919, 234 hinsichtlich gewöhnlicher Zahnbehandlung ohne jede Eilbedürftigkeit.

[36] OLG Königsberg, HRR 13 (1937), Nr. 1436.

[37] Die zeitlich frühere Entscheidung des RG in RGZ 43, 293 betraf den Rechtszustand vor dem Inkrafttreten des BGB.

[38] LG Stettin und OLG Stettin als Vorinstanzen zu RGZ 75, 188, zitiert nach RGZ 75, 188 (189).

die Kosten hierfür seien ausschließlich im Verwaltungsvollstreckungsverfahren einzuziehen. Daneben sei für privatrechtliche GoA kein Raum[39]. Jedoch wurde die klageabweisende obergerichtliche Entscheidung durch den sechsten Senat des Reichsgerichts aufgehoben[40]: Es stünde einer Anwendung der §§ 677 ff. BGB nicht entgegen, wenn die Geschäftsbesorgung in der Erfüllung einer Verpflichtung bestehe, die auch im Verwaltungszwangsverfahren erzwingbar gewesen sei.

Das Reichsgericht selbst verneinte den privatrechtlichen Charakter einer Geschäftsbesorgung erstmals im Jahre 1926[41]. Das Wohnungsamt hatte gegen einen Vermieter verfügt, sein Haus binnen einer Frist instand zu setzen, und für den Fall des Verstreichens der Frist angedroht, die Instandsetzungsarbeiten selbst vorzunehmen und die Kosten vom Vermieter einzuziehen. Nachdem die Frist verstrichen und die Aufwendungen des Wohnungsamtes entstanden waren, verlangte das Amt vom Vermieter Kostenerstattung aus GoA. Der vierte Senat des Reichsgerichts hielt den Rechtsweg für nicht eröffnet. Wenn die Behörde von der ihr durch das Reichswohnungsgesetz eröffneten Möglichkeit, die notwendigen Maßnahmen selbst vorzunehmen, Gebrauch mache, so trete sie lediglich in eine öffentlichrechtliche Beziehung zu dem Vermieter – auch hinsichtlich der Kosten. Zivilrechtliche Ansprüche seien dagegen spezialgesetzlich durch die (öffentlichrechtlichen) Vorschriften – hier des Reichswohnungsgesetzes – ausgeschlossen[42].

Inhaltlich unterscheiden sich die Sachverhalte der beiden zuletzt genannten Entscheidungen nur darin, daß die Polizeipflicht des Störers in dem zweiten Falle bereits durch eine polizeiliche Verfügung des Wohnungsamtes konkretisiert war; dagegen war in dem Fall des OLG Stettin gegen den wirklich Verantwortlichen noch nicht eingeschritten worden. In beiden Fällen jedoch konnte die Verwaltungsbehörde ihr Anliegen außer durch GoA auch durch formgerechte Verwaltungsvollstreckung erreichen.

Im Ergebnis kann zur Zivil- und Kompetenzrechtsprechung zwischen der Jahrhundertwende und dem Inkrafttreten des Grundgesetzes festgehalten werden: Soweit sich aus öffentlichrechtlichen Spezialvorschriften nichts anderes ergibt – das betrifft bestimmte sozial- und verwaltungsvollstreckungsrechtliche Fallgestaltungen –, mündet jede unbeauftragte Fremdgeschäftsfüh-

---

[39] Ähnlich auch KG, KGBl. 1918, 68.

[40] RGZ 75, 188.

[41] RG, WarnRspr 1926, 206 = JR 1926, Nr. 1698.

[42] In weiteren Entscheidungen wurde der ordentliche Rechtsweg wiederholt wegen spezieller Zuständigkeitsvorschriften auf dem Gebiete der Sozialrechtsprechung verneint, vgl. RGZ 159, 141; 133, 244; RG, JW 1937, 1430; KompGH, ZHeimW 33 (1928), Sp. 605.

rung in ein *privatrechtliches Schuldverhältnis*. Die §§ 677 ff. BGB sind unmittelbar anzuwenden ungeachtet jedweder Form der Beteiligung von Hoheitsträgern.

Durchbrochen wird diese ständige Rechtsprechung nur durch eine Entscheidung des siebenten Senats des Reichsgerichts vom 21. November 1930[43]: Ein örtlich unzuständiger Fürsorgeverband erbringt laufend Fürsorgeleistungen an einen Taubstummen. Gerichtlich beansprucht er von dem gesetzlich zuständigen Fürsorgeverband, künftig die Sozialleistung selbst zu erbringen und die bisherigen Aufwendungen zu ersetzen. Das Gericht führt aus: Es herrsche zwischen den Parteien Streit darüber, welcher Fürsorgeverband für die Erbringung der Sozialleistung zuständig sei. Über das Klagebegehren, künftig möge der beklagte Verband die Sozialleistung erbringen, könne gemäß § 39 ZuständigkeitsG[44] ausschließlich im Verwaltungsrechtsweg entschieden werden. Was die zurückliegende Fremdgeschäftsführung betrifft, so sei gleichermaßen zu urteilen. Eine Entscheidung über den Ersatz der bisherigen Kosten beinhalte im Kern der Sache ebenfalls die Ermittlung des zuständigen Verwaltungsträgers. Deshalb erscheine der geltend gemachte Anspruch auf Aufwendungsersatz aus GoA „lediglich als Einkleidung des Streits über einen öffentlichrechtlichen, der Zuständigkeit der ordentlichen Gerichte entzogenen Anspruch"[45].

Im Ganzen ist die vorkonstitutionelle Zivilrechtsprechung vor deren rechtsgeschichtlichem Hintergrund zu bewerten. Die Verwaltungs- und die Sozialgerichtsbarkeit waren noch wenig entwickelt[46]. Den Gegenstand der verwaltungsgerichtlichen Rechtsprechung bildete die Kontrolle über die Rechtmäßigkeit des Verwaltungshandelns, also die Anfechtungsklage mit dem Ziel der Kassation eines Verwaltungsakts[47]. Zahlungsansprüche konnten vor den Verwaltungsgerichten in der Regel nicht erhoben werden, so daß der Rechtsweg vor den ordentlichen Gerichten oft als einziger Ausweg blieb, streitige Geld-

---

[43] RGZ 130, 268.

[44] Preußisches Zuständigkeitsgesetz vom 1.8.1883, prGS S. 237.

[45] A.A. noch ausdrücklich RG (IV. Senat), HRR 1928, Nr. 1031: Öffentlichrechtliche Vorfragen bei Erstattungsansprüchen aus GoA seien der Entscheidung des Zivilrichters unterstellt. Der Versuch in den Entscheidungsgründen von RGZ 130, 268, den Leser von Kontinuität in der Rechtsprechung des RG zu überzeugen, mißlingt (ebenso in der Einschätzung *Apelt*, Diss., S. 73 f.).

[46] Vgl. dazu OVG NW, VerwRspr. 15 (1963), 724 (731); *Erman-Ehmann*, BGB, vor § 677 Rdnr. 23; *Moebis*, Diss., S. 43 f.; *Schlör*, Diss., S. 27, 51; s. auch BGHZ 89, 250 (253 f.); ferner AG Lichterfelde, JR 1951, 53 (54) sogar noch im Hinblick auf die beginnende nachkonstitutionelle Rechtsprechung.

[47] S. im einzelnen Otto *Mayer*, Deutsches Verwaltungsrecht Bd. 1, S. 155 ff.

leistungsansprüche überhaupt zu realisieren[48]. Hierzu mußte das Klagebegehren auf bürgerlichrechtliche Anspruchsgrundlagen gestützt sein (§ 13 GVG). Eine unmittelbare Anwendung der zivilrechtlichen §§ 677 ff. BGB bot somit zugleich die einzige Möglichkeit, überhaupt eine gerichtliche Klärung der unter verschiedenen Verwaltungsbehörden im Streit befindlichen Lastenverteilungs- und Zuständigkeitsfragen herbeizuführen. Unter diesen Umständen mögen gewichtige pragmatische Gesichtspunkte das Reichsgericht dazu veranlaßt haben, sich grundlegenden dogmatischen Bedenken[49] gegen eine unmittelbare Anwendung der §§ 677 ff. BGB in öffentlichrechtlichen Handlungszusammenhängen zu verschließen[50]. Im Hinblick auf diese Zusammenhänge sind die Ergebnisse der vorkonstitutionellen Rechtsprechung in einer Zeit erstarkter Verwaltungs- und Sozialgerichtsbarkeit jedoch nur noch begrenzt verwertbar[51].

Der Begriff „öffentlichrechtliche Geschäftsführung ohne Auftrag“ fand erstmals Erwähnung und Anerkennung in der Rechtsprechung des sächsischen Oberverwaltungsgerichts[52]. Danach sollten die Grundsätze des Privatrechts über Geschäftsführung ohne Auftrag im Öffentlichen Recht Anwendung finden, wenn auch in beschränktem Umfang[53]. Jedoch könne von einer nach den Grundsätzen des Öffentlichen Rechts zu beurteilenden auftragslosen Geschäftsführung nur die Rede sein, wenn sowohl der Geschäftsführer wie derjenige, dessen Geschäfte besorgt werden, berufen und befähigt seien, öffentliche Verwaltung zu führen. Sei dagegen auch nur auf einer Seite eine Privatperson beteiligt, so werde eine öffentlichrechtliche Geschäftsführung ohne Auftrag nicht anerkannt werden können. Es müsse in derartigen Fällen die Frage, ob eine Geschäftsführung vorgelegen habe und ob hieraus Ersatzansprüche entstanden seien, ausschließlich nach den Grundsätzen des Bürgerlichen Rechts von den zur Entscheidung hierüber berufenen ordentlichen Gerichten beantwortet werden.

---

[48] OVG NW, VerwRspr. 15 (1963), 724 (731); AG Lichterfelde, JR 1951, 53 (54); *Schlör*, Diss., S. 27, 51; Walter *Jellinek*, Verwaltungsrecht, S. 52.

[49] Vgl. bereits etwa *Hartmann*, Recht 1914, Sp. 221; *Rabel*, RheinZ 10 (1919/20), 89 (93 ff.); Otto *Mayer*, Deutsches Verwaltungsrecht Bd. 2 (2. Aufl.), S. 366; kritisch auch *Heydorn*, Diss., S. 22.

[50] Ebenso *Hamann*, NJW 1955, 481 (482); s. auch OVG NW, VerwRspr. 15 (1963), 724 (731).

[51] Nach *Ehmann* (in *Erman*, BGB, vor § 677 Rdnr. 23) ist die frühere Rechtsprechung „im wesentlichen nur noch von rechtshistorischem Interesse“.

[52] Jahrb. 5 (1903/04), 55 (56).

[53] Grundlegend (Ansprüche aus GoA im konkreten Fall allerdings verneinend) in Jahrb. 5, 55 (56); später in ständ. Rspr., s. Jahrb. 11, 197; 12, 309 (311); 31, 60 (61).

c) Anerkennung des Rechtsinstituts „GoA" in der nachkonstitutionellen Rechtsprechung

Seit dem Inkrafttreten des Grundgesetzes befassen sich mit den Fragen der öffentlichrechtlichen GoA nicht nur überwiegend die ordentliche Gerichtsbarkeit, sondern in verstärktem Maße auch die allgemeine Verwaltungs- sowie die Sozialgerichtsbarkeit und bisweilen sogar die Verfassungsgerichtsbarkeit.

Uneinheitlich ist die frühe Rechtsprechung des Oberverwaltungsgerichts Nordrhein-Westfalen. Nachdem dessen siebenter Senat bereits die Zulässigkeit einer GoA durch Polizeibehörden anerkannt hatte[54], lehnte der sechste Senat jedwede GoA durch Verwaltungsbehörden mit der Begründung ab, eine Verwaltungsbehörde dürfe ohne gesetzliche Ermächtigung keine Maßnahme treffen, die nach zwingendem Öffentlichen Recht dem Zuständigkeitsbereich einer anderen Verwaltungsbehörde zugewiesen worden sei[55]. Diese frühen, grundsätzlichen Bedenken gegen die Zulässigkeit einer GoA durch Verwaltungsbehörden blieben in der übrigen Rechtsprechung weitgehend unberücksichtigt[56]; auch das Oberverwaltungsgericht Nordrhein-Westfalen selbst ist dem von ihm aufgeworfenen Aspekt in seiner späteren Rechtsprechung nicht weiter nachgegangen[57].

Vielmehr ist die Existenz der öffentlichrechtlichen GoA in ständiger Rechtsprechung der letzten vier Dekaden seitens der allgemeinen Verwaltungsgerichtsbarkeit ausnahmslos anerkannt. Danach ist die Wahrnehmung fremder Angelegenheiten im Öffentlichen Recht grundsätzlich zulässig; die §§ 677 ff. BGB sind auf öffentlichrechtliche Fremdgeschäftsführungsverhältnisse entsprechend anzuwenden[58]. Die Ansprüche aus öffentlichrechtlicher GoA sind öffent-

---

[54] VerwRspr. 6 (1954), 76 (77), allerdings privatrechtliche GoA; ebenso andeutungsweise LVG Münster, MDR 1950, 59 (61 f.).

[55] VerwRspr. 7 (1955), 743 (746).

[56] Lediglich vom zweiten Senat des BSG wird die Frage in BSGE 16, 151 (155) unter Bezugnahme auf die ablehnende Entscheidung des OVG NW offengelassen.

[57] vgl. OVG NW, Gemeinde 1962, 40 = Landgemeinde 1962, 22; VerwRspr. 22 (1971), 496 (503); OVGE 31, 223 (225) = NJW 1976, 1956; ZevKR 23 (1978), 301; NJW 1981, 1328; OVGE 37, 4; OVGE 38, 247 (249) = NJW 1986, 2526; KMK-HScHR 1988, 770 (771); ZfW 1988, 308 (309); OVGE 40, 243 (245); KStZ 1989, 195 = NWVBL 1990, 99.

[58] BVerwG, NJW 1956, 925; BVerwGE 27, 314 (318); 32, 279 (280); 48, 279 (285); 80, 170 (172); 82, 215 (222); 82, 350 (351); 84, 257 (270); BVerwG, DVBl. 1991, 1156 (1157); NVwZ 1992, 672; OVG Hamburg, MDR 1951, 634 (635); OVG Lüneburg, OVGE 11, 307 (312); 18, 384 (385); BayVGHE 23 (1970), 2 = VerwRspr. 21 (1970), 397; BayVGHE 23 (1970), 108 (116); BayVGH, BayVBl. 1971, 67 (68) = VerwRspr. 22 (1971), 866 (868); BayVGHE 25 (1972), 117 = VerwRspr. 24 (1973), 542 (544); VGH Bad.-Württ., ESVGH 26, 151 (152 f.); ESVGH 27, 125 = NJW 1977, 1843; HessVGH, HessVGRspr. 11 (1979), 81; BayVGHE 37 (1984), 93 (97); HessVGH, WissR 1984, 179 (180); VGH Bad.-Württ., NJW 1985, 2603 (2604); HessVGH, Gemeindehaushalt 1987, 264; OVG Lüneburg, Gemeinde 1990, 260; NVwZ 1991, 81; VGH

lichrechtlicher Natur[59]; zwischen den Beteiligten besteht ein *öffentlichrechtliches Schuldverhältnis*.

Im Bereich der Sozialrechtsprechung ist eine vergleichbare Entwicklung zu verzeichnen. Nachdem der dritte Senat des Bundessozialgerichts[60] die Existenz der öffentlichrechtlichen GoA in einer frühen Entscheidung anerkannt hatte, ließ der zweite Senat diese Frage unter Hinweis auf die ablehnende Rechtsprechung des OVG Nordrhein-Westfalen zunächst offen[61] und führte in einer späteren Entscheidung unter Hinweis auf Bedenken gegen eine entsprechende Anwendung der Vorschriften über GoA aus, es werde in Fällen, in denen ein öffentlicher Rechtsträger anstelle eines anderen primär oder allein verpflichteten öffentlichen Rechtsträgers Aufwendungen gemacht habe, der gebotene Ausgleich durch das allgemein anerkannte Rechtsinstitut des öffentlichrechtlichen Erstattungsanspruchs herbeigeführt[62]. In den darauf folgenden Entscheidungen der Sozialgerichte ist das Rechtsinstitut der öffentlichrechtlichen GoA in ständiger Rechtsprechung vorbehaltslos anerkannt[63], wobei der zweite Senat des Bundessozialgerichts seither nicht wieder mit Fragen der öffentlichrechtlichen GoA befaßt war. Eine Verurteilung aus GoA mußte im Bereich der Sozialrechtsprechung indes auffallend häufig daran scheitern, daß der jeweilige Geschäftsführer in der irrigen Annahme handelte, ein eigenes Geschäft zu besorgen[64], und ihm somit der für GoA erforderliche Fremdgeschäftsführungswille (s. § 687 Abs. 1 BGB) fehlte.

Bad.-Württ., NJW 1991, 2986 (2987); BayVGH, NVwZ 1992, 431; OVG Hamburg, GewArch 1992, 430; BayVGH, BayVBl. 1993, 466; VG Hannover, MDR 1965, 1023; VG Kassel, NJW 1980, 305 (306); VG Arnsberg, KirchE 18, 451 (453 f.); VG Minden, KirchE 18, 457 (458); VG Bayreuth, KirchE 23, 144 (146) = ZevKR 31 (1986), 480 (482); VG Würzburg, BayVBl. 1992, 121 (122); VG Köln, NVwZ 1993, 806; sowie OVG NW (Fußn. 57); offengelassen noch in OVG Lüneburg, VerwRspr. 15 (1963), 799 (800).

[59] S. insbesondere BVerwG, NJW 1956, 925; BVerwGE 18, 221 (222); BayVGHE 25, (1972), 117 f. = VerwRspr. 24 (1973), 542 (543 f.); VGH Bad.-Württ., ESVGH 26, 151 (152); OVG Lüneburg, OVGE 18, 384 (385 ff.); VG Düsseldorf, DVBl. 1977, 260.

[60] BSGE 6, 197 (199 f.).

[61] BSGE 16, 151 (155); offengelassen ebenso vom elften Senat in BSGE 14, 59 (63), jedoch ohne Bezugnahme auf die Rechtsprechung des OVG NW.

[62] BSGE 23, 213 (217).

[63] BSGE 15, 56 (57); 15, 89 (90); 26, 124 (125); 29, 44 (49 f.); BSG, FEVS 19, 104; BSGE 39, 137 (138); 40, 221 (224); BSG, SGb. 1987, 65 (67) = ErsK 1986, 459 (461 f.); BSGE 67, 100; LSG Berlin, FEVS 6, 29; LSG Bad.-Württ., Breithaupt 50 (1961), 327; BayLSG, Breithaupt 58 (1969), 31; LSG Nieders., Urt. v. 19.1.1994 – L 4 Kr 124/92 –, JURIS-DOKNR 572583; SG Münster, Breithaupt 46 (1957), 717 (719).

[64] S. etwa BSGE 15, 89 (90 f.); 16, 151 (155 f.); 29, 44 (49 f.); 39, 137 (138); BSG, Breithaupt 64 (1975), 964 (965).

Nach der Rechtsprechung des Bundesgerichtshofs[65] und nahezu der gesamten ordentlichen Gerichtsbarkeit[66] – auch des Bundesarbeitsgerichts[67] – sind die Vorschriften über die GoA gegenüber Verwaltungsbehörden ebenfalls anwendbar. Ihre Sachentscheidungskompetenz begründen die Zivilgerichte mit der Annahme, Verwaltungsbehörden handelten, wenn sie fremde Geschäfte besorgen, regelmäßig nicht hoheitlich, sondern in privatrechtlicher Handlungsform. Sonach bestehe zwischen den Beteiligten ein *privatrechtliches Schuldverhältnis*[68], auf welches die §§ 677 ff. BGB unmittelbar anzuwenden seien; es handle sich deshalb um bürgerlichrechtliche Streitigkeiten, die durch § 13 GVG den ordentlichen Gerichten zugewiesen seien.

Lediglich in einer vereinzelt gebliebenen Entscheidung des Landgerichts Frankfurt[69] werden grundsätzliche Bedenken gegen die Zulässigkeit einer öffentlichrechtlichen GoA im Verhältnis zwischen Staat und Privatpersonen erhoben. Unter Hinweis auf Literatur führt das Gericht aus, ein Träger der öffentlichen Gewalt würde sich bei der Erfüllung einer ihm obliegenden Verpflichtung, wenn diese gleichzeitig ein Geschäft einer Privatperson darstelle, zugleich dem Willen des Geschäftsherrn – des Privatmannes – unterzuordnen haben, wozu er regelmäßig nicht gewillt sein dürfte[70]. Letztlich hat das Landgericht Frankfurt diese Frage dahinstehen lassen und Ansprüche aus GoA am Tatbestand der §§ 677 ff. BGB verneint.

Schließlich ist das Rechtsinstitut der öffentlichrechtlichen GoA auch in obiter dicta seitens der Verfassungsgerichtsbarkeit anerkannt[71].

---

[65] BGHZ 1, 57 (61 f.); VersR 1955, 49; VersR 1956, 235; NJW 1956, 382; BGHZ 19, 126; 23, 227; 33, 251; LM Nr. 84 zu § 13 GVG; BGHZ 40, 28; 63, 167 (170); NJW 1969, 1205; WM 1972, 616 (618); BGHZ 52, 371 (384); NJW 1975, 47 (49); NJW 1978, 1258; BGHZ 89, 250 (261); NVwZ 1990, 499 (500).

[66] HansOLG, MDR 1954, 180; OLG Karlsruhe, MDR 1965, 384; OLG München, NVwZ 1985, 293 (294); OLG Düsseldorf, VersR 1973, 64; OLG Hamm, NWVBL 1989, 218; OLG Köln, NVwZ 1993, 1020 (1022); LG Berlin, JR 1951, 405; LG Aachen, BB 1952, 761; LG Dortmund, DVBl. 1952, 254; LG Frankenthal, MDR 1958, 603; LG Würzburg, VkBl. 1959, 552; LG Aachen, VersR 1968, 657; LG Wiesbaden, DAR 1970, 130; LG Braunschweig, DVBl. 1973, 227; LG Trier, VkBl. 1977, 580; OLG Frankfurt, MDR 1987, 233; AG Lichterfelde, JR 1951, 53; AG Bremen, NJW-RR 1986, 355; AG Karlsruhe, NJW 1990, 329; AG Niebüll, NVwZ 1991, 917 (918).

[67] BAG, DB 1977, 1418; ferner ArbG Wetzlar, RiA 1964, 190.

[68] S. insbesondere BGHZ 19, 126 (127); BGH, NJW 1965, 1595 (1596); BGHZ 65, 384 (386); LG Hamburg, MDR 1950, 617.

[69] NJW 1977, 1924.

[70] Urt. v. 21.7.1977 – 2/24 S 46/77 –, UA S. 5 (insoweit in NJW 1977, 1924 nicht abgedruckt).

[71] BVerfGE 18, 429 (436); 27, 253 (275).

Im Ganzen bestätigt sich, zumindest für den Bereich der Jurisdiktion, auch heute noch die inzwischen fast dreißig Jahre zurückliegende Einschätzung des Bundesverfassungsgerichts[72], wonach es nicht mehr ernsthaft bestritten sei, daß die Grundsätze über die GoA auch im Öffentlichen Recht gelten, ohne dort ausdrücklich normiert zu sein.

2. Anspruchsziele aus GoA

Unterschiedlich sind die mit der Berufung auf eine öffentlichrechtliche GoA verfolgten Anspruchsziele. Ganz überwiegend wird das Rechtsinstitut zur Begründung eines Aufwendungsersatzanspruchs (§ 683 Satz 1 BGB) herangezogen[73]. In einigen Fällen ging es um deliktische Schadenersatzforderungen, wobei über GoA im Hinblick auf die Frage zu entscheiden war, ob die Haftung des Schädigers wegen Notgeschäftsführung (§ 680 BGB) auf Vorsatz und grobe Fahrlässigkeit beschränkt war[74]. In nur einem einzigen Fall spielten die Grundsätze der angemaßten Geschäftsführung (§ 687 Abs. 2 BGB) eine Rolle[75].

3. Auslegungsdivergenzen in der Judikatur zu den §§ 677 ff. BGB

In der Auslegung der §§ 677 ff. BGB unterscheiden sich die Zivilrechtsprechung auf der einen und die Verwaltungs- sowie die Sozialrechtsprechung auf der anderen Seite vor allem im Hinblick auf den prozessualen Nachweis des Fremdgeschäftsführungswillens. Während die Zivilgerichte das Vorliegen des Fremdgeschäftsführungswillens vermuten, sofern nur das besorgte Geschäft für den Geschäftsherrn objektiv fremd war[76], muß der entsprechende Wille stän-

---

[72] BVerfGE 18, 429 (436).

[73] S. statt vieler nur die Eingangsbeispiele oben auf den S. 18 ff.

[74] BGHZ 63, 167: Haftung der Feuerwehr für das Aufrichten eines umgestürzten Öltankwagens (§ 680 BGB angewandt, ebenso die Vorinstanz OLG Düsseldorf, VersR 1973, 64); BGH, NJW 1978, 2502 (2503): Haftung des Abschleppunternehmers für das Abschleppen eines verbotswidrig abgestellten Kraftwagens (§ 680 BGB abgelehnt, anders in diesen Fällen aber LG München I, NJW 1976, 898; VersR 1978, 1076; AG München, VersR 1977, 460; VersR 1977, 461).

[75] AG Ansbach, MDR 1954, 241: Ein nicht zugelassener Arzt rezeptiert in gleicher Weise wie ein Kassenarzt zu Lasten der öffentlichen Krankenkasse.

[76] BGHZ 40, 28 (31); BGHZ 63, 167 (170); BGH, WM 1976, 1056 (1059); BGHZ 65, 354 (357); BGH, NJW 1985, 2756 (2757); BGHZ 98, 235 (240); OLG Düsseldorf, VersR 1973, 64; LG Braunschweig, DVBl. 1973, 227; LG Köln, NJW 1975, 1708; a.A. allerdings SchlHOLG, SchlHA 1959, 295 (297); LG Frankfurt, NJW 1977, 1924 (1925); ablehnend hinsichtlich der Vermutung des Fremdgeschäftsführungswillens eines Polizeibeamten BayObLGZ 1968, 200 (203) = MDR 1968, 920.

diger Verwaltungsrechtsprechung zufolge vor Gericht stets positiv nachgewiesen werden[77]. Ebenso beharrte die über lange Zeit gefestigte Sozialrechtsprechung auf einem positiven Nachweis des Fremdgeschäftsführungswillens[78], bevor das Bundessozialgericht[79] neuerdings auf die Linie des Bundesgerichtshofs einschwenkt, indem es gleichfalls den Fremdgeschäftsführungswillen bei auch-fremden Geschäften vermutet. Aus dieser Diskrepanz resultiert, daß verwaltungs- und sozialgerichtliche Klagen relativ häufig aus Gründen des § 687 Abs. 1 BGB abgewiesen wurden, während im Bereich der Zivilrechtsprechung die betreffende Vorschrift, überhaupt das Tatbestandsmerkmal des Fremdgeschäftsführungswillens, kaum noch irgendeine entscheidungsrelevante Bedeutung hat. Die in der Praxis regelmäßig nicht widerlegbare Vermutung des Fremdgeschäftsführungswillens kommt einer Fiktion desselben gleich[80] – namentlich dann, wenn der Geschäftsführer eine nicht ausschließlich fremde, sondern zugleich auch eigene Angelegenheit besorgt.

4. Ansprüche aus GoA nach dem gegenwärtigen Stand der Rechtsprechung

Die Judikatur der letzten viereinhalb Jahrzehnte hat der GoA einen kaum noch abgrenzbaren Anwendungsbereich im Öffentlichen Recht erschlossen. Zugleich bildeten sich gewisse Schwerpunkte heraus, Teilrechtsgebiete des Öffentlichen Rechts, in denen die Anwendung der GoA besonders „etabliert" ist oder jedenfalls besonders häufig zum Gegenstand gerichtlicher Entscheidungen wurde. Gegliedert nach solchen Schwerpunktgebieten ist im folgenden dargestellt, unter welchen Voraussetzungen die Rechtsprechung das Vorliegen einer öffentlichrechtlichen GoA annimmt und Rechtsfolgen hieraus herleitet. Dabei sind im wesentlichen nur die stattgebenden Entscheidungen dargestellt. Soweit Klagen aus öffentlichrechtlicher GoA abgewiesen wurden, liegt der Grund regelmäßig darin, daß der Geschäftsführer in Wahrheit ein eigenes Geschäft besorgt hatte[81]. Das Interesse an derartigen Entscheidungen reduziert

---

[77] S. BVerwGE 48, 279 (285); BVerwG, DÖV 1979, 908 (911); NVwZ 1992, 672 (673); BayVGH, VerwRspr. 22 (1971), 866 (868 f.); OVG Rh.-Pf., AS Rh-Pf. 19 (1986), 75 (79); OVG Lüneburg, NVwZ 1991, 81.

[78] S. BSGE 15, 89 (90 f.); 16, 151 (155 f.); 29, 44 (49 f.); 39, 137 (138); BSG, Breithaupt 64 (1975), 964 (965).

[79] BSGE 67, 100 (102).

[80] Ebenso in der Einschätzung *Ehlers*, Verwaltung in Privatrechtsform, S. 472; *Schubert*, AcP 178 (1978), 425 (444 f.); *Medicus*, Bürgerliches Recht, Rdnr. 407, 412 a.E.; s. auch *Schoch*, Jura 1994, 241 (248).

[81] Vgl. zuletzt BVerwG, DVBl. 1991, 1156: Sicherungsmaßnahmen an einem Bahnübergang; BayVGH, BayVBl. 1993, 466: Unterbringung obdachloser Asylbewerber; BGH, NVwZ 1990, 297 (298): Verkehrssicherungsmaßnahmen im Bereich einer Bundesstraße.

sich – abgesehen von der Anerkennung der öffentlichrechtlichen GoA als solcher – auf die Zuordnung des jeweiligen Geschäftes, also auf die Auslegung der Verwaltungszuständigkeiten. Dargestellt sind allerdings Entscheidungen, die aus Gründen abgewiesen wurden, die im Rechtsinstitut der GoA selbst fundiert sind und sich aus der Auslegung der §§ 677 ff. BGB selbst ergeben. Die Darstellung prozessualer Aspekte, insbesondere die sehr uneinheitlich judizierten Frage der Rechtswegzuständigkeit, steht an dieser Stelle (noch) im Hintergrund[82].

a) Sozialrecht

Sozialleistungsträger, die ohne eigene Rechtspflicht anstelle eines anderen Leistungsträgers eine Sozialleistung an einen Leistungsberechtigten erbringen, können ihre Aufwendungen von demjenigen Leistungsträger ersetzt verlangen, der zu der Leistung von Rechts wegen verpflichtet war[83]. Dasselbe gilt, wenn Behörden, die selbst nicht Sozialleistungsträger sind, eine Sozialleistung erbringen[84] und wenn ein bloß nachrangig verpflichteter Leistungsträger eine Leistung anstelle des vorrangig verpflichteten Trägers erbringt[85]. Dagegen müssen Ansprüche aus GoA außer Betracht bleiben, wenn der geschäftsführende Verwaltungsträger in der irrigen Annahme handelt, selbst zur Leistung verpflichtet zu sein (§ 687 Abs. 1 BGB)[86]. In diesen Fällen können Ausgleichsansprüche allenfalls aus den rechtlichen Gesichtspunkten der ungerechtfertigten Bereiche-

---

[82] Anhand der in den Fußnoten zitierten Entscheidungen wird jeweils ersichtlich, welche Gerichtsbarkeit die Sachentscheidungsbefugnis für sich beanspruchte. Die wenigen rechtswegverweisenden Entscheidungen sind besonders kenntlich gemacht.

[83] BSGE 6, 197, BSGE 15, 56 und BSGE 26, 124 (jeweils Krankenvers. ./. Krankenvers. wegen Heilbehandlung); BSG, Breithaupt 57 (1968), 578 (Krankenvers. ./. LVA wegen übernommener Krankenhauskosten [Tbc]); BSGE 67, 100 (Krankenhausträger ./. Rentenvers. wegen Entgiftung); LSG Berlin, FEVS 6, 29 (Ausgleichsamt ./. Krankenvers. wegen Heilbehandlung); LSG Bad.-Württ., Breithaupt 50 (1961), 327 (LVA ./. Berufsgenossenschaft wegen übernommener Krankenhauskosten [Tbc]); BayLSG, Breithaupt 58 (1969), 31 (Krankenvers. ./. Rentenvers. wegen Heilbehandlung im Rahmen der Tbc-Hilfe); LG Aachen, VersR 1968, 657 (Krankenvers. ./. Rentenvers. wegen Behandlung eines Impfschadens); s. auch LSG Nieders., Urt. v. 19.1.1994 – L 4 Kr 124/92 –, JURIS-DOKNR 572583.

[84] BSGE 67, 100 (Krankenhauszweckverband ./. Rentenversicherungsträger wegen sog. Entgiftungsbehandlung rentenversicherter Drogenabhängiger).

[85] BSG, FEVS 19, 104 (Sozialhilfeträger ./. BfA wegen Berufsförderung).

[86] BSGE 16, 151 (155 f.); 29, 44 (49 f.); 39, 137 (138); BSG, Breithaupt 64 (1975), 964 (965). S. auch BVerwGE 48, 279 (285) hinsichtlich der Erstattung zu Unrecht ausgezahlter beamtenrechtlicher Hinterbliebenenbezüge.

rung bzw. des öffentlichrechtlichen Erstattungsanspruchs / sozialrechtlichen Abwälzungsanspruchs begründet sein[87].

Ansprüche aus dem allgemeinen Rechtsinstitut der GoA sind außerdem ausgeschlossen, wenn spezielle sozialrechtliche Vorschriften eine abschließende Regelung über die Kostenerstattung zwischen Sozialleistungsträgern enthalten, was nach bisheriger Rechtsprechung vor allem den Bereich des Sozialhilferechts (§§ 90 ff., 103 ff., 121 BSHG) betrifft[88]. Inzwischen sind allerdings in Gestalt der §§ 102 ff. SGB-X weitere, weitgreifende Ausgleichsregelungen in Kraft getreten, welche einen Rückgriff auf das allgemeine Rechtsinstitut der GoA im Verhältnis verschiedener Verwaltungsträger untereinander heute weitgehend erübrigt haben[89].

Auch können Sozialleistungen, die an einen Bürger rechtmäßig erbracht wurden, nicht über das Institut der GoA zurückgefordert werden. In der Regel folgt dies schon aus dem abschließenden Charakter des § 50 SGB-X. Die Leistungen eines psychiatrischen Landeskrankenhauses, in dessen Behandlung sich ein sozialhilfeberechtigter Patient freiwillig begibt, begründen auch deshalb keinen Aufwendungsersatzanspruch aus GoA gegen den Patienten, weil eine Behandlung unter dem Blickwinkel erst nachträglich offenbar werdender Unterbringungskosten nicht dem mutmaßlichen Interesse des Patienten (§ 683 BGB) entspricht[90], da für sie nachträglich keine Sozialhilfe mehr beantragt werden kann.

Privaten Rechtsträgern können Rechte aus GoA ebenfalls zustehen, wenn sie soziale Hilfe anstelle der zuständigen öffentlichen Leistungsträger erbringen. Wer einem körperlich verletzten Kassenpatienten im Notfall hilft, führt damit zugleich ein Geschäft der gesetzlichen Krankenkasse und kann von dieser

---

[87] BSGE 16, 151; 16, 222; 39, 137; BSG, Breithaupt 64 (1975), 964 (965).

[88] S. BVerwG, ZfSH 1968, 17 (19); NDV 1973, 109; HessVGH, NVwZ 1987, 822; LSG Nieders., FEVS 15, 37 (40) = Breithaupt 1967, 776; Urt. v. 19.1.1994 – L 4 Kr 124/92 –, JURIS-DOKNR 572583. Zu § 121 BSHG vgl. BGH, NVwZ 1990, 499 (500); VG Münster, Urt. v. 2.5.1990 – 5 K 820/89 –, JURIS-DOKNR 400132; zum früheren § 21a FürsPflVO s. BGHZ 33, 243. Gegen einen abschließenden Charakter des § 90 BSHG allerdings BSG, FEVS 19, 104. Überholt ist die Rechtsprechung zur Ausschließlichkeit des 81 Abs. 2 BVG a.F. (BGHZ 30, 162 [169 ff.]; BGH, LM Nr. 11 zu § 683 BGB) wegen zwischenzeitlicher Änderung des § 52 BVG. Zur Ausschließlichkeit der §§ 90 ff. BSHG im Hinblick auf den öffentlichrechtlichen Erstattungsanspruch s. BVerwG, FEVS 15, 241 (245 f.); BSGE 41, 237 (239 f.); 47, 296; LSG Nieders., Breithaupt 64 (1975), 829 (830) jeweils m.w.N.; ferner im Hinblick auf den bürgerlichrechtlichen Bereicherungsanspruch BVerwG, ZfSH 1967, 49 (51).

[89] Ebenso *v.Einem*, NWVBL 1992, 384 (386). Das BSG hat diese Frage in seiner jüngsten Entscheidung zur öffentlichrechtlichen GoA allerdings offengelassen, s. BSGE 67, 100 (101).

[90] VGH Bad.-Württ., NJW 1991, 2986 (2987).

Aufwendungsersatz aus berechtigter GoA verlangen[91]. Das gleiche gilt bei Betriebsunfällen im Verhältnis zu den Berufsgenossenschaften, es sei denn, der Nothelfer ist ebenfalls im Betrieb des Unfallopfers beschäftigt und erfüllt lediglich die sich aus den Unfallverhütungsvorschriften ergebenden Pflichten des Arbeitgebers[92].

Für berufliche und gewerbliche Nothilfe gelten Besonderheiten. Nach der früheren Rechtsprechung des Bundesgerichtshofs konnten Krankenhausträger und Ärzte, die nicht zur Kassenpraxis zugelassen waren, ebenfalls ihre Aufwendungen aus GoA ersetzt verlangen, wenn sie Kassenpatienten im Notfall halfen[93]. Jedoch sollte sich dieser Anspruch nicht gegen die betreffende Krankenkasse selbst, sondern gegen die kassenärztliche Vereinigung richten, weil durch die Gesamtvergütung, welche die Krankenkasse an die kassenärztliche Vereinigung zu entrichten habe, auch die Leistungen der nicht zugelassenen Ärzte abgegolten seien[94]. Neuerdings verweist der Bundesgerichtshof in diesen Fällen auf den Sozialrechtsweg[95]. Von den Sozialgerichten erhält der professionelle Nothelfer zwar ebenfalls Aufwendungsersatz zugesprochen, jedoch nicht aus dem Rechtsgrund der berechtigten GoA, sondern aus Dienstvertrag. Das Bundessozialgericht nimmt an, bei Notfällen bestehe ein öffentlichrechtliches Auftragsangebot der kassenärztlichen Vereinigung an jeden nicht zugelassenen Arzt, im Rahmen der kassenärztlichen Versorgung wie ein Kassenarzt tätig zu werden[96].

b) Unterhaltung öffentlicher Einrichtungen und Sachen

Die §§ 677 ff. BGB kommen nach der Rechtsprechung ferner zur Anwendung, wenn eine unzuständige Verwaltungsbehörde oder ein Privater Maßnahmen zur Unterhaltung einer öffentlichen Einrichtung oder Sache trifft[97].

---

[91] BGHZ 33, 251.

[92] BGHZ 55, 207.

[93] BGH, VersR 1955, 49; VersR 1956, 235; BGHZ 23, 227 (in der Rechtswegfrage bestätigt durch BSG, Breithaupt 71 [1982], 726 [729]); s. auch AG Ansbach, MDR 1954, 241 zur Haftung des Arztes aus den §§ 687 Abs. 2, 678 BGB.

[94] BGHZ 23, 227; a.A. noch BGH, VersR 1955, 49; VersR 1956, 235; zu Fragen der Abrechnung von Notfallbehandlungen s. BSG, SozR 2200 § 368d Nr. 5.

[95] BGHZ 89, 250.

[96] BSGE 15, 169 (174); BSG, SozR 2200 § 368d Nr. 5; gegen eine Anwendung der §§ 677 ff. BGB auch SG Karlsruhe, KH 1981, 123.

[97] BVerwGE 80, 170 (173): Neuanlage eines Uferdeckwerks; BVerwG, NJW 1986, 2524: Ölbeseitigung auf einer Bundeswasserstraße; BVerwG, BBauBl. 1962, 454: Instandsetzung eines öffentlichen Weges (offengelassen in OVG Lüneburg, VerwRspr. 15 [1963], 799 [800]); BayVGHE 23 (1970), 2 = VerwRspr. 21 (1970), 397: Beleuchtung öffentlicher Straßen;

Der Geschäftsführer kann den Ersatz seiner Aufwendungen von der für die Unterhaltung zuständigen Behörde verlangen, wenn die Durchführung der Unterhaltungsmaßnahme durch den Geschäftsführer im wohlverstandenen behördlichen Interesse lag.

Allerdings ist grundsätzlich anzunehmen, daß jeder Unterhaltungslastträger in der Regel ein Interesse daran hat, die notwendigen Unterhaltungsmaßnahmen selbst durchzuführen. Der Träger einer öffentlichen Einrichtung oder Sache muß die Erforderlichkeit und Dringlichkeit der jeweiligen Maßnahme selbst beurteilen und die Durchführung der einzelnen Maßnahmen auf die Verfügbarkeit finanzieller Mittel hin abstimmen können[98]. Ein Interesse daran, daß fremde Geschäftsführer anstelle der zuständigen Behörden zu Unterhaltungsmaßnahmen greifen, kann nur ausnahmsweise bestehen. Das Interesse ist nicht schon gegeben, wenn die zuständige Behörde allein aufgrund der allgemeinen Verkehrssicherungspflicht[99] oder wegen irgendeiner öffentlichrechtlichen Verpflichtung – beispielsweise der allgemeinen Wegeunterhaltungspflicht[100] – gehalten ist, eine öffentliche Sache instand zu setzen.

Berechtigte Geschäftsführung kommt aber dann in Betracht, wenn die Unterhaltungsmaßnahme dazu dient, einer von der Einrichtung oder Sache ausgehenden besonderen Gefahr zu begegnen, und die zuständige Behörde

---

HessVGH, Gemeindehaushalt 1987, 264 und OVG Lüneburg, NVwZ 1991, 81 (82): Instandsetzung einer öffentlichen Wasser- bzw. Kanalanschlußleitung (ähnlich auch BayObLGZ 1968, 76 [86]; s. ferner BayVGHE 25 [1972], 117 [119 f.] = VerwRspr. 24 [1973], 542 [545 ff.]); OVG NW, OVGE 31, 223 (225) = NJW 1976, 1956: Maßnahme in Erfüllung einer geteilten Unterhaltungslast an einer Ufermauer; OVG NW, ZevKR 23 (1978), 301 und OVGE 37, 4; VG Arnsberg, KirchE 18, 451 (453 f.); VG Minden, KirchE 18, 457 (462) sowie VG Bayreuth, KirchE 23, 144 (146) = ZevKR 31 (1986), 480 (482): bauliche Unterhaltung von Kirchengebäuden; BGHZ 1, 57 (61 f.): Trümmerbeseitigung aus einem Flußbett; BGH, LM Nr. 17 zu § 683 BGB: Einzäunung des Bundesbahngeländes; BGH, NJW 1978, 1258: Aufschüttung eines Schutzwalls entlang einer Bundesautobahn.

[98] S. hierzu BayVGHE 23 (1970), 2 (4) = VerwRspr. 21 (1970), 397 (399); OVG NW, zitiert nach PersVerk. 1966, 131 (ohne Verfasserangabe).

[99] BayVGHE 23 (1970), 2 (3 f.) = VerwRspr. 21 (1970), 397 (398 f.); OLG München, NJW 1968, 604; LG München I, BayVBl. 1970, 33; a.A. allerdings offenbar BGH, NVwZ 1990, 297 (298), wo der Aufwendungsersatzanspruch des klagenden Bundes allein wegen dessen eigener Zuständigkeit zur Verkehrssicherung abgelehnt wurde; s. auch BayVGH, VerwRspr. 22 (1971), 866 und zur Rechtswegfrage BGH, NJW 1971, 1218.

[100] BVerwG, BBauBl. 1962, 454: Die Klägerin könne nicht entgegen der gesetzlichen Regelung von sich aus (als Geschäftsführerin) entscheiden, daß ihr Eingreifen im öffentlichen Interesse geboten sei. Nur die Wegeaufsichtsbehörde könne den Wegebaupflichtigen anhalten, seiner Wegeunterhaltungspflicht nachzukommen. Im Ergebnis ebenso OVG Lüneburg, VerwRspr. 15 (1963), 799 (800 f.); ähnlich offenbar auch OVG NW und VG München, zitiert nach PersVerk. 1966, 131 (ohne Verfasserangabe).

nicht dazu in der Lage ist, die Gefahr in der gebotenen Eile selbst zu beseitigen[101]. Außerdem soll berechtigte GoA vorliegen, wenn ein Bürger Aufwendungen macht, um der Verwaltung die Verletzung ihrer Verkehrs*regelungs*pflicht nachzuweisen[102].

Eine Besonderheit betrifft diejenigen Fälle, in denen die zuständige Behörde zwar in der Lage, nicht aber dazu bereit ist, eine erforderliche Unterhaltungsmaßnahme zu treffen. Springt ein Dritter für die unwillige Behörde ein und erledigt deren Aufgabe, so kann er den Ersatz seiner Aufwendungen unter den Voraussetzungen des § 679 BGB verlangen[103]. Danach müßte ohne die Geschäftsführung eine Pflicht der Behörde, deren Erfüllung im öffentlichen Interesse liegt, nicht rechtzeitig erfüllt werden, und außerdem muß das Eingreifen des Geschäftsführers anstelle der zuständigen Behörde in der gegebenen Situation im öffentlichen Interesse liegen[104].

Jenes öffentliche Interesse sollte nach der Rechtsprechung des Bundesgerichtshofs sowie nach der älteren, obergerichtlichen Verwaltungsrechtsprechung nur dann anzunehmen sein, wenn das Tätigwerden des Geschäftsführers zur Abwendung einer drohenden Gefahr für die Allgemeinheit dringend erforderlich ist[105]. Verzichtet wurde auf das besondere Gefahrenmoment allein in staatskirchenrechtlichen Zusammenhängen: Die Unterhaltung kirchlicher Gebäude (der korporierten Religionsgemeinschaften) sei eine Pflicht, deren Erfül-

---

[101] BVerwG, NJW 1986, 2524.

[102] LG Wiesbaden, DAR 1970, 130: Lichtbilder zum Nachweis einer Ampelfehlschaltung.

[103] BVerwG, BBauBl. 1962, 454; BVerwGE 80, 170 (173); OVG Lüneburg, VerwRspr. 15 (1963), 799 (800); BayVGHE 23 (1970), 2 (5) = VerwRspr. 21 (1970), 397 (400); BayVGHE 25 (1972), 117 (120) = VerwRspr. 24 (1973), 542 (546); HessVGH, Gemeindehaushalt 1987, 264; OVG Lüneburg, NVwZ 1991, 81 (82); BGHZ 1, 57 (62); BGH, NJW 1978, 1258 (1259).

[104] BVerwG, BBauBl. 1962, 454; BVerwGE 80, 170 (173); BayVGHE 25 (1972), 117 (120) = VerwRspr. 24 (1973), 542 (546); BayVGHE 23 (1970), 2 (5) = VerwRspr. 21 (1970), 397 (400); BGH, LM Nr. 17 zu § 683 BGB; WM 1976, 1056 (1059); NJW 1978, 1258 (1259); LG Berlin, JR 1951, 405 (406).

[105] Im einzelnen finden sich unterschiedliche Formulierungen, s. etwa BGH, NJW 1978, 1258 (1259): GoA nur bei einem „öffentlichen Belang von besonderem Gewicht, der ein unverzügliches Handeln erfordert"; BayVGHE 25 (1972), 117 (120) = VerwRspr. 24 (1973), 542 (546): GoA nur, „wenn Gefahr für Leben, Gesundheit oder Eigentum im Verzug ist und wenn ohne das Eingreifen des (unzuständigen) Geschäftsführers eine nicht wiedergutzumachende Schädigung droht (sogenannte Notstandsmaßnahme)"; tendenziell ähnlich HansOLG, MDR 1954, 180; HessVGH, Gemeindehaushalt 1987, 264; sowie offenbar OVG Lüneburg, Urt. vom 6.6.1985 – 3 OVG A 120/79 – als Vorinstanz zu BVerwGE 80, 170 (s. S. 174); s. auch LG Würzburg, VkBl. 1959, 552: GoA dann etwa möglich, wenn es um die Aufrechterhaltung der öffentlichen Wasserversorgung geht.

lung als solche im öffentlichen Interesse liege und jeden entgegenstehenden Willen des zur Unterhaltung Verpflichteten gemäß § 679 BGB ausschließe[106].

Dagegen setzt das Bundesverwaltungsgericht[107] in einer jüngeren Entscheidung neue, und zwar weniger strenge Maßstäbe für das öffentliche Interesse an einer auftragslosen Geschäftsführung seitens Privater für eine Behörde. Dieses könne durch verschiedene Gesichtspunkte begründet sein, so insbesondere durch den Schutz individueller Rechtsgüter wie Gesundheit oder Eigentum eines Bürgers. Ob das öffentliche Interesse gegeben sei, könne nur unter Berücksichtigung aller Umstände des Einzelfalls festgestellt werden. Dabei seien sowohl die sachliche und zeitliche Dringlichkeit der Aufgabe und die Sachnähe des Betroffenen, seine Handlungs- und Zugriffsmöglichkeiten, als auch – parallel dazu – das Verhalten und die Handlungsmöglichkeiten der zuständigen Behörden zu würdigen. Ferner dürfe bei der Beurteilung des öffentlichen Interesses nicht die Wahrung eines der Behörde zustehenden Handlungsspielraums außer acht bleiben[108], und es sei das Prinzip zu wahren, daß Instanzenwege einzuhalten und Rechtsschutzmöglichkeiten auszuschöpfen sind, um eine zuständige Behörde zur Wahrnehmung ihrer Aufgaben anzuhalten, bevor ein Privater selbst an ihrer Stelle tätig wird.

Gehen von einer öffentlichen Einrichtung oder Sache Störungen aus und kommt der Einrichtungsträger seiner Verpflichtung nicht nach, die Beeinträchtigung zu unterbinden, so soll der betroffene Bürger nach einer Entscheidung des Amtsgerichts Karlsruhe die erforderlichen Störungsbeseitigungsmaßnahmen selbst ergreifen und die Kosten über GoA auf den öffentlichen Betreiber der störenden Anlage abwälzen können[109]. Dagegen hat das Oberlandesgericht Karlsruhe[110] Ansprüche aus GoA in einem gleichgearteten Fall – Einbau von Dämmfiltern in vorhandene Fersehempfangsantennen wegen eines in unmittelbarer Nachbarschaft neu errichteten Senders der Deutschen Bundespost – verneint und dargelegt, mit der Dämpfung seiner Empfangsantennen habe der Kläger ein objektiv eigenes Geschäft geführt und auch nicht den Willen erkennen lassen, ein Geschäft für einen anderen zu führen.

---

[106] VG Minden, KirchE 18, 457 (462); im Ergebnis ebenso OVG NW, ZevKR 23 (1978), 301; OVGE 37, 4 (10); VG Arnsberg, KirchE 18, 451 (457); VG Bayreuth, KirchE 23, 144 (146) = ZevKR 31 (1986), 480 (482).

[107] BVerwGE 80, 170 (174); dem folgend OVG Lüneburg, NVwZ 1991, 81.

[108] Ähnlich hatte es in einer früheren Entscheidung auch der BGH (NJW 1978, 1258 [1259]) für entscheidungserheblich gehalten, ob nach den Verhältnissen des Einzelfalls nur eine bestimmte Verwaltungsmaßnahme in Betracht kam.

[109] AG Karlsruhe, NJW 1990, 329.

[110] NJW-RR 1992, 93.

c) *Erschließungsrecht*

Für die Zulässigkeit einer GoA im Erschließungsrecht gelten nach der Rechtsprechung ähnliche Kriterien wie bei der Unterhaltung öffentlicher Sachen[111]. Private Rechtsträger, die an Stelle der Gemeinde geschäftsführend Erschließungsanlagen herstellen, können ihre Aufwendungen nach Maßgabe der §§ 677 ff. BGB von der Gemeinde als Erschließungsträger (§ 123 Abs. 1 BauGB) ersetzt verlangen. Nach der Rechtsprechung des Verwaltungsgerichtshofs Baden-Württemberg[112] soll GoA allerdings wegen der weitreichenden Planungsfreiheit der Gemeinden im Erschließungsrecht nur dann in Betracht kommen, wenn sich das Interesse des geschäftsführenden Anliegers an der Erschließung infolge fortdauernder Untätigkeit der Gemeinde bereits zu einem subjektiven Recht auf Durchführung der Erschließungsmaßnahme verdichtet hatte[113] und ferner die Gemeinde ihr Einverständnis mit der Art und Weise der Bauausführung bekundet hat[114].

Neuerdings erhebt das Oberverwaltungsgericht Nordrhein-Westfalen[115] grundsätzliche Einwände gegen die Zulässigkeit einer GoA im Erschließungsrecht: Durch die §§ 123 ff. BauGB und durch das öffentlichrechtliche Vertragsrecht sei eine umfassende Abwicklung der Erschließungsmaßnahmen gewährleistet, weshalb in diesem Bereich schwerlich Raum bleibe für eine GoA durch Private. Auf die Rechtspraxis des Bundesverwaltungsgerichts hat sich die neuere Auffassung des Oberverwaltungsgerichts Nordrhein-Westfalen allerdings bislang nicht ausgewirkt[116].

Führt dagegen im umgekehrten Verhältnis die Gemeinde selbst Erschließungsmaßnahmen durch, so erfüllt sie damit nur ihre öffentlichrechtliche Pflicht gegenüber den bereits dort wohnenden Anliegern und besorgt nicht

---

[111] In BVerwGE 82, 215 (222) verweist das Gericht sogar wegen der Voraussetzungen einer öffentlichrechtlichen GoA im Erschließungsrecht auf die bereits angesprochene Entscheidung in BVerwGE 80, 170; s. zur Fremdgeschäftsführung für die Gemeinde im Erschließungsrecht auch das obiter dictum in BGHZ 61, 359 (362).

[112] VGH Bad.-Württ., ESVGH 27, 125 = NJW 1977, 1843.

[113] Vgl. zum subjektiven Recht auf Durchführung von Erschließungsmaßnahmen BVerwG, NJW 1975, 402; BVerwGE 64, 186; 78, 266; BVerwG, NVwZ 1991, 1086; DVBl. 1993, 669; *Ernst* in *Ernst/Zinkahn/Bielenberg*, BauGB, § 123 Rdnr. 29 ff.

[114] Ähnlich im Ergebnis auch die jüngste Entscheidung des BVerwG zu diesem Problemkreis (NVwZ 1992, 672): Die nur allgemeine gemeindliche Aufgabe der Erschließung sei kein geeigneter Gegenstand der Geschäftsführung durch Dritte; als deren Gegenstand komme nur die Erfüllung einer entsprechend konkreten Pflicht in Betracht.

[115] KStZ 1989, 195 = NWVBL 1990, 99.

[116] Vgl. zuletzt noch zur GoA im Erschließungsrecht BVerwGE 82, 215 (222) und BVerwG, NVwZ 1992, 672; ebenso VGH Bad.-Württ., BWVP 1992, 183.

zugleich auch ein Geschäft der späteren Baubewerber[117]. Läßt aber die Gemeinde im Zuge öffentlicher Erschließungsmaßnahmen zugleich auch solche Arbeiten durchführen, welche den privaten Grundeigentümern obliegen (hier: Hausanschluß an die öffentliche Entwässerungseinrichtung), so kann sie insoweit Kostenersatz aus GoA verlangen[118]. Sind solche Ersatzansprüche gesetzlich normiert (etwa § 12 hessKAG), soll es sich dabei um eine Konkretisierung der öffentlichrechtlichen GoA handeln[119].

d) Polizei- und Ordnungsrecht

aa) GoA gegenüber dem ordnungspflichtigen Bürger

Gefahren für die öffentliche Sicherheit und Ordnung werden häufig nicht durch denjenigen beseitigt, der sie zu verantworten hat, sondern durch die zuständigen Polizei- und Ordnungsbehörden – manchmal auch durch private Dritte, sei es im Auftrag der zuständigen Behörden oder gar aus eigener Initiative. Umstritten ist die Frage, ob in der Beseitigung der Gefahr zugleich eine Geschäftsführung für den ordnungspflichtigen Bürger liegt, und ob derjenige, der Gefahrenabwehrmaßnahmen ergriffen hat, seine Aufwendungen hierfür von dem polizeilichen Störer aus dem rechtlichen Gesichtspunkt der GoA ersetzt verlangen kann. In einigen vorwiegend verwaltungsgerichtlichen Entscheidungen wird die Ansicht vertreten, ein Rückgriff auf das allgemeine Rechtsinstitut der GoA sei versagt, weil die Kostenerstattungspflicht des Verantwortlichen durch die einschlägigen Verwaltungsvollstreckungsgesetze und die polizeirechtlichen Kostenvorschriften bei unmittelbarer Ausführung einer Maßnahme umfassend und abschließend geregelt sei[120]. Allerdings ist diese Auffassung in der Rechtsprechung keineswegs herrschend. Nach überwiegender Ansicht sollen Ansprüche aus GoA gleichrangig neben solchen aus öffentlichrechtlichen Kostenvorschriften bestehen. Angenommen wird eine *privatrechtliche* GoA, wenn die Sicherheitsbehörde zugleich ein Geschäft des

---

[117] OLG Nürnberg, BayJMBl. 1956, 167 (168).

[118] BayVGH, NVwZ 1992, 431 = BayVBl. 1992, 214: Herstellung eines (öffentlichen) Hauptkanals und zugleich Anschluß der einzelnen Grundstücke, zu welchem die Grundeigentümer gemäß Entwässerungssatzung selbst verpflichtet waren.

[119] VG Frankfurt, HStGZ 1982, 153 f.; ähnlich HessVGH, HStGZ 1983, 242.

[120] BVerwGE 10, 282 (290); OVG Hamburg, HambJVBl. 46 (1972), 54 (55); VGH Bad.-Württ., ESVGH 23 (1974), 34 (35 f.); OVG NW, NJW 1978, 720 (721); VGH Bad.-Württ., VBlBW 1993, 298 (299); Schl.-Holst. VG, VkBl. 1979, 680; VG Kassel, NJW 1980, 305 (306); VG Wiesbaden, KStZ 1982, 119 (120); BayObLGZ 1968, 200 = MDR 1968, 920; LG Wuppertal, GewArch 1981, 370 (371); AG Krefeld, NJW 1979, 722; AG Frankfurt, NJW-RR 1990, 730 (731).

Geschäftsherrn auf der Ebene des Privatrechts besorgt[121]; die Rechtsprechung stellt insoweit offenbar auf eine gleichzeitige Erfüllung privatrechtlicher Verkehrssicherungspflichten ab, wobei jedoch die spezifisch privatrechtliche Komponente der Gefahrenbeseitigung in der Regel nicht eindeutig benannt wird[122]. Danach soll die Verwaltung wegen der Kosten einer Gefahrenabwehrmaßnahme wahlweise mit Mitteln des Polizeirechts oder aus (privatrechtlicher) GoA gegen den Störer vorgehen können[123]. Das Rechtsinstitut der GoA soll lediglich dann nicht zum Tragen kommen, wenn zwischen der Verwaltung und dem ordnungspflichtigen Bürger außerhalb des für die Eingriffsverwaltung typischen Subordinationsverhältnisses noch eine weitere besondere Rechtsbeziehung besteht, etwa ein privatrechtliches Benutzungsverhältnis[124].

Nach diesen Grundsätzen gelangt die herrschende Rechtsprechung im einzelnen zu folgenden Ergebnissen:

Beseitigt die Wasser- und Schiffahrtsverwaltung Gefahren, die von gesunkenen Schiffen oder verlorengegangenen Schiffsteilen ausgehen, so kann sie ihre Aufwendungen von dem Schiffseigner aus GoA ersetzt verlangen[125], obgleich sie gegen diesen ebenfalls mit schiffahrtpolizeilichen Mitteln nach § 30 WaStrG vorgehen konnte. Der Aufwendungsersatzanspruch unterliegt der kurzen Verjährung der §§ 117, 118 BinnSchG[126] und begründet kein Schiffsgläubigerrecht[127]. Ähnliches gilt, wenn ein Pkw in ein Binnengewässer stürzt:

---

[121] S. BGH, NJW 1975, 47 (49) m.w.N., im konkreten Fall jedoch unter Ablehnung privatrechtlicher GoA auf den Verwaltungsrechtsweg verweisend.

[122] BGHZ 65, 384 und BGH, NJW 1969, 1205 (1206) deuten die allgemeine Verkehrssicherungspflicht an; BHGZ 63, 167 (169) spricht von einem Interesse des Geschäftsherrn, „den Schaden möglichst gering zu halten"; BGHZ 40, 28 (31) verweist auf die Haftung der Bundesbahn nach § 1 SachschHG, ohne eine konkrete privatrechtliche Handlungspflicht der Bahn nachzuweisen; BGHZ 65, 354 (358) verweist auf landesrechtliche Vorschriften über den Abbau von Bimsvorkommen, ohne deren privatrechtliche Rechtsnatur darzulegen. Allein BGHZ 16, 12 (16) benennt eindeutig die zivilrechtliche Gefahrenbeseitigungspflicht des Geschäftsherrn aus § 836 BGB.

[123] Gegen eine völlige Gleichbehandlung der Ansprüche aus Ersatzvornahme und GoA aber BGH, DVBl. 1970, 499 (500 a.E.).

[124] BGHZ 63, 119 (Benutzung einer Müllkippe: keine GoA, sondern positive Vertragsverletzung).

[125] BGHZ 65, 384; BGH, NJW 1969, 1205 (ebenso die Vorinstanz OLG Köln, VersR 1968, 246); OLG Hamburg, VersR 1983, 1076; OLG Köln, VkBl. 1972, 922. In seiner früheren Rechtsprechung hatte der BGH der Wasser- und Schiffahrtsverwaltung in entsprechenden Fällen keine Ansprüche aus GoA, sondern aus § 994 Abs. 1 BGB (BGH, NJW 1955, 340) oder aus § 812 BGB (BGH, NJW 1964, 1365) zugesprochen. A.A. noch RGZ 43, 293: Das Verwaltungszwangsverfahren sei der allein zulässige Weg zur Einziehung der Kosten.

[126] BGH, NJW 1969, 1205 (ebenso die Vorinstanz OLG Köln, VersR 1968, 246); BGHZ 76, 312 (318).

[127] BGHZ 96, 332; a.A. allerdings noch BGH, NJW 1969, 1205 (1206).

Hier kann die Wasser- und Schiffahrtsverwaltung ihre Aufwendungen für die Beseitigung des Fahrzeugs von dessen Fahrer und Eigentümer aus GoA ersetzt verlangen[128].

Der Inhaber eines Betriebes, dessen Emissionen sich auf einer Straßendecke ablagern und dadurch die Sicherheit des Straßenverkehrs gefährden, hat der zuständigen Straßenbaubehörde die zusätzlichen Kosten einer Straßenreinigung aus GoA zu ersetzen, wenn die Gefahr hierdurch behoben werden kann[129]. Erfordert die Gefahrenabwehr jedoch eine Veränderung in der Substanz der Straßendecke, so ist zu vermuten, daß die Straßenbaubehörde eine solche Maßnahme nur in Erfüllung eigener Pflichten, ohne Fremdgeschäftsführungswillen, vornimmt[130].

Uneinheitlich ist die Rechtsprechung zum Abschleppen verunglückter oder rechtswidrig abgestellter Kraftfahrzeuge. Einmal geht es hierbei um die Frage, ob GoA seitens der einschreitenden Behörde vorliegt, welche das gefährdende Fahrzeug selbst beseitigt oder beseitigen läßt[131]. Häufiger jedoch waren die Gerichte mit der Frage befaßt, ob ein privater Abschleppunternehmer, der ein behinderndes Fahrzeug im Auftrag der Polizei entfernt, eigene Ansprüche aus GoA gegen den Fahrer oder den Halter des Fahrzeugs geltend machen kann[132]. Ein Anspruch aus GoA besteht jedenfalls dann nicht, wenn ein Fahrzeug im

---

[128] LG Trier, VkBl. 1977, 580; a.A. Schl.-Holst. VG, VkBl. 1979, 680 unter Hinweis auf den abschließenden Charakter der Kostenvorschriften des Verwaltungsvollstreckungsrechts.

[129] BGHZ 65, 354.

[130] BGHZ 62, 186 (189); allerdings wurde der Klage der Straßenbaubehörde aus dem Gesichtspunkt der Grundstücksbeeinträchtigung (§ 906 Abs. 2 Satz 2 BGB) stattgegeben. A.A. noch BGH, NJW 1966, 1360: Der Inhaber eines emittierenden Betriebes hatte die Kosten für eine zusätzliche Isolierung der gefährdeten stadteigenen Brücke aus GoA zu tragen.

[131] Bejahend (bei verunglücktem Öltankwagen): BGHZ 63, 167 (169 f.), ebenso die Vorinstanz OLG Düsseldorf, VersR 1973, 64; ablehnend jedoch (bei rechtswidrig abgestellten PKW): OVG NW, NJW 1978, 720 und AG Krefeld, NJW 1979, 722, jeweils unter Hinweis auf abschließende Sonderregelungen des Verwaltungsvollstreckungsrechts.

[132] Bejahend: LG Limburg, MDR 1965, 742; LG Braunschweig, NJW 1966, 1820; LG München I, NJW 1976, 898 (dagegen: AG Schöneberg, NJW 1984, 2954); VersR 1978, 1076; AG Lübbecke, MDR 1975, 228; ferner AG München, VersR 1977, 460 sowie VersR 1977, 461 unter Haftungsgesichtspunkten. Ablehnend aber BGH, NJW 1978, 2502 (2503), u.a. wegen Spezialität der Schutzpflichten aus dem Vertrag zwischen Polizei und Abschleppunternehmer zugunsten des Fahrzeugeigentümers (§ 328 BGB); AG Krefeld, NJW 1979, 722 unter Hinweis auf abschließende Regelungen des Verwaltungsvollstreckungsrechts; LG München I, NJW 1978, 48 und AG Düsseldorf, JZ 1967, 62 wegen fehlenden Fremdgeschäftsführungswillens: Der Abschleppunternehmer wolle nur seinen Werkvertrag mit der Behörde erfüllen; s. auch OVG NW, NJW 1980, 1974. Ablehnend ferner AG Frankfurt, NJW-RR 1990, 730 hinsichtlich des Aufwendungsersatzanspruchs eines Straßenbauunternehmers bei Abschleppen eines die Bauarbeiten behindernden, rechtswidrig abgestellten Kfz.

Zuge einer strafprozessualen Beschlagnahme zu Beweissicherungszwecken abgeschleppt und verwahrt wird[133].

Beseitigt die Ordnungsbehörde Öl, welches aus einem Kraftfahrzeug ausgelaufen ist, so liegt GoA seitens der Behörde im Verhältnis zum Fahrzeughalter vor, nicht aber im Verhältnis zu dem nur mittelbar interessierten Haftpflichtversicherer des Fahrzeugs[134]. Läßt die Behörde Öl beseitigen, welches von einer schadhaften Heizungsanlage in öffentliche Gewässer gelangt, so kann sie Aufwendungsersatz von demjenigen verlangen, der die Heizungsanlage fehlerhaft eingebaut hat[135].

Löscht die Feuerwehr ein Schadenfeuer, so erfüllt sie zugleich eine Pflicht des Brandverursachers und kann von diesem ihre Aufwendungen aus GoA ersetzt verlangen[136].

bb) GoA eines ordnungspflichtigen Bürgers für die Verwaltung

Im umgekehrten Verhältnis kommt GoA nach erfolgter Gefahrenabwehr in Betracht, wenn die Ordnungsbehörde aus dem Gesichtspunkt der Folgenbeseitigung zur Wiederherstellung eines früheren Zustands verpflichtet ist. Kommt die Ordnungsbehörde ihrer Folgenbeseitigungslast nicht nach, so kann der berechtigte Bürger den rechtmäßigen Zustand selbst wiederherstellen und Aufwendungsersatz aus GoA verlangen[137].

cc) GoA im Verhältnis mehrerer ordnungspflichtiger Bürger untereinander

Sind für eine Gefahr mehrere Störer polizeilich verantwortlich und ist das Auswahlermessen der Behörde auf die Inanspruchnahme eines bestimmten

---

[133] OVG NW, NJW 1978, 720; OLG Karlsruhe, DAR 1966, 20; LG Stuttgart, MDR 1973, 48.

[134] BGHZ 54, 157; LG Hamburg, VersR 1980, 1031.

[135] OLG Karlsruhe, MDR 1965, 384.

[136] BGHZ 40, 28 „Funkenflug"; OLG Hamm, NWVBL 1989, 218; LG Braunschweig, DVBl. 1973, 227; s. auch BayVGH, BayVBl. 1979, 621 (623) (obiter dictum, insoweit rechtswegverweisend); NVwZ-RR 1992, 103 (104). Nach hessischem Feuerwehrrecht sollen die Gemeinden berechtigt sein, den auf § 683 BGB beruhenden Aufwendungsersatzanspruch für Feuerwehreinsätze im Rahmen ihrer Satzungsgewalt (§§ 42 Abs. 3 hessBrSHG, 2 hessKAG) als eigenständige öffentlichrechtliche Ansprüche in einer Gebührensatzungen zu konkretisieren, vgl. HessVGH, DÖV 1994, 172 (173).

[137] AG Niebüll, NVwZ 1991, 917: Kosten für die Räumung einer Wohnung nach abgelaufener Obdachlosen-Einweisung.

Störers reduziert[138], so kann jeder andere Störer, der von der Behörde ermessensfehlerhaft zur Gefahrenbeseitigung herangezogen wurde, von demjenigen Störer Aufwendungsersatz aus GoA verlangen, welcher bei fehlerfreier Ermessensbetätigung von der Behörde heranzuziehen war[139]. Sind mehrere Miteigentümer gleichrangig nach (Bau-)Ordnungsrecht für den Zustand einer Sache verantwortlich, so kann jeder Miteigentümer, der die Gefahr beseitigt, von den übrigen Miteigentümern anteiligen Ersatz seiner Aufwendungen aus GoA verlangen[140].

dd) GoA unter verschiedenen Polizei- und Ordnungsbehörden

Verschiedene Behörden, die gleichermaßen mit Gefahrenabwehr befaßt sind, können einander unter Umständen ebenfalls aus GoA verpflichtet sein. Nach der Rechtsprechung des Bundesverwaltungsgerichts kann eine Polizeibehörde, die in rechtmäßiger Wahrnehmung ihrer Eilkompetenz eine erforderliche Gefahrenabwehrmaßnahme trifft, Kostenersatz von demjenigen Verwaltungsträger verlangen, welcher ohne die gebotene Eile im allgemeinen für die Beseitigung der Gefahr zuständig gewesen wäre. So soll ein Land Aufwendungsersatz vom Bund verlangen können, wenn die Landespolizeibehörde in rechtmäßiger Wahrnehmung ihrer Eilkompetenz eine schiffahrtpolizeiliche Aufgabe des Bundes wahrgenommen hat[141].

Dagegen hat das Oberverwaltungsgericht Nordrhein-Westfalen Ansprüche aus GoA für den Fall verneint, daß eine Polizeibehörde des Landes in recht-

---

[138] Zur Frage einer Rangfolge der polizeilichen Verantwortlichkeit s. BayVGH, BayVBl. 1986, 590 (593); *Götz*, Allgemeines Polizei- und Ordnungsrecht, Rdnr. 233 ff., 237; *Martens* in *Drews/Wacke/Vogel/Martens*, Gefahrenabwehr, § 19 6 c m.w.N. Gegen einen allgemeinen Vorrang der Verhaltens- vor der Zustandsverantwortlichkeit: VGH Bad.-Württ., NVwZ-RR 1991, 27 (28); DÖV 1993, 578 (579); BWVP 1993, 183 (184); für einen solchen Vorrang aber OVG Rh.-Pf., BauR 1990, 345; BayVGH, BayVBl. 1993, 147 (148); VGH Bad.-Württ., NVwZ 1994, 52.

[139] LG Köln, NJW 1975, 1708 (unter dem Gesichtspunkt eines Vorrangs der Verhaltensverantwortlichkeit vor der Zustandsverantwortlichkeit); ebenso BGH, WM 1976, 1056 (1060), allerdings unter Rückverweisung wegen fehlender Entscheidungsreife; s. auch BGHZ 98, 235 (240 ff.), dort allerdings Ansprüche aus GoA nach § 558 BGB verjährt; ferner BGHZ 110, 313 (318); ablehnend aber BGH, NJW 1981, 2457.

[140] BGHZ 16, 12. Ansprüche aus den §§ 748, 744 BGB bestanden in diesem Fall nicht, weil die Beseitigung der Gefahr (Abbruch der gemeinsamen Grenzmauer) zugleich zur Beendigung der Miteigentumsgemeinschaft führte.

[141] BVerwG, NJW 1986, 2524: Beseitigung einer Ölverschmutzung in der Hollager Schleuse; ebenso jetzt auch OVG NW, ZfW 1988, 308, soweit sich nicht aus spezielleren Vorschriften des Feuerwehrrechts die Unentgeltlichkeit der Maßnahme ergebe.

mäßiger Wahrnehmung ihrer Eilkompetenz anstelle der sonst zuständigen städtischen Ordnungsbehörde eingreift, weil die Polizei kraft ausdrücklicher gesetzlicher Verpflichtung das eigene „Geschäft" der Gefahrenabwehr erledige und somit nicht ohne Auftrag handle[142].

Nach der Rechtsprechung des Hessischen Verwaltungsgerichtshofs hat das Land dem Träger der Straßenverkehrsbehörde die Kosten für das Abschleppen rechtswidrig abgestellter Kraftfahrzeuge aus GoA zu ersetzen, da es sich um die Erledigung einer vollzugspolizeilichen Aufgabe handle[143].

e) Strafprozeßrecht

Gibt ein Privater kriminalistische Untersuchungen in Auftrag, so kann er die ihm dadurch entstehenden Kosten von der Strafverfolgungsbehörde erstattet verlangen, wenn die Untersuchung strafprozessual geboten war und das Ergebnis der Untersuchung im Strafverfahren verwertet werden kann[144]. Steht der Wille der Strafverfolgungsbehörde einer solchen Untersuchung entgegen, so ist dies unbeachtlich (§ 679 BGB), wenn ohne die Untersuchung der Anspruch des Beschuldigten auf ein faires Strafverfahren vereitelt würde[145].

Im Zusammenhang mit Untersuchungshaft stellt sich die Frage, ob Gefangene, welche die Nahrungsaufnahme verweigern, den Vollstreckungsbehörden die Kosten einer Zwangsernährung zu ersetzen haben. Nach einer Entscheidung des Landgerichts Frankfurt[146] kommen Ansprüche aus GoA nicht zum Zuge, weil der Tatbestand des § 677 BGB nicht vorliege; die Vollzugsbehörde sei nämlich gegenüber dem Häftling aus den einschlägigen Vollzugsvorschriften in sonstiger Weise zur Zwangsernährung „berechtigt". Aus dem gleichen Grunde hat der Bundesgerichtshof eine Pflicht des Gefangenen zur Erstattung der notwendigen Behandlungskosten nach einem Selbstmordversuch abgelehnt[147].

---

142 OVG NW, OVGE 38, 247 (249) = NJW 1986, 2526: Löschen eines brennenden Papierkorbs.

143 HessVGH, HessVGRspr. 11 (1979), 81.

144 AG Bremen, NJW-RR 1986, 355: Blutentnahme zwecks Feststellung der Blutalkoholkonzentration.

145 AG Bremen (Fußn. 144).

146 LG Frankfurt, NJW 1977, 1924 (1925).

147 BGHZ 109, 354; im Ergebnis ebenso die erstinstanzliche Entscheidung (LG Trier, NStZ 1988, 244).

f) Steuerrecht

Schließlich kann eine berechtigte GoA in der Begleichung fremder Steuerschulden liegen[148]. Eine solche Geschäftsführung widerspricht allerdings dem Interesse des Geschäftsherrn, wenn bei der Finanzbehörde bereits Stundung oder Erlaß beantragt sind oder wenn die Abgabenschuld alsbald zu verjähren droht[149].

5. Neuere Entwicklungen in der Rechtsprechung

Im Laufe der letzten anderthalb Jahrzehnte hat sich die Anschauung über die öffentlichrechtliche GoA in der Rechtsprechung fortentwickelt und teilweise gewandelt.

Das Bundesverwaltungsgericht hat vor allem durch die bekannte Uferdeckwerkentscheidung[150] sein Bekenntnis zur öffentlichrechtlichen GoA bekräftigt und die Aufmerksamkeit der Rechtswissenschaft auf die Fallkonstellation der GoA eines Bürgers für die Verwaltung gelenkt. Zumindest in dieser Fallgruppe hat die Entscheidung mit traditionellen Vorbehalten gegen die öffentlichrechtliche GoA gebrochen und damit zu einer nicht unerheblichen Neuorientierung in diesem Bereich geführt.

Der Bundesgerichtshof hat erstmals den öffentlichrechtlichen Charakter einer GoA anerkannt und den zwischen dem Land als Krankenhausträger und der gesetzlichen Krankenkasse anhängigen Rechtsstreit an die Sozialgerichtsbarkeit verwiesen[151].

Etwas zurückhaltender urteilt das oberste Zivilgericht neuerdings in den Fällen der behördlichen Ersatzvornahme. Nach der bisherigen ständigen Rechtsprechung konnten die Sicherheitsbehörden in dieser Konstellation unabhängig vom Vorliegen etwaiger vollstreckungsrechtlicher Kostenersatzansprüche jedenfalls Aufwendungsersatz aus GoA verlangen[152]. In einer jüngeren Ent-

---

[148] BGHZ 7, 346 (355 f.); 41, 30 (32 f.); OLG Stuttgart, NJW 1976, 2079; LG Berlin, JR 1951, 405 (406 r.Sp.); s. auch RGZ 82, 390 (395); BGH, NJW 1991, 2638 (2639).

[149] LG Berlin, JR 1951, 405 (406 r.Sp.) in einem obiter dictum.

[150] BVerwGE 80, 170.

[151] S. BGHZ 89, 250; a.A. noch BGH, VersR 1955, 49; VersR 1956, 235; BGHZ 23, 227; s. jedoch auch den Hinweis in BGHZ 24, 302 (308) auf das unveröffentlichte Urteil des BGH vom 13.12.1954 – III ZR 113/53.

[152] Nachweise oben, S. 42 Fußn. 121 ff.; vgl. aber auch BGH, NJW 1975, 47 (49), wo die Konkurrenz zu den verwaltungsvollstreckungsrechtlichen Kostenvorschriften wenigstens zu einer Verweisung eines Rechtsstreits an die Verwaltungsgerichtsbarkeit führte.

scheidung hat der Bundesgerichtshof erstmals die vielfach erhobene Kritik an seiner bisherigen Rechtspraxis zur Kenntnis genommen und die Frage des Rückgriffs auf das Recht der GoA – mithin auch sein Festhalten an der bisherigen Rechtsprechung – schließlich offengelassen[153].

Aus dem Bereich der Sozialgerichtsbarkeit sind seit geraumer Zeit nur wenige Gerichtsentscheidungen über öffentlichrechtliche GoA bekannt geworden. Dieser Befund erklärt sich daraus, daß der frühere Anwendungsbereich für öffentlichrechtliche GoA durch die zwischenzeitlich eingeführten Ausgleichstatbestände der §§ 102 ff. SGB-X weitgehend abgedeckt ist. Die bedeutsamste Neuerung auf dem Gebiet der Sozialrechtsprechung betrifft die bereits angesprochene Vermutung des Fremdgeschäftsführungswillens bei der Besorgung auch-fremder Geschäfte[154].

6. GoA in übergreifenden Begründungszusammenhängen

Ebenfalls erst seit jüngerer Zeit zu beobachten ist eine Tendenz, das Rechtsinstitut der GoA nicht (allein) in seinen konkreten Rechtsfolgen anspruchsbegründend (§ 683 BGB) oder anspruchshindernd (§ 680 BGB) heranzuziehen, sondern die bloße Existenz der öffentlichrechtlichen GoA in weitergehende Begründungszusammenhänge zu stellen, sie namentlich im Rahmen der systematischen Auslegung sonstiger Vorschriften zu berücksichtigen – bis hin zur Inhaltsbestimmung des verfassungsrechtlichen Eigentumsbegriffs.

So hatte das Bundesverwaltungsgericht[155] die Verfassungsmäßigkeit einer gesetzlichen Regelung zu prüfen, welche es erlaubt, den Eigentümer eines Fahrzeugs mit den durch die Beseitigung des Wagens entstehenden (Abschlepp-)Kosten zu belasten. Im Ergebnis sah das Gericht die Regelung als zulässige Inhalts- und Schrankenbestimmung an (Art. 14 Abs. 1 Satz 2 GG) und führte erläuternd aus, dies werde durch die Einsicht erhellt, daß bei einer solchen Sachlage die Beseitigung des Wagens zumindest im weiteren Sinne den Umkreis des Rechtsgedankens der Geschäftsführung ohne Auftrag und der damit verbundenen Kostenerstattungspflicht erreiche.

Der Hessische Verwaltungsgerichtshof hatte in drei feuerwehrrechtlichen, untereinander vergleichbaren Fallgestaltungen[156] über die Gebühren der Frei-

---

[153] BGHZ 96, 332 (335).

[154] BSGE 67, 100 (102); im gegenteiligen Sinne zuvor BSGE 16, 151 (155 f.); 29, 44 (49 f.); 39, 137 (138); BSG, Breithaupt 64 (1975), 964 (965).

[155] NJW 1992, 1908.

[156] ESVGH 38, 164 = NVwZ-RR 1988, 75; ESVGH 42, 243 = NVwZ-RR 1992, 624; DÖV 1994, 172.

willigen Feuerwehr für die Beseitigung einer durch ausgelaufenes Öl entstandenen Gewässer- und Bodenverunreinigung zu entscheiden. Die angefochtenen Gebührenbescheide waren jeweils aufgrund einer städtischen Feuerwehrgebührensatzung ergangen, deren Rechtmäßigkeit im Streit stand. Den Umfang und die Reichweite der im hessischen Feuerwehrrecht enthaltenen Satzungsermächtigung wie auch den Inhalt der auf dieser Grundlage erlassenen Gebührensatzungen selbst bemißt das Gericht weitgehend am Maßstab des Tatbestandes und der Rechtsfolgen einer GoA. In den Entscheidungsgründen ist ausgeführt[157]: Nach § 42 Abs. 3 hessBrSHG seien „für alle übrigen Leistungen, insbesondere in Fällen der technischen Unfallhilfe, ... die Kosten nach allgemeinen gesetzlichen Bestimmungen oder nach örtlichen Gebührenordnungen zu erstatten“. Das bedeute, daß die Gemeinden berechtigt seien, ihre in den allgemeinen gesetzlichen Bestimmungen begründeten Kostenerstattungsansprüche – wie z.B. den Aufwendungsersatzanspruch für Feuerwehreinsätze gemäß § 683 BGB[158] – im Rahmen ihrer Satzungsgewalt als eigenständige öffentlichrechtliche Ansprüche zu einer Gebührensatzung im Sinne des § 2 hessKAG zu konkretisieren. Die städtische Satzung sehe u.a. eine Gebührenpflicht desjenigen vor, „in dessen Interesse ein sonstiger Einsatz oder eine Leistung der Freiwilligen Feuerwehr (erfolge)“. Mit der Gebührenpflicht des „Interessenten“ konkretisiere die Satzung den Aufwendungsersatzanspruch aus (berechtigter) GoA.

Im weiteren Verlauf variieren die Entscheidungen in ihrer Begründung, wobei folgende Entwicklung zu verzeichnen ist: Während das Gericht in den zeitlich früheren Entscheidungen noch darum bemüht ist, unter den satzungsmäßigen Gebührentatbestand zu subsumieren, entfernt es sich zunehmend von den normativen Grundlagen des § 42 Abs. 3 hessBrSHG sowie der kommunalen Gebührensatzung, deren Inhalt in der jüngsten Entscheidung[159] auch nur noch vage angedeutet wird, und wendet sich allein noch einer Subsumtion der umstrittenen Maßnahme unter den Tatbestand der §§ 677, 679, 683 BGB zu, ohne daß freilich die kommunale Gebührensatzung auf diese Vorschriften verwiese. Damit verläßt die öffentlichrechtliche GoA ihre traditionelle Bedeutung der Ausfüllung planwidriger Regelungslücken und avanciert zu einem norminterpretierenden, wenn nicht sogar gesetzesvertretenden, übergesetzlichen Rechtsinstitut.

---

[157] ESVGH 38, 164 (167) = NVwZ-RR 1988, 75 (76); ESVGH 42, 243 (245 f.) = NVwZ-RR 1992, 624 (625); DÖV 1994, 172 (173).

[158] Insoweit macht sich das Gericht in ESVGH 38, 164 (167) = NVwZ-RR 1988, 75 (76) die Rechtsprechung des BGH zu eigen unter Verweis auf BGHZ 40, 28 „Funkenflug“ und BGHZ 63, 167.

[159] DÖV 1994, 172 (173).

III. Auffassungen in der Literatur

Zahlreiche literarische Veröffentlichungen befassen sich mit den Fragen der öffentlichrechtlichen GoA. In der jüngsten grundlegenden Untersuchung gelangt Wollschläger[160] zu der Auffassung, die Geschäftsführung ohne Auftrag habe im Öffentlichen Recht keine Existenzberechtigung. Eine öffentlichrechtliche GoA gebe es nicht; sie sei durch den öffentlichrechtlichen Erstattungsanspruchs verdrängt worden[161]. Wollschlägers Theorie fand nur geringen Zuspruch[162]. Die Existenz der öffentlichrechtlichen GoA genießt nach wie vor breite Anerkennung[163], wenngleich im einzelnen vieles umstritten ist.

Uneinigkeit besteht zunächst darüber, unter welchen Rechtssubjekten das Rechtsinstitut der GoA grundsätzlich zur Anwendung kommen kann. Manche halten es für ausgeschlossen, daß private Rechtsträger öffentlichrechtliche Geschäfte anstelle der zuständigen Verwaltungskörperschaften als Geschäftsführer besorgen[164], während überwiegend angenommen wird, daß dies grundsätzlich

---

[160] GoA im öffentlichen Recht und Erstattungsanspruch (1977).

[161] *Wollschläger* (Fußn. 160), S. 95.

[162] Ihm weitgehend folgend nur *AK-Joerges*, BGB, vor §§ 677 ff. Rdnr. 37 ff.; *Haueisen*, DVBl. 1978, 310; *Hofmann*, ZAR 1983, 138 (143); differenzierend *MünchKomm-Seiler*, BGB, vor § 677 Rdnr. 24 f.; s. auch *Sieg*, SGb. 1978, 132.

[163] *Achterberg*, Allgemeines Verwaltungsrecht, § 25 Rdnr. 114; *Baur*, JZ 1964, 354; *ders.*, DVBl. 1965, 893; *Blas*, BayVBl. 1989, 648; *dies.*, JA 1989, 514; *Brennhausen*, Diss., S. 25 ff.; *Bull*, Allgemeines Verwaltungsrecht, Rdnr. 829 ff.; *Dreidoppel*, Diss. (unveröffentlicht), S. 34 ff.; *Ehlers*, Verwaltung in Privatrechtsform, S. 468 ff.; *v.Einem*, NWVBL 1992, 384 (385); *Erichsen* in *Erichsen/Martens*, Allgemeines Verwaltungsrecht, § 30 Rdnr. 9; *Ernst* in *Ernst/Zinkahn/Bielenberg*, BauGB, § 123 Rdnr. 11a; *Eyermann/Fröhler/Kormann*, VwGO, § 40 Rdnr. 26; *Fleiner*, Institutionen, S. 57 f., 180 f.; *Freund*, JZ 1975, 513; *Gusy*, JA 1979, 69; *Habermehl*, Jura 1987, 199; *Hamann*, NJW 1955, 481; *Heidenreich/Tausch*, NuR 1992, 210 (218); *Hoepffner*, Diss., S. 76 ff.; *Hurst*, DVBl. 1965, 757; *ders.*, Polizei 1964, 80 (83 f.); *Klein*, DVBl. 1968, 166; *Laforet*, Verwaltungsrecht, S. 214; *Lorenz*, JZ 1992, 462; *Mertens*, Kostentragung, S. 72; *MünchKomm-Seiler*, BGB, vor § 677 Rdnr. 23 ff.; *Nebinger*, Allgemeines Verwaltungsrecht, S. 58, *Oldiges*, JuS 1989, 616 (620); *Palandt-Thomas*, BGB, vor § 677 Rdnr. 13 ff.; *RGRK-Steffen*, BGB, vor § 677 Rdnr. 106; *Schack*, JZ 1966, 640; *Schäfer/Bonk*, StHG, § 15 Rdnr. 60 ff.; *Schlör*, Diss., S. 37 ff.; *Schmalz*, Allgemeines Verwaltungsrecht (3. Aufl.), 8. Abschn. 7.2; *Soergel-Mühl*, BGB, vor § 677 Rdnr. 4; *Staudinger-Wittmann*, BGB, vor §§ 677 – 687 Rdnr. 41; *Steckert*, DVBl. 1971, 243 (246); *Tiedau*, DÖV 1952, 164; *Tietze*, Soz.-Vers. 1975, 235 (236); *Turegg/Kraus*, Lehrbuch des Verwaltungsrechts, S. 118; *Weimar*, SKV 1957, 81; *ders.*, RiA 1964, 19; *Wolff/Bachof*, Verwaltungsrecht I, § 44 I b 5; kritisch *Erman-Ehmann*, BGB, vor § 677 Rdnr. 23 ff.; *Maurer*, Allgemeines Verwaltungsrecht, § 28 Rdnr. 10 ff.; *Schoch*, Jura 1994, 241; ablehnend *Vogel* in *Drews/Wacke/Vogel/Martens*, Gefahrenabwehr, § 33 5 b; *Martens*, ebenda, § 19 1; *Sieg*, FS *Hauß*, 335 (339).

[164] *Tiedau*, DÖV 1952, 164 (165); *Turegg/Kraus*, Lehrbuch des Verwaltungsrechts, S. 118; *Schack*, JZ 1966, 640 (641); *Schmalz*, Allgemeines Verwaltungsrecht (3. Aufl.), 8. Abschn. 7.5; *Soergel-Mühl*, BGB, vor § 677 Rdnr. 4, 8.

möglich ist[165], allerdings nach herrschender Auffassung nur in Ausnahmesituationen – insbesondere in Notstandsfällen[166].

Andere wollen die öffentlichrechtliche GoA ausschließlich im Verhältnis verschiedener Verwaltungsträger untereinander anwenden[167] oder gerade diesen Fall vom Anwendungsbereich der öffentlichrechtlichen GoA ausnehmen[168]. Mit den Fragen der öffentlichrechtlichen GoA eines Privaten für einen anderen Privaten befassen sich nur wenige Veröffentlichungen[169].

Zahlreiche Abhandlungen behandeln die spezielle Frage, ob Polizei- und Ordnungsbehörden ihre Aufwendungen für die Gefahrenabwehr von den polizeipflichtigen Bürgern außer aufgrund der einschlägigen Verwaltungsvollstreckungsvorschriften auch aus dem rechtlichen Gesichtspunkt der GoA

---

[165] *Achterberg*, Allgemeines Verwaltungsrecht, § 25 Rdnr. 116 f.; *Erichsen* in *Erichsen/Martens*, Allgemeines Verwaltungsrecht, § 30 Rdnr. 15; *Féaux de la Croix*, JW 1939, 457 (462 f.); *Freund*, JZ 1975, 513 (514 f.); *Gusy*, JA 1979, 69 (70 f.); *Habermehl*, Jura 1987, 199 (203 f.); *Heidenreich/Tausch*, NuR 1992, 210 (218); *Hoepffner*, Diss., S. 156 ff.; *Klein*, DVBl. 1968, 166 (169 f.); *Kriebel*, DÖV 1962, 766 (769, Fußn. 21); *Maurer*, Allgemeines Verwaltungsrecht, § 28 Rdnr. 11; *Menger*, VerwArch. 69 (1978), 397 (400 f.); *MünchKomm-Seiler*, BGB, vor § 677 Rdnr. 25 ff.; *Ossenbühl*, Staatshaftungsrecht, § 43 1 c cc; *Palandt-Thomas*, BGB, vor § 677 Rdnr. 15; *Weimar*, SKV 1957, 81 (82); *Wolff/Bachof*, Verwaltungsrecht I, § 44 I b 5; mit Einschränkungen auch *Fleischfresser*, VwRdsch 1988, 305; *Erman-Ehmann*, BGB, vor § 677 Rdnr. 26; *Schoch*, Jura 1994, 241 (245 f.).

[166] *Erichsen/Martens*, Allgemeines Verwaltungsrecht, § 30 Rdnr. 15; *Erman-Ehmann*, BGB, vor § 677 Rdnr. 26; *Fleischfresser*, VwRdsch 1988, 305; *Freund*, JZ 1975, 513 (515); *Gusy*, JA 1979, 69 (70); *Habermehl*, Jura 1987, 199 (203 f.); *Hoepffner*, Diss., S. 162; *Maurer*, Allgemeines Verwaltungsrecht, § 28 Rdnr. 11; *Menger*, VerwArch. 69 (1978), 397 (400 f.); *MünchKomm-Seiler*, BGB, vor § 677 Rdnr. 25 ff.; *Weimar*, SKV 1957, 81 (82). Nur unter den Voraussetzungen des § 679 BGB wollen *Klein* (DVBl. 1968, 166 [170]) und *Hoepffner* (Diss., S. 162) die GoA eines Privaten für die Verwaltung zulassen; hiergegen *Menger*, VerwArch. 69 (1978), 397 (400). Gegen eine generelle Beschränkung auf Notfälle *Achterberg*, Allgemeines Verwaltungsrecht, § 25 Rdnr. 116 f.

[167] *Tiedau*, DÖV 1952, 164; *Rietdorf*, DÖV 1966, 253 (254); *Steckert*, DVBl. 1971, 243 (246); Otto *Mayer*, Deutsches Verwaltungsrecht Bd. 2 (2. Aufl.), S. 519 f. (in der 3. Aufl. nicht mehr so deutlich vertreten, s. S. 386 ff., Fußn. 18, 30); *Moebis*, Diss., S. 48; *Fleiner*, Institutionen, S. 181; *Brennhausen*, Diss., S. 50, 58 f.; *Dittmar*, BayVBl. 1929, 105; *RGRK-Steffen*, BGB, vor § 677 Rdnr. 107 ff.; *Wolff*, Verwaltungsrecht I (7. Aufl.), § 44 I b 3 (a.A. *ders.* in der 8. Aufl. [§ 44 I b 5] und *Wolff/Bachoff*, Verwaltungsrecht I [9. Aufl.], § 44 I b 5).

[168] *Klein*, DVBl. 1968, 166.

[169] *Klein*, DVBl. 1968, 166 (170); *Hoepffner*, Diss., S. 166 ff.; *Gusy*, JA 1979, 69 (72); *Erichsen* in *Erichsen/Martens*, Allgemeines Verwaltungsrecht, § 30 Rdnr. 9; *Wolff/Bachof*, Verwaltungsrecht I, § 44 I b 5; s. auch *Schlör*, Diss., S. 47 f.; ablehnend *Habermehl*, Jura 1987, 199 (200); *Vogel* in *Drews/Wacke/Vogel/Martens*, Gefahrenabwehr, § 33 5 b; *Soergel-Mühl*, vor § 677 Rdnr. 4; *Wollschläger*, GoA im öffentlichen Recht und Erstattungsanspruch, S. 13, welche Geschäftsführung unter Privaten stets dem Bürgerlichen Recht zuordnen.

ersetzt verlangen können. Entgegen der herrschenden Auffassung in der Rechtsprechung[170] wird diese Frage in der Literatur überwiegend verneint[171].

IV. Funktionen der GoA im Öffentlichen Recht

Je nach Gegenstand der Geschäftsführung und je nach den beteiligten Rechtsträgern nimmt die öffentlichrechtliche GoA unterschiedliche Funktionen im System des Öffentlichen Rechts ein. Dabei ist altruistische Geschäftsführung – der Grundtypus der GoA – im Öffentlichen Recht verhältnismäßig selten anzutreffen[172], jedenfalls spielt sie in der Praxis der Gerichte eine relativ geringe Rolle[173]. Ihre größte Bedeutung hat die öffentlichrechtliche GoA als

---

[170] Nachweise oben, S. 42, Fußn. 121 ff.

[171] Ausführlich *Oldiges*, JuS 1989, 616 (620 ff.); ferner *Daumann*, DAR 1969, 317; *Vogel* in *Drews/Wacke/Vogel/Martens*, Gefahrenabwehr, § 33 5 b; *Ehlers*, Verwaltung in Privatrechtsform, S. 471 ff.; *Erichsen* in *Erichsen/Martens*, Allgemeines Verwaltungsrecht, § 30 Rdnr. 14; *Erman-Ehmann*, BGB, vor § 677 Rdnr. 25 ff; *Esser/Weyers*, Schuldrecht II, § 46 II 2 d (1); *Götz*, Allgemeines Polizei- und Ordnungsrecht, Rdnr. 333; *Hoepffner*, Diss., S. 151 ff.; *Maurer*, JuS 1970, 561; *Medicus*, Bürgerliches Recht, Rdnr. 411 f.; *Mertens*, Kostentragung, S. 73 ff., 77 f.; *Münch-Komm-Seiler*, BGB, vor § 677 Rdnr. 31; *Neuffer*, Diss., S. 131 ff.; *Oldiges* in *Grimm/Papier*, Nordrh.-Westf. Staats- und VerwR, S. 299; *Rietdorf*, DÖV 1966, 253; *Schmalz*, Allgemeines Verwaltungsrecht (3. Aufl.), 8. Abschn. 7.4; *Schoch*, Jura 1994, 241 (244 f.); *Schubert*, NJW 1978, 687; *ders.*, AcP 178 (1978), 425 (444 ff.); *Soergel-Mühl*, BGB, vor § 677 Rdnr. 9; *Staudinger-Wittmann*, BGB, vor §§ 677 – 687 Rdnr. 41; *Steckert*, DVBl. 1971, 243 (246); *Schenke* in *Steiner*, Besonderes Verwaltungsrecht, Kap. II Rdnr. 235; *Tiedau*, DÖV 1952, 164; *Wolff/Bachof*, Verwaltungsrecht I, § 44 I b 5; *Würtenberger*, NVwZ 1983, 192 (193 f.); speziell zur strompolizeilichen Ersatzvornahme s. *Bartlsperger*, ZBinnSch 102 (1975), 439; bejahend nur *Baur*, JZ 1964, 354; *ders.*, DVBl. 1965, 893; *Berg*, JuS 1975, 681 (683 f.); *Mittelmeier*, VersR 1974, 727 (729 ff.); speziell zur strompolizeilichen Ersatzvornahme *Friesecke*, BWaStrG, § 8 Rdnr. 16. *Hurst* (DVBl. 1965, 757) und *Klein* (DVBl. 1968, 166) differenzieren danach, ob einer an sich zuständigen Behörde nur im Hinblick auf die Kostenvorschriften ein Verfahrensfehler unterlaufen ist (dann keine GoA, weil die kostenmäßige Heranziehung insoweit durch die verwaltungsvollstreckungsrechtlichen Vorschriften abschließend geregelt sei), oder ob eine schlechthin unzuständige Behörde die Gefahr beseitigt hat (dann GoA möglich, weil die vollstreckungsrechtlichen Vorschriften sich auf diesen Fall nicht bezögen). Vgl. *Hurst* auch in Polizei 1964, 80 (84).

[172] Eine gewisses Maß an Uneigennützigkeit zeigt sich allenfalls in den Fällen des LG Wiesbaden, DAR 1970, 130 (Anfertigung von Lichtbildern zum Nachweis einer Ampelfehlschaltung) sowie des AG Bremen, NJW-RR 1986, 355 (Blutentnahme zu strafprozessualen Beweiszwecken).

[173] *Larenz* (Schuldrecht II/1, § 57 Fußn. 1) führt das im Bürgerlichen Recht gleichermaßen zu beobachtende Phänomen auf die lapidare Feststellung zurück, altruistische Hilfeleistung sei in der Regel unproblematisch abzuwickeln. Ob diese Einschätzung auch für das Öffentliche Recht geteilt werden kann, ist fraglich, weil die Grundsätze über altruistische GoA im Öffentlichen Recht weit weniger gefestigt und im Bewußtsein der Öffentlichkeit verinnerlicht sind als etwa die in das römische Recht zurückreichende Tradition der zivilistischen Geschäftsführung. Immerhin wird die bloße Feststellung der Existenz einer öffentlichrechtlichen GoA selbst in der jüngsten Rechtsprechung noch immer für wert gehalten, als Leitsatz einer Gerichtsentscheidung die Aufmerksamkeit des Lesers auf sich zu lenken, s. zuletzt in BVerwGE 80, 170.

Instrument zur Durchsetzung von Maßnahmen *gegen* den Willen des Geschäftsherrn unter Umgehung der an sich hierfür einschlägigen öffentlichrechtlichen Verfahrensvorschriften. Das gilt für Geschäftsführung durch Verwaltungsbehörden gleichermaßen wie für öffentlichrechtliche Geschäftsführung durch Private.

Die Geschäftsführung einer Verwaltungsbehörde für einen Privaten etwa kommt nahezu ausschließlich im Bereich der Gefahrenabwehr vor[174] und entspricht dort der Situation einer Ersatzvornahme[175]. Signifikant für diese Fallgruppe ist, daß die als „Geschäftsführer" agierende Behörde durchaus auch im Rahmen ihrer verwaltungsvollstreckungsrechtlichen Befugnisse zur Vornahme der Handlung auf Kosten des gefahrverursachenden Störers befugt gewesen wäre. Beruft sich eine Behörde in dieser Situation gleichwohl auf GoA, so liegt der Grund hierfür regelmäßig darin, daß die Behörde es verabsäumt hat, die förmlichen Voraussetzungen der Verwaltungsvollstreckung einzuhalten, insbesondere keine Grundverfügung erlassen und das Zwangsmittel der Ersatzvornahme nicht formgerecht angedroht und festgesetzt hat, ohne daß ein Fall des zulässigen Sofortvollzugs vorlag. Indem es der Verwaltung durch die Rechtsprechung an die Hand gegeben wird, wahlweise den verfahrensmäßig vergleichsweise unkomplizierten Aufwendungsersatz aus GoA zu fordern, ist jene faktisch von ihrer Pflicht zur Einhaltung der verwaltungsvollstreckungsrechtlichen Verfahrensvorschriften entbunden.

Im umgekehrten Verhältnis (GoA eines Bürgers für die Verwaltung) hat das Rechtsinstitut der GoA seine größte Bedeutung als Legitimation der privaten Selbsthilfe gegenüber der untätigen Verwaltung[176]. Hat ein Privater ein eigenes Interesse an der Erfüllung einer bestimmten Verwaltungsaufgabe, welche jedoch von der Verwaltung nicht oder nicht in der erwünschten Zügigkeit erledigt wird, so steht es ihm von Gesetzes wegen offen, die Behörde im Wege der verwaltungsgerichtlichen Leistungsklage zum Tätigwerden anzuhalten. Die Klage hat Aussicht auf Erfolg, wenn die Untätigkeit der Behörde den Bürger in subjektiven Öffentlichen Rechten verletzt und der Bürger deshalb einen Anspruch auf das Verwaltungshandeln hat. In dieser Fallgestaltung eröffnet das Institut der öffentlichrechtlichen GoA dem Bürger die Möglichkeit, eine gerichtliche Auseinandersetzung mit der Behörde (vorläufig) zu umgehen,

---

[174] Sehr vereinzelt ist sie auch im Bereich der Erfüllung privater Unterhalts- bzw. Schadenersatzpflichten erwogen worden, vgl. dazu LG Frankenthal, MDR 1958, 603; ablehnend SchlHOLG, SchlHA 1959, 295 (297); LG Berlin, NJW 1958, 831.

[175] Beispielhaft: BGHZ 65, 354; 65, 384. Vergleichbar auch BayVGH, NVwZ 1992, 431 = BayVBl. 1992, 214: Zwangsweise Anschließung an eine öffentliche Einrichtung mit Benutzungszwang (hier: Entwässerungseinrichtung), wobei eine satzungsmäßige Ermächtigung des Einrichtungsträgers zum Selbsteintritt auf Kosten des Benutzungspflichtigen nicht gegeben war.

[176] S. zuletzt BVerwGE 80, 170.

indem er die anstehende Verwaltungsaufgabe kurzerhand als Geschäftsführer für die Verwaltung selbst erledigt und anschließend seine Aufwendungen wie ein Beauftragter von der Verwaltung ersetzt verlangt. Faktisch wird der Behörde durch ein solches Vorgehen jede Einflußnahme auf den Zeitpunkt und die Art und Weise der Erledigung der Verwaltungsaufgabe entzogen. Die Erledigung von Verwaltungsaufgaben, die zugleich im eigenen Interesse des privaten Geschäftsführers liegen, kommt in diesen Fällen einer Selbsthilfe gegenüber der Verwaltung gleich; über das Vehikel der öffentlichrechtlichen GoA sind letztlich das System und die Schranken des verwaltungsgerichtlichen Rechtsschutzes für denjenigen jedenfalls in Teilbereichen aus den Angeln gehoben, der den Kostenaufwand dieser Selbsthilfe vorzuschießen imstande ist.

Ein zweiter Anwendungsbereich der öffentlichrechtlichen GoA eines Privaten für die Verwaltung steht im Zusammenhang mit der Erfüllung unwirksamer Rechtsgeschäfte[177]. Schließt die Verwaltung einen verpflichtenden Vertrag ohne Einhaltung der für sie geltenden besonderen Formvorschriften, so ist sie zur Vergütung einer auf den unwirksamen Vertrag hin erbrachten Leistung rechtsgeschäftlich nicht verpflichtet. Gleichwohl gewährt die Rechtsprechung dem leistenden Unternehmer Ansprüche in gleicher Höhe aus GoA, da die erbrachte Leistung der Erfüllung von Verwaltungsaufgaben gedient und im Interesse der Verwaltung gestanden habe. Mittels des Rechtsinstituts der GoA wird eine vertraglich nicht geschuldete und gleichwohl erbrachte Leistungen somit faktisch vergütet; die für die Verwaltung geltenden zwingenden Formvorschriften zum Abschluß eines rechtswirksamen Vertrages werden dadurch umgangen.

Im Verhältnis verschiedener Behörden untereinander steht hinter der vordergründig aufgeworfenen Frage nach der berechtigten GoA einer Verwaltungsbehörde für eine andere häufig die eigentlich zwischen den Behörden streitige Frage nach den Verwaltungszuständigkeiten, letztlich also ein negativer Kompetenzkonflikt[178]. Im Rahmen der Prüfung des § 677 BGB wird vom Gericht inzidenter die „Fremdheit", somit die Zuordnung des besorgten Geschäftes überprüft, so daß Gerichtsentscheidungen über öffentlichrechtliche GoA stets auch einen Ausspruch über die Verwaltungszuständigkeit selbst bezüglich der erledigten Verwaltungsaufgabe enthalten.

Zweitens versuchen Verwaltungsbehörden, die im Rahmen einer nur vorläufigen oder einer Eilkompetenz tätig werden, von der an sich – ohne die gebotene Eile – zuständigen Behörde einen finanziellen Ausgleich über GoA zu erlangen, obgleich dasjenige Gesetz, welches die Eilzuständigkeit normiert,

---

[177] Grundlegend BGH, WM 1972, 616 (618).

[178] Stattgebend etwa BSGE 6, 197; 15, 56; klageabweisend dagegen BVerwGE 18, 221; 32, 279.

eine Kostenerstattung nicht vorsieht[179]. Die Vorschriften über GoA fungieren somit zur Lückenschließung im verwaltungsrechtlichen Kostenerstattungsrecht; es handelt sich der Sache nach um Fragen des zwischenbehördlichen Finanzausgleichs.

Im Ganzen drängt sich der Eindruck auf, daß sich mit dem Rechtsinstitut der öffentlichrechtlichen GoA in der praktischen Anwendung weniger eine *Ergänzung* als vielmehr eine *Umgehung* positivierten Öffentlichen Rechts verbindet.

V. Kodifikationsbemühungen zur öffentlichrechtlichen GoA

Bis in die Mitte der achtziger Jahre gab es verschiedene Bestrebungen um eine Reform des Staatshaftungsrechts[180]. In einem einheitlichen Staatshaftungsgesetz sollte die Vielzahl der einzelnen, teils ungeschriebenen Haftungstatbestände zusammengefaßt werden. Ein Ergebnis dieses Bemühens war das vom Bundestag beschlossene Staatshaftungsgesetz 1981[181], welches in § 15[182] erstmals eine Vorschrift über vertragsähnliche öffentlichrechtliche Rechtsverhältnisse enthielt. Jener Norm unterfiel auch die öffentlichrechtliche GoA[183], allerdings nur, soweit der Bürger für einen Träger der öffentlichen Verwaltung Leistungen erbringt[184] und dafür Aufwendungsersatz verlangt; im Verhältnis verschiedener Verwaltungsträger untereinander oder für Ansprüche der Verwaltung gegen den Bürger war § 15 Nr. 1 StHG 1981 nicht einschlägig[185].

Nachdem das Staatshaftungsgesetz durch das Bundesverfassungsgericht wegen fehlender Bundesgesetzgebungskompetenz für nichtig erklärt wurde[186], arbeiteten Bund und Länder gemeinsam an einer erneuten Reform des Staatshaftungsrechts mit dem erklärten Ziel, die Rechtseinheit in diesem Rechtsgebiet

---

[179] So etwa in BVerwG, NJW 1986, 2524 und OVG NW, OVGE 38, 247 = NJW 1986, 2526.

[180] Zum Gang vor 1981 s. *Schmidt-Bleibtreu*, StHG, S. 103 ff.; für die Zeit nach 1981 s. *Bundesministerium der Justiz*, Zur Reform des Staatshaftungsrechts, S. 1 ff.

[181] Staatshaftungsgesetz (StHG) vom 26. Juni 1981 (BGBl. I, S. 553).

[182] § 15 StHG: „Neben den Ansprüchen nach diesem Gesetz können wegen desselben Sachverhalts gegen den Träger Ansprüche geltend gemacht werden nach den Vorschriften über
1. die Haftung aus öffentlichrechtlichen Verträgen und ähnlichen Rechtsverhältnissen einschließlich Dienstverhältnissen,
2. ...".

[183] *Schäfer/Bonk*, StHG, § 15 Rdnr. 60; *Schmidt-Bleibtreu*, StHG, S. 66.

[184] *Schäfer/Bonk*, StHG, § 15 Rdnr. 65.

[185] *Schäfer/Bonk*, StHG, § 15 Rdnr. 63 f.

[186] Urteil des BVerfG vom 19. Oktober 1982 (BGBl. I, S. 1493) = BVerfGE 61, 149.

zu wahren[187]. Zur Diskussion standen das Modell eines einheitlichen Bundesgesetzes unter Erweiterung der betreffenden Gesetzgebungskompetenzen (Modell 1)[188] sowie das Modell eines von den jeweiligen Gesetzgebungskörperschaften gesondert in Kraft zu setzenden Mustergesetzentwurfs (Modell 2)[189]. Im Hinblick auf öffentlichrechtliche GoA unterscheiden sich beide Modelle nicht: Die Regelung des § 15 Nr. 1 StHG 1981 sollte nach jedem Modell inhaltsgleich übernommen werden[190]. Ob und mit welcher Intensität die Reformbestrebungen zum Staatshaftungsrecht allerdings derzeit noch vorangetrieben werden, ist fraglich[191].

Die rechtlichen Auswirkungen der anvisierten Vorschrift sind verhältnismäßig gering. Eine Rechts*grundlage* für öffentlichrechtliche GoA wird sie nicht hergeben. Durch die betreffende Vorschrift werden Rechtsverhältnisse nicht begründet; vielmehr handelt es sich um eine bloße Konkurrenznorm[192], die das Bestehen eines Rechtsverhältnisses, welches seinen Rechtsgrund außerhalb des Staatshaftungsgesetzes hat, voraussetzt[193]. Das in Vorbereitung befindliche Staatshaftungsgesetz kann die Rechtswissenschaft nicht davon entbinden, die Rechtsgrundlagen für öffentlichrechtliche GoA aus den herkömmlichen Vorschriften und Rechtssätzen herleiten zu müssen. Die Kodifikation einer *eigenständigen* Rechtsgrundlage für Ansprüche aus öffentlichrechtlicher GoA ist dagegen derzeit nicht in Sicht.

B. Gegenstand und Gang der weiteren Untersuchung

Der Gegenstand der Untersuchung ist durch die einleitende Darstellung der einschlägigen Rechtsprechung und der im Schrifttum vertretenen Auffassungen bereits weitgehend konkretisiert. Thema der Ausarbeitung ist die unbeauftragte Fremdgeschäftsführung in öffentlichrechtlichen Handlungszusammenhängen.

Nicht zum Gegenstand dieser Untersuchung gehören Ansprüche aus GoA privatrechtlichen Ursprungs, die im Wege einer Überleitung oder einer (Legal-)

---

[187] Vgl. Beschluß der 58. Justizministerkonferenz vom 2. bis 4. Juni 1987, abgedruckt in *Bundesministerium der Justiz*, Zur Reform des Staatshaftungsrechts, S. 172.

[188] Abgedruckt in *Bundesministerium der Justiz*, Zur Reform des Staatshaftungsrechts, S. 62 ff.

[189] Abgedruckt in *Bundesministerium der Justiz*, Zur Reform des Staatshaftungsrechts, S. 91 ff.

[190] Nach Modell 1 als § 15 Abs. 2 Nr. 1 StHG; nach Modell 2 als § 15 Abs. 2 Nr. 1 ME-StHG.

[191] Skeptisch etwa *Ossenbühl*, Staatshaftungsrecht, § 62 a.E. m.w.N.

[192] *Schäfer/Bonk*, StHG, § 15 Rdnr. 7; *Schmidt-Bleibtreu*, StHG, S. 65.

[193] *Schäfer/Bonk*, StHG, § 15 Rdnr. 8.

Zession auf Verwaltungsträger übergehen[194]. Es ist anerkannt, daß solche Ansprüche ihre privatrechtliche Rechtsnatur durch den Forderungsübergang nicht einbüßen[195], weshalb die spezifische Problematik einer öffentlichrechtlichen GoA bei übergeleiteten Ansprüchen nicht relevant wird. Unberücksichtigt bleiben ferner alle völkerrechtlichen Aspekte, betreffend die Fragen der GoA im Verhältnis verschiedener Staaten untereinander[196].

Die unterschiedlichen Erscheinungsformen der GoA in öffentlichrechtlichen Handlungszusammenhängen lassen sich je nach den beteiligten Rechtssubjekten in vier Fallgruppen zusammenfassen:

Fallgruppe 1: Geschäftsführung einer Verwaltungsbehörde für eine andere Verwaltungsbehörde

Fallgruppe 2: Geschäftsführung eines Privaten für eine Verwaltungsbehörde

Fallgruppe 3: Geschäftsführung einer Verwaltungsbehörde für einen Privaten

Fallgruppe 4: Geschäftsführung eines Privaten für einen anderen Privaten.

Nur wenige Sachfragen der öffentlichrechtlichen GoA werden in allen vier Fallgruppen gleichermaßen relevant. An manchen Stellen im Verlauf der Untersuchung bietet es sich daher an, bestimmte Problemkreise im Rahmen der vier Fallgruppen jeweils gesondert zu behandeln oder einige Fallgruppen bei der Erörterung bestimmter Fragestellungen ganz außer Betracht zu lassen.

Die dogmatische Untersuchung der öffentlichrechtlichen GoA erfolgt in zwei Hauptteilen. Im Blickpunkt des ersten Hauptteils stehen die rechtlichen Grundlagen der öffentlichrechtlichen Fremdgeschäftsführung. Nachdem in einem ersten Kapitel das System der öffentlichrechtlichen Legitimations- und Ausgleichsmechanismen beleuchtet sowie die Frage nach dem Bedürfnis für eine öffentlichrechtliche GoA gestellt werden, geht es in den folgenden Kapiteln um die Statthaftigkeit einer direkten oder entsprechenden Anwendung der §§ 677 ff. BGB. Rechtsmethodisch ist es geboten, zunächst die unmittelbare Anwendbarkeit der §§ 677 ff. BGB zu untersuchen und, soweit diese Frage verneint wird, die geeignete Methode einer Rechtsfortbildung in dem fraglichen Bereich zu ermitteln sowie anschließend deren Voraussetzungen zu subsumieren. Ergebnis dieser Subsumtion wird die Feststellung sein, in wel-

---

[194] S. etwa §§ 90, 91 BSHG und 115 – 119 SGB-X; früher §§ 21a FürsPflVO und 1542 RVO.

[195] S. RGZ 167, 85 (92); BGHZ 38, 302; BGH, NJW 1985, 2756; OLG Karlsruhe, VersR 1977, 936; LG Aachen, NJW 1963, 1252; *Bechtold*, NJW 1953, 489 (490).

[196] S. hierzu *Krüger*, FS *Bilfinger*, S. 169 ff.; *Dahm*, Völkerrecht Bd. 3, § 23. Ihre Bedeutung ist gering, vgl. *Seidl-Hohenveldern*, Völkerrecht, Rdnr. 188 f.

chen der vier denkbaren Fallgruppen die öffentlichrechtliche GoA tatsächlich existiert.

Der zweite Hauptteil der Untersuchung befaßt sich mit Detailfragen zur GoA im Öffentlichen Recht. In denjenigen Fallgruppen des Öffentlichen Rechts, in denen die Vorschriften oder Rechtsgedanken der §§ 677 ff. BGB gemäß den Ergebnissen des ersten Hauptteils zum Tragen kommen, wird im einzelnen zu untersuchen sein, wie sich die Tatbestandsvoraussetzungen und Rechtsfolgen einer GoA unter der Herrschaft des Öffentlichen Rechts darstellen, insbesondere, welche Vorschriften der §§ 677 ff. BGB in das Öffentliche Recht zu übernehmen sind, wonach sich Wille und Interesse eines öffentlichen Rechtsträgers in der Person des Geschäftsherrn einer GoA bestimmen, welcher Rechtsweg für Ansprüche aus betreffender GoA gegeben ist, und schließlich, ob Gerichtsentscheidungen über öffentlichrechtliche GoA einer inhaltlichen Kontrolle durch die Revisionsinstanz unterliegen. Außerdem werden die Grundsätze einer GoA unter Privaten, deren Gegenstand ein öffentlichrechtliches Geschäft ist, untersucht, und es wird zu klären sein, ob und in welchem Umfang öffentliche Rechtsträger dazu befugt sind, fremde Geschäfte als auftragslose Geschäftsführer in *privater* Rechtsform zu führen.

Erster Hauptteil

Rechtsdogmatische und methodische Grundlagen einer öffentlichrechtlichen GoA

A. Funktionen der GoA im System des Bürgerlichen und des Öffentlichen Rechts

I. Legitimations- und Ausgleichsfunktion der GoA im Privatrecht

Das Rechtsinstitut der GoA (§ 677 ff. BGB) erfüllt im Privatrecht zwei verschiedene Funktionen, deren unterschiedliche Bedeutung im Gesetzestext nicht klar hervortritt und deren Notwendigkeit zu einer isolierten Betrachtung – gerade auch für die spätere Frage einer Übertragung in das Öffentliche Recht – bislang nur in wenigen Abhandlungen[1] erkannt und berücksichtigt wurde. Zum einen handelt es sich um die *Legitimationsfunktion* der GoA und zum anderen um deren *Ausgleichsfunktion*.

Im Privatrecht erweitert sich durch die *Legitimationsfunktion* der GoA der Betätigungsspielraum eines Fremdgeschäftsführers. Handlungsfreiheit kraft Privatautonomie besteht zunächst nur im eigenen Rechtskreis. Sie umfaßt diejenigen Geschäfte, die innerhalb der eigenen Rechtssphäre liegen, wobei die Zugehörigkeit zum eigenen Rechtskreis entweder durch objektive Zuordnung gegeben ist (objektiv eigene Geschäfte[2]) oder sich aus der subjektiven Zweckbestimmung des Handelnden ergibt (subjektiv eigene Geschäfte[3]). Außerhalb des eigenen Rechtskreises ist die Handlungsfreiheit durch die Privatautonomie anderer begrenzt. Wer außerhalb der eigenen Rechtssphäre handelt und dabei in fremde Rechtssphären eingreift, bedarf hierfür einer besonderen Legitimation; andernfalls liegt unbefugtes Handeln vor.

---

[1] So etwa bei *Oldiges*, JuS 1989, 616 (621); *Schoch*, Jura 1994, 241 (242); s. auch *Maurer*, Allgemeines Verwaltungsrecht, § 28 Rdnr. 11.

[2] Beispiel: Reparatur eines eigenen Gegenstandes, Erziehung der eigenen Kinder, Begleichung der eigenen Schuld; s. *Medicus*, Bürgerliches Recht, Rdnr. 408.

[3] Beispiel: Einkauf für eigene Zwecke. Vor der subjektiven Zweckbestimmung durch den Handelnden ist der Erwerb eines Gegenstandes ein neutrales Geschäft; s. *Medicus* (Fußn. 2).

Die auftragslose Geschäftsführung für eine andere Person ist Handeln in deren Rechtszuständigkeit und somit zugleich ein Eingriff in deren Rechtssphäre, welcher gegenüber dem Inhaber der Rechtszuständigkeit einer besonderen Rechtfertigung bedarf. Hier liegt die Bedeutung der Legitimationsfunktion der GoA: Eingriffe aufgrund *berechtigter* GoA, d.h. unter den Voraussetzungen der §§ 677, 683 Satz 1 oder 2 BGB, sind gerechtfertigt; berechtigte GoA schließt die Rechtswidrigkeit jeder Rechtsbeeinträchtigung gegenüber dem Geschäftsherrn im zivilrechtlichen wie nach zutreffender Ansicht auch im strafrechtlichen Sinne aus[4].

Auffallend ist allerdings, daß sich die Legitimationsfunktion der GoA nicht unmittelbar aus der Gesetzesfassung der §§ 677 ff. BGB ergibt. Ihre innere Rechtfertigung ist die mutmaßliche Einwilligung des Geschäftsherrn zum Eingriff in seine Rechtssphäre, die Mutmaßung, der Geschäftsherr selbst würde innerhalb seines privatautonomen Gestaltungsspielraums ebenso disponiert haben, wie es der Geschäftsführer an seiner statt und in seinem Interesse tat. Soweit dagegen eine GoA auch gegen den Willen des Geschäftsherrn zugelassen ist (§ 679 BGB), handelt es sich um einen echten Eingriff in die Privatautonomie zugunsten des Gemeinwohls und des öffentlichen Interesses.

Hingegen ist die *Ausgleichsfunktion* der GoA in den §§ 681 i.V.m. 666 bis 668, 683 i.V.m. 670, 684 Satz 1 BGB ausdrücklich geregelt. Danach erhält der Geschäftsführer seine Aufwendungen ersetzt (§ 683 BGB) und hat das durch die Geschäftsführung Erlangte herauszugeben (§§ 681 i.V.m. 666 bis 668 BGB); im Falle unberechtigter GoA regelt sich der finanzielle Ausgleich nach Bereicherungsrecht (§ 684 Satz 1 BGB). Hinzu treten Ausgleichsansprüche aus positiver Forderungsverletzung bei vorsätzlicher oder fahrlässiger Verletzung der Geschäftsführerpflichten.

II. Legitimations- und Ausgleichsfunktion der GoA im Öffentlichen Recht

Im Öffentlichen Recht bestimmen sich die *„Rechtssphären" im Binnenbereich der Verwaltung*, somit die Zuordnung bestimmter „Geschäfte" zu bestimmten Verwaltungsbehörden, durch die staatliche Kompetenzordnung. So macht nach Wollschläger[5] das Verwaltungsrecht den Grundtatbestand der GoA sogar leichter anschaulich als das Bürgerliche Recht, weil das Verwaltungsrecht in Gestalt der gesetzlichen Kompetenzordnung über eine der Idee

---

[4] *Zitelmann*, AcP 99 (1906), 1 (104 ff.); *Larenz*, Schuldrecht II/1, § 57 I b; *Soergel-Mühl*, BGB, vor § 677 Rdnr. 10; *Staudinger-Wittmann*, BGB, vor §§ 677 – 687 Rdnr. 4.; zur Frage der rechtfertigenden Wirkung der GoA im Strafrecht s. *Schroth*, JuS 1992, 476 m.w.N.

[5] GoA im öffentlichen Recht und Erstattungsanspruch, S. 31.

nach vollständige Zuordnung der „Geschäfte“, d.h. der Tätigkeitsbereiche verfüge, während das Bürgerliche Recht in Ermangelung solcher Normen große Schwierigkeiten habe, die Fremdheit eines Geschäfts in kontrollierbarer objektiver Weise zu bestimmen.

Soweit dagegen öffentlichrechtliche GoA *für einen Privaten* in Betracht kommt, erfolgt die Zuordnung öffentlichrechtlicher Pflichten, deren Erfüllung der Gegenstand einer GoA sein könnte, durch die jeweiligen Verpflichtungstatbestände.

Während die öffentlichrechtliche GoA für einen Privaten – ähnlich wie privatrechtliche GoA – einen Eingriff in private Rechtssphären darstellt, welcher einer entsprechenden Legitimation bedarf, kommen der Legitimations- und der Ausgleichsfunktion der GoA bei auftragsloser Geschäftsführung für eine Verwaltungsbehörde gewandelte Bedeutungen zu.

1. Legitimationsfunktion bei der GoA für eine Behörde

Auf den ersten Blick scheint die Rechtfertigungsproblematik bei öffentlichrechtlicher GoA für Behörden dem Legitimationstatbestand einer privatrechtlichen GoA zu entsprechen. Durch die staatliche *Kompetenzordnung* sind bestimmten Stellen der öffentlichen Verwaltung bestimmte Zuständigkeiten zugewiesen. Die Zuweisung einer Kompetenz an eine bestimmte Behörde hat gleichzeitig Ausschlußwirkung für alle anderen Behörden[6]. Ähnlich der Konstellation im Privatrecht stellt auch im Öffentlichen Recht das unbeauftragte Tätigwerden in fremder Angelegenheit einen rechtserheblichen Eingriff in die getroffenen Zuordnungen dar: Was im Privatrecht als Eingriff in geschützte private Rechtssphären einer besonderen Legitimation bedarf, hat im Öffentlichen Recht sein Äquivalent möglicherweise in der (besonders zu legitimierenden) Verletzung oder zumindest Durchbrechung der staatlichen Kompetenzordnung. Rechtsdogmatisch aber unterscheiden sich die „Eingriffstatbestände“ im Bürgerlichen und im Öffentlichen Recht voneinander erheblich.

Im Bürgerlichen Recht liegt der Eingriffstatbestand primär auf der *subjektivrechtlichen* Ebene; private Geschäftsherren sind durch die unbeauftragte Erledigung ihrer Angelegenheiten in ihren subjektiven Rechten aus Eigentum, Personensorgeberechtigung oder aus rechtsgeschäftlich begründeten Rechtspositionen berührt. Bei der Erledigung fremder Verwaltungsaufgaben hingegen steht der Gedanke einer subjektiven Rechtsbeeinträchtigung nicht so stark im Vordergrund: Bei der Geschäftsführung für eine Behörde liegt der Hauptaspekt

---

[6] *Krüger*, Allgemeine Staatslehre, S. 108 f.; *Knack-Henneke*, VwVfG, vor § 3 Rdnr. 1.2, *Rasch*, DVBl. 1983, 617 (618).

nicht in der Verletzung eines ihr zustehenden „Zuständigkeits*rechts*“[7] (wohl gewinnt dieser Aspekt an Bedeutung bei Fremdgeschäftsführung in verfassungsrechtlich geschützten Selbstverwaltungsangelegenheiten [Art. 28 Abs. 2 GG]), vielmehr ist in erster Linie die Rechtsordnung objektiv nicht eingehalten. Die Geschäftsführung bedarf nicht (nur) einer Legitimation gegenüber der an sich zuständigen Behörde, sondern es handelt sich auch und vor allem um eine zu legitimierende Nichtbeachtung objektiven Öffentlichen Rechts in Gestalt der öffentlichrechtlichen Kompetenzvorschriften.

Dagegen tritt im Privatrecht der Aspekt des Eingriffs in das *objektive* Bürgerliche Recht zurück, weil die objektiv-rechtliche Zuordnung privater Geschäfte zum Rechtskreis des Geschäftsherrn grundsätzlich der privatautonomen Verfügung durch den Rechtsinhaber unterliegt und die §§ 677, 683 Satz 1 BGB den Gedanken der privatautonomen Übertragung objektiv gegebener Zuständigkeiten dadurch konkretisieren, daß die Berechtigung zur Fremdgeschäftsführung einer wirklichen oder mutmaßlichen Willensübereinstimmung mit dem Geschäftsherrn vorbehalten bleibt.

Wenn es aber bei privatrechtlicher GoA nur auf die Legitimation *gegenüber dem Geschäftsherrn* ankommt und sich diese Legitimation aus einer Übereinstimmung mit dem wirklichen oder mutmaßlichen Willen des Geschäftsherrn ableitet, es andererseits aber bei öffentlichrechtlicher GoA regelmäßig keinen in seiner Rechtszuständigkeit subjektivrechtlich Betroffenen gibt, so gilt es, die Legitimationswirkung einer verwaltungsrechtlichen GoA und deren Voraussetzungen konstruktiv neu zu erfassen und in das Kompetenz- (=Legitimations-) gefüge des gesamten Öffentlichen Rechts einzufügen. GoA wäre danach im Verhältnis zu Verwaltungsbehörden ein möglicher Rechtsgrund für Kompetenzüberschreitungen und gegenüber Bürgern die mögliche Legitimation für einen Rechtseingriff.

2. Ausgleichsfunktion bei der GoA für eine Behörde

In ähnlicher Weise gilt auch für die zweite, die Ausgleichsfunktion der GoA, daß privatrechtliche und öffentlichrechtliche Ausgestaltung des Rechtsinstituts einander keineswegs zwingend entsprechen müssen. So hat etwa Ehlers[8] vorgeschlagen, den gebotenen Ausgleich bei öffentlichrechtlicher GoA unter Verwaltungsbehörden nicht nach den §§ 683, 670 BGB zu bemessen, sondern nur

[7] Gegen die Anerkennung eines subjektiven Rechts auf Kompetenz und deren ungestörte Ausübung etwa *Rupp*, Grundfragen der heutigen Verwaltungslehre, S. 99 f.; *Forsthoff*, Lehrbuch des Verwaltungsrechts I, S. 452.

[8] Verwaltung in Privatrechtsform, S. 479; ähnlich auch *Bull*, Allgemeines Verwaltungsrecht, Rdnr. 831 ff.

Auslagenersatz nach Maßgabe der öffentlichrechtlichen Vorschrift des § 8 VwVfG zu gewähren.

Zwingend ist aber nicht einmal, daß Ausgleichs- und Legitimationsfunktion einer öffentlichrechtlichen GoA überhaupt an einen einheitlichen Fremdgeschäftsführungstatbestand gekoppelt sind. Denkbar ist etwa, daß im Öffentlichen Recht die Legitimationsfunktion der GoA greift, während deren Ausgleichsfunktion hinter anderen öffentlichrechtlichen Ausgleichsmechanismen, im Verhältnis verschiedener Verwaltungsträger untereinander beispielsweise hinter dem allgemeinen Finanzausgleich, zurücktritt.

Ebenso denkbar ist auch der umgekehrte Fall, daß etwa die Legitimationsfunktion der GoA nicht zum Zuge kommt, weil sich eine anderweitige Legitimation bereits aus speziellen öffentlichrechtlichen Instituten, zum Beispiel aus einer Selbsteintrittsbefugnis oder aus einer Eilzuständigkeit, ergibt, daß jedoch das gesetzte Öffentliche Recht keine besonderen finanziellen Ausgleichsmechanismen vorhält und insoweit Raum bleibt für die Ausgleichsfunktion einer öffentlichrechtlichen GoA[9].

Von vornherein ausgeschlossen werden kann die Ausgleichsfunktion der GoA lediglich für den Fall, daß ein Handeln weder durch die Legitimationsfunktion der GoA noch durch ein sonstiges Rechtsinstitut gerechtfertigt ist, also kompetenzwidriges Handeln vorliegt. In diesen Fällen richtet sich der Ausgleich gegebenenfalls nach dem Rechtsinstitut des öffentlichrechtlichen Erstattungsanspruchs.

III. Zusammenfassung der Rechtsproblematik; Untersuchungsgegenstand

Die zentrale einleitende Fragestellung ist nun, ob und an welcher Stelle im Öffentlichen Recht die Legitimations- und die Ausgleichsfunktion der GoA einen Platz haben, zunächst, ob und inwieweit neben den normierten Kompetenz- und Ausgleichstatbeständen im Öffentlichen Recht überhaupt ein Bedürfnis besteht

1. für eine zusätzliche *Legitimation* zur Erledigung von Verwaltungsaufgaben oder öffentlichrechtlichen Pflichten und
2. für einen zusätzlichen *Ausgleichs*mechanismus

durch das Rechtsinstitut der öffentlichrechtlichen GoA.

---

[9] In diesem Sinne etwa BVerwG, NJW 1986, 2524: Kompetenz der Landesbehörde (= Legitimation) aufgrund § 2 Abs. 2 ndsSOG a.F.; finanzieller Ausgleich jedoch nach den §§ 677, 683 BGB.

B. Typologie der Legitimations- und Ausgleichsmechanismen des Öffentlichen Rechts

I. Behörden untereinander (Fallgruppe 1)

Um eine Aussage über das Bedürfnis nach der Legitimations- und der Ausgleichsfunktion einer öffentlichrechtlichen GoA in der Fallgruppe 1 treffen zu können, sind die Strukturen der staatlichen Kompetenzordnung und die Mechanismen zur Verlagerung und Übertragung staatlicher Kompetenzen auf andere Stellen der staatlichen Verwaltung überblicksweise zu erfassen.

1. Originär zugewiesene Verwaltungsaufgaben

Der Grundtatbestand der staatlichen Kompetenzverteilung ist die Zuweisung einer Verwaltungsaufgabe an einen bestimmten Verwaltungsträger und eine bestimmte Behörde zur eigenverantwortlichen Wahrnehmung als eigene Angelegenheiten auf eigene Kosten (Art. 104a Abs. 1, Abs. 5 Satz 1 GG).

Die *Legitimation*, also die Begründung der Verwaltungskompetenz, erfolgt durch verfassungsrechtliche und einfachgesetzliche Aufgabenzuweisung; ein finanzieller *Ausgleich* für die Wahrnehmung einzelner Verwaltungsaufgaben ist, ausgenommen die Ausführung bundesrechtlicher Geldleistungsgesetze durch die Länder (Art. 104a Abs. 3 GG), nicht vorgesehen.

2. Verwaltung im übertragenen Wirkungskreis

a) Bundesauftragsverwaltung

Bundesauftragsverwaltung (Art. 85 GG) ist eine Form des Vollzuges von Bundesgesetzen durch die Länder. Sie ist echte Landesverwaltung[10]; die Länder werden in *eigener Kompetenz* tätig, jedoch unter der Fachaufsicht des Bundes. Die *Legitimation* der Länder zur Ausführung eines Bundesgesetzes im Bundesauftrag gründet sich auf die entsprechenden grundgesetzlichen Bestimmungen[11]. Ein finanzieller *Ausgleich* findet nach Maßgabe des Art. 104a Abs. 2 GG statt; danach sind die im Rahmen der Bundesauftragsverwaltung

---

[10] BVerfGE 81, 310 (331); *v.Münch-Broß*, GG, Art. 85 Rdnr. 1; *Knemeyer*, DÖV 1988, 397 (398).

[11] S. Art. 87b Abs. 2, 87c, 87d Abs. 2, 90 Abs. 2, 104a Abs. 3 Satz 2, 108 Abs. 3, 120a GG.

entstehenden Zweckausgaben vom Bund zu tragen, wohingegen die Verwaltungskosten von den Ländern aufzubringen sind (Art. 104a Abs. 5 Satz 1 GG).

b) Kommunale Auftragsverwaltung / Pflichtaufgaben zur Erfüllung nach Weisung

Kommunale Gebietskörperschaften, die originär mit kommunaler Selbstverwaltung betraut sind (Art. 28 Abs. 2 GG), können daneben zur Wahrnehmung bestimmter Aufgaben der staatlichen Verwaltung bestimmt werden.

Nach dem älteren, streng dualistischen System, wie es noch in den Ländern Bayern, Rheinland-Pfalz und dem Saarland verankert ist[12], unterteilt sich der Wirkungskreis der Gemeinden in einen eigenen, nämlich den Bereich der freiwilligen und pflichtigen kommunalen Selbstverwaltung, sowie einen übertragenen, nämlich den der Auftragsangelegenheiten. Auftragsangelegenheiten werden durch die Kommunen in eigener Verantwortung und im eigenen Namen ausgeführt[13], wenngleich es sich um die Erledigung fremder, nämlich staatlicher Verwaltungsaufgaben handelt[14], und die Kommunen faktisch kraft der weitreichenden Weisungs- und Lenkungsbefugnisse des Landes wie untere Landesbehörden fungieren[15]. Die *Legitimation* der Kommunen gründet sich auf deren landesgesetzliche Beauftragung mit der Wahrnehmung der Aufgabe; das Gesetz muß zugleich Bestimmungen über die Deckung der Kosten enthalten[16]. Die Deckung erfolgt in der Regel durch Landesmittel. Unterliegt der Gegenstand der kommunalen Auftragsverwaltung zugleich im Bund-Länder-Verhältnis der Bundesauftragsverwaltung (sog. „zweistufige Auftragsangelegenheiten"), so kann die Kostendeckung unmittelbar aus Bundesmitteln erfolgen.

Nach einem zweiten, neueren Modell, dem sog. Weinheimer Entwurf[17] (dort §§ 3, 110[18]), ist der strenge Dualismus zwischen Selbstverwaltungs-

---

[12] S. Art. 11 Abs. 3 bayVerf, Art. 8 bayGO; Art. 49 Abs. 4 rhpfVerf, § 2 Abs. 2 rhpfGO; Art. 120 saarlVerf, § 6 Abs. 1 saarlKSVG.

[13] S. *Nawiasky/Schweiger/Knöpfle*, bayVerf, Art. 83 Rdnr. 7; *Knemeyer*, DÖV 1988, 397 (400 f.).

[14] S. *Pagenkopf*, Kommunalrecht Bd. I, § 17 II 2; *Schmidt-Jortzig*, DÖV 1981, 393 (395); *Schröder* in *Achterberg/Püttner*, Allgemeines Verwaltungsrecht, Kap. 5/1 Rdnr. 18; kritisch *Knemeyer*, Bay. Kommunalrecht, Rdnr. 136, 138; *ders.*, DÖV 1988, 397 (400 f.).

[15] *Seewald* in *Steiner*, Besonderes Verwaltungsrecht, Kap. I Rdnr. 113.

[16] S. Art. 83 Abs. 3 bayVerf, Art. 8 Abs. 4 bayGO; Art. 49 Abs. 5 rhpfVerf, § 2 Abs. 3 Satz 2 rhpfGO; Art. 120 Abs. 2 saarlVerf.

[17] S. dazu *Böhme*, Der Städtetag 1948, 41; *Zuhorn*, DÖV 1949, 49.

[18] § 3 WeinhEntw: „(1) Neue Pflichten, im besonderen Pflichtaufgaben, können den Gemeinden nur durch Gesetz auferlegt werden; dabei ist gleichzeitig die Aufbringung der Mittel zu

aufgaben einerseits und Auftragsangelegenheiten andererseits einer eher monistischen Anschauung der kommunalen Verwaltung gewichen; danach bildet die Aufgabentrias der freiwilligen Selbstverwaltungsaufgaben, der pflichtigen Selbstverwaltungsaufgaben (= weisungsfreien Pflichtaufgaben) sowie der Pflichtaufgaben zur Erfüllung nach Weisung einen eher einheitlichen Wirkungskreis der Gemeinden. Realisiert ist das Rechtsinstitut der Pflichtaufgaben zur Erfüllung nach Weisung in Baden-Württemberg, Hessen, Niedersachsen[19], Nordrhein-Westfalen, Schleswig-Holstein sowie inzwischen in den neuen Ländern[20].

Über die Rechtsnatur der Pflichtaufgaben zur Erfüllung nach Weisung besteht nach wie vor Uneinigkeit. Die Stimmen reichen von der Auffassung, sie seien echte Selbstverwaltungsaufgaben der Gemeinden[21], bis hin zu der Anschauung, Pflichtaufgaben zur Erfüllung nach Weisung seien letztlich nichts anderes als eine „Umetikettierung" der herkömmlichen Auftragsangelegenheiten[22]. Eine vermittelnde Meinung nimmt das Oberverwaltungsgericht Nordrhein-Westfalen[23] ein, wonach die neue Kategorie der Pflichtaufgaben zur Er-

---

regeln. Eingriffe in die Rechte der Gemeinden sind nur durch Gesetz zulässig. Verordnungen zur Durchführung solcher Gesetze bedürfen der Zustimmung des Landesministers des Innern.

(2) Pflichtaufgaben können den Gemeinden auch zur Erfüllung nach Weisung übertragen werden; das Gesetz bestimmt den Umfang des Weisungsrechts."

§ 110 WeinhEntw: „(1) Das Land übt die Aufsicht darüber aus, daß die Gemeinden im Einklang mit den Gesetzen verwaltet werden (allgemeine Aufsicht).

(2) Die Aufsicht des Landes über die Angelegenheiten, die die Gemeinden nach Weisung erfüllen (§ 3 Abs. 2), richtet sich nach den hierüber erlassenen Gesetzen (Sonderaufsicht)."

[19] Abweichende Beurteilung der Rechtslage in Niedersachsen bei Jörn *Ipsen*, Nieders. Kommunalrecht, § 4 I 1; wie hier aber – entsprechend dem Wortlaut des Art. 57 Abs. 4 ndsVerf – *Seewald* in *Steiner*, Besonderes Verwaltungsrecht, Kap. I Rdnr. 115; *Schröder* in *Achterberg/Püttner*, Allgemeines Verwaltungsrecht, Kap. 5/1 Rdnr. 18.

[20] S. Art. 71 Abs. 3, 75 Abs. 2 bwVerf, § 2 Abs. 2, 3 bwGO; Art. 97 Abs. 3 brbgVerf, § 3 Abs. 4 Satz 3 brbgKommVerf; Art. 137 Abs. 4 hessVerf, § 4 hessGO; Art. 72 Abs. 3 mevpVerf, § 3 Abs. 1 mevpKV; Art. 57 Abs. 4 ndsVerf, § 5 Abs. 1 ndsGemO; Art. 78 Abs. 3, 4 nwVerf, § 3 nwGO; Art. 46 Abs. 4 shVerf; § 3 Abs. 1 shGO; Art. 85 Abs. 3 sächsVerf; § 2 Abs. 3 sächsGO; Art. 87 Abs. 3 Satz 1 sachsanhVerf; § 5 Abs. 1 sachsanhGO; sowie Art. 91 Abs. 3 thürVerf, dem allerdings noch die einfachgesetzlichen Regelungen des § 3 Abs. 1 thürKO entgegenstehen sollen, s. dazu *Huber*, LKV 1994, 121 (130).

[21] S. etwa *Brohm*, DÖV 1989, 429 (432); *Ehlers*, NWVBL 1990, 44 (48); *Erichsen*, Kommunalrecht des Landes Nordrh.-Westf., § 5 C; zuletzt *Vietmeier*, Die staatlichen Aufgaben, S. 77 ff.; *ders.*, DVBl. 1992, 413 m. zahlr. Nachw.

[22] S. etwa *Dregger*, Städtetag 1955, 190 (192 ff.); Werner *Weber*, Staats- und Selbstverwaltung in der Gegenwart, S. 43 Fußn. 23; sowie BVerfGE 6, 104 (116) in einem obiter dictum ohne nähere Begründung.

[23] OVGE 13, 356 (359); dem folgend u.a. *Pagenkopf*, Kommunalrecht Bd. 1, § 17 II 3; *Stober*, Kommunalrecht, § 7 I 1.

füllung nach Weisung als ein „Zwischending" zwischen Auftrags- und Selbstverwaltung zu verstehen sei.

Abzulehnen dürfte es jedenfalls sein, die Pflichtaufgaben zur Erfüllung nach Weisung den herkömmlichen Auftragsangelegenheiten nach dualistischem Modell gleichzustellen, weil diese Auffassung ignoriert, daß die Beratungen und Ergebnisse des Deutschen Städtetags 1948 in Weinheim zu einer grundlegenden Reform führen sollten[24] und eine echte Rechtsänderung durch diejenigen Länder auch beabsichtigt war, welche ihre Landes- und Kommunalverfassungen nach dem Konzept des Weinheimer Entwurfs umgestaltet haben. Ob aber nun die Pflichtaufgaben zur Erfüllung nach Weisung echte Selbstverwaltungsaufgaben sind, oder aber, ob es der verbliebene Rest an Weisungsabhängigkeit gebietet, mit dem Oberverwaltungsgericht Nordrhein-Westfalen von einem „Zwischending" zu sprechen, kann für die Zwecke der vorliegenden Untersuchung letztlich dahinstehen. Hier ist nur von Bedeutung, daß die Pflichtaufgaben zur Erfüllung nach Weisung nach dem Weinheimer Modell den Gemeinden jedenfalls als *eigene Aufgaben*[25] zugewiesen sind und die Gemeinden insoweit in eigener, durch Gesetz begründeter Kompetenz[26] tätig werden. Das Rechtsinstitut der Pflichtaufgaben zur Erfüllung nach Weisung ist in seiner Struktur vergleichbar mit dem Institut der Bundesauftragsverwaltung im Bund-Länder-Verhältnis[27].

Die entstehenden Kosten sind durch staatliche Mittel zu decken[28]. Jedoch versteht die Rechtsprechung diese sogar in den meisten Landesverfassungen verankerte Maxime nicht als ein Junktim in dem Sinne, daß die Kostenregelung in demselben Gesetz enthalten sein müsse, das eine Aufgabenübertragung enthält[29]. Eine Kostenregelung sei vielmehr auch im Rahmen des allgemeinen

---

[24] S. *Zuhorn*, DÖV 1949, 49.

[25] S. Art. 71 Abs. 3, 75 Abs. 2 bwVerf, Art. 97 Abs. 2, 3 brbgVerf, Art. 137 Abs. 1 Satz 1, Abs. 4 hessVerf; Art. 72 Abs. 3 mevpVerf, Art. 57 Abs. 3, 4 ndsVerf, Art. 78 Abs. 2, 3 nwVerf, Art. 46 Abs. 1, 4 shVerf; Art. 85 Abs. 1 Satz 1 sächsVerf; Art. 87 Abs. 3 Satz 1 sachsanhVerf; Art. 91 Abs. 3 thürVerf; ebenso *Geller/Kleinrahm/Fleck*, nwVerf, Art. 78 Anm. 10 c.

[26] S. *Zinn/Stein*, hessVerf, Art. 137 Anm. VIII 1 b.

[27] S. auch *v.Münch-Broß*, GG, Art. 85 Rdnr. 1.

[28] Art. 71 Abs. 3 Satz 2 bwVerf, § 2 Abs. 2 Satz 2 bwGO; Art. 97 Abs. 3 brbgVerf; § 3 Abs. 3 brbgKommVerf; Art. 137 Abs. 5 hessVerf, § 4 hessGO; Art. 72 Abs. 3 mevpVerf; § 3 Abs. 2 mevpKV; Art. 57 Abs. 4 ndsVerf, § 5 Abs. 1 ndsGemO; Art. 78 Abs. 3 nwVerf, § 3 Abs. 1 Satz 2 nwGO; Art. 49 Abs. 2 shVerf; Art. 85 Abs. 1 Satz 2, Abs. 2 sächsVerf; § 2 Abs. 2 Satz 2, 3 sächsGO; Art. 87 Abs. 3 Satz 2 sachsanhVerf; § 5 Abs. 1 sachsanhGO; Art. 93 Abs. 1 Satz 2 thürVerf; § 3 Abs. 2 thürKO; s. auch die weitergehenden Ausgleichsregelungen in § 5 Abs. 4 Satz 2, Abs. 5 ndsGemO.

[29] VerfGH NW, OVGE 38, 301 (303 ff.) = DVBl. 1985, 685 (686); OVG NW, DVBl. 1980, 763 (764); NWVBL 1987, 16 (17); VG Köln, DÖV 1986, 346; a.A. StGH Bad.-Württ., DVBl.

Finanzausgleichs zulässig, sie müsse dort von Verfassungs wegen nicht einmal gesondert erfolgen, sondern es genüge, die Mittel für die gemeindlichen Auftragsangelegenheiten und die Pflichtaufgaben zur Erfüllung nach Weisung in den übrigen Finanzzuweisungen aufgehen zu lassen[30]. Den Gemeinden und Gemeindeverbänden sei eine angemessene Finanzausstattung nur als Gesamtvolumen gewährleistet[31]. Sonach sei der Landesgesetzgeber schließlich nicht einmal verpflichtet, sich bei dem Erlaß des Finanzausgleichsgesetzes der in den Finanzausgleich einzubeziehenden Aufgaben und ihrer Kosten einzeln zu vergegenwärtigen[32]. Vielmehr kommt es nach dieser Rechtsprechung letztlich nur darauf an, den kommunalen Gebietskörperschaften die finanzielle Grundlage für eine ausreichende, eigenverantwortliche Selbstverwaltungstätigkeit zu erhalten und zu verhindern, daß diese infolge einer Überlastung mit Pflichtaufgaben ihre traditionellen Aufgaben vernachlässigen müssen[33].

Der allein gegebene Ausgleichsmechanismus des kommunalen Finanzausgleichs büßt damit den konkreten Bezug zur Übertragung der Sachaufgabe und damit zum Legitimationstatbestand ein.

c) Organleihe

Organleihe ist die Errichtung einer staatlichen Verwaltungsbehörde im funktionalen Sinne durch Entleihung des Organs eines anderen Verwaltungsträgers[34], wobei das Handeln des entliehenen Organs unmittelbar dem auslei-

---

1994, 206. Auch aus Art. 28 Abs. 2 GG läßt sich eine solche Junktimpflicht nicht ableiten, s. *Waechter*, VerwArch. 1994, 208 (217).

[30] VerfGH NW und OVG NW (Fußn. 29); VG Köln, DÖV 1986, 346; für den Bereich der dualistischen Kommunalverwaltung ebenso VerfGH Rh-Pf, DVBl. 1978, 802 (804 f.); DVBl. 1992, 981; DVBl. 1992, 986; a.A. aber StGH Bad.-Württ., DVBl. 1994, 206.

[31] VerfGH NW, OVGE 38, 301 (305) = DVBl. 1985, 685 (686).

[32] OVG NW, NWVBL 1987, 16; a.A. aber die Vorinstanz (VG Düsseldorf, NVwZ 1985, 859 [860]) wie zuvor auch das OVG NW selbst in DVBl. 1980, 763 (764) unter Bezugnahme auf *Augustin*, DÖV 1949, 94.

[33] VerfGH NW, OVGE 38, 301 (303) = DVBl. 1985, 685; ebenso OVG NW, NWVBL 1992, 283 (284) und zuvor bereits *Geller/Kleinrahm/Fleck*, nwVerf, Art. 78 Anm. 9; ähnlich VG Köln, DÖV 1986, 346; *Birk/Inhester*, DVBl. 1993, 1281 (1282, 1284); *Rauball/Pappermann/Roters*, Gemeindeordnung für Nordrh.-Westf., § 3 Rdnr. 2; s. auch VerfGH NW, DÖV 1993, 1003. In einigen Ländern wird diese Auffassung durch die Gesetzesfassung der betreffenden Landesvorschriften gestützt, s. Art. 137 Abs. 5 Satz 1 hessVerf; Art. 49 Abs. 5 rhpfVerf.

[34] S. näher dazu *Maurer*, Allgemeines Verwaltungsrecht, § 21 Rdnr. 54 ff; kritisch zum herrschenden Verständnis über die Tatbestände der Organleihe in der kommunalen Verwaltung: *Knemeyer*, DÖV 1988, 397 (401 ff.).

henden Verwaltungsträger zugerechnet wird[35]. Der Tatbestand der Organleihe gehört nicht eigentlich zur Verwaltung im übertragenen Wirkungskreis. Der entliehenen Einrichtung wachsen keine Kompetenzen zu, es werden nur personelle und sächliche Verwaltungsmittel verlagert[36]. Das Institut der Organleihe betrifft nur eine Frage der Verwaltungsorganisation und liegt somit außerhalb des hiesigen Untersuchungsgegenstandes.

3. Selbsteintritt; kommunalaufsichtliche Selbst- und Ersatzvornahme

Der Selbsteintritt einer höheren Behörde in die Zuständigkeit einer ihr nachgeordneten Behörde ist grundsätzlich nicht zulässig[37]. Für Fachaufsichtsbehörden existieren jedoch in sämtlichen Ländern besondere gesetzliche Ermächtigungen zum Selbsteintritt im Bereich der Ordnungsverwaltung oder sonst bei Gefahr im Verzug[38]; teilweise setzen die Vorschriften weiter voraus, daß die zuständige Behörde sich zuvor einer Weisung der Aufsichtsbehörde widersetzt hatte. Einige Länder kennen eine noch weitergehende Befugnis zum Selbsteintritt. So ist in Bayern jeder Leiter der Aufsichtsbehörde nach § 3a Abs. 1 bayVwVfG auch ohne Gefahr im Verzug zum Selbsteintritt berechtigt, wenn die nachgeordnete staatliche Behörde einer schriftlichen Weisung der Aufsichtsbehörde nicht fristgerecht nachkommt. Lediglich gegenüber dem Landratsamt muß der Selbsteintritt zusätzlich aus wichtigen Gründen des öffentlichen Wohls erforderlich sein (§ 3a Abs. 2 bayVwVfG). In Hessen ist der Selbsteintritt gegenüber dem Landrat als Behörde der Landesverwaltung generell zulässig, soweit nichts anderes bestimmt ist (§ 55 Abs. 7 hessLKO). In Berlin und Hamburg haben die Stadtsenate besondere Selbsteintrittsbefugnisse nach § 8 Abs. 3 lit. c berlAllgZustG und § 1 Abs. 4 hambVwBehG. Schließlich ist der Selbsteintritt noch in Spezialrechtsgebieten vorgesehen, wie etwa im Straßenverkehrsrecht (§ 44 Abs. 1 Satz 2 StVO).

---

[35] BVerfGE 63, 1 (31 f.); *Maurer*, Allgemeines Verwaltungsrecht, § 21 Rdnr. 54; *Hirschberger*, Organleihe, S. 27 f., 90; *Bonk* in *Stelkens/Bonk/Sachs*, VwVfG, § 4 Rdnr. 29.

[36] BVerfGE 63, 1 (32 f.); *Hirschberger*, Organleihe, S. 90.

[37] BayVGH, BayVBl. 1977, 503; BayVBl. 1982, 54; HessVGH, NJW 1960, 1317; *Brunner*, DÖV 1969, 773; *Völker*, Diss., S. 49; *Rietdorf/Heise/Bockenförde/Strehlau*, Ordnungs- und Polizeirecht in Nordrh.-Westf., § 10 Rdnr. 1; *Wilhelm*, BayVBl. 1964, 277.

[38] S. § 67 Abs. 1 bwPolG; §§ 2 Abs. 5, 10 Abs. 3 Nr. 3 berlASOG; § 11 Abs. 4 brbgLOG; § 69 Abs. 2 bremPolG; § 88 Abs. 1 hessSOG; § 6 mevpSOG; Art. I § 3 Abs. 3 Satz 2 mevpEGVwR/PAG ÄndG; § 80 Abs. 1 ndsGefAG; § 13 Abs. 3 nwLOG, § 10 Abs. 1 nwOBG; §§ 34, 93 Abs. 2 rhpfPOG; § 13 Abs. 3 saarlLOG, § 78 Abs. 2 saarlPolG; §§ 50 Abs. 2, 52 Abs. 1 sächsPolG; § 90 Abs. 1, 3 sachsanhSOG; § 16 Abs. 3 shLVwG; zur Frage einer allgemeinen notrechtlichen Selbsteintrittsbefugnis s. *Wilhelm*, BayVBl. 1964, 277 (280) m.w.N.; *Völker*, Diss., S. 80 ff.; kritisch *Knack-Henneke*, VwVfG, vor § 3 Rdnr. 2.1.

Unter *kompetenz*rechtlichen Gesichtspunkten ist das Selbsteintrittsrecht als eine Erweiterung der sachlichen Zuständigkeit auf die im eigenen Namen eingreifenden Aufsichtsbehörde zu verstehen[39]. Für die selbsteintretende Behörde gelten dieselben Ermächtigungsgrundlagen wie für die an sich zuständige untere Verwaltungsbehörde.

Der Selbsteintritt gegenüber einer Selbstverwaltungskörperschaft in einer Selbstverwaltungsangelegenheit kann zugleich ein Eingriff in die subjektive Rechtsstellung der an sich zuständigen Behörde sein[40]; hier dürfte die Rechtsposition der Kommunen in Ländern mit monistischer Kommunalverfassung stärker sein als diejenige der Kommunen in Ländern mit dualistischem System[41].

Die Frage des finanziellen *Ausgleichs* für den Selbsteintritt ist nicht einheitlich geregelt. In einigen Ländern sind die Kosten des Selbsteintritts in bestimmten Fällen der an sich zuständigen Behörde auferlegt[42].

Ein mit dem Selbsteintritt der höheren Behörde vergleichbares Institut ist die kommunalaufsichtliche Selbst- und Ersatzvornahme. Kommt eine Gemeinde einer aufsichtsbehördlichen Anordnung innerhalb einer gesetzten Frist nicht nach, so kann die Aufsichtsbehörde die angeordnete Maßnahme anstelle und auf Kosten der Gemeinde selbst durchführen oder die Durchführung einem anderen übertragen[43]. Vom Selbsteintrittsrecht der höheren Behörde unterscheidet sich die Befugnis zur Selbst- oder Ersatzvornahme gegenüber einer Gemeinde vor allem darin, daß Letztere zugleich eine gesetzliche Eingriffsnorm gegenüber dem gemeindlichen Selbstverwaltungsrecht darstellt. Die Vorschriften der kommunalen Selbst- und Ersatzvornahme sind *Legitimations*vorschriften für das aufsichtsbehördliche Eingreifen und – was die Kostentragungspflicht der Gemeinden betrifft – zugleich *Ausgleichs*vorschriften.

---

[39] Ebenso *Süß*, BayVBl. 1987, 1 (4); a.A. *Kaup*, BayVBl. 1990, 193 (195): Wegen des Gebots der Ausschließlichkeit der Zuständigkeit handle es sich um eine Durchbrechung der Zuständigkeitsordnung.

[40] Vgl. *Engel*, DVBl. 1982, 757; *Wilhelm*, BayVBl. 1964, 277 (280).

[41] Abzulehnen ist im Bereich der staatlichen Verwaltung hingegen das von *Kaup* (BayVBl. 1990, 193 [197 f.]) postulierte „organschaftliche subjektive Öffentliche Recht der regelrecht zuständigen Behörde auf eine selbsteintrittsfreie Wahrnehmung des gesetzlich zugewiesenen Funktionsbereichs".

[42] S. etwa § 80 Abs. 1 ndsGefAG; § 10 Abs. 1 nwOBG i.V.m. § 109 Abs. 2 nwGO.

[43] § 123 bwGO; Art. 113 bayGO; § 127 brbgKommVerf; § 140 hessGO; § 82 Abs. 2 mevpKV; § 131 Abs. 2 ndsGemO; § 109 Abs. 2 nwGO; § 123 rhpfGO; § 133 saarlKSVG; § 116 sächsGO; § 138 sachsanhGO; 125 shGO; § 121 thürKO.

4. Amtshilfe

Unter Amtshilfe versteht man die ergänzende Hilfe, die eine Behörde einer anderen Behörde auf Ersuchen leistet[44]. Voraussetzungen und Grenzen der Amtshilfe, deren Durchführung und Fragen der Kostenerstattung sind in Art. 35 GG sowie in den §§ 4 ff. VwVfG des Bundes, in den Landesverwaltungsverfahrensgesetzen[45] und in einigen Spezialvorschriften[46] geregelt[47]. Amtshilfe ist Verwaltung in fremder Rechtszuständigkeit; sie ist die (partielle) Erledigung einer fremden, nach der gesetzlichen Kompetenzordnung einer anderen Verwaltungsbehörde zugewiesenen Aufgabe (vgl. § 4 Abs. 2 Nr. 2 VwVfG) und bedarf deshalb einer besonderen Legitimation.

Die *Legitimation* zur Amtshilfe steht unter den strengen Voraussetzungen der §§ 4 ff. VwVfG. Danach setzt Amtshilfe in der Regel voraus, daß die an sich zuständige Behörde aus rechtlichen oder tatsächlichen Gründen nicht oder nur mit erheblich erhöhtem Aufwand imstande ist, ihre eigene Aufgabe zu erledigen (§ 5 Abs. 1 VwVfG[48]). Die Vorschrift des § 5 Abs. 1 VwVfG veranschaulicht zugleich den bereits angedeuteten, für verwaltungsrechtliche Fremdgeschäftsführungstatbestände allgemeingültigen Satz, wonach die gesetzliche Kompetenzordnung grundsätzlich einzuhalten ist und zuständige Behörden nicht nach Belieben über ihre Kompetenzzuweisung verfügen können[49]. So kann Amtshilfe nicht allein dadurch legitimiert sein, daß sich die helfende und die an sich zuständigen Behörde über deren Durchführung einigen[50].

---

[44] S. Legaldefinition in § 4 Abs. 1 VwVfG des Bundes (gegen die Qualifikation dieser Norm als Legaldefinition *Finkelnburg/Lässig*, VwVfG, § 4 Rdnr. 8 f.).

[45] § 1 Abs. 1 ndsVorlVwVfG i.V.m. §§ 4 ff. VwVfG des Bundes; §§ 32 ff. shLVwG; in den übrigen Bundesländern jeweils §§/Art. 4 ff. der Landes-VwVfG. In Sachsen und Sachsen-Anhalt gilt noch das Bundes-VwVfG bis zum Inkrafttreten eigener Landes-VwVfG (EVtr. Anlage 2, Kap. II Sachgeb. B Abschn. III 1 a = BGBl. 1990 II, S. 914).

[46] S. etwa §§ 3 ff. SGB-X; §§ 111 ff. AO; § 135 FlurBG; § 8 AKostG.

[47] Zitiert wird im folgenden jeweils nur das VwVfG des Bundes; die sozial- und landesrechtlichen Vorschriften sind insoweit im Worlaut identisch.

[48] Zur Frage eines abschließenden Charakters der Aufzählung in § 5 Abs. 1 VwVfG s. *Borgs* in *Meyer/Borgs*, VwVfG, § 5 Rdnr. 1 f. m. Nachw. zur ablehnenden h.M.

[49] S. allerdings die Ausnahmevorschrift des § 27 AO, der eine zwischenbehördliche Zuständigkeitsvereinbarung zuläßt.

[50] Unzulässig ist deshalb die sog. freiwillige Amtshilfe, d.h. eine Amtshilfe auf Ersuchen, bei der die Voraussetzungen des § 5 Abs. 1 VwVfG nicht vorliegen. Dem Argument der Gegenauffassung (*Ule/Laubinger*, Verwaltungsverfahrensrecht, § 11 III 5), wonach die Ablehnungspflichten und -möglichkeiten durch § 5 Abs. 2 und 3 VwVfG abschließend geregelt seien und Raum für freiwillige Amtshilfe ließen, ist entgegenzuhalten, daß die genannten Vorschriften, namentlich das Wahlrecht nach § 5 Abs. 3, 4 VwVfG, systematisch ein rechtmäßiges, d.h., dem § 5 Abs. 1 VwVfG entsprechendes Amtshilfeersuchen voraussetzen. Für rechtmäßige Amtshilfe müssen die Voraussetzungen der ersten drei Absätze des § 5 VwVfG kumulativ vorliegen: Aus

Denn in der Übertragung einer Aufgabe zur (partiellen) Erledigung durch eine andere Behörde liegt zugleich eine Durchbrechung der objektiv-rechtlichen staatlichen Kompetenzordnung, welche eine besondere Rechtfertigung durch ein aus objektiven Gesichtspunkten gegebenes öffentliches Interesse erfordert. Letztlich legitimiert erst das in § 5 Abs. 1 VwVfG konkretisierte *öffentliche Interesse* an der Amtshilfe die Wahrnehmung der fremden Aufgabe durch die um Amtshilfe ersuchte Behörde.

Durch ein rechtmäßiges Amtshilfeersuchen wird das Betätigungsfeld der ersuchten Behörde erweitert; diese führt die den Gegenstand des Ersuchens bildende Maßnahme im eigenen Namen[51] nach dem für sie geltenden Recht (§ 7 Abs. 1, 2. Halbsatz VwVfG) aus.

Der finanzielle *Ausgleich* bestimmt sich nach § 8 Abs. 1 VwVfG. Danach sind Auslagen auf Anforderung zu erstatten, wenn Behörden verschiedener Rechtsträger einander Amtshilfe leisten und die Auslagen im Einzelfall fünfzig Deutsche Mark übersteigen.

5. Vollzugshilfe

Das Rechtsinstitut der polizeilichen Vollzugshilfe[52] ist demjenigen der Amtshilfe angeglichen. Weitgehend verweisen die Polizeigesetze der Länder sogar auf die Vorschriften über Amtshilfe[53] und erklären jene für entsprechend anwendbar. Vollzugshilfe umfaßt die Durchführung von Vollzugsmaßnahmen für andere Behörden[54]; einige Polizeigesetze beschränken den Begriff seinem Gegenstand nach auf die Durchführung eines gegen den Bürger gerichteten

---

der Perspektive der ersuchenden Behörde muß ein rechtmäßiges Ersuchen vorliegen (Abs.1), *und* aus der Perspektive der ersuchten Behörde darf kein obligatorisches (Abs. 2) oder ausgeübtes fakultatives (Abs. 3) Weigerungsrecht entgegenstehen (wie hier *Bonk* in *Stelkens/Bonk/Sachs*, VwVfG, § 5 Rdnr. 4.).

[51] *Bonk* in *Stelkens/Bonk/Sachs*, VwVfG, § 4 Rdnr. 17.

[52] S. Art. 50 – 52 bayPAG; §§ 52 – 54 berlASOG; § 1 brbgVGPolG i.V.m. §§ 50 – 52 DDR-PAG; §§ 37 – 39 bremPolG; §§ 44 – 46 hessSOG; § 7 Abs. 2 mevpSOG; § 29 ndsGefAG; §§ 47 – 49 nwPolG; § 2 nwOBG; §§ 96 – 98 rhpfPOG; §§ 41 – 43 saarlPolG; §§ 44 – 46 sächsPolG; §§ 50 – 52 sachsanhSOG; §§ 48 – 52 thürPAG. Dagegen kennt der Alternativentwurf nicht den Begriff „Vollzugshilfe", sondern nur „polizeiliche Amtshilfe", d.h. Amtshilfe mit spezifisch polizeilichen Mitteln (§§ 47 – 49 AE-PolG).

[53] S. Art. 50 Abs. 3 bayPAG; § 52 Abs. 3 Satz 2 berlASOG; § 37 Abs. 2 Satz 2 bremPolG; § 44 Abs. 3 Satz 2 hessSOG; § 29 Abs. 2 Satz 2 ndsGefAG, s. aber auch § 83 Abs. 3 ndsGefAG; § 47 Abs. 2 Satz 2 nwPolG; § 96 Abs. 2 Satz 2 phpfPOG; § 41 Abs. 2 Satz 2 saarlPolG; § 44 Abs. 2 Satz 2 sächsPolG; § 48 Abs. 2 Satz 2 thürPAG; ebenso § 25 Abs. 2 Satz 3 ME-PolG. S. auch die Teilverweisungen in § 7 Abs. 2 Satz 2 mevpSOG; § 49 Abs. 4 AE-PolG.

[54] *Martens* in *Drews/Wacke/Vogel/Martens*, Gefahrenabwehr, § 10 1 a.

unmittelbaren Zwangs auf Ersuchen einer anderen Behörde. *Legitimation* und finanzieller *Ausgleich* bestimmen sich kraft der Verweisung nach den Amtshilfevorschriften[55].

6. Mandat / Delegation

Bei den organisationsrechtlichen Instituten des zwischenbehördlichen Mandats und der Delegation werden Verwaltungskompetenzen übertragen oder die Wahrnehmung von Kompetenzen aufgetragen[56]. Delegation und Mandat unterscheiden sich vor allem im Außenverhältnis: Während der Delegatar eine ihm übertragene Kompetenz im eigenen Namen ausübt[57], tritt der Mandatar im Namen des Mandanten auf[58].

Die Delegation von Verwaltungskompetenzen steht unter dem Vorbehalt des Gesetzes. Sie muß sich auf eine rechtliche Grundlage stützen können, die mindestens den Rang jener Rechtsquelle hat, auf der die Begründung der Kompetenz beruht[59].

Umstritten sind die Zulässigkeit und die Voraussetzungen des zwischenbehördlichen Mandats[60]. Sie dürften den Voraussetzungen einer Delegation entsprechen. Die Übertragung von Aufgaben auf eine andere Behörde zu deren Wahrnehmung im fremden Namen ist zwar – anders als die Delegation – keine formelle[61], doch aber eine faktische Änderung der Kompetenzordnung, da die

---

[55] S. aber wegen des Ausgleichs auch die besonderen Ausgleichsvorschriften der §§ 83 Abs. 2 bremPolG; 83 Abs. 3 ndsGefAG.

[56] Ähnlich *Triepel*, Delegation und Mandat im öffentlichen Recht, S. 23; *Schenke*, VerwArch. 68 (1977), 118 (120); *Hirschberger*, Organleihe, S. 15.

[57] *Triepel*, Delegation und Mandat im öffentlichen Recht, S. 26; *Schenke*, VerwArch. 68 (1977), 118 (121); *Ule/Laubinger*, Verwaltungsverfahrensrecht, § 10 III 1, 2; *Hirschberger*, Organleihe, S. 15. Beispiel einer gesetzlichen Ermächtigung zur Delegation ist § 44 Abs. 1 Satz 3 StVO; eine besondere Form der gesetzlichen Delegation ist die kommunale Auftragsverwaltung in Ländern mit dualistischem Aufgabenbegriff (vgl. *Schmidt-Jortzig*, Kommunalrecht, Rdnr. 540; *Knemeyer*, DÖV 1988, 397 [398]).

[58] *Triepel*, Delegation und Mandat im öffentlichen Recht, S. 26; *Schenke*, VerwArch. 68 (1977), 118 (121, 167); *Ule/Laubinger*, Verwaltungsverfahrensrecht, § 10 III 1, 2; *Hirschberger*, Organleihe, S. 17 f. Große Bedeutung hat das Mandat im Bereich der kommunalen Gemeinschaftsarbeit, s. etwa § 23 Abs. 1 Fall 2 nwGkG.

[59] *Schenke*, VerwArch. 68 (1977), 118 (166); *Ule/Laubinger*, Verwaltungsverfahrensrecht, § 10 III 1.

[60] Darstellung des Meinungsstandes bei *Schenke*, VerwArch. 68 (1977), 118 (150).

[61] HessVGH, ESVGH 1, 139 (141); *Triepel*, Delegation und Mandat im öffentlichen Recht, S. 26; *Schenke*, VerwArch. 68 (1977), 118 (121); *Stettner*, Grundfragen der Kompetenzlehre, S. 297.

tatsächliche Ausübung der Staatsgewalt und des behördlichen Ermessens auf den Mandatar überwechselt[62]. Auch das Mandat wird daher zumindest insoweit einer besonderen gesetzlichen Ermächtigung bedürfen, als ebenfalls das Eingreifen des Mandanten selbst dem Vorbehalt des Gesetzes unterläge[63].

Ob und in welcher Höhe ein finanzieller *Ausgleich* im Mandats- und Delegationsverhältnis stattfindet, richtet sich nach den jeweiligen besonderen gesetzlichen Vorschriften[64].

7. Gesetzliche Eilkompetenzen

In Eilfällen, insbesondere bei Gefahr im Verzug, bestehen zahlreiche besondere Verwaltungszuständigkeiten. So ist bei Gefahr im Verzug beispielsweise jede sachlich zuständige Behörde für unaufschiebbare Maßnahmen zugleich an jedem Ort auch örtlich zuständig (§ 3 Abs. 4 VwVfG, § 2 Abs. 4 SGB-X, § 29 AO)[65]. Anstelle der regulär sachlich zuständigen Behörden ist die Polizei[66] auf dem Gebiet der Gefahrenabwehr sachlich allzuständig, soweit ein Handeln der anderen Behörden nicht oder nicht rechtzeitig möglich ist[67] (sog. „Recht des ersten Zugriffs").

---

[62] Ähnlich *Schenke*, VerwArch. 68 (1977), 118 (153 f.) m.w.N; a.A. *Müller*, DÖV 1964, 530 (536).

[63] Ähnlich *Schenke*, VerwArch. 68 (1977), 118 (154, 160 ff., 162 ff.); *Ule/Laubinger*, Verwaltungsverfahrensrecht, § 10 III 2; a.A. *Müller*, DÖV 1964, 530 (536); *Rasch*, DVBl. 1983, 617 (619 f.).

[64] Im Mandatsverhältnis vgl. etwa die Ausgleichsvorschriften des § 23 Abs. 4 i.V.m. Abs. 1 Fall 2 nwGkG für den Bereich der kommunalen Gemeinschaftsarbeit in Nordrhein-Westfalen und im Bereich der Ausführung der Sozialhilfe die §§ 6 Abs. 2 i.V.m. 4 Abs. 2 rhpfAGBSHG; §§ 6 Abs. 2 i.V.m. 4 Abs. 2 saarlAGBSHG. Als Ausgleichsvorschriften im Delegationsverhältnis s. § 23 Abs. 4 i.V.m. Abs. 1 Fall 1 nwGkG sowie die Ausgleichsmechanismen im besonderen Delegationsverhältnis der kommunalen Verwaltung im übertragenen Wirkungskreis.

[65] Im Polizeirecht sind für das überörtliche Eingreifen besondere Vorschriften getroffen, s. § 5 Abs. 2 brbgPOG; § 68 Abs. 2 bwPolG; Art. 3 Abs. 2 Nr. 1 bayPOG; § 6 brbgOBG; § 78 Abs. 2 Nr. 1, Abs. 4 Nr. 1 bremPolG; § 5 Abs. 3 mevpSOG; § 78 Abs. 2 Nr. 1, Abs. 4 Nr. 1 ndsGefAG; § 7 Abs. 2 Nr. 2, § 14 Abs. 1 nwPOG; § 90 Abs. 2 rhpfPOG; § 81 Abs. 2 saarlPolG; § 53 Abs. 3 sächsPolG; §§ 88 Abs. 4 Nr. 1, sachsanhSOG; § 3 Abs. 2 Satz 2 thürPOG.

[66] Bzw. die Vollzugspolizei / der Polizeivollzugsdienst in den Ländern mit Einheitssystem.

[67] S. § 2 Abs. 1 bwPolG; Art. 3 bayPAG; § 4 berlASOG; § 1 brbgVGPolG i.V.m. § 2 DDR-PAG; § 80 Abs. 1 bremPolG; § 7 Abs. 1 Nr. 3 mevpSOG; § 1 Abs. 2 ndsGefAG; § 1 Abs. 1 Satz 3 nwPolG; § 1 Abs. 6 rhpfPOG; § 85 Abs. 2 saarlPolG; § 2 Abs. 1 sächsPolG; §§ 2 Abs. 2, 90 Abs. 2 sachsanhSOG; § 3 thürPAG; s. auch § 44 Abs. 2 Satz 2 StVO. Nach dem Wortlaut des § 3 Abs. 2 lit. a hambSOG besteht die Kompetenz der Vollzugspolizei nicht *anstelle*, sondern *neben* der an sich zuständigen Verwaltungsbehörde.

Im System der Verwaltungs*legitimation*, also im System der Verwaltungskompetenzen, sind Eilzuständigkeiten unterschiedlich einzuordnen. Liegt die Gesetzgebungskompetenz für die Aufgabenzuweisung sowohl hinsichtlich der an sich zuständigen wie auch hinsichtlich der eilzuständigen Behörde einheitlich bei derselben Gesetzgebungskörperschaft, so ist das Institut der Eilzuständigkeit kompetenzrechtlich als eine partielle Übertragung der Sachaufgabe hinsichtlich der unaufschiebbaren Maßnahmen von der an sich zuständigen Behörde auf die eilzuständige Behörde zu verstehen. Die eilzuständige Behörde ist zum Handeln im eigenen Namen an Stelle der an sich zuständigen Behörde berufen. Man mag diese Übertragung den Fall einer gesetzlich fest angeordneten Delegation nennen[68].

Dagegen sind verfassungsrechtliche Aspekte berührt, wenn eine eilzuständige Landesbehörde – etwa die Vollzugspolizei – an Stelle einer an sich zuständigen *Bundes*behörde tätig wird. Auf einem delegationsähnlichen Tatbestand kann die Polizeizuständigkeit in diesem Fall nicht beruhen: Die durchbrochene Verbandskompetenz der an sich zuständigen Bundesbehörde beruht auf einer grundgesetzlichen Kompetenzzuweisung[69]; ein Rechtssatz mit mindestens dem Rang der grundgesetzlichen Kompetenzzuweisung, durch welchen die Kompetenz im Eilfall auf die Landespolizei übertragen wird, ist nicht ersichtlich. Vielmehr gründet sich die Kompetenz der Landespolizei auf die grundgesetzlich festgelegte, *originäre* Gesetzgebungs- und Verwaltungszuständigkeit der Länder auf dem Gebiet der Gefahrenabwehr.

Besondere *Ausgleichs*normen bestehen in den Fälle der außerordentlichen örtlichen Eilzuständigkeit (§ 3 Abs. 4 VwVfG) nicht, in den Fällen der polizeilichen Eilzuständigkeit nur in wenigen Ländern[70]. Mit der Frage, ob der eilzuständigen Behörde ein Ausgleich aus allgemeinen rechtlichen Gesichtspunkten, etwa aus einer entsprechenden Anwendung der §§ 677 ff. BGB, zusteht, hatten sich das Bundesverwaltungsgericht[71] und das Oberverwaltungsgericht Nordrhein-Westfalen[72] zu befassen. Dabei lagen die Gesetzgebungskompetenzen für das Handeln der eilzuständigen und der an sich zuständigen Behörde in dem vom Oberverwaltungsgericht Nordrhein-Westfalen entschiedenen Fall

---

[68] So *Achterberg*, Allgemeines Verwaltungsrecht, § 13 Rdnr. 31; ablehnend *Oebbecke* in Beiträge zur Rechtswissenschaft, S. 1119 (1122, Fußn. 11).

[69] Das folgt daraus, daß ohne eine verfassungsrechtlich begründete Kompetenzzuweisung an den Bund das Land auch für die Erledigung der Aufgabe „an sich" zuständig wäre (Art. 30, 70 Abs. 1, 83 GG).

[70] S. § 80 Abs. 1 bremPolG; § 90 Abs. 2 sachsanhSOG; vgl. auch § 83 Abs. 1 ndsGefAG.

[71] NJW 1986, 2524; s. die Darstellung des Sachverhalts oben, S. 18.

[72] OVGE 38, 247 = NJW 1986, 2526.

in *einer* Hand, dagegen im Fall des Bundesverwaltungsgerichts bei verschiedenen Gesetzgebungskörperschaften.

a) Wahrnehmung einer Landesaufgabe durch die Landespolizei in Eilkompetenz

Das Oberverwaltungsgericht Nordrhein-Westfalen begnügte sich mit der Feststellung, die Polizei habe in eigener Zuständigkeit gehandelt und somit ein eigenes Geschäft erledigt[73]. Damit warf das Gericht aber lediglich die Frage der *Legitimation* der Polizei auf, wohingegen die Frage nach dem finanziellen *Ausgleich* nach wie vor offen blieb. Erläuternd führte das Gericht in einer späteren Entscheidung aus, das Rechtsinstitut der öffentlichrechtlichen GoA bilde, soweit ein Kostenausgleich zwischen juristischen Personen des Öffentlichen Rechts in Rede stehe, lediglich den rechtstechnischen Annex der entscheidungsrelevanten Aufgabenverteilung zwischen Hoheitsträgern[74]. Indessen bleibt bei einer solchen Pauschalierung unberücksichtigt, daß das in Art. 104a Abs. 1 GG festgeschriebene Konnexitätsprinzip, aus dem allein eine solche Annexbeziehung herzuleiten wäre, im Verhältnis verschiedener Stellen des Landes untereinander und zu den Gemeinden nicht gilt, da jene Verfassungsnorm nur die Finanzverteilung zwischen Bund und Ländern regelt, nicht aber die Ausgleichsmechanismen bei Kompetenzverlagerungen zwischen verschiedenen Stellen innerhalb eines Landes[75].

Die eigentlich entscheidungserheblichen Fragen, die sich aufbauend auf den Ausführungen des Gerichts stellen, sind erstens die Frage nach einem finanziellen Ausgleich bei der Verlagerung von Verwaltungskompetenzen im allgemeinen und zweitens, ob möglicherweise die besondere Stellung und Funktion der Polizeibehörden im Gefüge der staatlichen Verwaltung eine von allgemeinen Ausgleichsprinzipien abweichende Beurteilung erfordert.

Die erste Frage beantwortet sich leicht. Dem Gesetzgeber, der Kompetenzen begründet und verlagert, ist es vorbehalten, eine Regelung über die Finanzierung zu treffen. Hierfür steht ein weitgefächertes Instrumentarium zur Verfügung: besondere Ausgleichstatbestände, eine Berücksichtigung im allgemei-

---

[73] OVGE 38, 247 (249) = NJW 1986, 2526: Löschen eines brennenden städtischen Papierkorbs durch die Polizei in Wahrnehmung ihrer Eilkompetenz nach §§ 1 Abs. 1 Satz 2, 8 Abs. 1 nwPolG a.F.

[74] OVG NW, ZfW 1988, 308 (309), in diesem Fall allerdings wieder bezogen auf eine GoA im Bund-Länder-Verhältnis.

[75] S. VerfGH NW, OVGE 38, 301 (306) = DVBl. 1985, 685 (686 f.); DVBl. 1989, 151 (152 f.); StGH Bad.-Württ., DVBl. 1994, 206 (207); *Schmidt-Bleibtreu/Klein*, GG, Art. 104a Rdnr. 6; *Maunz* in *Maunz/Dürig*, GG, Art. 104a Rdnr. 27.

nen Finanzausgleich oder die unmittelbare Finanzierung aus Mitteln des Landeshaushalts. Eine besondere Ausgleichsregelung ist in den meisten Ländern – wie auch in Nordrhein-Westfalen – nicht getroffen, so daß der eingreifenden eilzuständigen Polizei ein finanzieller Ausgleich nach allgemeinen Grundsätzen nicht zusteht.

Eine von diesem allgemeinen Grundsatz abweichende Bewertung ergibt sich auch nicht aus einer besonderen Stellung und Funktion der Polizei. Aufgabe und Zuständigkeit der Polizei sind *stets* nur gegenüber den Kompetenzen anderer Behörden subsidiärer Natur. Die Vollzugspolizei wird somit in Landesangelegenheiten – wenn nicht als Vollzugshelfer – *stets* in übertragener, verlagerter Zuständigkeit tätig. Andererseits ist aber die (Vollzugs-)Polizei mit eigenen Haushaltsstellen im Landesetat bedacht, darüber hinaus in ihrer Funktion als Vollzugshelfer – nicht jedoch in ihrer regelmäßigen Funktion als Eilbehörde – mit einer Kostenerstattungsvorschrift zu Lasten anderer Behörden. Dies untermauert die Annahme, nach dem objektiven Gesetzeswillen solle die Tätigkeit der Polizei in ihrer Eigenschaft als Eilbehörde im Verhältnis zu den in der Sache an sich zuständigen (Landes-)Behörden kostenfrei sein. Sonach ist im Ergebnis der Entscheidung des Oberverwaltungsgerichts Nordrhein-Westfalen zuzustimmen[76].

b) Wahrnehmung einer Bundesaufgabe durch die Landespolizei in Eilkompetenz

Finanzverfassungrechtliche Gesichtspunkte greifen dagegen ein, wenn die Landespolizei in rechtmäßiger Wahrnehmung einer Eilkompetenz eine Maßnahme trifft, welche an sich – d.h. ohne die gebotene Eile – in den Aufgabenbereich einer Bundesbehörde fiele. Da die Landespolizei nicht aufgrund landesinterner Kompetenzverlagerung, sondern aufgrund verfassungsrechtlicher Kompetenzverteilung in originärer Zuständigkeit tätig wird, bestimmt sich auch der finanzielle Ausgleich nicht nach Landesgesetz, sondern nach Bundesverfassungsrecht. Einschlägig ist Art. 104a Abs. 1, Abs. 5 Satz 1 GG. Da der Landespolizei Ausgaben aus der Wahrnehmung ihrer eigenen Aufgaben entstanden sind, haben die Länder ihre Polizeikosten selbst zu tragen; für einen

[76] Im Ergebnis ebenso *Oldiges*, JuS 1989, 616 (623), der darauf abstellt, im Gefahrenabwehrrecht sei sonst das Entstehungsprinzip gesetzlich verfolgt. Habe hier abweichend davon das Ausgleichsprinzip gelten sollen, so hätte es einer ausdrücklichen Regelung bedurft. Ähnlich *Rietdorf/Heise/Bockenförde/Strehlau*, Ordnungs- und Polizeirecht in Nordrh.-Westf., § 48 Rdnr. 3, 5.

einfachgesetzlichen finanziellen Ausgleich und erst recht für die analoge Anwendung eines zivilrechtlichen Ausgleichsinstituts ist kein Raum[77].

Die gegenteilige Auffassung des Bundesverwaltungsgerichts beruht auf der Annahme, die Landespolizei habe in der Sache eine Aufgabe wahrgenommen, die den Bundesbehörden obliege[78]. Dem ist entgegenzuhalten: In Wahrheit hat die Landespolizei *nicht* eine Aufgabe der Bundesbehörde, sondern *nur* eine eigene Aufgabe erfüllt. Sie ist nicht mit dem Ziel tätig geworden, einer Bundesbehörde bei der Erfüllung ihrer Aufgaben Hilfe zu leisten, sondern, um in einem Eilfall eine selbst erkannte Gefahr für die öffentliche Sicherheit abzuwenden. Das aber ist eine Landes- und gerade keine Bundesaufgabe. Die Zuständigkeit für unaufschiebbare Maßnahmen gleich welcher Sachaufgabe geht in Fällen, in denen die an sich zuständige Behörde nicht rechtzeitig eingreifen kann, vollends auf die Sicherheitsbehörde über. Unter den Voraussetzungen der Eilbedürftigkeit einerseits und der Handlungsunfähigkeit der sachkompetenten Behörde andererseits wird die Sachaufgabe zum Gegenstand der „inneren Sicherheit". An die Stelle der gewöhnlichen Kompetenzzuweisung durch die Art. 83 ff. GG tritt die durch Art. 30 GG begründete Verbandskompetenz des Trägers der Polizei – der Länder.

Zwar ist die Länderkompetenz „nur" eine subsidiäre Kompetenz in dem Sinne, daß sie zur Voraussetzung hat, daß ein Handeln der in der Sache an sich zuständigen Behörde nicht rechtzeitig möglich ist; sie ist aber im Rahmen dieser Subsidiarität keine abgeleitete, sondern eine originäre und mit Blick auf die grundgesetzliche Kompetenzverteilung sogar ausschließliche Kompetenz[79]. Eine Gemeinschaftsaufgabe in dem Sinne, daß im Eilfall zwar die Polizei eine gewisse Zuständigkeit innehabe, daneben aber auch die mit der Sache eigentlich befaßte Bundesbehörde zuständig bleibe, gibt es nicht und darf es auch nicht geben aus Gründen der Eindeutigkeit der grundgesetzlichen Aufgabenzuweisung sowie wegen des Verbots der Mischverwaltung[80] im Hinblick auf den Ausnahmecharakter der Art. 91a, 91b GG. Die Verbandszuständigkeit im Bund-Länder-Verhältnis ist stets alternativ. Sie wechselt vom Träger der Polizei auf den Bund als Träger der Sachaufgabe zurück, sobald dessen Handlungsfähigkeit in der betreffenden Angelegenheit (wieder-)hergestellt ist oder die

---

[77] Da sich der finanzielle Ausgleich für Eilmaßnahmen im Bund-Länder-Verhältnis nach Bundesverfassungsrecht richtet, beschränkt sich auch die Bedeutung der vereinzelten speziellen landesrechtlichen Kostenregelungen (etwa § 83 Abs. 1 ndsGefAG) verfassungskonform auf das Verhältnis verschiedener Untergliederungen des Landes untereinander.

[78] BVerwG, NJW 1986, 2524 f.

[79] A.A. *Oebbecke*, in: Beiträge zur Rechtswissenschaft, S. 1119 (1122), der beim Vorliegen von Notkompetenzen eine Mehrfachzuständigkeit für gegeben hält.

[80] S. dazu *Lerche* in *Maunz/Dürig*, GG, Art. 83 Rdnr. 83 ff.; *Degenhart*, Staatsrecht I, Rdnr. 143; *Morlok*, DVBl. 1989, 1147 (1148).

besondere Eilbedürftigkeit entfällt. Aus welchem Gesichtspunkt sich aber ergeben soll, daß entgegen dem Konnexitätsgrundsatz des Art. 104a Abs. 1 GG für die Dauer der Eilbedürftigkeit mit der Aufgabenverantwortung nicht zugleich auch die Ausgabenlast auf das Land wechseln sollte, ist nicht ersichtlich.

8. Allgemeine Notkompetenz (Spontanhilfe)

Die gesetzlich normierten Not- und Eilkompetenzen der Polizei- und mitunter der Aufsichtsbehörden[81] sind aufgezeigt; ferner die außerordentliche örtliche Zuständigkeit jeder sachlich zuständigen Behörde bei Gefahr im Verzug. Fraglich ist, ob in Eil- und Notfällen auch beliebige, sachlich an sich unzuständige Behörden einstweilige Maßnahmen treffen können (allgemeine Notkompetenz).

Ein Bedürfnis für derartige Spontanhilfe ist durchaus gegeben. Wird beispielsweise von Gewerbeaufsichtsbeamten während einer Dienstfahrt bemerkt, daß ein umgestürzter Baum die Fahrbahn einer Landstraße versperrt, so liegt es nicht im gesetzlichen Aufgaben- und Zuständigkeitsbereich der Gewerbeaufsichtsbeamten, Maßnahmen zur Beseitigung *dieser* Gefahr zu treffen. Es würde eine Verletzung der staatlichen Kompetenzordnung bedeuten, wenn die Beamten einen Bauunternehmer mit der Räumung der Fahrbahn beauftragten. Sachdienlich wäre es aber, wenn das Gewerbeaufsichtsamt die zuständige Straßenbaubehörde oder die Polizei über die Gefahrensituation unterrichtete, damit von diesen sachlich zuständigen Behörden die notwendigen Maßnahmen getroffen werden können.

Strenggenommen ist jedoch bereits die Benachrichtigung der zuständigen Behörden eine erste (einleitende) Maßnahme zur Gefahrenabwehr. Sie fällt somit – nach der gesetzlichen Kompetenzverteilung – ebenfalls aus dem Zuständigkeits- und Kompetenzbereich eines im Dienst befindlichen Gewerbeaufsichtsbeamten. Gleichwohl dürfte die Statthaftigkeit *solchen* zuständigkeitsfremden Verwaltungshandelns in Gefahrensituationen kaum zweifelhaft sein. Die Frage nach der Zulässigkeit einer Spontanhilfe beurteilt sich somit offenbar (auch) nach der Art der Hilfsmaßnahme. So ist die Zulässigkeit zwischenbehördlicher Spontanhilfe im Grundsatz weitgehend anerkannt[82]; problematisch sind allein deren rechtsdogmatische Begründung sowie vor allem deren Grenzen.

---

[81] S. oben, S. 69 f.

[82] S. BayVGH, VerwRspr. 1 (1949), 26 (28 f.); *Maurer*, JuS 1970, 561 (565); *ders.*, Allgemeines Verwaltungsrecht, § 6 Rdnr. 15; vgl. auch OVG NW, OVGE 31, 223 (238) = NJW 1976, 1956 (1957); a.A. noch OVG NW, VerwRspr. 7 (1955), 743 (746).

Eine einfachgesetzliche Grundlage für zwischenbehördliche Spontanhilfe besteht nicht. Insbesondere ist die Spontanhilfe kein Unterfall der Amtshilfe im Sinne der §§ 4 ff. VwVfG, denn diese setzt nach der Legaldefinition des § 4 Abs. 1 VwVfG zwingend ein an die einspringende Behörde gerichtetes Amtshilfeersuchen voraus[83].

Die *Legitimation* der zwischenbehördlichen Spontanhilfe gründet sich unmittelbar auf die Verfassung, und zwar auf Art. 35 Abs. 1 GG. Gerade in der Beseitigung von Zweifeln, die an der Zulässigkeit bzw. Pflicht zur gegenseitigen Beistandsleistung aufkommen könnten, liegt die Bedeutung dieser Verfassungsnorm[84]. Diese Funktion kommt der Vorschrift bei spontaner Hilfe nicht minder zu als im Zusammenhang mit ersuchter Hilfe. Weder aus dem Wortlaut des Art. 35 GG noch aus seiner systematischen Stellung läßt sich eine Beschränkung von dessen Bedeutung auf Fälle der ersuchten Amtshilfe im Sinne der §§ 4 ff. VwVfG entnehmen[85]. Auch ist die Bedeutung des Art. 35 Abs. 1 GG nicht durch die Ausführungsbestimmungen der §§ 4 ff. VwVfG abschließend konkretisiert worden[86], da jene Vorschriften nur die Modalitäten einer Amtshilfe *auf Ersuchen* regeln und den übrigen Regelungsgehalt des Art. 35 Abs. 1 GG unberührt und somit weiterhin unkonkretisiert und auslegungsfähig belassen[87]. Es gibt keinen Grund, Spontanhilfe aus dem Begriff der Amtshilfe im Sinne des Art. 35 Abs. 1 GG auszuklammern[88].

Die Grenzen der Spontanhilfe bestimmen sich aus der Verfassung selbst. Der prinzipiellen Zulässigkeit der Spontanhilfe gegenüber steht das Prinzip der Einhaltung der staatlichen Kompetenzordnung[89]. Die Konkurrenz dieser beiden Verfassungsprinzipien ist im Wege der praktischen Konkordanz zu lösen. Während einerseits Art. 35 Abs. 1 GG – mit oder ohne Ersuchen – das

---

[83] *Kähler*, Diss., S. 35 f.; *Roll*, JuS 1979, 239 (240); *Borgs* in *Meyer/Borgs*, VwVfG, § 4 Rdnr. 18; *Knack-Henneke*, VwVfG, § 4 Rdnr. 2.4; zum Rechtszustand vor Inkrafttreten des VwVfG s. BGHZ 34, 184 (187); *Dreher*, Die Amtshilfe, S. 32 f. A.A. Johann *Schmidt*, FS *Boorberg* Verlag, S. 135 (141); s. auch *Moll* (RiA 1957, 214 [215]), der die Spontanhilfe als „Amtshilfe ohne Ersuchen" bezeichnen, diese aber analog dem zivilrechtlichen Institut der GoA behandeln will.

[84] S. *Maunz* in *Maunz/Dürig*, GG, Art. 35 Rdnr. 1.

[85] Die Gesetzgebungsmaterialien sind hinsichtlich der Reichweite der verfassungsmäßig verankerten Amtshilfe unergiebig, vgl. *Verfassungsausschuß der Ministerpräsidenten-Konferenz der westlichen Besatzungszonen*, Bericht, S. 30; sowie *Parlamentarischer Rat*, Stenographischer Bericht aller Sitzungen, S. 100, 367, 627, 751.

[86] In diesem Sinne allerdings offenbar *Schmidt-Bleibtreu/Klein*, GG, Art. 35 Rdnr. 1; *Kopp/Kopp*, BayVBl. 1994, 229 (232).

[87] Ähnlich *Schlink*, Die Amtshilfe, S. 218.

[88] Ebenso *Schlink*, Die Amtshilfe, S. 220; a.A. (je ohne Begründung): BGHZ 34, 184 (187); *Foerster*, SKV 1971, 184.

[89] Ausführlich hierzu BayVGH, VerwRspr. 1 (1949), 26 (28).

Überschreiten gegebener Zuständigkeiten zur Erreichung einer größeren Verwaltungseffektivität stützt, kann andererseits das Institut der Spontanhilfe nicht eine in Art und Umfang unnötige Außerkraftsetzung der gegebenen Verwaltungszuständigkeiten (Art. 30, 83 ff. GG) rechtfertigen. Spontanhilfe ist deshalb auf ein Mindestmaß des Erforderlichen zu beschränken. Diese Beschränkung äußert sich in zweierlei Hinsicht: Für das „Ob" des Eingreifens wird darauf abzustellen sein, daß Spontanhilfe stets nur dann zulässig ist, wenn erstens eine Gefahrensituation vorliegt und zweitens die an sich zuständige Behörde wie auch die mit einer gesetzlichen Not- oder Eilkompetenz versehene Behörde, in der Regel also die Polizeivollzugsbehörde, am rechtzeitigen Eingreifen gehindert sind. Fehlt eine dieser Voraussetzungen, so hat die Einhaltung der gesetzlichen Kompetenzordnung Priorität; das gilt auch dann, wenn die Verwaltungsaufgabe von einer anderen als der gesetzlich zuständigen Behörde im Einzelfall effektiver erledigt werden könnte.

In Fällen zulässiger Spontanhilfe gilt für das „Wie" des Eingreifens, also für den Umfang der Spontanhilfebefugnis, daß die Verantwortung für die Erledigung der Sachaufgabe so weit wie möglich bei der an sich zuständigen Behörde verbleiben muß. Daher ist Spontanhilfe stets auf das Notwendigste, d.h. auf unaufschiebbare Sofortmaßnahmen zu beschränken. In der Regel wird sich die an sich unzuständige Behörde daher auf die Durchführung (vorläufiger) *Sicherungs*maßnahmen zu beschränken haben und die eigentliche Gefahren*beseitigung* der gesetzlich zuständigen Behörde, welche sie über die Gefahr zu informieren hat, überlassen müssen[90].

Eine zweite Grenze der Spontanhilfe ergibt sich aus dem ebenfalls verfassungsrechtlich verankerten Eingriffsvorbehalt. Erfordert eine Maßnahme zur Gefahrenabwehr oder zur vorläufigen Sicherung einen Eingriff in die Rechte Dritter, so bedarf es hierfür einer besonderen gesetzlichen Ermächtigung[91]. Aus Art. 35 Abs. 1 GG selbst läßt sich eine solche besondere Ermächtigung zur Vornahme von Eingriffsmaßnahmen auch bei Gefahr im Verzug deshalb nicht herleiten, weil diese Vorschrift systematisch dem zweiten Abschnitt des Grundgesetzes angehört und somit – da auch der Wortlaut nicht für eine Außenwirkung der Vorschrift spricht – nur Rechtswirkungen zwischen den verschiedenen Verwaltungskörperschaften entfaltet[92].

---

[90] Ähnlich bereits BayVGH, VerwRspr. 1 (1949), 26 (28 f.).

[91] Ähnlich *Schlink*, Die Amtshilfe, S. 219 f., der jedoch im Eingriffsbereich das Handeln einer bloß örtlich unzuständigen Behörde als noch zulässig ansieht.

[92] Im Ergebnis ebenso *Maunz* in *Maunz/Dürig*, GG, Art. 35 Rdnr. 1.

Auch der strafrechtliche Rechtfertigungstatbestand des § 34 StGB begründet eine solche Legitimation nicht. Denn die – umstrittene[93] – Anwendung des § 34 StGB auf behördliches Handeln vermag den Eingriff allenfalls in *strafrechtlicher* Hinsicht zu rechtfertigen. Dieser strafrechtlichen Rechtfertigung ungeachtet kann sich die Maßnahme aus öffentlichrechtlichem Blickwinkel gleichwohl als nicht legitimiert und daher rechtswidrig darstellen[94]. Denn die Frage der Strafbarkeit berührt allein den sozialen Unwert einer Tat, aus der fehlenden strafrechtlichen Relevanz einer Handlung ergibt sich indessen noch nicht die Übereinstimmung der Handlung mit der übrigen Rechtsordnung[95]. Eine öffentlichrechtliche Ermächtigungsgrundlage, die jedwedes Verwaltungshandeln im Interesse der dort aufgeführten Rechtsgüter legitimierte, ist § 34 StGB jedenfalls nicht.

Wegen des Fehlens einer speziellen gesetzlichen Grundlage sind Spontanhilfemaßnahmen daher unzulässig, soweit sie unter dem Vorbehalt des Gesetzes stehen, soweit sie also einer besonderen Eingriffsermächtigung bedürfen. Endgültige Gefahrenabwehrmaßnahmen und ebenso vorläufige Sicherungsmaßnahmen bleiben deshalb der sachlich und örtlich zuständigen Behörde vorbehalten, soweit mit ihnen ein Eingriff in subjektive Rechte Dritter verbunden ist.

Über einen finanziellen *Ausgleich* der Spontanhilfe schweigt das Gesetz. Ein Bedürfnis hierfür ist aber daraus herzuleiten, daß es zu gewährleisten gilt, daß staatliche Mittel entsprechend deren haushaltsmäßiger Zweckbestimmung und nicht in erheblichem Umfang zugunsten anderer Sachaufgaben im Wege der Spontanhilfe verwendet werden. Zwar ist die einschreitende Behörde gehalten, ihre Spontanhilfemaßnahmen stets auf das Notwendigste zu beschränken; unter Umständen können aber bereits vorläufige Sicherungsmaßnahmen beträchtliche Kosten verursachen. Zudem werden die verschiedenen Verwaltungskörperschaften unterschiedlich häufig mit Aufwendungen für Spontanhilfe belastet sein; es dürften nämlich die meisten Spontanhilfeaufwendungen bei den örtlich präsenten Behörden, also den Gemeinden und Landkreisen, anfallen. Das somit vorhandene Bedürfnis nach einem finanziellen Ausgleich für geleistete zwischenbehördliche Spontanhilfe bietet Raum für eine entsprechende Anwendung des Rechtsinstituts der GoA in seiner Ausgleichsfunktion.

---

[93] Für eine Anwendung der Norm etwa *Schwabe*, NJW 1977, 1902; s. auch BGHSt 27, 260 (262 f.); 31, 304 (307); a.A. etwa *Amelung*, NJW 1977, 833; *LK-Hirsch*, StGB, § 34 Rdnr. 6 ff. m.w.N. zu beiden Auffassungen.

[94] Ebenso *Sydow*, JuS 1978, 222 (224); *Schmidhäuser* in *Merten*, Aktuelle Probleme des Polizeirechts, S. 53 (60); *Kirchhof* in *Merten*, Aktuelle Probleme des Polizeirechts, S. 67 (69 f.); *Schönke/Schröder-Lenckner*, StGB, § 34 Rdnr. 7; kritisch *Schaffstein*, FS *Schröder*, S. 97 (108 f.).

[95] A.A. aber offenbar *Schaffstein*, FS *Schröder*, S. 97 (108 f.).

9. Öffentlichrechtliche Gesamtschuldverhältnisse

In Ausnahmefällen sind für die Erledigung einer Verwaltungsaufgabe mehrere Behörden zugleich zuständig, insbesondere wenn sich einzelne Verwaltungsaufgaben in örtlicher und sachlicher Hinsicht nicht eindeutig und ausschließlich dem Zuständigkeitsbereich der einen oder anderen Behörde zuordnen lassen. Wenn die Aufgabe insgesamt jedoch nur einmal erledigt werden muß, ist es gerechtfertigt, von einem öffentlichrechtlichen Gesamtschuldverhältnis zu sprechen.

Jede der zuständigen Behörden ist gleichermaßen zur Erledigung der Aufgabe *legitimiert*. Die Verwaltungskompetenz konzentriert sich jedoch nach dem Prioritätsprinzip auf die zuerst mit der Sache befaßte Behörde. Für sich überschneidende örtliche Zuständigkeiten ist dies in den §§ 3 Abs. 2 Satz 1 VwVfG, 2 Abs. 1 Satz 1 SGB-X geregelt; für sich überschneidende sachliche Zuständigkeiten wird gleiches zu gelten haben, soweit es an einer speziellen gesetzlichen Regelung fehlt. Eine sachliche Mehrfachzuständigkeit kann beispielsweise durch eine gemeinsame Unterhaltungslast begründet sein. So wurden in einem vom Oberverwaltungsgericht Nordrhein-Westfalen[96] entschiedenen Fall ein Bach und eine Straße von einer Ufermauer getrennt, deren Erbauer sich nicht mehr feststellen ließ. Da die Mauer ihre Funktion gleichermaßen in der Einfassung des Bachs wie auch in der Stützung des Straßenkörpers hatte, waren sowohl der Träger der Straßenbaulast als auch der Träger der wasserrechtlichen Unterhaltungslast für den Bach zur Unterhaltung verpflichtet. Die Behörden haben zwar nicht einen personifizierten gemeinsamen „Gläubiger" (vgl. § 421 BGB), aber sie sind hinsichtlich der konkreten Verwaltungsaufgabe wie Gesamtschuldner dem Gemeinwohl verpflichtet, so daß der Rechtsgedanke der §§ 421, 426 BGB und deren Ausgleichsmechanismus auch hier trägt[97].

10. Negativer Kompetenzkonflikt

Im negativen Kompetenzkonflikt, das heißt, wenn sich mehrere Verwaltungsbehörden hinsichtlich einer zu erledigenden Verwaltungsaufgabe für nicht zuständig halten, zugleich aber feststeht, daß *eine* dieser Behörden zuständig und zum Eingreifen verpflichtet ist, wird die Zuständigkeit durch die gemein-

---

[96] OVGE 31, 223 (239 f.), insoweit in NJW 1976, 1956 nur teilweise abgedruckt.

[97] Das OVG NW spricht hingegen einen anteiligen Aufwendungsersatz aus § 683 BGB zu, wobei es in § 426 BGB einen „für die öffentlichrechtliche Geschäftsführung ohne Auftrag maßgeblichen Rechtsgedanken" sieht. Das OVG hätte den Umweg über GoA vermeiden und es bei § 426 Abs. 1 BGB als Anspruchsgrundlage belassen können.

same Fachaufsichtsbehörde festgelegt. Fehlt es an einer gemeinsamen Aufsichtsbehörde, so treffen die jeweiligen Fachaufsichtsbehörden die Entscheidung gemeinsam. Für den negativen Kompetenzkonflikt in Fragen der örtlichen Zuständigkeit ist dies in den §§ 3 Abs. 2 Satz 3, 4 VwVfG, 2 Abs. 1 Satz 2, 3 SGB-X und 28 Abs. 1 AO geregelt; bei Unklarheiten hinsichtlich sachlicher Zuständigkeiten wird dementsprechend zu verfahren sein[98]. Bevor der Kompetenzkonflikt durch die Aufsichtsbehörde(n) beigelegt ist, darf keine der am Konflikt beteiligten Behörden die Verwaltungsaufgabe für die ihrer Meinung nach zuständige Behörde vorsorglich erledigen und anschließend die Aufwendungen ersetzt verlangen, da es an einer entsprechenden Legitimation für die Übernahme der Verwaltungsaufgabe fehlt. Hält sich eine Behörde für unzuständig, so hat sie sich demgemäß auch der Erledigung der Aufgabe zu enthalten.

Eine von diesem Grundsatz abweichende Regelung ist im Bereich des Sozialrechts durch die Vorschrift des § 102 SGB-X getroffen. Zugleich steht diese Vorschrift in einem der wenigen öffentlichrechtlichen Regelungszusammenhänge, die den Rechtsgedanken der GoA in Legitimations- und Ausgleichsfunktion in sich tragen. Gemäß § 102 SGB-X kann ein Leistungsträger, der eine Sozialleistung auf Grund einer gesetzlichen Vorschrift vorläufig erbracht hat (allgemeine Ermächtigung hierzu in § 43 SGB-AT), von dem an sich zur Leistung verpflichteten Leistungsträger Erstattung verlangen. Nach § 43 Abs. 1 SGB-AT kann, wenn zwischen mehreren Leistungsträgern streitig ist, wer zur Leistung verpflichtet ist, der vom Berechtigten zuerst in Anspruch genommene Leistungsträger vorläufig die Sozialleistung erbringen. Dadurch wird sichergestellt, daß der Leistungsempfänger infolge des verwaltungsinternen Zuständigkeitskonflikts keinen Verzögerungsnachteil erleiden muß.

Unter dem Gesichtspunkt der Fremdgeschäftsführung für eine andere Verwaltungsbehörde ist zwischen den verschiedenen Vorleistungstatbeständen zu unterscheiden. Im Falle des § 102 SGB-X i.V.m. § 43 Abs. 1 Satz 1 SGB-AT erbringt der Leistungsträger die Sozialleistung freiwillig, ohne hierzu verpflichtet zu sein. Es handelt sich um einen Fall der GoA für den an sich zuständigen Leistungsträger[99], nämlich um die Erfüllung einer fremden öffentlichrechtlichen Aufgabe. Das rechtserhebliche Interesse der an sich zuständigen Behörde an der Erledigung der Aufgabe als solche ergibt sich aus deren gesetzlicher Leistungspflicht selbst; es wird durch den Vorrang des Gesetzes (§ 38 SGB-

---

[98] S. *Wolff/Bachof*, Verwaltungsrecht I, § 72 IV c; differenzierend aber *Rudolf* in *Erichsen/Martens*, Allgemeines Verwaltungsrecht, § 56 Rdnr. 46: Bei unterschiedlichen Fachaufsichtsbehörden könne der Kompetenzkonflikt über die sachliche Zuständigkeit nur gerichtlich entschieden werden.

[99] Ebenso *Eichenhofer*, DVBl. 1991, 77 (82).

AT) und den Anhalt zur pflichtgemäßen Ermessensausübung (§ 39 SGB-AT) objektiviert[100]. Problematisch ist bei einer GoA für eine Behörde allerdings stets, ob im konkreten Fall auch die Übernahme des Geschäftes durch den Geschäftsführer im Interesse des Geschäftsherrn stand. Für den Fall der vorläufigen Sozialleistung an Stelle der zuständigen Behörde ergibt sich das Übernahmeinteresse ausnahmsweise unmittelbar aus dem Gesetz selbst, nämlich aus § 43 Abs. 1 Satz 1 SGB-AT. Unter Berücksichtigung der aufgezeigten Besonderheiten läßt sich die vorläufige Sozialleistung mit dem Tatbestand einer GoA für die eigentlich verpflichtete Sozialleistungsbehörde vergleichen. Hinsichtlich der Ausgleichsmodalitäten zeigen sich allerdings einige Unterschiede zwischen dem sozialrechtlichen Ausgleichstatbestand (§ 102 SGB-X) und dem Zivilrechtsinstitut der GoA. So ist als Aufwendungsersatz nicht dasjenige zu erstatten, was der vorleistende Leistungsträger *im Interesse des Letztverpflichteten* den Umständen nach für erforderlich halten durfte (s. §§ 683, 670 BGB), sondern dasjenige, was er *nach den für ihn selbst geltenden Vorschriften* und eigenem pflichtgemäßen Ermessen geleistet hat (§§ 102 Abs. 2 SGB-X, 43 Abs. 1 Satz 1 SGB-AT), wobei die §§ 109 Satz 2, 110 Satz 2 SGB-X bestimmte Mindesterstattungssummen normieren. An die Stelle der Haftungsvorschriften und Nebenpflichten der §§ 677 ff. BGB tritt allein im Fall des § 1735 RVO eine Mitteilungspflicht. Die Verjährungsfrist der Ansprüchen aus GoA beträgt dreißig Jahre (§ 195 BGB)[101], die des sozialrechtlichen Ausgleichsanspruch hingegen nur vier Jahre (§ 113 SGB-X) bei einer Ausschlußfrist von zwölf Monaten (§ 111 SGB-X).

Dagegen liegt in der zweiten Fallkonstellation des § 102 SGB-X, bezogen auf die pflichtigen Vorleistungsfälle des § 43 Abs. 1 Satz 2 SGB-AT (wie auch der §§ 44 BSHG, 1735 RVO), kein freiwilliges Einspringen für die an sich zuständige Behörde vor, sondern es entspricht der gesetzlichen Rechtspflicht der Behörde, die Sozialleistung vorläufig zu erbringen. In dieser Fallkonstellation läßt sich der durch § 102 SGB-X gewährte Ausgleich eher mit der bereicherungsrechtlichen Rückgriffskondiktion vergleichen.

---

[100] Daß die an sich bedenkliche (dazu unten, S. 179 ff.) Objektivierung des behördlichen Willens in dieser sozialrechtlichen Fallgestaltung ausnahmsweise zulässig ist, ergibt sich aus der Bestimmung des § 43 Abs. 1 SGB-X selbst und ist mit dem besonders dringlichen öffentlichen Interesse an einer rechtzeitigen Verwirklichung der in § 1 Abs. 1 SGB-AT genannten sozialen Ziele zu rechtfertigen.

[101] Allerdings gilt bei wiederkehrenden Leistungen unter Umständen auch für Ansprüche aus GoA die vierjährige Verjährungsfrist des § 197 BGB, s. hierzu OVG NW, NJW 1981, 1328; RGZ 170, 252; BGH, NJW 1963, 2315 m.w.N.; BGH, LM Nr. 3 zu § 52 BVG; OLG Karlsruhe, OLGZ 1965, 137; LG Frankenthal, MDR 1958, 603 (604); *Erman-Ehmann*, BGB, vor § 677 Rdnr. 29; *MünchKomm-v.Feldmann*, BGB, § 197 Rdnr. 6; *Soergel-Walter*, BGB, § 197 Rdnr. 13; a.A. OLG Düsseldorf, FamRZ 10 (1963), 192.

Bei Kompetenzunklarheiten im außersozialrechtlichen Bereich ist der vorläufige Eintritt einer Behörde nur nach allgemeinen Grundsätzen, also unter den Voraussetzungen einer Spontanhilfe bei Gefahr im Verzug[102] zulässig.

11. Sonstige sozialrechtliche Ausgleichsvorschriften

In manchen Abhandlungen werden einige weitere Vorschriften aus dem sozialrechtlichen Bereich im Zusammenhang mit öffentlichrechtlicher GoA genannt, und zwar die §§ 103 - 108 BSHG[103], 103, 105 SGB-X[104] sowie 81b BVG[105]. Deren Nähe zum Institut der GoA ist jedoch durchweg nicht sehr groß und die Vorschriften passen auch allenfalls am Rande in den hiesigen Kontext. Bei den §§ 107 BSHG, 103, 105 SGB-X, 81b BVG handelt es sich um Normen über einen finanziellen Ausgleich bei fehlender oder wegfallender Legitimation, letztlich um Spezialfälle des öffentlichrechtlichen Erstattungsanspruchs – bei § 107 BSHG um eine spezielle sozialrechtliche Schutzvorschrift, die rechtsdogmatisch als ein „zwischenbehördlicher Deliktstatbestand" einzuordnen sein dürfte. In den Fällen der §§ 103, 104 und 108 BSHG erfüllt die Sozialhilfebehörde gegenüber dem Leistungsberechtigten nur eine eigene Pflicht in eigener Zuständigkeit. Sie führt kein fremdes Geschäft des erstattungspflichtigen Leistungsträgers, denn jener selbst war nicht zuständig und daher nicht selbst zur Leistung an den Hilfsbedürftigen verpflichtet. Die genannten Vorschriften behandeln einen speziellen Fall des zwischenbehördlichen Lastenausgleichs unter verschiedenen Trägern der Sozialhilfe.

12. Zusammenfassung: Bedürfnis für die Legitimations- und Ausgleichsfunktion der GoA

Die Untersuchung der verschiedenen öffentlichrechtlichen Institute zur Begründung, Übertragung und Durchbrechungen staatlicher Kompetenzen hat ein fein strukturiertes System unterschiedlicher Legitimationsmechanismen vor Augen geführt.

Verbandskompetenzen sind durch das Grundgesetz, behördliche Zuständigkeiten durch einfachgesetzlichen Rechtssatz begründet und auf dieselbe Weise delegierbar. Diese regelmäßigen Zuständigkeiten werden ergänzt durch eine Anzahl außerordentlicher Zuständigkeiten, angefangen von den gesetzlich

---

[102] S. hierzu oben, S. 79 ff.

[103] S. Walter *Schmidt*, Staats- und Verwaltungsrecht, Rdnr. 275.

[104] S. *v.Einem*, NWVBL 1992, 385 (386); *Eichenhofer*, DVBl. 1991, 77 (82).

[105] Dazu *Stoll*, SGb. 1976, 157.

eingeräumten Selbsteintrittsbefugnissen der höheren Behörden über die gesetzlichen Notkompetenzen der nur örtlich unzuständigen Behörde bis hin zu der sich aus der Verfassung ergebenden allgemeinen Notkompetenz jeder Behörde für unaufschiebbare Maßnahmen bei Gefahr im Verzug. Ein Bedürfnis, die Kompetenzen der verschiedenen staatlichen Stellen durch ein weiteres allgemeines Rechtsinstitut zu erweitern, besteht nicht. Die Legitimationsfunktion der GoA hat im Verhältnis verschiedener Behörden untereinander keinen Platz[106].

Für die *Ausgleichs*funktion der GoA besteht in der Fallgruppe 1 nur ein sehr eingeschränktes Bedürfnis. Vielfach ist der zwischenbehördliche finanzielle Ausgleich für eine Wahrnehmung an sich fremder Verwaltungsaufgaben spezialgesetzlich geregelt. In anderen Fallkonstellationen wiederum, so etwa in manchen Fällen der Delegation oder des zulässigen Selbsteintritts der höheren Behörde, erscheint eine Einzelerstattung der Aufwendungen nicht dringend erforderlich, da von den finanziellen Belastungen solcher Maßnahmen nicht jede beliebige Behörde, sondern stets nur der mögliche Delegatar bzw. die Aufsichtsbehörde betroffen sein kann, zugleich die potentielle Zusatzbelastung dieser Behörden im Gesetz selbst angelegt ist und daher die möglichen Mehraufwendungen vom Gesetzgeber unmittelbar im Rahmen der Haushaltsplanung berücksichtigt und ausgeglichen werden können.

Ein gewisses Bedürfnis für einen finanziellen Ausgleich und zugleich ein Regelungsdefizit verbleiben lediglich in den Fällen der zwischenbehördlichen Spontanhilfe. Denn jeder Behörde sind sächliche und personelle Mittel nach ihrem jeweiligen Bedarf zur Erledigung der *eigenen* Aufgaben an die Hand gegeben. Werden solche Mittel nun durch eine erforderliche Spontanhilfe gebunden und entgegen ihrer ursprünglichen Zweckbestimmung verausgabt, so erscheint es als der Haushaltsplanung am ehesten entsprechend, wenn die an sich zuständige Behörde, die ihrerseits durch die fremde Spontanhilfe eigene Aufwendungen erspart hat, einen finanziellen Ausgleich zu leisten hat. Ein solcher Ausgleich könnte durch die §§ 677, 683 BGB geschaffen werden.

II. Bürger für Behörden (Fallgruppe 2)

Eine weit geringere Typenvielfalt an Legitimations- und Ausgleichsmechanismen ist in den Fallgestaltungen der zweiten Fallgruppe anzutreffen. Die Erledigung von Verwaltungsaufgaben durch Private hat im Verwaltungsrecht eher einen Ausnahmecharakter.

---

[106] In diesem Sinne auch *Maurer*, JuS 1970, 561 (565); *Schoch*, Jura 1994, 241 (243, 244).

1. Beleihung

Der häufigste Typus der Wahrnehmung öffentlicher Aufgaben durch Private ist die Beleihung einer natürlichen oder juristischen Person des Privatrechts. Ihnen ist durch Gesetz oder auf Grund eines Gesetzes die Zuständigkeit eingeräumt, bestimmte einzelne hoheitliche Kompetenzen im eigenen Namen wahrzunehmen[107]. Beliehene sind Subjekte öffentlicher Verwaltung und damit Verwaltungsbehörden im funktionalen Sinne, soweit ihr hoheitlicher Kompetenzbereich reicht[108]. Konstruktiv vergleichbar ist die Beleihung einer Privatperson mit dem Institut der Organleihe[109]: Auch der Rechtsakt der Beleihung ist die Errichtung einer staatlichen Verwaltungsbehörde im funktionalen Sinne. Wie das Handeln eines entliehenen staatlichen Organs unmittelbar dem ausleihenden Verwaltungsträger zuzurechnen ist[110], so ist gleichermaßen der beliehene Private ein Glied derjenigen juristischen Person des Öffentlichen Rechts, die ihn ermächtigt hat, hoheitliche Kompetenzen als eigene Angelegenheiten wahrzunehmen[111].

Somit versteht sich auch der Akt der Beleihung nicht als eine Übertragung hoheitlicher Kompetenzen auf einen anderen Rechtsträger, sondern als ein bloß verwaltungsorganisatorischer Akt. Als Privatrechtssubjekt wachsen dem Beliehenen keine Kompetenzen zu, sondern er ist – soweit seine Beleihung reicht – organisatorisch in den staatlichen Behördenaufbau integriert. Ist er aber Behörde im funktionalen Sinne, so gelten für ihn dieselben Legitimations- und Ausgleichsmechanismen wie für jede beliebige Behörde, wie sie für die Fallgruppe 1 oben erarbeitet wurden. Der Akt der Beleihung selbst ist lediglich verwaltungsorganisatorischer Natur und damit im hiesigen Zusammenhang nicht relevant.

2. Private Maßnahmen im zugleich staatlichen Interesse

Manche privat durchgeführten Maßnahmen stehen sowohl im privaten wie auch im öffentlichen Interesse. Hierzu gehören beispielsweise die staatlich subventionierten privaten Unternehmungen. Diese stehen einerseits im priva-

---

[107] Zum Begriff s. *Wolff/Bachof/Stober*, Verwaltungsrecht II, § 104 Rdnr. 2 m. zahlr. Beispielen.; *Ossenbühl*, VVDStRL 29 (1971), 137; *Gallwas*, VVDStRL 29 (1971), 211.

[108] S. *Wolff/Bachof/Stober*, Verwaltungsrecht II, § 104 Rdnr. 10; *Maurer*, Allgemeines Verwaltungsrecht, § 23 Rdnr. 56.

[109] S. hierzu oben, S. 68 f.

[110] BVerfGE 63, 1 (31); *Maurer*, Allgemeines Verwaltungsrecht, § 21 Rdnr. 54.

[111] *Wolff/Bachof/Stober*, Verwaltungsrecht II, § 104 Rdnr. 3; a.A. *Maurer*, Allgemeines Verwaltungsrecht, § 23 Rdnr. 56: Der Beliehene sei selbständiger Verwaltungsträger.

ten, betriebswirtschaftlichen Gewinninteresse des Unternehmers, und zugleich zeigt sich durch die staatliche Subventionierung, daß auch ein öffentliches Interesse an der Unternehmung besteht, denn mit staatlichen Subventionen werden öffentliche Zwecke verfolgt[112]. Gleichwohl kann eine subventionierte private Unternehmung, auch wenn sie zugleich im öffentlichen Interesse liegt, nicht als Geschäftsführung für den Staat angesehen werden. Denn durch die bloße Deckung des öffentlichen Interesses mit dem Ziel der privaten Unternehmung wird eine *rechtliche* Zuordnung der Unternehmung zum Rechtskreis des Subventionsträgers nicht begründet. Die Unternehmung bleibt die alleinige Angelegenheit des privaten Unternehmers. Das Betreiben einer staatlich subventionierten Unternehmung und die staatliche Subvention selbst sind daher mit den Begriffspaar „Legitimation" und „Ausgleich" für die Wahrnehmung staatlicher Belange nicht zu erfassen.

Entsprechendes gilt für private Maßnahmen, die auf dringendes Anraten öffentlicher Stellen getroffen werden, etwa für die Durchführung staatlich empfohlener Impfungen. Obwohl die Durchführung einer staatlich empfohlenen Schutzimpfung zugleich der allgemeinen Volksgesundheit dient und damit auch im öffentlichen, staatlichen Interesse liegt, bleibt sie doch ein Geschäft des Privaten und ist nicht zugleich dessen Wahrnehmung einer Verwaltungsaufgabe. Zum finanziellen Ausgleich von Schäden, die jemand bei staatlich empfohlenen Impfungen erleidet, hat die Rechtsprechung den Tatbestand des gewohnheitsrechtlich anerkannten[113] Instituts der Aufopferung[114] erweitert. Danach soll der Aufopferungsgedanke nicht nur nach vorangegangenem staatlichen Zwang greifen, sondern es gilt das besondere Opfer eines Impfschadens auch dann als „hoheitlich abverlangt", wenn zwar kein Zwang zur Impfung bestand, die Impfung aber empfohlen und als absolut ungefährlich eingestuft wurde[115]. Inzwischen besteht für die Entschädigung bei öffentlich empfoh-

---

[112] BVerwG, NJW 1959, 1098; *Maurer*, Allgemeines Verwaltungsrecht, § 17 Rdnr. 8; *Wolff/Bachof*, Verwaltungsrecht III, § 154 Rdnr. 1, 5.

[113] BGHZ 9, 83 (85 f.).

[114] Zur Herleitung des allgemeinen Aufopferungsanspruchs aus den §§ 74, 75 EinlALR vgl. *Kreßel*, Öffentliches Haftungsrecht und sozialrechtlicher Herstellungsanspruch, S. 126 ff.; zahlr. Beispiele für Aufopferung bei *Ossenbühl*, Staatshaftungsrecht, § 12 1; zur Entwicklung und Ausweitung des Rechtsinstituts in der Rechtsprechung des BGH vgl. *Schenke*, NJW 1991, 1777 (1779 ff.).

§ 74 EinlALR: „Einzelne Rechte und Vortheile der Mitglieder des Staats muessen den Rechten und Pflichten zur Befoerderung des gemeinschaftlichen Wohls, wenn zwischen beiden ein wirklicher Widerspruch (Collision) eintritt, nachstehn."

§ 75 EinlALR: „Dagegen ist der Staat denjenigen, welcher seine besondern Rechte und Vortheile dem Wohle des gemeinen Wesens aufzuopfern genoethigt wird, zu entschaedigen gehalten."

[115] BGHZ 24, 45; 31, 187. Diese Rechtsprechung ist im Ergebnis zwar wünschenswert (*Ossenbühl*, Staatshaftungsrecht, § 13 3), rechtsdogmatisch jedoch nicht unbedenklich, weil hier-

lenen Impfungen eine spezialgesetzliche Regelung (§ 51 Abs. 1 Satz 1 Nr. 3 BSeuchenG), wodurch sich ein Rückgriff auf den Aufopferungstatbestand weitgehend erübrigt hat. Nach wie vor gesetzlich nicht geregelt ist allerdings der finanzielle Ausgleich bei Schäden infolge freiwilliger, staatlich empfohlener Tierschutzimpfungen. Für einen solchen Fall hat das Oberverwaltungsgericht Lüneburg[116] vorgeschlagen, die Schäden des Betroffenen aus GoA zu ersetzen. Dem kann nicht gefolgt werden, weil die freiwillige Tierschutzimpfung im alleinigen Aufgaben- und Verantwortungsbereich des Tierhalters liegt, ein Handeln im fremden, staatlichen Wirkungskreis mithin nicht vorliegt und daher für einen Ausgleich wegen Handelns in fremder Angelegenheit (§§ 677, 683 BGB) kein Raum bleibt.

3. Festnahmerecht nach § 127 Abs. 1 StPO

Eine spezielle Befugnis Privater zur Wahrnehmung einer an sich staatlichen Aufgabe ist das Recht zur vorläufigen Festnahme eines auf frischer Tat Betroffenen nach § 127 Abs. 1 Satz 1 StPO. Es handelt sich hierbei um privates Eingreifen im öffentlichen Interesse[117], um die Übertragung einer öffentlichen Aufgabe auf den Bürger[118], also um die *Legitimation* eines Privaten zur eigenverantwortlichen Erledigung einer Verwaltungsaufgabe im eigenen Namen[119]. Einen finanziellen *Ausgleich* gewähren die §§ 539 Abs. 1 Nr. 9 lit. c, 765a RVO. Nach § 765a RVO werden Sachschäden sowie Aufwendungen ersetzt, die der Private den Umständen nach für erforderlich halten durfte; wegen der persönlichen Risiken bei der berechtigten Festnahme nach § 127 Abs. 1 StPO ist der Private nach § 539 Abs. 1 Nr. 9 lit. c RVO gesetzlich unfallversichert.

---

durch der Aufopferungstatbestand über den gewohnheitsrechtlich anerkannten Regelungsgehalt der §§ 74, 75 EinlALR hinaus ausgedehnt wird, um letztlich die klare gesetzliche Bestimmung des § 676 BGB (keine Haftung für Rat und Empfehlung) zu umgehen.

[116] OVGE 11, 307 (312), allerdings auf den ordentlichen Rechtsweg verweisend.

[117] RGSt 17, 127 (128); BayObLGSt 1986, 52 (54) = MDR 1986, 956 (957); *Roxin*, Strafverfahrensrecht, § 31 Rdnr. 4.

[118] *Kleinknecht/Meyer*, StPO, § 127 Rdnr. 1; *KK-Boujong*, StPO, § 127 Rdnr. 6.

[119] Allein aufgrund der Legitimationswirkung des § 127 StPO wurde diese Vorschrift in einigen Abhandlungen als Spezialfall einer öffentlichrechtlichen GoA aufgefaßt, S. *Jaschkowitz*, JW 1928, 1024 (1025); *Schlör*, Diss., S. 24 f.; *Haymann*, JW 1932, 367; *Staudinger-Nipperdey*, BGB (11. Aufl.), vor § 677 Rdnr. 71; ablehnend *Josef*, LZ 22 (1928), Sp. 1050 (1051); *Brennhausen*, Diss., S. 29 ff.; *Moebis*, Diss., S. 69 f.; s. auch *Freund*, JZ 1975, 513 (517).

4. Erstattung nach § 121 BSHG

Nach § 121 BSHG werden die von Privaten an Bedürftige erbrachten Hilfeleistungen durch den Träger der Sozialhilfe erstattet, falls dieser bei rechtzeitiger Kenntnis selbst Sozialhilfe erbracht haben würde. Eine *Legitimations*vorschrift kann § 121 BSHG nicht sein, weil die fremdnützige private Hilfe keiner besonderen Legitimation gegenüber der Sozialhilfebehörde bedarf[120], und die private Hilfeleistung bekommt auch nicht dadurch etwa, daß ein Sozialhilfeträger ebenfalls zur Hilfeleistung verpflichtet gewesen wäre, einen hoheitlichen Charakter.

In seiner Funktion als *Ausgleichs*vorschrift wird § 121 BSHG mitunter als eine Vorschrift über öffentlichrechtliche GoA verstanden[121]. Dieser Vergleich vermag allenfalls mit einigen Abstrichen standzuhalten, weil ein Ausgleich nach § 121 BSHG nicht voraussetzt, daß der hilfsbereite Bürger mit Fremdgeschäftsführungswillen für die Verwaltung tätig wird, andererseits wiederum der Ausgleichsanspruch nach § 121 BSHG die weitergehende Voraussetzung hat, daß der „Geschäftsführer" auch sittlich nicht zur Hilfeleistung verpflichtet war.

5. Zusammenfassung: Bedürfnis für die Legitimations- und Ausgleichsfunktion der GoA

Die Erledigung öffentlicher Aufgaben durch Private ist im geschriebenen Öffentlichen Recht bis auf vereinzelte Ausnahmen nicht vorgesehen. Einzig institutionalisiert ist der beliehene Private; dieser wiederum kann aber nur am Rande angeführt werden, weil er in seiner Funktion als Beliehener nicht mehr Privatrechtssubjekt, sondern selbst schon ein Glied der Verwaltung ist. Im übrigen ist die Erledigung von Verwaltungsaufgaben weitestgehend den staatlichen Stellen vorbehalten. Lediglich die strafprozessuale Jedermannsbefugnis zur Festnahme ist eine echte Übertragung staatlicher Aufgaben auf Private; der Ausgleichsmechanismus erfolgt durch Leistungen aus der gesetzlichen Unfallversicherung.

Es besteht in der Regel auch kein weitergehendes Bedürfnis für eine Legitimation Privater zur Erledigung hoheitlicher Aufgaben und für entsprechenden

[120] Ebenso *Fleischfresser*, VwRdsch 1988, 305 (306).

[121] *Schellhorn/Jirasek/Seipp*, BSHG, § 121 Rdnr. 1; *Pappai*, BKK 1993, 57 (58); *Erichsen* in *Erichsen/Martens*, Allgemeines Verwaltungsrecht, § 30 Rdnr. 12 (Fußn. 45); *Schmalz*, Allgemeines Verwaltungsrecht (3. Aufl.), 8. Abschn. 7.2.3.; ebenso offenbar VG Würzburg, BayVBl. 1992, 121 (122); s. ferner BVerwGE 37, 133 (134); VG Münster, Urt. v. 2.5.1990 – 5 K 820/89 –, JURIS-DOKNR 400132; *Hoepffner*, Diss., S. 38 ff.; *Ossenbühl*, Staatshaftungsrecht, § 43 1 c cc.

finanziellen Ausgleich. Grundsätzlich genügt es, wenn Verwaltungsaufgaben durch die zuständigen staatlichen Stellen erledigt werden. Das Eingreifen Privater anstelle der zuständigen Behörden dürfte in der Regel sogar eher hinderlich als hilfreich sein, weil bei Privaten nicht ohne weiteres die notwendige Sachkunde vorausgesetzt werden kann, zudem den Privaten im Vergleich zu Hoheitsträgern nur eingeschränkte Mittel zur Verfügung stehen, und schließlich die eigeninitiierte Erledigung öffentlicher Aufgaben durch Private auf Kosten der Überschaubarkeit seitens der zuständigen Behörden und auf Kosten der Koordinierbarkeit der anstehenden Aufgaben geht.

Nur dann besteht ausnahmsweise ein Bedürfnis für das Eingreifen Privater, wenn die Nachteile der privaten Einmischung im Einzelfall durch andere Vorteile aufgewogen werden. Das kann vor allem dann der Fall sein, wenn zwischen der Erledigung der Verwaltungsaufgabe durch die zuständige Behörde oder durch den Privaten keine echte Alternative besteht, wenn also eine Verwaltungsmaßnahme ohne das Eingreifen des Privaten gar nicht erledigt würde, etwa weil die zuständige Behörde mit den ihr zur Verfügung stehenden Mitteln hierzu nicht in der Lage ist. Außerdem könnte ein Eingreifen Privater auch dann in Betracht kommen, wenn die zuständige Behörde nicht bereit ist, in einer ihr obliegenden Angelegenheit tätig zu werden, etwa weil sie sich rechtsirrig für unzuständig hält[122]. Diese Fallgestaltungen bieten Raum für die Legitimationsfunktion wie auch für die Ausgleichsfunktion der GoA, wobei deren Tragweite im Einzelnen noch zu prüfen sein wird.

III. Behörden für Bürger (Fallgruppe 3)

In der Fallgruppe 3 gilt es herauszuarbeiten, unter welchen Voraussetzungen die Verwaltung legitimiert ist, Angelegenheiten von Privaten oder Privatrechtssubjekten zu erledigen, und über welche Ausgleichsmechanismen die Verwaltung ihre Ausgaben ersetzt verlangen kann.

1. Polizeiliche Selbst- und Ersatzvornahme

Polizei- und Ordnungsbehörden können ihre Aufgaben einmal dadurch erledigen, daß sie bestehende Gefahrensituationen auf eigene Kosten selbst beseitigen; zum anderen ist ihnen durch die polizeilichen Generalklauseln und durch Spezialermächtigungen die Befugnis eingeräumt, einzelne Bürger polizeilich in Anspruch zu nehmen und befehlende Maßnahmen gegen diese zu

---

[122] So etwa in BVerwGE 80, 170 (173).

ergreifen – vorrangig gegen solche Bürger, die für die Gefahr verantwortlich sind.

Befolgt der betroffene Bürger die gegen ihn ergangene Polizei- bzw. Ordnungsverfügung, so hat er, wenn er als Verantwortlicher in Anspruch genommen wurde, die Kosten seiner Aufwendungen in aller Regel[123] selbst zu tragen. Kommt der Bürger der getroffenen Anordnung nicht nach, sei es aus Unwillen oder, weil er sich in der gebotenen Eile dazu nicht in der Lage sieht, so stehen der Behörde die Instrumentarien des Verwaltungszwangs zur Verfügung. Insbesondere kann die Behörde im Wege der Selbst- oder Ersatzvornahme[124] die Gefahr auf Kosten des Polizei- bzw. Ordnungspflichtigen selbst beseitigen oder sie durch einen beauftragten Unternehmer beseitigen lassen. Die Vorschriften über die Selbst- und Ersatzvornahme sind in Verbindung mit den Sachbefugnisnormen somit zugleich *Legitimations*vorschriften, indem sie die Behörde dazu ermächtigen, eine getroffene Anordnung selbst oder durch Beauftragung eines Dritten durchzusetzen und damit in den Rechtskreis des Bürgers einzugreifen, wie auch *Ausgleichs*vorschriften, indem sie der Behörde das Recht geben, ihre Aufwendungen vom polizeipflichtigen Bürger erstattet zu verlangen.

Baur[125] nimmt an, es handle sich bei rechtmäßiger Selbst- oder Ersatzvornahme dem Typ nach um einen speziellen Fall der GoA[126]. Ähnlicher Ansicht ist Maurer[127], wenn er in den Vorschriften über die Ersatzvornahme einen Fall der Geschäftsführung für andere sieht, der sich von der GoA eben (nur![128])

---

[123] Etwas anderes kann gelten, wenn die Kosten der Gefahrenbeseitigung ein exorbitantes Maß annehmen und der Störer sich selbst gleichsam in einer Opferposition befindet, vgl. etwa zu Fragen der Trümmerbeseitigung Bad. VGH, JZ 1953, 238 und zur Altlastenproblematik BayVGH, BayVBl. 1986, 590 (592) sowie *Schink*, VerwArch. 82 (1991), 357 (378 ff.) m. zahlr. Nachw.

[124] §§ 10, 12 Fall 2 VwVG; § 30 Abs. 1 ME-PolG; § 25 bwVwVG; Art. 32 bayVwZVG; Art. 55 Abs. 1 Satz 1 bayPAG; § 10 berlVwVG; § 19 Abs. 1 brbgVwVG; § 15 bremVwVG; § 14 lit. a hambVwVG; § 74 Abs. 1 hessVwVG; Art. III Abs. 4 mevpEGVwR i.V.m. §§ 10, 12 Fall 2 VwVG; § 89 mevpSOG; § 44 Abs. 1 ndsGefAG, auch i.V.m. § 70 ndsVwVG; § 59 Abs. 1 nwVwVG; § 52 Abs. 1 Satz 1 nwPolG; § 63 rhpfLVwVG; § 52 Abs. 1 rhpfPOG; § 21 saarlVwVG; § 46 Abs. 1 saarlPolG; § 24 Abs. 1 sächsVwVG; § 55 Abs. 1 sachsanhSOG, § 238 Abs. 1 shLVwG; § 34 thürVwZVG; § 53 thürPAG; § 55 Abs. 1 DDR-PAG (i.V.m. § 1 brbgVGPolG, § 65 Nr. 2 sächsPolG); s. aus speziellen Rechtsgebieten etwa § 30 Abs. 1, 12 WaStrG; § 8 Abs. 7a Satz 2 FStrG; Art. 16 bayStrWG; § 13 berlStrG; §§ 17 Abs. 1, 20 Abs. 1 Satz 2 brbgStrG; § 15 hessStrG; § 17 nwStrWG; § 16 saarlStrG; § 46 shStrWG; § 17 thürStrG und die Ausführungsbestimmungen zu § 29 Abs. 2 WHG in den Landeswassergesetzen.

[125] DVBl. 1965, 893 (895); s. auch *dens.* in JZ 1964, 354 (357).

[126] Dem (insoweit) folgend: Schl.-Holst. VG, VkBl. 1979, 680; *Hoepffner*, Diss., S. 34 f.; *Mittelmeier*, VersR 1974, 727 (732); *Klein*, DVBl. 1968, 166 (167); ähnlich auch *Wollschläger*, GoA im öffentlichen Recht und Erstattungsanspruch, S. 80 f.

[127] JuS 1970, 561 (563).

[128] Anm. d. Verf.

dadurch unterscheide, daß er spezialgesetzlich geregelt und begrenzt sei. Baur[129] sieht in den Vorschriften über die Kostenerstattung bei Ersatzvornahme sogar eine Rechtsfolgenverweisung auf die §§ 683, 670 BGB, so daß den zivilrechtlichen Normen zu entnehmen sei, welche Partei die Kosten für unnötige und unverhältnismäßig hohe Aufwendungen zu tragen habe[130]. Schließlich will er sogar je nach Bedarf eine Korrektur des gesetzlich normierten Vollstreckungsrechts in dem Sinne vornehmen, daß anstelle der Regelungen des „Spezialtyps“ Ersatzvornahme das Recht des „Grundtyps“ GoA zur Anwendung gelangt[131].

Gegen die Annahme, Verwaltungsvollstreckung sei in der Sache GoA, sprechen der unterschiedliche Regelungsgehalt und die unterschiedliche Zielrichtung beider Institute. Verwaltungsvollstreckungsrechtliche Vorschriften gehören dem Bereich der Eingriffsverwaltung an. Sie dienen der zwangsweisen Durchsetzung behördlicher Anordnungen gegen den Willen des Bürgers oder zumindest ohne Rücksicht auf dessen Willen. Das Rechtsverhältnis zwischen Behörde und Bürger ist in diesen Fällen durch Befehlsgewalt der Behörde und Unterordnung des Bürgers gekennzeichnet. Zweck der Ersatzvornahme – wie jeder Verwaltungsvollstreckungsmaßnahme – ist es letztlich, den Willen des Pflichtigen zu beugen[132].

Anders verhält es sich bei der GoA. Einer Legitimation durch dieses Rechtsinstitut liegt – dessen Grundtypus nach – der Gedanke der Menschenhilfe zugrunde[133]. GoA bedeutet nicht das Handeln *wider* einen anderen oder auch nur neutral anstelle eines anderen, sondern – ausweislich des Wortlauts des § 677 BGB – das Handeln *für* einen anderen, zu dessen Gunsten[134]. Jedwede GoA

---

[129] DVBl. 1965, 893 (895).

[130] Gegen eine Heranziehung der Vorschriften über GoA zur Auslegung der polizeirechtlichen Vorschriften aber OVG Hamburg, HambJVBl. 46 (1972), 54 (55 f.).

[131] DVBl. 1965, 893 (895 a.E.); in diesem Sinne offenbar auch HessVGH, DÖV 1994, 172 (173), wo die §§ 677 ff. BGB zur Inhaltsbestimmung des öffentlichen Gebühren- und Satzungsrechts herangezogen werden.

[132] S. allgemein *App*, Verwaltungsvollstreckungsrecht, Rdnr. 647; *Vahle*, Vollstreckung und Rechtsschutz, Rdnr. 22.

[133] *Kohler*, JherJb. 25 (1887), 1 (42 ff.); *Lent*, Wille und Interesse, S. 12; *Schubert*, AcP 178 (1978), 425 (428 ff.); *Esser/Weyers*, Schuldrecht II, § 46 I 1; *Larenz*, Schuldrecht II/1, § 57 vor I; *Hoepffner*, Diss., S. 22 f.; *Neuffer*, Diss., S. 91; *Oldiges*, JuS 1989, 616 (621); *Erman-Ehmann*, vor § 677 Rdnr. 1; *v.Caemmerer*, NJW 1963, 1402 (1403); ähnlich Klein, DVBl. 1968, 166 (167); ablehnend *Wollschläger*, Die GoA, S. 37; *Gusy*, JA 1979, 69 (72); kritisch auch *MünchKomm-Seiler*, BGB, vor § 677 Rdnr. 1 ff.; *AK-Joerges*, BGB, vor § 677 Rdnr. 18 ff.; 52 ff; *v.Einem*, NWVBL 1992, 384.

[134] Gegen den begünstigenden Charakter der GoA spricht auch nicht § 679 BGB, weil diese Vorschrift nur den entgegenstehenden Willen des Geschäftsherrn, nicht aber den altruistischen Fremdgeschäftsführungswillen des Geschäftsführers behandelt.

einer Verwaltungsbehörde für einen Bürger müßte sich somit – dem Grundtypus der GoA nach – ihm gegenüber stets als begünstigende Verwaltungsmaßnahme darstellen, im weiteren Sinne also – anders als Vollstreckungsmaßnahmen – dem Bereich der Leistungsverwaltung[135] angehören[136]. Wegen der ungleichen Zielrichtung willensbeugender Vollstreckungsmaßnahmen und begünstigender Fremdgeschäftsführung kann weder angenommen werden, daß diese in einem Spezialitätsverhältnis zueinander stehen, noch lassen sich die Rechtsfolgen beider Institute einander ergänzend heranziehen.

2. Aufwendungen im Strafvollzug

Verletzt ein Strafgefangener sich selbst oder andere Strafgefangene, so ist die Strafvollzugsbehörde nach § 56 Abs. 1 StVollzG *legitimiert*, die Gesundheit des Verletzten wiederherzustellen, und sie kann einen finanziellen *Ausgleich*, nämlich den Ersatz der entstandenen Aufwendungen, nach § 93 Abs. 1 Satz 1 StVollzG vom Täter verlangen.

Die Vorschrift erweckt auf den ersten Blick den Eindruck, es handle sich um den Tatbestand einer Geschäftsführung für den Gefangenen, in dessen wohlverstandenem Interesse die Wiederherstellung seiner eigenen Gesundheit oder – im Falle der Verletzung eines anderen Gefangenen – die Erfüllung seiner Schadenersatzpflicht aus § 823 BGB liegt. Jedoch steht diese Annahme im Widerspruch zur Systematik des Vollzugsrechts. Im Sonderrechtsverhältnis des Justizvollzugs ist nämlich der Vollzugsbehörde die ganze Verantwortung für die Gesundheit der Gefangenen übertragen, so daß diese nur eine *eigene Rechtspflicht* aus § 56 Abs. 1 StVollzG erfüllt, wenn sie verletzte Strafgefangene medizinisch versorgen läßt; der Begriff „Aufwendung" in § 93 StVollzG ist in der Sache unzutreffend, weil ein freiwilliges Vermögensopfer von der Vollzugsbehörde nicht erbracht wird. Die durch grob schuldhafte Verletzungen herbeigeführten außergewöhnlichen Ausgaben im Gesundheitsbereich stellen für die Behörde eine unfreiwillige Vermögenseinbuße dar; die Behörde ist daher durch das Verhalten des Täters (mittelbar) *geschädigt*[137]. Deshalb ist § 93 Abs. 1 StVollzG keine Vorschrift über öffentlichrechtliche Fremdgeschäfts-

[135] Zur Kritik an einer zu starren Verwendung des Begriffspaars der Leistungs- und Eingriffsverwaltung s. *Bull*, Allgemeines Verwaltungsrecht, Rdnr. 34 ff. Im Verhältnis zwischen Behörde und privatem Geschäftsführer resp. polizeipflichtigem Störer trifft die Typologisierung allerdings zu.

[136] Vgl. hierzu die Kritik an der herrschenden Rechtsprechung bei *Maurer* (JuS 1970, 561 [565]): In die Praxis wirke sich die Heranziehung der Vorschriften über GoA nicht zugunsten, sondern zu Lasten des betroffenen Bürgers aus.

[137] Zur Unterscheidung von „Aufwendungen" als freiwillige und „Schäden" als unfreiwillige Vermögensopfer s. *Medicus*, Bürgerliches Recht, Rdnr. 428.

führung, sondern eine deliktsrechtliche Vorschrift, und zwar gestattet sie der Vollzugsbehörde bei grobem Verschulden des Täters ausnahmsweise einen reinen Vermögensschaden (§ 93 Abs. 1 Satz 1 Fall 1) bzw. einen bloßen Drittschaden (§ 93 Abs. 1 Satz 1 Fall 2) ersetzt zu verlangen, welche nach Bürgerlichem Deliktsrecht (§§ 823 ff. BGB) und sonstigen Haftungsvorschriften nicht ersatzfähig wären[138].

3. Sonstige sozial- und beamtenrechtliche Ausgleichsvorschriften

Nicht allzu groß ist wiederum die Bedeutung der sonstigen sozial- und beamtenrechtlichen Ausgleichsvorschriften, etwa der §§ 90, 91 BSHG, 115, 116 SGB-X, 81a BVG, 140, 141m AFG, 37 BAFöG, 5 OEG, 7 UnterhVG, § 87a BBG[139] sowie der §§ 127 AFG und 765a Abs. 2 RVO, für den hiesigen Untersuchungsgegenstand. Es handelt sich um gesetzliche Forderungsübergänge und um Anspruchsüberleitungen durch Anzeige. Rechtssystematisch erinnern diese Vorschriften an einen Ausgleich im unechten Gesamtschuldverhältnis; die Gesetzestechnik der Legalzession ist auch aus § 426 Abs. 2 Satz 1 BGB geläufig.

4. Zusammenfassung: Bedürfnis für die Legitimations- und Ausgleichsfunktion der GoA

Erledigen Behörden die Angelegenheiten einzelner Privater, so ist zu differenzieren, ob sie damit zugleich eine (eigene) Verwaltungsaufgabe erfüllen oder ob sie allein im Interesse des Privaten, wider ihrer eigentlichen Aufgaben, tätig werden.

a) Geschäftsführung im Rahmen der eigenen Aufgaben

Ihre größte Bedeutung hat die Erledigung privater Angelegenheiten durch Verwaltungsbehörden im Bereich der Eingriffsverwaltung, und zwar bei der

---

[138] Als einen Schadensersatzanspruch bezeichnen auch *Grunau/Tiesler* (StVollzG, § 93 Rdnr. 1) den Anspruch aus § 93 StVollzG; a.A. allerdings *Kaiser/Kerner/Schöch*, Strafvollzug, § 7 Rdnr. 20: Bei § 93 StVollzG handle es sich allein um eine Klarstellung von Ansprüchen, die auch nach den §§ 677 ff. BGB verlangt werden könnten.

[139] Ebenso die Beamtengesetze der Länder, s. § 110 bwLBG; Art. 96, 97 Abs. 3 bayBeamtenG; §§ 51 Abs. 3; 52 berlLBG; §§ 46 Abs. 4, 56 brbgLBG; § 87 bremBeamtenG; § 93 hambBeamtenG; § 103 hessBeamtenG; § 97 mevpLBG; § 95 ndsBeamtenG; § 99 nwLBG; § 105 saarlBeamtenG; §§ 98, 99a rhpflLBG; § 111 sächsBG; § 87a sachsanhBG; § 103a shLBG.

Durchsetzung polizeilich angeordneter Maßnahmen im Wege der Selbst- oder Ersatzvornahme. Legitimation und Ausgleich bestimmen sich nach den Aufgabenzuweisungen und Befugnisnormen des Gefahrenabwehrrechts sowie nach Verwaltungsvollstreckungsrecht.

Für eine weitergehende *Legitimation* der Verwaltung im Eingriffsbereich besteht kein Bedürfnis. Die polizeilichen Generalklauseln und die speziellen polizeilichen Befugnisnormen gewähren den Behörden im Rahmen ihres polizeilichen Aufgabenbereichs alle Möglichkeiten zur wirksamen Gefahrenabwehr. Greift eine Maßnahme nicht in subjektive Rechte Dritter ein, so genügen die einfachgesetzlichen Aufgaben- und Zuständigkeitsnormen zur Legitimation der Verwaltung[140]. In diesem Fall hat die Einhaltung der Verfahrensvorschriften des Verwaltungsvollstreckungsrechts ihre Bedeutung allein unter dem Kostenaspekt. Erfordert die Gefahrenabwehr dagegen einen Rechtseingriff, so müssen bereits zur Rechtfertigung dieses Eingriffs entweder die Voraussetzungen des Sofortvollzuges bzw. der unmittelbaren Ausführung der Maßnahme vorliegen, oder es muß sich die Legitimation der Verwaltung auf einer Verwaltungsvollstreckung im gestreckten Verfahren unter Einhaltung der gegebenen Verfahrensvorschriften gründen[141].

Wenn dagegen die herrschende (Zivil-)Rechtsprechung zusätzlich eine Legitimation der Verwaltung aus den §§ 677 ff. BGB herzuleiten sucht[142], so ist dies unnötig und beruht auf der überkommenen Vorstellung einer Akzessorietät von Ausgleichs- und Legitimationsfunktion der GoA, also auf der Annahme, der streitgegenständliche Ausgleichsanspruch könne nur dann aus GoA zugesprochen werden, wenn auch eine durch die §§ 677 ff. BGB (und nicht durch andere Vorschriften) legitimierte Geschäftsführungshandlung vorliege.

Des weiteren bemüht die Rechtsprechung die Legitimationsfunktion der GoA auch um der Haftungsmilderung nach § 680 BGB willen[143]. Dem kann nicht gefolgt werden. Das Handeln einer Behörde, die geschäftsmäßig mit der Abwehr von Gefahren für die öffentliche Sicherheit befaßt ist, kann kaum nach demselben Haftungsmaßstab zu beurteilen sein wie das Handeln eines in der

[140] So ausdrücklich VGH Bad.-Württ., DÖV 1989, 169 (170). In BGHZ 65, 354 etwa bedurfte der Straßenbaulastträger zur Reinigung der Bundesfernstraße keiner besonderen Ermächtigung durch GoA; für seine Legitimation genügte die Aufgabenzuweisung in § 20 FStrG.

[141] So war in BGHZ 65, 384 die Wasser- und Schiffahrtsverwaltung in Wahrheit durch § 30 WaStrG legitimiert; in BGHZ 40, 28 (Funkenflug) war die Feuerwehr nicht durch § 677 BGB, sondern aufgrund hessischen Feuerwehrrechts zum Eingreifen berechtigt.

[142] So etwa der BGH in seiner zuvor zitierten Rechtsprechung.

[143] So soll die Feuerwehr, die einen umgestürzten Öltankwagen aufrichtet, nur für Vorsatz und grobe Fahrlässigkeit einstehen, s. BGHZ 63, 167.

Not hilfsbereiten Bürgers – auf ihn ist § 680 BGB zugeschnitten –, dessen öffentliche Aufgabe die Gefahrenabwehr nicht ist und dem auch jedwede Erfahrung im Umgang mit Gefahrensituationen fehlt[144]. Einer weiteren Haftungsbegrenzung für behördliches Handeln (neben § 839 Abs. 1 Satz 2 BGB) bedarf es nicht, und eine solche Milderung dürfte auch unter dem Vorbehalt einer für das öffentliche Gefahrenabwehrrecht gesondert zu treffenden gesetzgeberischen Entscheidung stehen.

Dagegen ist der Rechtsprechung darin zu folgen, daß in der Fallgruppe 3 ein Bedürfnis für die *Ausgleichs*funktion der GoA bestehen kann. Trifft die Verwaltungsbehörde eine Maßnahme, welche an sich einem Bürger aufgrund öffentlichrechtlicher Pflicht obliegt, erfüllt also die Behörde neben ihrer eigenen Verwaltungsaufgabe zugleich eine öffentlichrechtliche Pflicht des Bürgers, so besteht ein berechtigtes Interesse daran, nicht die Verwaltung – letztlich also die Bürgergemeinschaft – mit den Kosten zu belasten, sondern den einzelnen, der durch sein Verhalten oder sonst verantwortlich die Ursache für das behördliche Eingreifen gesetzt hat. Den finanziellen Ausgleich gerade durch das Rechtsinstitut der GoA herbeizuführen, ist zwar in weiten Bereichen des Öffentlichen Rechts dadurch obsolet, daß spezielle öffentlichrechtliche Kostenvorschriften die Behörde ermächtigen, die Kosten solcher Maßnahmen durch Kostenbescheid festzusetzen. Diese Vorschriften – allen voran die Normen des Verwaltungsvollstreckungsrechts bezüglich der behördlichen Selbst- oder Ersatzvornahme – decken jedoch das Bedürfnis nach Aufwendungsersatz nicht in jeder Hinsicht ab. Insbesondere können die vollstreckungsrechtlichen Kostenvorschriften dann nicht greifen, wenn die Behörde eine Vollstreckungsmaßnahme formfehlerhaft, etwa ohne eine erforderliche Androhung oder Festsetzung des Zwangsmittels, durchgeführt hat. Eine analoge Anwendung der vollstreckungsrechtlichen Kostenersatzvorschriften kommt nicht in Betracht, da ihre Tatbestandsvoraussetzungen abschließende Normierungen darstellen. Insoweit besteht jedenfalls dann ein Bedürfnis nach der Ausgleichsfunktion der GoA, wenn die Maßnahme dem Bürger wirtschaftlich zugute kommt, sei es auch nur, daß dieser durch den Wegfall der polizeilichen Primärpflicht infolge der behördlichen Erledigung der Gefahrenabwehr eigene Aufwendungen erspart.

Ist allerdings die gesamte Maßnahme bereits von den Eingriffsbefugnissen der Behörde nicht gedeckt, so kommt (mangels vorhandener Legitimation) nicht die Ausgleichsfunktion der GoA in Betracht, sondern der öffentlichrechtliche Erstattungsanspruch.

---

[144] Ähnlich *Schoch*, Jura 1994, 241 (249).

b) Behördliche Hilfeleistung außerhalb der eigenen Aufgaben

Für eine weitergehende Legitimation von Behörden besteht dann ein Bedürfnis, wenn Behörden im Interesse privater Bürger tätig werden, ohne daß die getroffenen Maßnahmen vom öffentlichen Aufgabenbereich der Behörde gedeckt sind. Solche Fälle sind recht selten, weil die weitaus meisten behördlichen Hilfeleistungen zugunsten Privater als allgemeine Gefahrenabwehrmaßnahmen legitimiert sind[145]. Sie sind bisher nicht Gegenstand (veröffentlichter) Rechtsprechung geworden, können aber konstruiert werden. So nennt Schmalz[146] als Beispiel, daß die Polizei aus eigenem Antrieb einen Handwerksmeister mit der Reparatur eines privaten Wasserrohrs beauftragt; Ehlers[147] beschreibt den Fall, daß die Feuerwehr unbeauftragt einen privaten Keller leerpumpt.

Letztlich wird die durch eine gesetzliche Aufgabenzuweisung *nicht* legitimierte Behörde in diesen Fällen wie ein Privater hilfeleistend tätig. GoA wäre in dieser Konstellation ein möglicher Rechtsgrund für Kompetenzüberschreitungen der Behörde und Legitimationsgrund für notwendige Rechtseingriffe[148]; auch könnten diese Hilfeleistungen nach den Vorschriften der §§ 677 ff. BGB ausgeglichen werden.

IV. Bürger untereinander (Fallgruppe 4)

In der vierten Fallgruppe besteht ein Bedürfnis sowohl für die Legitimations- als auch für die Ausgleichsfunktion der GoA, wenn private Bürger öffentlichrechtliche Pflichten füreinander erfüllen. In Frage kommen hierfür etwa Schneeräumpflichten, (bau-)polizeiliche Unterhaltungspflichten, Abgabenpflichten etc. In dem Sonderfall, daß mehrere Private zugleich öffentlichrechtlich verpflichtet sind – etwa als gemeinsame polizeiliche Störer – und nur einzelne Verpflichtete behördlich in Anspruch genommen werden, besteht im Verhältnis zu den übrigen Pflichtigen ein Bedürfnis zwar nicht für die Legitimationsfunktion, wohl aber für die Ausgleichsfunktion. Noch zu

---

[145] So dürfen aufgrund der polizeilichen Generalklauseln auch Maßnahmen zugunsten einzelner Bürger getroffen werden, wenn deren private Rechtsgüter wie Leib, Leben, Freiheit, Ehre oder Vermögen gefährdet sind, s. *Schenke* in *Steiner*, Besonderes Verwaltungsrecht, Kap. II Rdnr. 20 ff.; *Martens* in *Drews/Wacke/Vogel/Martens*, Gefahrenabwehr, § 15 2 b; *Möller/Wilhelm*, Allgemeines Polizei- und Ordnungsrecht, Kap. 3.1.1; *Denninger* in *Lisken/Denninger*, Handbuch des Polizeirechts, Kap. E Rdnr. 18 ff.

[146] Allgemeines Verwaltungsrecht (3. Aufl.), 8. Abschn. 7.4.

[147] Verwaltung in Privatrechtsform, S. 471 Fußn. 286.

[148] Z.B. für Hausrechtsverletzungen, um in den leerzupumpenden Keller zu gelangen.

klären wird allerdings sein, ob die Ausgleichsmechanismen anderer Rechtsinstitute – in Betracht kommt ein Gesamtschuldnerausgleich – die GoA gar nicht zur Anwendung kommen lassen.

V. Ergebnis

In den einzelnen Fallgruppen besteht ein unterschiedlich starkes Bedürfnis nach einer Erweiterung der gegebenen Handlungsbefugnisse (Kompetenzen) durch die Legitimationsfunktion der GoA und nach einer Erweiterung der vorhandenen Ausgleichsmechanismen durch die Ausgleichsfunktion der GoA.

In der Fallgruppe 1, im Verhältnis verschiedener Behörden untereinander, sind der gesetzgebenden und der ausführenden Gewalt durch Verfassungsnormen und einfachgesetzliche Vorschriften ein umfassendes Instrumentarium zur Begründung, Übertragung und zulässigen Durchbrechung hoheitlicher Kompetenzen an die Hand gegeben – abgerundet durch die verfassungsmäßig verankerte (Art. 35 Abs. 1 GG) Befugnis jeder beliebigen, an sich unzuständigen Behörde, bei Gefahr im Verzug unaufschiebbare Maßnahmen zur vorläufigen Sicherung durchzuführen.

Für eine zusätzliche oder weitergehende *Legitimation* der Verwaltung, im Wirkungskreis fremder Behörden tätig zu werden, ist kein Bedarf. Jedoch besteht ein Bedürfnis für einen über das positivierte Recht hinausgehenden *Ausgleich* unter verschiedenen Verwaltungsbehörden, und zwar für den Fall, daß eine an sich unzuständige Verwaltungsbehörde in Wahrnehmung ihrer sich aus Art. 35 Abs. 1 GG ergebenden Spontanhilfekompetenz Aufwendungen an Stelle der eigentlich sachlich zuständigen Behörde tätigt.

In der Fallgruppe 2 hingegen fehlt es weitgehend an Vorschriften, die den Bürger zur Erledigung hoheitlicher Aufgaben legitimieren; zu nennen ist nur die strafprozessuale Jedermannsbefugnis zur Festnahme (§ 127 Abs. 1 StPO). In der Regel besteht auch kein Bedürfnis für die eigeninitiierte Erledigung hoheitlicher Aufgaben durch Private; Verwaltungsaufgaben sind grundsätzlich durch die dazu berufenen öffentlichen Stellen zu erledigen. Ein Bedürfnis für das Einschreiten Privater kann nur in Ausnahmefällen im Interesse einer rechtzeitigen Erledigung dringender Verwaltungsaufgaben anerkannt werden. Die Legitimation hierzu und einen finanziellen Ausgleichsmechanismus kann möglicherweise das Rechtsinstitut der öffentlichrechtlichen GoA vermitteln.

In der Fallgruppe 3 ist zu differenzieren: Bei privatnütziger Hilfeleistung außerhalb des behördlichen Aufgabenbereichs besteht ein Bedürfnis für die Legitimations- und die Ausgleichsfunktion der GoA. Geschieht die behördliche Geschäftsführung dagegen im Rahmen der eigenen Zuständigkeit, wie dies bei selbst vorgenommenen Gefahrenabwehrmaßnahmen zutrifft, so besteht zwar kein Bedürfnis für eine Legitimation der Verwaltung durch das Institut der GoA, wohl aber – soweit die Kostenvorschriften keine Erstattungsmöglichkeit vorsehen – für deren Ausgleichsfunktion.

In der Fallgruppe 4 besteht ein Bedürfnis sowohl für die Legitimations- als auch für die Ausgleichsfunktion der GoA; diese Fallkonstellation unterscheidet sich in ihrer Rechtsproblematik auf den ersten Blick nicht wesentlich von der herkömmlichen, bürgerlichrechtlichen GoA.

C. Spezialgesetzliche Anerkennung der öffentlichrechtlichen GoA

I. Öffentlichrechtliche Verweisungsvorschriften

Einige wenige öffentlichrechtliche Normen verweisen unmittelbar auf die bürgerlichrechtlichen Vorschriften über GoA. Es handelt sich um § 52 Abs. 1 Satz 2 BVG sowie um landesrechtliche Vorschriften aus dem Ordnungs- und Feuerwehrrecht. Aus diesen speziellen Verweisungsvorschriften könnten sich Hinweise auch für die Existenz einer *allgemeinen* öffentlichrechtlichen GoA ergeben. Nicht nur, daß diese Vorschriften geeignet sein könnten, einen Beleg für die Existenz der öffentlichrechtlichen GoA in deren jeweiligen Anwendungsbereich zu erbringen, sondern sie könnten darüber hinaus möglicherweise sogar die generelle Existenz einer öffentlichrechtlichen GoA als verallgemeinerungsfähigen Rechtsgedanken in sich tragen.

Voraussetzung für ein derart fundamentales Verständnis der genannten Vorschriften ist freilich, daß es sich um Rechts*grund*verweisungen auf das Institut der GoA handelt, denn andernfalls basieren der Ausgleich und gegebenenfalls die Legitimation gerade nicht auf den Vorschriften und dem Rechtsgedanken der GoA, sondern allein auf der speziellen Verweisungsnorm. Des weiteren dürfte es sich nicht um abschließende Spezialregelungen handeln. Im einzelnen sind die Verweisungsvorschriften wie folgt zu bewerten:

1. § 52 Abs. 1 Satz 2 BVG

Angehörige von Verschollenen, denen gegenüber der Verschollene unterhaltspflichtig war, können nach § 52 Abs. 1 Satz 1 BVG Verschollenheitsrente beanspruchen. Stellt sich im Nachhinein heraus, daß der totgeglaubte Verschollene noch lebt, so hat er die den Angehörigen ausgezahlten Versorgungsbezüge gemäß § 52 Abs. 1 Satz 2 BVG[149] nach den Vorschriften über die GoA zu erstatten. Ob in diesen Fällen auch tatbestandlich eine GoA vorliegt, ist zweifelhaft. Der Tatbestand einer GoA wäre nur dann gegeben, wenn die Versorgungsbehörde, indem sie an die Hinterbliebenen Versorgungsbezüge auszahlt, zugleich ein Geschäft des Verschollenen führte, insbesondere dessen privatrechtliche Unterhaltspflicht erfüllte. Gegen diese Annahme bestehen einige Bedenken.

Zunächst spricht gegen die Annahme einer GoA, daß zu den Voraussetzungen jeder GoA das Bewußtsein und der Wille des Geschäftsführers gehören, ein fremdes Geschäft zu führen (§§ 677, 687 Abs. 1 BGB). Im Hinblick auf Verschollenheitsrente heißt das, der sachbearbeitende Beamte müßte den Willen haben, zugleich eine Versorgungsleistung zu bewilligen und auch eine gesetzliche Unterhaltspflicht des Verschollenen zu erfüllen. Das aber würde den Beamten in eine gedankliche Aporie führen. Eine Unterhaltspflicht des Verschollenen kann er nur dann erfüllen wollen, wenn er dessen Fortleben unterstellt; den Rentenanspruch darf der Beamte indes nur bewilligen, wenn er davon überzeugt ist, daß der Verschollene mit hoher Wahrscheinlichkeit verstorben ist. Letztlich bleibt also der Wille des Beamten, zugleich eine Unterhaltsleistung des Verschollenen zu erbringen (§ 52 Abs. 1 Satz 2 BVG), eine gesetzliche Fiktion[150].

---

[149] § 52 Abs. 1 BVG: „Ist eine Person, deren Hinterbliebenen Versorgung zustehen würde, verschollen, so wird diesen Versorgung schon vor der Todeserklärung gewährt, wenn das Ableben des Verschollenen mit hoher Wahrscheinlichkeit anzunehmen ist. Stellt sich heraus, daß der Verschollene noch lebt, so gelten Leistungen nach Satz 1 als auch zur Erfüllung seiner gesetzlichen Unterhaltsverpflichtungen gewährt; er ist von dem Zeitpunkt an zum Ersatz nach den Vorschriften über die Geschäftsführung ohne Auftrag verpflichtet, von dem an er seinen gesetzlichen Unterhaltsverpflichtungen aus von ihm zu vertretenden Gründen nicht nachgekommen ist. Weitergehende Ansprüche bleiben unberührt."

Die Sätze 2 und 3 wurden erst durch das 1. NeuordnungsG vom 27. Juni 1960 (BGBl. I, 453) eingefügt. Zuvor war umstritten, ob die Behörde in diesen Fällen Ersatz aus GoA verlangen könne (s. hierzu BVerfGE 18, 429 [436 f.]; BGHZ 30, 162 = LM Nr. 7 zu § 683 BGB m. Anm. *Rietschel* u.w.N.; BGH, LM Nr. 11 zu § 683 BGB; LM Nr. 3 zu § 52 BVersG; FamRZ 10 [1963], 352 [353]; SchlHOLG, SchlHA 1959, 295 [297]; LG Berlin, NJW 1958, 831; LG Frankenthal, MDR 1958, 603; *Leuze*, FamRZ 10 [1963], 157; *Schmitz-Peiffer*, NJW 1960, 134 und 1890 m.w.N.; zur Rechtswegfrage s. BSG, MDR 1965, 861; MDR 1965, 1029; vgl. auch *MünchKomm-Seiler*, BGB, vor § 677 Rdnr. 30). Der BGH hat den Aufwendungsersatzanspruch schließlich mit der Begründung abgelehnt, § 81 Abs. 2 BVG a.F., der für den fraglichen Fall keinen Ersatzanspruch vorsehe, enthalte eine erschöpfende Regelung über die Schadloshaltung der Behörde. Nach der Ansicht des BVerfG sollte der Anspruch daran scheitern, daß der behördliche Wille, ein fremdes Geschäft zu besorgen, nicht nach außen in Erscheinung trete; in diesem Sinne auch BVerwGE 48, 279 (285 f.) wegen beamtenrechtlicher Hinterbliebenenbezüge.

[150] Anders aber LG Berlin, NJW 1958, 831 (832) zu § 52 BVG a.F.: Es sei kein Widerspruch in sich, an die Möglichkeit zu denken, daß die Versorgungsbehörden für den Fall, daß der Verschollene noch lebe, die Absicht hätten, für ihn Unterhalt zu zahlen. GoA schließe sich aber aus, weil der Beamte dazu gehalten sei, seinen Willen allein nach den kasuistischen Versorgungs-

Außerdem spricht gegen die Annahme, § 52 Abs. 1 Satz 2 BVG behandle tatbestandlich einen Fall der öffentlichrechtlichen GoA, daß es nach dieser Vorschrift zusätzlich darauf ankommt, ob der Verschollene die Nichterfüllung seiner Unterhaltspflicht zu vertreten hat. Diese Tatbestandsvoraussetzung findet im Recht der GoA keine Parallele[151]. Zuletzt geht die staatliche Sozialleistung auch ihrer Höhe nach nicht mit der privatrechtlichen Unterhaltsverpflichtung des Verschollenen konform[152]. Nach allem liegt in § 52 Abs. 1 Satz 2 BVG eine Rechtsfolgenverweisung. Es handelt sich tatbestandlich nicht um öffentlichrechtliche GoA.

2. Polizei- und ordnungsrechtliche Regreßvorschriften

Eine zweite Gruppe öffentlichrechtlicher Vorschriften, die auf das Recht der GoA verweisen, findet sich in den Polizei- und Sicherheitsgesetzen einiger Länder. Es handelt sich um polizeiliche Schadensregreßnormen.

Anknüpfungspunkt ist die (rechtmäßige) polizeiliche Inanspruchnahme einer für die abzuwehrende Gefahr nicht verantwortlichen Person[153]. Schäden, welche die Person infolge ihrer Inanspruchnahme erleidet, sind von der Polizei zu ersetzen[154]. Die Polizei wiederum kann wegen ihrer Ersatzaufwendungen bei demjenigen Rückgriff nehmen, der als Verhaltens- oder Zustandsstörer für die Gefahr polizeilich verantwortlich war[155]. In einigen Ländern ist der Regreßanspruch auch dann gegeben, wenn eine Person freiwillig im Einvernehmen

---

bestimmungen zu richten; ihm sei versagt, eigenmächtig auch Unterhalt zu zahlen. Ähnlich SchlHOLG, SchlHA 1959, 295 (297).

[151] S. hierzu auch BGH, LM Nr. 11 zu § 683 BGB (II 5 b); *Selb*, NJW 1963, 2056 (2057).

[152] S. dazu LG Berlin, NJW 1958, 831 (833).

[153] S. § 6 ME-PolG; § 16 BGSG; § 9 bwPolG; Art. 10 bayPAG; § 16 berlASOG; § 18 brbgOBG; § 1 brbgVGPolG i.V.m. § 9 DDR-PAG; § 7 bremPolG; § 10 Abs. 1 hambSOG; § 9 hessSOG; § 71 mevpSOG; § 8 ndsGefAG; § 19 nwOBG; § 6 nwPolG; § 7 rhpfPOG; § 6 saarlPolG; § 7 sächsPolG; § 10 sachsanhSOG; § 220 shLVwG; § 10 thürPAG.

[154] § 45 Abs. 1 Satz 1 ME-PolG; § 34 Abs. 1 Nr. 1 BGSG; § 55 bwPolG; Art. 70 Abs. 1 bayPAG; § 59 Abs. 1 Nr. 1 berlASOG; § 38 Abs. 1 lit. a brbgOBG; § 1 brbgVGPolG i.V.m. § 69 Abs. 1 Satz 1 DDR-PAG; § 56 Abs. 1 bremPolG; § 10 Abs. 3 hambSOG; § 64 Abs. 1 Satz 1 hessSOG; § 72 mevpSOG; § 58 Abs. 1 Satz 1 ndsGefAG; § 39 Abs. 1 lit. a nwOBG (s. auch die Verweisung in § 67 nwPolG); § 68 Abs. 1 Satz 1 rhpfPOG; § 68 Abs. 1 Satz 1 saarlPolG; § 35 Abs. 1 sächsPolG; § 69 Abs. 1 sachsanhSOG; § 221 shLVwG; § 68 Abs. 1 Satz 1 thürPAG.

[155] § 50 Abs. 1 ME-PolG; § 40 Abs. 2 Nr. 1 BGSG; § 57 bwPolG; Art. 72 bayPAG; § 64 berlASOG; § 1 brbgVGPolG i.V.m. § 74 DDR-PAG; § 61 Abs. 1 bremPolG; § 10 Abs. 4 hambSOG; § 69 Abs. 1 hessSOG; § 75 mevpSOG; § 63 Abs. 1 ndsGefAG; § 42 Abs. 2 nwOBG (s. auch die Verweisung in § 67 nwPolG); § 73 Abs. 1 rhpfPOG; § 73 Abs. 1 saarlPolG; § 40 sächsPolG; § 74 sachsanhSOG; § 224 Abs. 2 shLVwG; § 73 thürPAG. Allein im brandenburgischen Ordnungsbehördenrecht fehlen entsprechende Regelungen.

mit der Behörde bei der Erfüllung der Polizeiaufgabe mitgewirkt hat und dabei geschädigt wurde[156], ferner bei Schädigungen unbeteiligter Dritter[157] oder sogar bei Schädigungen aufgrund rechtswidriger Polizeimaßnahmen[158].

Die Regreßvorschriften des Bundes und der Länder sind im Detail unterschiedlich ausgestaltet. In Baden-Württemberg[159], Mecklenburg-Vorpommern[160], Nordrhein-Westfalen[161] und Schleswig-Holstein[162] enthält das Gesetz eine Verweisung auf die Vorschriften des Bürgerlichen Gesetzbuchs über die GoA; die bremische Regreßvorschrift[163] verweist allgemein auf die Haftungs-

---

[156] § 50 Abs. 1 i.V.m. § 45 Abs. 2 ME-PolG; § 64 i.V.m. § 59 Abs. 3 berlASOG; § 1 brbgVGPolG i.V.m. §§ 74, 69 Abs. 2 DDR-PAG; § 61 Abs. 1 i.V.m. § 56 Abs. 2 bremPolG; § 69 Abs. 1 i.V.m. § 64 Abs. 3 hessSOG; § 63 Abs. 1 i.V.m. § 58 Abs. 2 ndsGefAG; § 73 Abs. 1 i.V.m. § 68 Abs. 2 rhpfPOG; § 73 Abs. 1 i.V.m. § 68 Abs. 2 saarlPolG; § 74 Abs. 1 i.V.m. § 69 Abs. 3 sachsanhSOG; § 73 i.V.m. § 68 Abs. 3 thürPAG.

[157] § 40 Abs. 1 Nr. 1 i.V.m. § 34 Abs. 2 Nr. 2 BGSG; Art. 72 i.V.m. Art. 70 Abs. 2 bayPAG; § 64 i.V.m. § 59 Abs. 1 Nr. 2 berlASOG.

[158] § 1 brbgVGPolG i.V.m. §§ 74, 69 Abs. 1 Satz 2 DDR-PAG; § 61 Abs. 1 i.V.m. § 56 Abs. 1 Satz 2 bremPolG; § 74 i.V.m. § 69 Abs. 1 Satz 2 sachsanhSOG; § 73 i.V.m. § 68 Abs. 1 Satz 2 thürPAG. Es fragt sich allerdings, ob es sich insoweit noch um solche Aufwendungen handelt, die die Behörde für erforderlich halten durfte. Rechtspolitisch fragwürdig ist es allemal und sogar rechtsstaatlich bedenklich, den Schaden für widerrechtliches Polizeihandeln auf private Dritte abzuwälzen. Bei schuldhaft rechtswidrigen Polizeimaßnahmen werden dem Regreßanspruch der Behörde Amtshaftungsansprüche in gleicher Höhe entgegenhalten werden können. Außerhalb Bremens und der neuen Bundesländer ergibt sich die behördliche Entschädigungspflicht bei rechtswidrigen Polizeimaßnahmen aus dem Rechtsgrund des enteignungsgleichen Eingriffs bzw. der Aufopferung (s. hierzu *Papier*, DVBl. 1975, 567 [569]). Diese allgemeinen Staatshaftungsansprüche können jedenfalls nicht über die in Fußn. 155 aufgeführten Regreßvorschriften auf Private abgewälzt werden.

[159] § 57 bwPolG: „Der nach § 56 zur Entschädigung Verpflichtete kann in entsprechender Anwendung der Vorschriften des Bürgerlichen Gesetzbuchs über die Geschäftsführung ohne Auftrag von den in den §§ 6 und 7 bezeichneten Personen Ersatz verlangen."

[160] § 75 Abs. 2 mevpSOG: „In den Fällen des § 72 kann der Entschädigungspflichtige in entsprechender Anwendung der Vorschriften des Bürgerlichen Gesetzbuches über die Geschäftsführung ohne Auftrag von den nach §§ 68 bis 70 Verantwortlichen durch Verwaltungsakt Ersatz seiner Aufwendungen verlangen."

[161] § 42 Abs. 2 nwOBG: „Wer nach § 39 Abs. 1 Buchstabe a zum Ersatz verpflichtet ist, kann in entsprechender Anwendung der Vorschriften des Bürgerlichen Gesetzbuches über die Geschäftsführung ohne Auftrag den Ersatz seiner Aufwendungen von den nach §§ 17 und 18 ordnungspflichtigen Personen verlangen." Im nordrh.-westf. Polizeirecht gelten die §§ 39 – 43 OBG entsprechend (§ 67 PolG).

[162] § 224 Abs. 2 shLVwG: „In den Fällen des § 221 kann der Entschädigungspflichtige in entsprechender Anwendung der Vorschriften des Bürgerlichen Gesetzbuches über die Geschäftsführung ohne Auftrag von den nach den §§ 217 bis 219 Verantwortlichen durch Verwaltungsakt Ersatz seiner Aufwendungen verlangen."

[163] § 61 Abs. 1 bremPolG: „Die nach § 60 ausgleichspflichtige Körperschaft kann von den nach den §§ 5 oder 6 Verantwortlichen, soweit sie nach den Vorschriften des Bürgerlichen Ge-

vorschriften des Bürgerlichen Gesetzbuchs. Einen anderen gesetzestechnischen Weg gehen die Normen der übrigen Länder und des Bundes: Sie regeln den Kostenersatz unmittelbar, ohne auf Vorschriften des Bürgerlichen Gesetzbuchs zu verweisen[164].

Im Rahmen dieser Untersuchung interessieren allein diejenigen Ländervorschriften, die auf das Bürgerliche Recht, insbesondere auf das Recht der GoA verweisen. Ihren Ursprung hat die Technik der Verweisung auf die GoA in der entsprechenden Norm des preußischen Polizeiverwaltungsgesetzes[165]. Ob in diesen Fällen auch tatbestandlich eine GoA vorliegt, ist fraglich. Hierzu müßte die *Schadenersatzleistung* ein Geschäft desjenigen sein, der für die Gefahr polizeilich verantwortlich war[166]. Dies aber setzt voraus, daß der Störer selbst gegenüber dem Nichtstörer zum Ersatz dessen Schäden primärverpflichtet war. Hierfür ergeben sich keine Anhaltspunkte. Denn zwischen dem polizeilich Verantwortlichen und dem als Nichtstörer Herangezogenen besteht keinerlei Rechtsbeziehung. Aus den §§ 55 ff. bwPolG, 56 ff. bremPolG, 72 ff. mevpSOG, 39 ff. nwOBG und 211 ff. shLVwG wird nur die Behörde selbst, nicht aber der Störer gegenüber dem in Anspruch Genommenen verpflichtet. Es gehört nicht zum Geschäftsbereich des für die Gefahr Verantwortlichen, die Schäden des in Anspruch genommenen Nichtstörers zu regulieren. Mithin besorgt die Ordnungsbehörde nicht ein Geschäft des Störers, sondern ein ausschließlich eigenes Geschäft, wenn sie Schäden gemäß den

---

setzbuches haftbar sind, Ersatz ihrer Aufwendungen verlangen, wenn sie aufgrund des § 56 Abs. 1 oder 2 einen Ausgleich gewährt hat."

[164] § 40 Abs. 2 Nr. 1 BGSG; Art. 72 bayPAG; § 64 berlASOG; § 1 brbgVGPolG i.V.m. § 74 DDR-PAG; § 10 Abs. 4 hambSOG; § 69 hessSOG; § 63 ndsGefAG; § 73 rhpfPOG; § 73 saarlPolG; § 40 sächsPolG; § 74 sachsanhSOG; § 73 thürPAG (auch i.V.m. § 52 thürOBG); ebenso § 50 Abs. 1 ME-PolG.

[165] § 72 preußPVG: „In den Fällen des § 70 Abs. 1 kann der zum Schadenersatz Verpflichtete Ersatz seiner Aufwendungen nach den Vorschriften des Bürgerlichen Gesetzbuches über die Geschäftsführung ohne Auftrag von dem gemäß §§ 18 bis 20 dieses Gesetzes Polizeipflichtigen verlangen." (§ 70 Abs. 1 betrifft nur die polizeiliche Inanspruchnahme eines Nichtstörers).

[166] Zu Unrecht prüfen *Renèlt/Klowait* (NWVBL 1992, 195 [196 f.]) das tatbestandliche Vorliegen einer GoA danach, ob die *Gefahrenabwehr* als solche (dort: Wohnungseinweisung) ein Geschäft des Störers (dort: des Obdachlosen) war. Denn das fragliche Geschäft ist nicht die Gefahrenbeseitigung selbst – insoweit richtet sich der Kostenersatz nach Verwaltungsvollstreckungsrecht –, sondern die Schadensregulierung beim Nichtstörer (dort: beim Hauseigentümer). Im übrigen ist das von *Renèlt/ Klowait* aufgestellte Kriterium in dem von ihnen behandelten Fall gerade nicht gegeben. Die Wohnungseinweisung hat nämlich zwei Komponenten: Das Gewähren von Wohnraum durch den Eigentümer einerseits und die Nutzung des zur Verfügung gestellten Wohnraums durch den Obdachlosen andererseits. Nur das Letztgenannte ist das „Geschäft" des Obdachlosen, dessentwegen er ordnungsbehördlich zu belangen ist. Für das Gewähren von Wohnraum – das nach *Renèlt/Klowait* maßgebliche Geschäft – ist er nicht verantwortlich. Daß der Obdachlose selbst (zumindest insoweit) nicht als Störer herangezogen werden kann, ist ja gerade auch Voraussetzung einer Inanspruchnahme des Eigentümers als Nichtstörer.

§§ 55 bwPolG, 56 bremPolG, 72 mevpSOG, 39 nwOBG und 221 shLVwG ersetzt.

Als weiterer Unterschied zwischen den Tatbestandsvoraussetzungen der GoA und des polizeilichen Regresses entsteht der polizeiliche Regreßanspruch ohne Rücksicht auf die behördliche Willensrichtung, während GoA einen behördlichen Fremdgeschäftsführungswillen, also die behördliche Absicht, zugleich ein Geschäft des Störers zu besorgen, voraussetzen würde.

Die Tatbestände der ordnungs- und polizeirechtlichen Regreßvorschriften und der Tatbestand einer berechtigten GoA divergieren also. Soweit polizeiliche Regreßvorschriften auf das Recht der GoA verweisen, handelt es sich mithin ebenfalls um Rechtsfolgenverweisungen[167]. Die auf § 72 preußPVG zurückgehenden Vorschriften verstehen sich nicht als eine spezialgesetzliche Ausprägung der öffentlichrechtlichen GoA, sondern als Regreßtatbestand eigener Art mit der angeordneten Rechtsfolge einer berechtigten GoA.

3. Feuerwehrrechtliche Regreßvorschriften

Schließlich verweisen die §§ 33 Abs. 6 bremBrandSchG[168] und 39 Abs. 3 hessBrSHG[169] auf die Vorschriften des Bürgerlichen Gesetzbuchs über die

---

[167] Im Ergebnis ebenso *Hoepffner*, Diss., S. 31 und *Renèlt/Klowait*, NWVBL 1992, 195 (196 f.) jeweils mit der Begründung, der Tatbestand des § 677 BGB liege nicht in vollem Umfang vor, weil die Polizei zum Eingreifen anderweitig „berechtigt" sei; *Reiff/Wöhrle/Wolf*, PolG für Bad.-Württ., § 43 Rdnr. 6 mit der allerdings fragwürdigen Begründung, es handle sich materiell um einen öffentlichrechtlichen Anspruch; sowie *Seibt*, ZMR 1956, 187 (188) und *Reichert/Röber*, Polizeirecht, Rdnr. 504, beide ohne Begründung; a.A. *Dreidoppel*, Diss. (unveröffentlicht), S. 17, mit der ebenfalls fragwürdigen Begründung, die Vorschriften entsprächen der früheren Rechtsprechung des PreußOVG zum Polizeirecht; LG Essen, ZMR 1958, 105 mit der Begründung, die Vorschriften über GoA seien durch das Gesetz unzweideutig für anwendbar erklärt; *Hegel*, Die Unterbringung privater Obdachloser, S. 56 f. Fußn. 24, mit der Begründung, die zusätzliche Konkretisierung der Merkmale für eine Erstattungspflicht spreche nach Formulierung und Sinn des Gesetzes nicht für einen Rechtsfolgenverweis; sowie offenbar *Wagner*, PolG NW, § 45 (§ 42 nwOBG) Rdnr. 3; *Rietdorf/Heise/Bockenförde/Strehlau*, Ordnungs- und Polizeirecht in Nordrh.-Westf., § 45 Rdnr. 4; *Wöhrle/Belz*, PolG für Bad.-Württ., § 43 Rdnr. 2, letztere jeweils ohne Begründung.

[168] § 33 bremBrandSchG (kursiv = Anm. d. Verf.): „ ... (5) In den Fällen der Absätze 3 und 4 (*Inanspruchnahme als Fahrzeugeigentümer/-besitzer bzw. als Anlieger*) können Eigentümer und Besitzer von der Stadtgemeinde eine Entschädigung verlangen, ...

(6) Die Stadtgemeinde kann für Entschädigungen, die sie nach Absatz 5 leistet, von den Eigentümern und Besitzern der vom Feuerwehreinsatz betroffenen Grundstücke nach den Vorschriften des Bürgerlichen Gesetzbuches über die Geschäftsführung ohne Auftrag Ersatz verlangen."

[169] § 39 hessBrSHG (kursiv = Anm. d. Verf.): „Entschädigung. (1) Wer nach §§ 35 Abs. 1 Satz 2 *(als Übermittler einer Brandmeldung)*, 37 Abs. 2 *(als Anlieger)*, 38 *(als zur Hilfeleistung Herangezogener)* in Anspruch genommen wird, kann von der Gemeinde, in deren Gebiet die

GoA. In Nordrhein-Westfalen verweist § 33 Abs. 2 Satz 2 nwFSHG[170] auf die bereits besprochene Vorschrift des § 42 Abs. 2 OBG. Im rheinland-pfälzischen, thüringischen sowie im berlinischen Recht finden sich Regreßvorschriften ohne die Technik der Verweisung auf das Bürgerliche Recht in den §§ 15 berlFwG, 31 Abs. 3 thürBKG und 31 Abs. 3 rhpfLBKG. In Brandenburg sind diejenigen Ansprüche, die dem Entschädigungsberechtigten gegen Dritte zustehen, an die Feuerwehrbehörde abzutreten (§ 33 Abs. 1 Satz 7 brbgBSchG). In den übrigen Ländern fehlen besondere feuerwehrrechtliche Rückgriffstatbestände. Rechtssystematisch entsprechen die feuerwehrrechtlichen Normen den zuvor besprochenen polizeirechtlichen Vorschriften[171]. Es handelt sich ebenfalls um einen behördlichen Schadensregreß, hier im Zusammenhang mit den Schäden eines bei der Brandbekämpfung als Helfer in Anspruch genommenen Bürgers. Allerdings kann die bremischen Feuerwehr nur bei Zustandsstörern Regreß nehmen, während die hessische Feuerwehr sich ausschließlich an einen Verhaltensstörer wenden kann und auch dies nur bei grobem Verschulden. In Nordrhein-Westfalen kann die Feuerwehr kraft der Verweisung gleich einer Ordnungsbehörde Ersatz von Zustands- und Verhaltensstörern verlangen.

Der Vergleich dieser Vorschriften mit dem Tatbestand der GoA fällt nicht anders aus als bei den zuvor erörterten polizeirechtlichen Regreßvorschriften. Es handelt sich ebenfalls um Rechtsfolgenverweisungen.

Einsatzstelle liegt, Ersatz des ihm hierdurch entstandenen Schadens verlangen, jedoch nur insoweit, als er nicht auf andere Weise Ersatz zu erlangen vermag. ...

(2) ...

(3) Die Gemeinde kann für Entschädigungen, die sie nach Abs. 1 leistet, von demjenigen, der vorsätzlich oder grob fahrlässig das den Einsatz erfordernde Ereignis verursacht hat, nach den Vorschriften des Bürgerlichen Gesetzbuchs über die Geschäftsführung ohne Auftrag oder die Deliktshaftung Ersatz verlangen."

[170] § 33 nwFSHG (kursiv = Anm. d. Verf.): „Entschädigung. (1) Ein Schaden, den jemand erleidet, weil er

a) nach § 30 *(als nicht Verantwortlicher)* oder § 31 Abs. 3 *(als Anlieger)* in Anspruch genommen wird oder

b) bei einem Schadenfeuer, Unglücksfall oder öffentlichen Notstand Hilfe leistet, ist in entsprechender Anwendung der §§ 41 bis 43 *(jetzt §§ 39 bis 41)* des Ordnungsbehördengesetzes (OBG) zu ersetzen.

(2) Entschädigungspflichtig ist die Gemeinde des Schadensortes. § 45 Abs. 2 *(jetzt § 42 Abs. 2)* OBG findet entsprechende Anwendung."

[171] Der Regelungsgehalt der feuerwehrrechtlichen Regreßnormen ist nicht zu verwechseln mit dem Gegenstand einiger Gerichtsentscheidungen über GoA im Zusammenhang mit Feuerlöschkosten (RGZ 82, 206 „Fuldaer Dombrand"; BGHZ 40, 28 „Funkenflug"; ferner OLG Hamm, NWVBL 1989, 218; LG Braunschweig, DVBl. 1973, 227; s. auch BayVGH, BayVBl. 1979, 621 [623], rechtswegverweisend; ferner BayVGH, NVwZ-RR 1992, 103 [104]). Die einschlägige Judikatur befaßt sich mit dem Ersatz unmittelbarer Feuerlöschkosten, während die hier zu erörternden Regreßnormen bloß mittelbare Kosten in der Gestalt staatlicher Schadenersatzverpflichtungen behandeln.

4. Ergebnis

Die wenigen gesetzlichen Verweisungen auf das zivilistische Rechtsinstitut der GoA, die das Öffentliche Recht enthält, sind Rechts*folgen*verweisungen. Das geschriebene Öffentliche Recht greift somit weder auf die Legitimations- noch auf die Ausgleichs*funktion* der zivilrechtlichen GoA zurück, sondern lediglich auf deren Ausgleichs*modalitäten*. Die Existenz einer öffentlichrechtlichen GoA läßt sich also nicht einmal anhand der unmittelbar auf die §§ 677 ff. BGB verweisenden öffentlichrechtlichen Sondervorschriften belegen.

II. Verfassungsgebot der Anerkennung einer öffentlichrechtlichen GoA in der Fallgruppe 1 (Behörden untereinander)

In der Fallgruppe 1 könnte die Anerkennung der öffentlichrechtlichen GoA aus übergeordneten, und zwar finanzverfassungsrechtlichen Gesichtspunkten geboten sein. Erichsen[172] begründet ein solches Gebot aus Art. 104a Abs. 1 GG. Ihm zufolge muß man in dieser Verfassungsnorm den Ausdruck einer *allgemeinen*[173] Lastenverteilungsregel für das Verhältnis von Trägern öffentlicher Verwaltung zueinander sehen. Danach habe derjenige, der für die Wahrnehmung einer Verwaltungsaufgabe zuständig sei, auch die für den Vollzug dieser Aufgabe erforderlichen Mittel aufzubringen; zwischen Verwaltungsaufgabe und Verwaltungsausgabe bestehe insoweit Konnexität. Die in Art. 104a Abs. 1 GG zum Ausdruck kommende Grundsatzentscheidung lege es daher nahe, den an sich zuständigen Verwaltungsträger mit den Kosten zu belasten, die bei der Erfüllung der Verwaltungsaufgabe entstanden seien. Die Vorschriften der Geschäftsführung ohne Auftrag könnten das mit Hilfe der allgemeinen Lastenverteilungsregel getroffene Ergebnis subjektiv-rechtlich unterfangen.

Der Auffassung Erichsens ist in zweierlei Hinsicht kritisch zu begegnen. Einmal ist zweifelhaft, ob sich aus Art. 104a Abs. 1 GG überhaupt ein Anhaltspunkt für die Kostenverteilung bei zwischenbehördlicher Fremdgeschäftsführung herleiten läßt oder ob nicht vielmehr der Regelungsgehalt und Anwendungsbereich des Art. 104a Abs. 1 GG auf solche Fälle beschränkt ist, in denen Verwaltungsbehörden gemäß ihren eigenen Aufgaben tätig werden. Zum anderen ist fraglich, ob ein finanzieller Ausgleich – angenommen, dieser wäre durch Art. 104a Abs. 1 GG geboten – von Verfassungs wegen zwingend im Wege der Einzelerstattung nach den §§ 677, 683 BGB erfolgen muß oder ob es nicht aus finanzverfassungsrechtlicher Sicht genügt, die als Geschäftsführer ohne Auf-

---

[172] In *Erichsen/Martens*, Allgemeines Verwaltungsrecht, § 30 Rdnr. 13; ähnlich BVerwG, NJW 1986, 2524.

[173] Hervorhebung im Original.

trag gemachten Aufwendungen in den allgemeinen Finanzausgleich einzubeziehen und dort pauschal abzugelten. So wurde in der Zeit vor dem Inkrafttreten des Verwaltungsverfahrensgesetzes bereits für die Kosten der zwischenbehördlichen Amtshilfe vertreten, diese seien nicht im Wege der Einzelerstattung auszugleichen, sondern gingen im allgemeinen Finanzausgleich auf[174]. In dieselbe Richtung tendiert die Verfassungs- und Verwaltungsrechtsprechung nordrhein-westfälischer Gerichte zum kommunalen Finanzausgleich. Danach muß der finanzielle Ausgleich für die gemeindlichen Aufwendungen im übertragenen Wirkungskreis nicht im Wege der Einzelerstattung vollzogen werden (oder auch nur im einzelnen im Finanzausgleichsgesetz gesondert ausgewiesen oder wenigstens durch den Finanzausgleichsgesetzgeber bewußt berücksichtigt werden), sondern es soll eine abstrakte Finanzmittelzuweisung an die Gemeinden genügen, sofern diesen nur im Ergebnis ein genügender Handlungsspielraum für die Erledigung ihrer Selbstverwaltungsaufgaben verbleibt[175]. Im Sinne dieser Rechtsprechung könnte auch der finanzielle Ausgleich für zwischenbehördliche Fremdgeschäftsführung im allgemeinen Finanzausgleich aufgehen[176], solange nur die Handlungsfähigkeit jeder geschäftsführenden Behörde für die Erledigung ihrer eigenen Aufgaben gesichert bleibt.

Schon anhand der zuerst aufgeworfenen Fragestellung jedoch ist die Auffassung Erichsens zurückzuweisen. Die Vorschriften der Finanzverfassung geben für die Frage der Zulässigkeit der öffentlichrechtlichen GoA und der Gebotenheit eines finanziellen Ausgleichs nicht viel her. Das Finanzverfassungsrecht behandelt nämlich nur die Frage, welcher Körperschaft die Kosten eines zuständigkeits*gemäßen* Verwaltungshandelns zufallen[177]. Insoweit besteht in der Tat Konnexität zwischen Aufgabenverantwortung und Ausgabenlast: Derjenige Verwaltungsträger, dem eine Aufgabe überantwortet ist, hat die Erledigung der Aufgabe aus eigenen (und nicht aus fremden) Mitteln zu bestreiten. Richtig ist auch, daß im Wege des Finanzausgleichs Mittel zur (zuständigkeitsgemäßen!) Aufgabenerledigung umgeschichtet werden. Über die Kostenlast bei der Erledigung fremder Verwaltungsaufgaben ist damit jedoch nichts gesagt[178]; gerade das betrifft aber GoA.

---

[174] S. etwa *Moll*, RiA 1957, 214 (217).

[175] VerfGH NW, OVGE 38, 301 = DVBl. 1985, 685 (686); OVG NW, DVBl. 1980, 763 (764); NWVBL 1987, 16; ähnlich auch VerfGH Rh.-Pf., DVBl. 1978, 802 (804); DVBl. 1992, 981; s. hierzu oben, S. 67 f.

[176] Vgl. dazu auch HessVGH, NVwZ 1987, 822 (823).

[177] Ähnlich *Ehlers*, Verwaltung in Privatrechtsform, S. 477; s. auch *Lorenz*, JZ 1992, 462 (464); *Schoch*, Jura 1994, 241 (243 f.).

[178] S. *Schmidt-Bleibtreu/Klein*, GG, Art. 104a Rdnr. 26; vgl. auch BVerwGE 18, 221 (225).

Die Bedeutung und Tragweite des Konnexitätsbegriffs erschließt sich bei näherem Hinsehen wie folgt: In Art. 104a Abs. 1 GG liegt nicht (nur) die Verknüpfung von zweierlei *Pflichten* – die Pflicht zur Sachaufgabenerledigung mit der Kostentragungspflicht –, sondern Konnexität im Sinne des Art. 104a Abs. 1 GG ist einheitliche *Verantwortlichkeit*. Die Verantwortung für die Sachaufgabenerledigung geht einher mit der Verantwortung für das Aufbringen der erforderlichen Mittel. Es hat derjenige die notwendigen Haushaltsmittel zu beschaffen, der die Aufgabe in sachlicher Hinsicht steuert (und steuern will)[179]. Die Kostenlast ist die Kehrseite der Kompetenz zur Steuerung der Aufgabe. Konnexität im Finanzverfassungsrecht ist Kompetenzdeckung in der Sache *und* in den Finanzen[180]; der staatliche Betätigungsspielraum deckt sich mit seinem Finanzierungsspielraum[181].

Nimmt sich nun ein Verwaltungsträger fremder Verwaltungsaufgaben als unbeauftragter Geschäftsführer an, so zieht er gleichzeitig auch fremde Verantwortung auf sich. Die Verantwortung für die Durchführung einer Spontanhilfe liegt nicht bei der an sich zuständigen, sondern bei der eingreifenden, der geschäftsführenden Behörde. Wenn aber die Verantwortung für die Steuerung der Maßnahme nicht länger bei der an sich zuständigen Behörde liegt, dann kann auch das Leitbild der Konnexität zwischen Aufgaben*verantwortung* und Ausgabenlast nicht von Verfassungs wegen gebieten, die Kosten der Spontanhilfe oder einer sonstigen Geschäftsführung der an sich gesetzlich zuständigen Behörde aufzubürden. Der Fall einer Fremdgeschäftsführung, also der Erledigung fremder Verwaltungsaufgaben, ist von der allgemeinen Lastenverteilungsregel des Art. 104a Abs. 1 GG nicht erfaßt; auch verdichtet sich diese Verfassungsnorm nicht in den Vorschriften über die GoA zu subjektiven Rechten. Finanzverfassungsrechtliche Gesichtspunkte vermögen zur Begründung eines finanziellen Ausgleichs bei zwischenbehördlicher Fremdgeschäftsführung nichts beizutragen, so daß sich die zweite aufgeworfene Frage, ob von Verfassungs wegen Einzelerstattung geboten ist, oder ob es genügt, den erforderlichen Ausgleich im allgemeinen Finanzausgleich aufgehen zu lassen, letztlich nicht mehr stellt.

D. Direkte Anwendung der §§ 677 ff. BGB

Die Erwägung einer direkten Anwendung der Vorschriften des Bürgerlichen Rechts – hier der §§ 677 ff. BGB – auf Sachverhalte mit öffentlichrechtlichem

---

[179] Ebenso *Vialon*, Haushaltsrecht, Anm. 19 zu Art. 106 GG; ähnlich BVerwGE 18, 221 (224).

[180] Ebenso *Vialon* (Fußn. 179).

[181] *BK-Vogel/Kirchhof*, GG, Art. 104a Rdnr. 19.

Bezug mag auf den ersten Blick – zumindest was behördliche Geschäftsführung betrifft – Erstaunen auslösen. Große Teile der Zivilrechtsprechung verfolgen jedoch diesen Weg. Für jede der vier aufgezeigten Fallgruppen finden sich zahlreiche Beispiele[182], in denen Zivilgerichte über die Rechtsfolgen einer GoA urteilten. Ungeachtet der Frage, ob der Geschäftsherr und / oder der Geschäftsführer ein öffentlichrechtlicher Rechtsträger oder das Geschäft selbst öffentlichrechtlicher Natur waren, wendeten die Zivilgerichte die §§ 677 ff. BGB unmittelbar an – zuletzt etwa bezüglich eines Aufwendungsersatzanspruchs des Bundes gegen das Land Hessen wegen Sicherungsmaßnahmen an einer Bundesstraße[183].

Ob die §§ 677 ff. BGB in den vier erwähnten Fallgruppen unmittelbar angewendet werden können, ist nach den anerkannten Methoden der Gesetzesauslegung[184] zu ermitteln. Gegen eine direkte Anwendung der §§ 677 ff. BGB ergeben sich Bedenken unter zwei Gesichtspunkten. Der erste Aspekt betrifft den Gegenstand der Geschäftsbesorgung. Die Anwendung privaten Rechts könnte ausgeschlossen sein, wenn der Gegenstand der Geschäftsbesorgung in der Wahrnehmung einer öffentlichrechtlichen Aufgabe oder in der Erfüllung einer öffentlichrechtlichen Pflicht besteht. Der zweite Anknüpfungspunkt betrifft die beteiligten Rechtssubjekte. In den Fallgruppen 1 – 3 könnte es der Annahme einer privatrechtlichen GoA entgegenstehen, daß Verwaltungsträger in Rechtsbeziehung zueinander oder zu Privatrechtssubjekten treten.

I. Wortlautorientierte Auslegung

Ihrem Wortlaut nach befassen sich die §§ 677 ff. BGB mit öffentlichrechtlichen Gesichtspunkten allenfalls am Rande. Lediglich § 679 BGB spricht von einer „Pflicht des Geschäftsherrn, deren Erfüllung im *öffentlichen* Interesse liegt". Doch auch mit dieser Gesetzesformulierung ist die Brücke zu öffentlichrechtlichen Handlungszusammenhängen noch keineswegs geschlagen, da eine Pflicht, deren Erfüllung im öffentlichen Interesse liegt, nicht zwingend zugleich auch eine Pflicht öffentlicher Rechtsnatur ist. Privatrechtliche Pflichten, deren Erfüllung im öffentlichen Interesse gelegen ist, sind etwa die Pflichten aus § 908 BGB bei drohender Einsturzgefahr[185], privatrechtliche Verkehrssiche-

---

[182] Nachweise s. oben, S. 33 ff.

[183] BGH, NVwZ 1990, 297 (298).

[184] S. *Bydlinski*, Juristische Methodenlehre, S. 428 ff.; *Larenz*, Methodenlehre, S. 312 ff.; zur jüngeren Kritik an der objektiv-teleologische Auslegungsmethode s. *Herzberg*, NJW 1990, 2525.

[185] RGZ 149, 205 (208); s. auch BGHZ 16, 12 (16).

rungspflichten[186] sowie die Pflicht, zweckwidrig genutzte (private) Behindertenparkplätze freizuräumen[187]. Aus dem Wortlaut des § 679 BGB kann nicht geschlossen werden, ob sich dessen Anwendbarkeit auf die Erfüllung der besonderen privatrechtlichen Pflichten beschränkt, oder ob die Vorschrift ebenfalls dann greift, wenn jemand eine öffentlichrechtliche Pflicht für einen anderen erfüllt[188]. Ob die §§ 677 ff. BGB auch in öffentlichrechtlichen Handlungszusammenhängen Platz greifen, läßt sich deren Wortlaut somit nicht entnehmen.

II. Historische Auslegung

Soweit der Wortlaut einer Vorschrift unterschiedlichen Interpretationsmöglichkeiten Raum bietet, sind die Entstehungsgeschichte der Norm und der im Gesetzgebungsverfahren zum Ausdruck gekommene Wille des historischen Gesetzgebers bei deren Auslegung zu berücksichtigen. Maßgeblich ist danach der in der Bestimmung zum Ausdruck gekommene objektive Wille des Gesetzgebers[189].

Die Problematik der Anwendung der GoA in öffentlichrechtlichen Handlungszusammenhängen war bereits Gegenstand der Beratungen des historischen Gesetzgebers des Bürgerlichen Gesetzbuchs. Die Gesetzgebungsmaterialien enthalten vor allem Anhaltspunkte zu den Fragen, ob Amtsträger uno actu ihre Amtspflicht erfüllen und zugleich als Geschäftsführer ohne Auftrag für einen anderen tätig werden können (Fallgruppen 1 und 3) und ob es als privatrechtliche GoA anzusehen sei, wenn ein Bürger die öffentlichrechtlichen Pflichten eines anderen Bürgers erfüllt (Fallgruppe 4). Über die Fragen der Geschäftsführung eines Privaten für die Verwaltung (Fallgruppe 2) geben die Gesetzgebungsmaterialien allerdings keinen Aufschluß.

1. GoA durch Amtsträger

Die Entstehungsgeschichte der Vorschriften des Bürgerlichen Gesetzbuchs über die GoA nahm ihren Anfang mit den §§ 233 ff. des vierten Teilentwurfs des Obligationenrechts, angelehnt an das römische Rechtsinstitut der nego-

---

[186] BGH, NJW 1971, 1218.

[187] AG Mülheim/R., NJW-RR 1986, 1355.

[188] Ausführlich dazu *Hoepffner*, Diss., S. 25 ff.; ebenso *Hamann*, NJW 1955, 481.

[189] S. BVerfGE 8, 274 (307); BGHZ 46, 74 (79 ff.) m.w.N.; *Larenz*, Methodenlehre, S. 328 ff.; *Bydlinski*, Juristische Methodenlehre, S. 449 ff.

tiorum gestio. Den Grundtatbestand der GoA formuliert § 233 Abs. 1 TE-OR (№ 4)[190]. Danach lag GoA in der Besorgung des Geschäfts eines anderen, ohne von diesem damit beauftragt oder *von Amtswegen dazu gerufen* zu sein. Die Worte „ohne von Amtswegen dazu gerufen zu sein" wurden von der ersten Kommission durch die Worte „ohne Amtspflicht" ersetzt[191], womit jedoch im Ganzen dasselbe ausgedrückt sein sollte[192]. Im Zuge der Beratungen der zweiten Kommission wurde der Passus „ohne Amtspflicht" aus dem Tatbestand der GoA gestrichen[193].

Nachdem das Tätigwerden im Rahmen einer Amtspflicht zunächst tatbestandlich vom Anwendungsbereich der GoA ausgeschlossen war und dieser Ausschlußtatbestand in die endgültige Fassung des Gesetzes nicht übernommen wurde, läßt die objektive Entstehungsgeschichte des § 677 BGB – isoliert betrachtet – den Schluß zu, der Gedanke der Subsidiarität der GoA gegenüber dem Handeln in Erfüllung einer Amtspflicht sei vom Gesetzgeber verworfen und nicht geltendes Recht geworden. Diese Annahme wird indessen von den subjektiven Vorstellungen der am Gesetzgebungsverfahren Beteiligten nicht gestützt. Durch die Fassung des ersten Entwurfs (§ 749 E 1), in welchem der Passus „ohne Amtspflicht" enthalten war, sollte die Anwendung der Vorschriften über die GoA ausgeschlossen werden für die Fälle, in denen ein Beamter kraft seines Amtes ein Geschäft eines anderen zu besorgen hat[194]. Dies sollte nach dem Willen der Kommission sogar in bezug auf solche Amtspflichten gelten, die gerade die Besorgung eines fremden Geschäftes zum Inhalt haben, etwa die Verwaltung des Nachlasses durch den Konsul im Interesse der Erben[195]. Zur Begründung wird angeführt, ein Beamter dürfe und könne nicht so eng gebunden sein wie ein negotiorum gestor[196]. Demzufolge sollte eine

---

190 § 233 Abs. 1 TE-OR (№ 4): „Unternimmt Jemand die Besorgung des Geschäfts eines Anderen, ohne von diesem damit beauftragt oder von Amtswegen dazu gerufen zu sein, so haftet er dem Geschäftsherrn selbst für geringe Fahrlässigkeit, ausgenommen wenn er in einem Nothfalle zur Abwendung eines dem Geschäftsherrn ohne seine Dazwischenkunft drohenden Nachtheils gehandelt hat, in welchem Falle er nur für absichtliche Verschuldung und grobe Fahrlässigkeit haftet."

191 Prot I, 1606; *Jakobs/Schubert*, Beratungen III, S. 117 (Prot I jeweils zitiert nach *Jakobs/Schubert*). § 749 Abs. 1 E I lautete sodann: „Wer für einen anderen ohne dessen Auftrag und ohne Amtspflicht ein Geschäft besorgt, haftet dem Geschäftsherrn für den Ersatz des durch Vorsatz oder Fahrlässigkeit verursachten Schadens."

192 Prot I, S. 1607; *Jakobs/Schubert*, Beratungen III, S. 117.

193 § 608 E II entsprach sodann in seinem Wortlaut dem heutigen § 677 BGB.

194 Prot I, S. 1606 f.; *Jakobs/Schubert*, Beratungen III, S. 117; Mot. Bd. 2, S. 856; *Mugdan*, Materialien Bd. 2, S. 478.

195 Prot I, S. 1607; *Jakobs/Schubert*, Beratungen III, S. 117; Mot. Bd. 2, S. 856; *Mugdan*, Materialien Bd. 2, S. 478.

196 Mot. Bd. 2, S. 856 f.; *Mugdan*, Materialien Bd. 2, S. 478.

Anwendung der Vorschriften über die GoA erst recht dann nicht in Frage kommen, wenn die Amtspflicht nicht einmal auf die Führung eines fremden Geschäftes zweckgerichtet ist, sondern im Zusammenhang mit der Erfüllung einer Amtspflicht nur beiläufig auch ein fremdes Geschäft mitbesorgt wird. In diesen Fällen seien vielmehr die einschlägigen öffentlichrechtlichen Vorschriften maßgebend[197].

Von dieser Rechtsansicht wollte der Gesetzgeber keineswegs abweichen, indem er die Streichung des Passus „ohne Amtspflicht" vornahm. Dieser Schritt wurde vielmehr damit begründet, daß die Erwähnung der Amtspflicht, soweit es sich um Fälle des Öffentlichen Rechts handle, ohnehin außerhalb des Bereichs des BGB liege[198] und eine besondere Hervorhebung derselben daher nicht nötig sei. Im Einklang mit den Beratungen der ersten Kommission wurde es als selbstverständlich erachtet, daß ein Amtsträger, welcher im Rahmen seiner Amtspflicht und somit auf dem Gebiet des Öffentlichen Rechts tätig werde, nicht zugleich privatrechtlicher Geschäftsführer sein könne. Ausdrücklich heißt es im Beratungsprotokoll, daß die Änderungsanträge vom vorliegenden Entwurf sachlich nicht abwichen[199].

Somit ergibt sich aus der Entstehungsgeschichte der betreffenden Normen unter Berücksichtigung der subjektiven Vorstellung der am Gesetzgebungsverfahren Beteiligten, daß das Bürgerliche Gesetzbuch hinsichtlich der Vorschriften über GoA nicht einschlägig ist, wenn jemand im Rahmen seiner Amtspflicht tätig wird und dabei (auch) fremde Angelegenheiten besorgt. Hiernach sind die erste Fallgruppe (GoA unter verschiedenen Verwaltungsbehörden) und die dritte Fallgruppe (GoA einer Verwaltungsbehörde für einen Bürger) von einer direkten Anwendung der §§ 677 ff. BGB ausgeschlossen.

2. Erfüllung fremder öffentlichrechtlicher Pflichten unter Privaten

Zu der Frage, ob die Erfüllung fremder öffentlichrechtlicher Pflichten unter Privaten (Fallgruppe 4) als privatrechtliche GoA anzusehen sei, enthalten die Gesetzgebungsmaterialien Ausführungen unter zwei verschiedenen Gesichtspunkten.

---

[197] Mot. Bd. 2, S. 857; *Mugdan*, Materialien Bd. 2, S. 479.

[198] Prot II, Bd. 2, S. 726; *Mugdan*, Materialien Bd. 2, S. 1193; *Jakobs/Schubert*, Beratungen III, S. 130 f.

[199] Prot II, Bd. 2, S. 726; *Mugdan*, Materialien Bd. 2, S. 1193; *Jakobs/Schubert*, Beratungen III, S. 130.

a) *Inanspruchnahme durch eine Behörde aufgrund einer nur summarischen Prüfung*

Der erste Aspekt betrifft die polizeiliche Inanspruchnahme einer Person durch die zuständige Behörde aufgrund einer nur summarischen Prüfung des Sachverhalts. Stellt sich nachträglich heraus, daß die Person zu Unrecht in Anspruch genommen wurde, so fragt sich, ob der in Anspruch genommene Bürger seine Aufwendungen von demjenigen aus GoA ersetzt verlangen kann, welcher von der Behörde rechtmäßigerweise herangezogen werden konnte. Aus der Sicht des historischen Gesetzgeber ist diese Frage zu bejahen. Es dürften der negotiorum gestio solche Fälle nicht schlechthin entzogen werden, in welchen jemand durch die Obrigkeit im Interesse der öffentlichen Ordnung auf Grund einer nur vorläufigen Prüfung, wer zur Erfüllung einer öffentlichrechtlichen Verpflichtung verbunden sei, zur Erfüllung der letzteren gezwungen werde, während dieselbe in der Tat nicht ihm, sondern einem anderen oblegen habe[200].

In der Sachfrage selbst dürften die rechtlichen Konsequenzen einer fälschlichen polizeilichen Inanspruchnahme heute weniger im finanziellen Ausgleich unter den Bürgern als vielmehr im verwaltungsgerichtlichen Rechtsschutz gegen die Maßnahme oder hilfsweise in staatshaftungsrechtlichen Ersatzansprüchen zu suchen sein. Die Gesetzgebungsmaterialien sind aber insoweit von Bedeutung, als das Rechtsverhältnis zwischen den beteiligten Privatrechtssubjekten dem Bürgerlichen und nicht dem Öffentlichen Recht zugeordnet wurde; danach war nur eine *direkte*, keinesfalls aber eine analoge Anwendung der §§ 677 ff. BGB in Betracht zu ziehen.

b) *Freiwillige Erfüllung fremder öffentlichrechtlicher Pflichten*

Der zweite Aspekt betrifft die *freiwillige* Erfüllung einer fremden öffentlichrechtlichen Pflicht. Im Hinblick darauf ist unter entstehungsgeschichtlichen Gesichtspunkten nochmals auf die Vorschrift des § 679 BGB einzugehen. Nach dem ursprünglichen Entwurf dieser Vorschrift (§ 239 TE-OR [Nº 4]) sollte eine Geschäftsführung gegen den Willen des Geschäftsherrn dann zulässig sein, wenn „die Geschäftsbesorgung in der *durch ein öffentliches Interesse gebotenen Erfüllung einer rechtlichen Verbindlichkeit* des Geschäftsherrn oder in der Gewährung des Unterhalts an Personen ..." bestand. Hierzu war in den Beratungen der ersten Kommision erwogen worden, statt des unbestimmten Ausdrucks „durch ein öffentliches Interesse geboten" von Verpflichtungen

[200] Prot I, S. 1607; *Jakobs/Schubert*, Beratungen III, S. 117; Mot. Bd. 2, S. 865; *Mugdan*, Materialien Bd. 2, S. 483.

zu reden, die *im Öffentlichen Recht* sich gründeten[201]. Zu einer entsprechenden Abänderung des Entwurfstextes kam es jedoch deshalb nicht, weil sich die Beratungskommission dann genötigt gesehen hätte, die (privatrechtliche) Beerdigungspflicht besonders zu erwähnen, wenn diese als gleichermaßen im öffentlichen Interesse stehende Pflicht ebenfalls unter die Rechtsfolgen der Vorschrift fallen solle[202].

§ 755 E I erhielt die Fassung: „Ist von dem Geschäftsführer die im öffentlichen Interesse gebotene Erfüllung einer dem Geschäftsherrn obliegenden Verbindlichkeit bewirkt, welche ohne die Geschäftsbesorgung nicht ordnungsmäßig erfüllt worden wäre, so steht dem Geschäftsführer der im § 753 bezeichnete Anspruch auch dann zu, wenn er gegen ein Verbot des Geschäftsherrn gehandelt hat. ..."

In den Beratungen der zweiten Kommision war beantragt worden, die fragliche Geschäftsführung nicht als eine „im öffentlichen Interesse gebotene Erfüllung einer dem Geschäftsherrn obliegenden Verbindlichkeit" zu bezeichnen, sondern als eine „durch das öffentliche Interesse gebotene Pflicht des Geschäftsherrn"[203], somit das maßgebliche öffentliche Interesse an der Rechtspflicht selbst anzuknüpfen und nicht an deren Erfüllung. Zur Begründung wurde angeführt, es genüge, wenn die Verpflichtung als solche ihre Grundlage im Öffentlichen Recht habe, und es brauche nicht weiter untersucht zu werden, ob die Erfüllung im öffentlichen Interesse liege[204]. Der Antrag wurde unter anderem mit der Erwägung abgelehnt, es würde danach kein Ersatzanspruch bestehen, wenn der Geschäftsführer eine Verbindlichkeit privatrechtlichen Charakters, deren Erfüllung jedoch im einzelnen Falle durch das öffentliche Interesse geboten wäre, für den Geschäftsherrn erfülle, somit würde der Änderungsantrag zu unangemessenen Ergebnissen führen[205].

In den protokollierten Beratungen tritt die Rechtsansicht beider Kommissionen hervor, die Vorschrift des § 679 BGB solle sowohl besondere privatrechtliche Pflichten erfassen, an deren Erfüllung im Einzelfall ein besonderes öffentliches Interesse besteht, als auch – und zwar zahlenmäßig weit überwiegend – solche Fälle, in denen sich die Verpflichtung des Geschäftsherrn im Öffentlichen Recht gründe[206]. In diesem Zusammenhang erblickt die erste

---

[201] Prot I, S. 1635; *Jakobs/Schubert*, Beratungen III, S. 135.

[202] S. Prot I; *Jakobs/Schubert* (Fußn. 201).

[203] Prot II, S. 735; *Mugdan*, Materialien Bd. 2, S. 1197.

[204] Prot II, S. 737; *Mugdan*, Materialien Bd. 2, S. 1198.

[205] Prot II, S. 737; *Mugdan*, Materialien Bd. 2, S. 1198 f.

[206] Prot I, S. 1635; *Jakobs/Schubert*, Beratungen III, S. 135; Prot II, S. 737; *Mugdan*, Materialien Bd. 2, S. 1198 f.

Kommission überhaupt nur eine einzige Pflicht, deren Erfüllung im öffentlichen Interesse liege, die aber nicht zugleich öffentlichrechtlicher Natur sei: die Beerdigungspflicht[207]. Bei den Beratungen der zweiten Kommission wurde diese als (insoweit allerdings einziges!) „Beispiel" einer privatrechtlichen Pflicht genannt, deren Erfüllung im öffentlichen Interesse liege[208].

Die subjektive Vorstellung der am Gesetzgebungsverfahren beteiligten Personen, wonach Geschäftsführung gegen den Willen des Geschäftsherrn sowohl bei der Erfüllung öffentlichrechtlicher als auch besonderer privatrechtlicher Pflichten zulässig sein sollte, wird auch vom Wortlaut des § 679 BGB getragen.

Schließlich befaßte sich die zweite Kommission mit der speziellen Frage der Erfüllung fremder (öffentlichrechtlicher) Steuerpflichten[209]. In diesem Zusammenhang wird ausgeführt, daß die Erfüllung der fremden öffentlichrechtlichen Pflicht im Einzelfall den (berechtigten) Interessen des Schuldners entgegenstehen könne – dann etwa, wenn die Steuerschuld gestundet sei, oder die Verjährung nahe. Der Gedanke, daß das Rechtsverhältnis zwischen den beteiligten Privaten dem Öffentlichen Recht zuzuordnen sein könnte, weil die Erfüllung einer öffentlichrechtlichen Pflicht in Rede steht, lag dem Gesetzgeber jedoch fern.

Die historische Auslegung führt zu dem Ergebnis, daß die privatrechtlichen Vorschriften über GoA unmittelbar anzuwenden sein sollen, wenn private Rechtsträger untereinander fremde Ordnungspflichten oder andere öffentlichrechtliche Pflichten erfüllen. Dabei ist allerdings zu berücksichtigen, daß nach damaligem Verständnis der Begriff des Öffentlichen Rechts okkupiert war für die Rechtsbeziehung verschiedener Verwaltungsträger untereinander oder zu Bürgern, nicht aber für die Rechtsbeziehung einzelner Bürger untereinander[210], so daß allein schon aus diesem Gesichtspunkt jedwede Geschäftsführung unter Privaten dem Privatrecht zuzuordnen war. Es verbietet es sich daher, die Ergebnisse der historischen Auslegung unbesehen auf die heutige Rechtslage zu übertragen.

---

[207] Prot I, S. 1635; *Jakobs/Schubert*, Beratungen III, S. 135. Inzwischen ist allerdings selbst die Bestattungspflicht in einigen Bundesländern auch zur besonderen öffentlichrechtlichen Verpflichtung erhoben, s. § 31 Abs. 1 bwBestattungsG; Art. 15 bayBestattungsG, § 6 bayBestattungsVO; § 16 Abs. 1 berlBestattungsG; § 10 Abs. 1 hambBestattungsG; § 2 nwLeichenVO; § 8 Abs. 2 i.V.m. § 9 Abs. 1 rhpfBestattungsG.

[208] Prot II, Bd. 2, S. 738, *Mugdan*, Materialien Bd. 2, S. 1199.

[209] Prot II, Bd. 2, S. 737 f.; *Mugdan*, Materialien Bd. 2, S. 1199.

[210] So etwa *Bierling*, Grundbegriffe II, S. 221 f.; Otto *Mayer*, Deutsches Verwaltungsrecht Bd. 1 (1. Aufl.), S. 107; s. auch *Loening*, Lehrbuch des Deutschen Verwaltungsrechts, S. 9.

III. Systematische und objektiv-teleologische Auslegung

1. Fallgruppen 1 – 3

Die in Rede stehenden Vorschriften über die GoA sind Teil des Bürgerlichen Gesetzbuchs und als solche privatrechtliche Vorschriften[211]. Ihre Anwendbarkeit ist auf bürgerlichrechtliche Beziehungen beschränkt; im Öffentlichen Recht ist eine direkte Anwendung der Begriffe und Rechtssätze des BGB ausgeschlossen[212]. Zu keinem anderen Ergebnis führt eine Betrachtung der betreffenden Vorschriften unter objektiv-teleologischen Gesichtspunkten: Sinn und Zweck der Vorschriften des Bürgerlichen Gesetzbuchs ist es, Regelungen auf dem Gebiet des Privatrechts zu treffen, während für öffentlichrechtlich zu qualifizierendes Handeln die Verwaltungsverfahrensgesetze als allgemeine Handlungsgrundlage gelten[213]. Selbst in Ergänzung der öffentlichrechtlichen Verfahrensvorschriften sind nicht ohne weiteres die Vorschriften des BGB anzuwenden, sondern es bedarf für eine Anwendung zivilrechtlicher Vorschriften im allgemeinen Verwaltungsrecht einer besonderen gesetzlichen Grundlage (s. beispielsweise § 62 Satz 2 VwVfG) oder sonst einer rechtsmethodischen Begründung.

2. Fallgruppe 4 (GoA unter Bürgern)

Fraglich ist dagegen, ob systematische Gesichtspunkte einer direkten Anwendung der §§ 677 ff. BGB in der vierten Fallgruppe, bei der Geschäftsführung unter Privaten in öffentlichrechtlichen Handlungszusammenhängen, entgegenstehen. Hierzu wird von Klein[214] und Hoepffner[215] folgendes vertreten: Die Rechtsnatur einer GoA bestimme sich nach dem Gegenstand der Geschäftsbesorgung. Anerkannt sei die Rechtsfigur des öffentlichrechtlichen Vertrages unter Privaten[216]. Es sei angemessen, eine auftragslose Geschäfts-

---

[211] Vgl. etwa Art. 55 EGBGB.

[212] S. *Eckert*, DVBl. 1962, 11 (14); *Simons*, Leistungsstörungen, S. 87.

[213] S. *MünchKomm-Säcker*, BGB, Einleitung, Rdnr. 1, 2.

[214] DVBl. 1968, 166 (170).

[215] Diss., S. 166 f.; ihm folgend *Erichsen* in *Erichsen/Martens*, Allgemeines Verwaltungsrecht, § 30 Rdnr. 9; ferner *Oldiges*, JuS 1989, 616 (620, Fußn. 40).

[216] Vgl. dazu *Stern*, VerwArch. 49 (1958), 106 (148); Erichsen in *Erichsen/Martens*, Allgemeines Verwaltungsrecht, § 25 Rdnr. 9; *Pestalozza*, JZ 1975, 50 (51 f.); *Imboden*, Der verwaltungsrechtliche Vertrag, S. 43 f.; *Obermayer*, BayVBl. 1977, 546 (548); Klaus *Lange*, JuS 1982, 500 (504); *Simons*, Leistungsstörungen, S. 66; *Turegg/Kraus*, Lehrbuch des Verwaltungsrechts, S. 110; ablehnend *Gern*, Der Vertrag zwischen Privaten, S. 51; *ders.*, NJW 1979, 694; *Menger*, VerwArch. 52 (1961), 92 (101).

führung, über deren Gegenstand zwischen den Privaten auch ein öffentlichrechtlicher Vertrag hätte geschlossen werden können, ebenfalls dem Öffentlichen Recht zuzuordnen. Das betreffe beispielsweise die öffentlichen Abgaben sowie etwa die öffentlichrechtlichen Schneeräumpflichten[217]. Erfülle jemand solche Pflichten für einen anderen, ohne damit beauftragt worden zu sein, so seien die Rechte aus der Geschäftsführung im Verwaltungs- bzw. im Finanzrechtsweg geltend zu machen[218].

Gegen diese Auffassung sprechen verschiedene Gründe. Zum einen wird der Anwendungsbereich des öffentlichrechtlichen Vertrages unter Privaten weit überschätzt. Öffentlichrechtliche Verträge unter Privaten sind relativ selten. Es kann sie nur dort geben, wo Privaten durch die Rechtsordnung die besondere Befugnis eingeräumt ist, einen dem Öffentlichen Recht unterliegenden Gegenstand mit öffentlichrechtlicher Wirkung zu regeln[219]. Die meisten der anerkannten Fälle öffentlichrechtlicher Verträge sind dinglicher Natur oder zumindest auf dingliche Rechtsänderung gerichtet[220] und bilden somit schon der Sache nach keinen tauglichen Gegenstand für eine GoA. Die von Klein und Hoepffner als Beispiele angeführten Fälle des Schneeräumens für einen anderen und der Begleichung fremder öffentlicher Abgabenschulden gehören dem Privatrecht an. Zwar ist die jeweils zu erfüllende Pflicht öffentlichrechtlicher Natur, jedoch könnte diese Pflicht nicht durch öffentlichrechtlichen Vertrag mit öffentlichrechtlicher Wirkung auf einen Dritten übertragen werden. Vertraglich kann sich der Verpflichtete allenfalls eines Gehilfen bei der Erfüllung seiner eigenen öffentlichrechtlichen Pflicht bedienen. Solche Vereinbarungen mit Gehilfen aber, die parallelen Vertragstypen also, an denen sich Klein und Hoepffner orientieren wollen (hier: Beauftragung eines Schneeräumdienstes, §§ 611, 631 BGB; Bankauftrag zur Überweisung des geschuldeten

---

[217] *Hoepffner*, Diss., S. 166; *Klein*, DVBl. 1968, 166 (170); s. auch Walter *Schmidt*, Staats- und Verwaltungsrecht, Rdnr. 275.

[218] So *Klein*, DVBl. 1968, 166 (170), dem folgend LG Hannover, MDR 1981, 942; ebenso *Hoepffner*, Diss., S. 174 f. Für eine Anerkennung der öffentlichrechtlichen GoA unter Privaten auch *Wolff/Bachof*, Verwaltungsrecht I, § 44 I b 5 (ohne nähere Begründung); sowie *Schlör*, Diss., S. 48, der auf die öffentlichrechtliche Erfüllungswirkung bei der Erfüllung einer fremden verwaltungsrechtlichen Pflicht abstellt.

[219] OVG Lüneburg, OVGE 27, 341 (343) = DVBl. 1972, 154 (155); ähnlich *Erichsen* in *Erichsen/Martens*, Allgemeines Verwaltungsrecht, § 25 Rdnr. 9.

[220] So etwa die bergrechtliche Grundabtretung nach §§ 135 ff. preußABG (dazu *Dicke*, ZfB 111 [1970], 431 f.), die Einigung nach §§ 110, 111 BauGB (dazu Klaus *Lange*, JuS 1982, 500 [504]), der Vertrag über Nutzungsrechte an öffentlichen Straßen durch Straßenbahnunternehmer nach § 31 Abs. 2 PBefG (dazu OVG Lüneburg, OVGE 27, 341 [343] = DVBl. 1972, 154 [155]), der Vertrag über die Abrundung von Jagdgebieten nach § 2 Abs. 1 bwJagdG, Art. 4 Abs. 2 bayJagdG (dazu *Stern*, VerwArch. 49 [1958], 106 [148]) und die Einigung über den Übergang von Nutzungsrechten an einem Wahlgrab (dazu BVerwG, BayVBl. 1993, 88).

Steuerbetrages, § 675 BGB), wären privatrechtlich[221]. Die einzig ersichtlichen öffentlichrechtlichen Vertragstypen, deren Gegenstand für eine öffentlichrechtliche GoA in Frage kommt, sind der Vertrag über die Übernahme der polizeimäßigen Wegereinigung durch Dritte[222] und die vertragliche Übernahme der Gewässerunterhaltungspflicht[223]. Allerdings kann aus der Rechtsnatur eines hypothetischen Wegereinigungs- bzw. Gewässerunterhaltungsvertrages nicht ohne weiteres auf die öffentlichrechtliche Rechtsnatur einer gegenständlich entsprechenden GoA rückgeschlossen werden. Denn die wege- und wasserrechtlichen Vorschriften eröffnen dem Pflichtigen nur die *Möglichkeit*, mit öffentlichrechtlicher Wirkung zu kontrahieren. Daneben bleibt es zulässig, auch privatrechtliche Vereinbarungen über die Wegereinigung[224] und Gewässerunterhaltung zu treffen. Das ergibt sich aus dem Grundsatz der Privatautonomie. Der Gegenstand schuldrechtlicher Vereinbarungen ist durch die Vertragsparteien frei bestimmbar. Jene können sich insbesondere auf eine Vereinbarung beschränken, wonach allein die tatsächliche Ausführung der Wegereinigung / Gewässerunterhaltung gegen Entgelt besorgt wird, ohne daß zugleich auch die öffentlichrechtliche Pflicht als solche mit öffentlichrechtlicher Wirkung übergeht.

Ein solcher Vertrag wäre als privatrechtlicher Dienst- oder Werkvertrag einzustufen; sein Regelungsgehalt beschränkte sich auf das Rechtsverhältnis zwischen den Kontrahenten. Der privatrechtliche Vertrag entbindet den Anlieger nicht von seiner persönlichen Verantwortung für die ordnungsgemäße Erfüllung der öffentlichrechtlichen Pflicht. Gerade diese Konstellation entspricht wiederum der Sach- und Interessenlage bei der GoA: Auch private Geschäftsführer nehmen nicht die Pflichten des Geschäftsherrn auf sich, sondern sie erfüllen diese Pflichten als fremde. Das besorgte Geschäft ist nicht die *Übernahme der Pflicht* (nur darüber läßt sich ein *öffentlich*rechtlicher Vertrag schließen, der im übrigen einer behördlichen Genehmigung bedarf), sondern deren bloße Erfüllung. Die rein tatsächliche Ausführung der Wegereinigung und der Gewässerunterhaltung durch private Geschäftsführer ist privatrechtliche GoA. Somit ist keine einzige Geschäftsbesorgung ersichtlich, die sowohl Gegenstand eines öffentlichrechtlichen Vertrages unter Privatpersonen als auch Gegenstand einer GoA unter denselben sein kann.

---

[221] Ebenso *Gusy*, JA 1979, 69 (72).

[222] S. § 42 Abs. 2 bremLStrG; § 4 Abs. 3 nwStrReinG; § 52 Abs. 4 Satz 4 ndsStrG; § 45 Abs. 3 Nr. 4 shStrWG (dazu OVG Lüneburg, OVGE 27, 341 [343] = DVBl. 1972, 154 [155]).

[223] S. Art. 44 Abs. 1 bayWG; § 43 berlWG; § 41 Abs. 1 hambWG; § 66 hessWG; § 95 Abs. 1 nwLWG; § 65 Abs. 1 rhpfLWG; § 60 saarlWG; § 45 Abs. 1 shLWG.

[224] Vgl. BGH, DVBl. 1960, 561 (562).

Schließlich spricht gegen die Anerkennung einer öffentlichrechtlichen GoA unter Privaten, daß sowohl der Wille des Geschäftsführers, ein fremdes Geschäft zu führen, als auch der wirkliche und mutmaßliche Wille des Geschäftsherrn privatautonom gebildet werden[225] und nach zivilrechtlichen Grundsätzen zu ermitteln sind; die Willensbildung der Privaten ist weder auf Seiten des Geschäftsführers noch auf Seiten des Geschäftsherrn von Öffentlichem Recht überlagert. Allein aufgrund des öffentlichrechtlichen Charakters der erfüllten Rechtspflicht ist die Rechtsbeziehung zwischen den beteiligten Privaten nicht dermaßen durch öffentlichrechtliches Sonderrecht bestimmt, daß es als gerechtfertigt erschiene, das Rechtsverhältnis insgesamt dem Öffentlichen Recht zuzuordnen.

Nach allem ergeben sich weder aus systematischen noch aus teleologischen Gesichtspunkten Bedenken gegen eine direkte Anwendung der §§ 677 ff. BGB im Verhältnis Privater untereinander, gleich ob der Gegenstand der Geschäftsbesorgung in privaten oder in öffentlichrechtlichen Handlungszusammenhängen steht. Unter „Privaten" kommt öffentlichrechtliche GoA allenfalls dann in Betracht, wenn diese den Status eines Beliehenen innehaben[226]. Beliehene Private treten aber im Rechtsverkehr nicht als Privatrechtssubjekte auf, sondern sind Subjekte öffentlicher Verwaltung und damit Verwaltungsbehörden im funktionalen Sinne, soweit ihr hoheitlicher Kompetenzbereich reicht[227]. Im Hinblick auf GoA sind Beliehene zu behandeln wie andere Verwaltungsbehörden.

IV. Ergebnis und Fortgang der Untersuchung

Als Ergebnis kann festgehalten werden: Die Tatbestände der vierten Fallgruppe unterfallen den §§ 677 ff. BGB unmittelbar. GoA über ein öffentlichrechtliches Geschäft unter nicht beliehenen Privaten ist privatrechtliche GoA. In den übrigen Fallgruppen ist eine unmittelbare Anwendung der §§ 677 ff. BGB nicht zulässig – jedenfalls soweit es sich um öffentlichrechtliche Fallgestaltungen handelt.

Eine konsequente Fortführung dieses Gedankens würde es erfordern, zunächst herauszuarbeiten, wann eine GoA unter Beteiligung öffentlicher

---

225 Ähnlich *Gusy*, JA 1979, 69 (72).

226 Ebenso *Gusy*, JA 1979, 69 (72).

227 S. oben, S. 88.

Rechtsträger dem Öffentlichen, wann dem Bürgerlichen Recht[228] zuzuordnen ist. Das aber würde es notwendig machen, sogleich eine Reihe von Detailproblemen außerhalb ihres rechtssystematischen Zusammenhangs anzusprechen. Deshalb soll die Differenzierung von bürgerlich- und öffentlichrechtlicher Geschäftsführung hinausgeschoben und die Untersuchung des Themas unter der Arbeitshypothese fortgesetzt werden, daß sämtliche Geschäftsführungsverhältnisse unter Beteiligung öffentlichrechtlicher Rechtsträger dem Sonderrecht der Verwaltung, nämlich dem Öffentlichen Recht zuzuordnen sind. Die damit aufgeschobene Zuordnungsproblematik wird im Schlußteil behandelt, wo sie im Hinblick auf Rechtswegfragen praktisch relevant wird. Soweit sich zeigen wird, daß die GoA nicht in das öffentlichrechtliche System übernommen werden kann, steht dann auch die Frage zur Beantwortung an, ob sich die betreffenden (öffentlichen) Rechtsträger allein um der Geltung der §§ 677 ff. BGB willen vom Boden des Öffentlichen Rechts lösen und in Privatrechtsform fremde Geschäfte für andere führen dürfen.

E. Rechtsmethodische Grundlagen einer Übernahme der §§ 677 ff. BGB in das Öffentliche Recht

Soweit die Methoden der Gesetzesauslegung ergaben, daß die bürgerlichrechtlichen Vorschriften über GoA in den betreffenden Fallgruppen des Öffentlichen Rechts nicht unmittelbar angewandt werden können, stellt sich die Frage nach einer Rechtsfortbildung in diesem Bereich. Dabei gilt es zuerst festzustellen, ob auf eine bereits praktizierte und allgemein anerkannte Rechtsfortbildung zurückgegriffen werden kann, ob also die öffentlichrechtliche GoA gewohnheitsrechtliche Geltung erlangt hat.

Sofern die gewohnheitsrechtliche Geltung der öffentlichrechtlichen GoA abzulehnen ist, ist die Übernahme der privatrechtlichen Regelungen in das Öffentliche Recht eine rechtsschöpfende Tätigkeit. Sie bedarf – soll ihr Ergebnis als Recht im Sinne der geltenden Rechtsordnung Anerkennung finden – einer rechtsmethodischen Rechtfertigung[229]. Zur rechtsmethodischen Herleitung einer öffentlichrechtlichen GoA kommen zwei unterschiedliche Begründungsansätze in Betracht. Zum einen handelt es sich um die entsprechende Anwendung der §§ 677 ff. BGB im Wege der Analogie, zum anderen um die

---

[228] Vgl. etwa die zahlreichen Nachweise oben (S. 41 ff.) zu der in der Zivilrechtsprechung verbreiteten Auffassung, auch Verwaltungsträger könnten als privatrechtliche Geschäftsführer auftreten; ebenso, insoweit rechtswegverweisend, BayVGH, BayVBl. 1979, 621 (623).

[229] S. *Larenz*, Methodenlehre, S. 369.

Qualifikation der GoA als einen allgemeinen, im gesamten Recht geltenden Rechtsgedanken.

I. Gewohnheitsrechtliche Geltung

Richterliche Rechtsfortbildung avanciert zur eigenständigen Rechtsquelle, wenn sie Grundlage eines Gewohnheitsrechts wird. Die gewohnheitsrechtliche Geltung einer bestimmten Rechtsfortbildung kann dann angenommen werden, wenn sie allgemeiner Überzeugung entspricht und sich in einer konstanten Übung manifestiert[230].

Bezüglich der öffentlichrechtlichen GoA ergibt sich ein gespaltenes Bild. Bereits im Jahre 1965 traf das Bundesverfassungsgericht die Feststellung, es sei nicht mehr ernsthaft bestritten, daß die Grundsätze über die Geschäftsführung ohne Auftrag auch im Öffentlichen Recht entsprechend gälten, ohne dort ausdrücklich normiert zu sein[231]. Was die Rechtspraxis betrifft, so ist dieser Einschätzung nach wie vor vorbehaltlos beizupflichten, und auch in der Literatur ist grundsätzliche Kritik an der Anwendung der §§ 677 ff. BGB im Öffentlichen Recht nur sehr vereinzelt anzutreffen[232].

Diese weitgehende Einigkeit über die Anerkennung der GoA als öffentlichrechtliches Rechtsinstitut steht in auffälligem Mißverhältnis zu der uneinheitlichen Beurteilung seiner Anwendungsbreite und seiner Voraussetzungen. In der konkreten Anwendung des Rechtsinstituts lassen sich weder eine konstante Übung noch eine allgemeine Rechtsüberzeugung ausmachen. Weitgehende Uneinigkeit besteht schon darüber, im Verhältnis welcher Rechtspersonen untereinander die §§ 677 ff. BGB zum Tragen kommen[233]. So stößt die einschlägige Rechtsprechung des Bundesgerichtshofs betreffend die Geschäftsführung durch Behörden für Private selbst in den Reihen der Instanzgerichte noch auf Widerstand[234] und wird in der Literatur sogar ganz überwiegend abgelehnt[235]. Noch in der Entstehung begriffen ist die Kasuistik

---

[230] S. *Larenz*, Methodenlehre, S. 433; *Hübner*, Allgemeiner Teil des BGB, Rdnr. 25; *Köhler*, BGB Allgemeiner Teil, § 1 II 2 b aa; s. auch BVerfGE 28, 21 (28 f.).

[231] BVerfGE 18, 429 (436).

[232] Nachweise oben, S. 29 ff., 50.

[233] Nachweise oben, S. 33 ff., 50 f.

[234] S. LG Frankfurt, NJW 1977, 1924; BayObLGZ 1968, 200 = MDR 1968, 920.

[235] S. etwa *Ehlers*, Verwaltung in Privatrechtsform, S. 470 ff.; *Erman-Ehmann*, BGB, vor § 677 Rdnr. 25 ff.; *Esser/Weyers*, Schuldrecht II, § 46 II 2 d (1); *Maurer*, JuS 1970, 561 (564 f.); *Medicus*, Bürgerliches Recht, Rdnr. 411 f.; *MünchKomm-Seiler*, BGB, vor § 677 Rdnr. 31; *Schubert*, NJW 1978, 687; *Staudinger-Wittmann*, BGB, vor §§ 677 – 687 Rdnr. 41.

der GoA eines Privaten zugunsten der Verwaltung; in Fragen der Rechtswegzuständigkeit ist eine einheitliche Linie nicht zu erkennen[236].

Ein handhabbares, auch bezüglich seiner Anwendungsbreite und Voraussetzungen allgemein anerkanntes Rechtsinstitut haben Rechtsprechung und Rechtswissenschaft im Laufe des letzten Jahrhunderts nicht geschaffen. In vielen, teilweise grundlegenden Streitfragen haben sich bislang allenfalls vorherrschende Rechtsauffassungen, keineswegs jedoch eine allgemeine Rechtsüberzeugung herausgebildet. Die zahlreichen widerstreitenden Veröffentlichungen lassen erkennen, daß der Ausspruch über die bloße Existenz der öffentlichrechtlichen GoA bei vielen gerichtlichen Spruchkörpern und Rechtswissenschaftlern schon im Ansatz unterschiedliche Vorstellungen hervorruft. Dem Minimalkonsens über die Existenz der öffentlichrechtlichen GoA als solche kann angesichts des weitgehenden Dissenses über die Anwendungsbreite und die rechtliche Ausgestaltung des Rechtsinstituts keine rechtserhebliche Bedeutung beigemessen werden. Als eigenständige Rechtsquelle infolge gewohnheitsrechtlicher Geltung ist die öffentlichrechtliche GoA nicht anerkannt.

II. GoA als allgemeiner Rechtsgedanke

Traditionsreich ist die Idee der Abstraktion allgemeiner Rechtssätze und Prinzipien, welche sich auf eine grundlegende Abhandlung von Kohler[237] zurückführen läßt. Kohler definiert die Tätigkeit der Jurisprudenz als ein Zusammenspiel von Auslegungstätigkeit und Prinzipienjurisprudenz. Dazu führt er aus, nicht jede Entscheidung müsse auf das Gesetz gebaut werden. Vielmehr habe sich die Entscheidung auf Prinzipien zu stützen, und wenn diese Prinzipien auch durch die Gesetzgebung bestimmt würden, so hätten sie doch, einmal entstanden, ein außerhalb des Gesetzes stehendes Wesen, sie hätten, einmal entstanden, ihre besondere Kraft und Bedeutung[238].

Inzwischen hat sich die Lehre von den allgemeinen Rechtsgedanken zu einer Methode der Rechtsfindung eigener Art fortentwickelt. Ihr zugrunde liegt die Idee eines ungeschriebenen, sogenannten „Allgemeinen Teils des Rechts", welcher allgemeine Rechtsgedanken enthält und seine Geltung im bürgerlichen Recht gleichermaßen wie im Öffentlichen Recht beansprucht[239]. Kritisch zu

---

[236] Vgl. nur die Rechtsprechungsnachweise oben, S. 33 ff.

[237] GrünhutsZ 13 (1886), 1 ff.

[238] *Kohler* (Fußn. 237), S. 49.

[239] Grundlegend: *Friedrichs*, AnnDR 1917, 385 ff.; *ders.*, Der allgemeine Teil des Rechts; *Schüle*, VerwArch. 38 (1933), 399 (404 ff.); *Schack*, FS *Laun* (1947), 275 ff.; s. ferner PrOVG,

hinterfragen ist diese Methode schon wegen ihres historischen Hintergrundes[240]. Zu ihrer Entwicklung trug im wesentlichen die seinerzeit herrschende Rechtsauffassung bei, jede Analogie zwischen Zivil- und Verwaltungsrecht sei wegen der grundsätzlichen Wesenverschiedenheit beider Rechtsgebiete schlechthin unzulässig[241]. Das Konstrukt eines dem gesamten Recht vorgeschalteten allgemeinen Teils bot sich als Behelf an, einerseits das Dogma des Analogieverbots zwischen Öffentlichem und Bürgerlichem Recht aufrecht zu erhalten, andererseits jedoch nicht darauf verzichten zu müssen, die kodifizierten, privatrechtlichen Rechtssätze dem Öffentlichen Recht inhaltlich zunutze zu machen. Dagegen steht heute die Zulässigkeit einer Analogie zwischen verschiedenen Rechtsgebieten außer Frage[242], so daß die Flucht in einen allgemeinen Teil des Rechts insoweit an Bedeutung verloren hat. Gleichwohl ist der Lehre von den allgemeinen Rechtsgedanken nicht a priori zu verwerfen. Die Existenz übergeordneter, das gesamte Rechtsleben beherrschender, teils ungeschriebener Rechtssätze ist anhand zahlreicher Beispiele belegbar. Die übergeordneten Rechtssätze lassen sich zusammenfassend in einem „allgemeinen Teil des Rechts" beschreiben, welcher im folgenden strukturiert und zu diesem Zweck in drei Kategorien gegliedert werden soll.

Eine erste Gruppe von rechtserheblichen Aussagen beinhaltet naturwissenschaftliche Erkenntnisse und gesellschaftliche Konventionen: Zeit- und Raummaße, Gewichte, Ortsbezeichnungen etc.[243] Die Beachtung solcher Erkenntnisse und Konventionen ist im Bürgerlichen wie im Öffentlichen Recht trivial. Schwierigkeit bestehen allenfalls in der Abgrenzung zu bloßen dem Beweis zugänglichen Tatsachenfeststellungen.

Zu einer zweiten Gruppe lassen sich allgemeine rechtliche Wertungsmaßstäbe zusammenfassen. Dazu gehören etwa die Grundsätze von Treu und Glauben[244] und der guten Sitten. Im Bürgerlichen Recht sind diese Grundsätze in den §§ 157, 242 sowie den §§ 138 und 826 BGB niedergelegt; im Öffent-

---

JW 1927, 2166; RGZ 97, 43 (44); 104, 58 (60); 107, 189 (190); 110, 293 (294); *Fleiner*, Institutionen, S. 56 ff.; *Brennhausen*, Diss., S. 20 ff.; Hermann *Weber*, JuS 1970, 169 (170); *Soergel-Schmidt*, BGB (9. Aufl.), vor § 241 Rdnr. 14; ablehnend Otto *Mayer*, Deutsches Verwaltungsrecht Bd. I, S. 117 f.; *Simons*, Leistungsstörungen, S. 104 ff. Nicht überzeugend sind die Ansätze von *Simons*, S. 109 f. und *Hoepffner*, Diss., S. 83 f., zwischen der Lehre vom allgemeinen Rechtsgedanken und der Lehre vom allgemeinen Teil des Rechts nochmals zu unterscheiden.

[240] S. auch *Papier*, Forderungsverletzung, S. 75 ff.

[241] S. etwa RGZ 97, 43 (44); 104, 58 (60); 107, 189 (190); 110, 293 (294); Otto *Mayer*, Deutsches Verwaltungsrecht Bd. 1, S. 117; *Schüle*, VerwArch. 38 (1933), 399 (408); *Goez*, Verwaltungsrechtspflege in Württemberg, S. 52.

[242] Grundlegend *Meier-Branecke*, AöR 11 (1926), 230 (243 ff.).

[243] S. hierzu *Friedrichs*, Der allgemeine Teil des Rechts, S. 231 ff.; jetzt auch §§ 1 ff. MeßEinhG.

[244] S. hierzu *Schüle*, VerwArch. 38 (1933), 399 ff.; *Schack*, FS *Laun* (1947), 275 (286 f.).

lichen Recht hat der Grundsatz von Treu und Glauben seine besondere Ausprägung beispielsweise in den §§ 48 Abs. 2, 3 und 49 Abs. 2, 5 VwVfG (Bund) gefunden, auch in speziellen Billigkeitsvorschriften wie § 640 Abs. 2 RVO, und es wurde der sogenannte sozialrechtliche Herstellungsanspruch als eine besondere Ausprägung des Grundsatzes von Treu und Glauben verstanden[245]. Die verallgemeinerungsfähigen Rechtssätze können in den einzelnen Rechtsgebieten zu unterschiedlichen Regelungen führen[246], was durch strukturelle Unterschiede im Bürgerlichen und Öffentlichen Recht begründet ist. So sind etwa Hoheitsträger gegenüber einzelnen Bürgern in der Regel weniger schutzwürdig, als dies bei gleichberechtigten Privatrechtssubjekten der Fall ist[247].

In einer dritten Gruppe finden sich Rechtssätze und Rechtsinstitute, die konkrete Rechtsfolgen enthalten. Das sind nach den bisherigen Erkenntnissen vorwiegend die Bereicherungstatbestände[248] sowie – hier interessierend – die GoA. Danach ist das Rechtsinstitut der GoA als allgemeiner Rechtsgedanke aufzufassen, der für das Bürgerliche Recht seinen Niederschlag in den §§ 677 ff. BGB gefunden hat und darüber hinaus seine Geltung auch im Öffentlichen Recht beansprucht[249].

Die Lehre von den allgemeinen Rechtsgedanken ist in ihren jeweiligen Aussagen differenziert und im einzelnen wie folgt zu bewerten: Die Rechtssätze der erst- und zweitgenannten Gruppe (gesellschaftliche Konventionen und allgemeine rechtliche Wertungsmaßstäbe) sind als allgemeingültig anzuerkennen. Durch Gesetz können solche Rechtssätze in ausdrückliche Regelungen

---

[245] So BSGE 25, 219 (220 f.); 41, 126 (127); 57, 288 (290); a.A. allerdings BSGE 49, 76 (80). Weitere Nachweise – auch zu anderen Begründungsansätzen – bei *Kreßel*, Öffentliches Haftungsrecht und sozialrechtlicher Herstellungsanspruch, S. 284 ff.; insgesamt ablehnend *Schoch*, VerwArch. 79 (1988), 1 (54 ff.).

[246] S. *Schüle*, VerwArch. 38 (1933), 399 (407).

[247] *Schüle* (Fußn. 246), S. 415 f.

[248] S. dazu BVerwG, ZfSH 1967, 49 (51); BVerwGE 36, 108 (110); BayVGH, VerwRspr. 22 (1971), 866 (869 f.); BSGE 16, 151 (156 f.); Hermann *Weber*, JuS 1970, 169 (170 f.).

[249] So etwa BSGE 6, 197 (200); 16, 151 (155); BSG, FEVS 19, 104 (107, 111); ebenso *Friedrichs*, ArchBürgR 42 (1916), 28 (77 ff.); *Jaschkowitz*, JW 1928, 1024; *Schack*, RVerwBl. 1934, 221; ähnlich auch *Blas*, BayVBl. 1989, 648 (649); *Hurst*, DVBl. 1965, 757 (759); *Soergel-Mühl*, BGB, vor § 677 Rdnr. 4; *Hoepffner*, Diss., S. 79 (für GoA als allgemeinen Rechtsgedanken, auf S. 60 f. aber gegen eine Zugehörigkeit zum „allgemeinen Teil des Rechts"); *Schlör*, Diss., S. 2; *Brennhausen*, Diss., S. 58; *Dreidoppel*, Diss. (unveröffentlicht), S. 72 ff.; a.A. (Gesetzesanalogie) aber offenbar BSGE 15, 89 (90); 40, 221 (224); 67, 100. Ebenso gehen die Gerichte der allgemeinen Verwaltungsgerichtsbarkeit augenscheinlich von Gesetzesanalogie aus, vgl. zuletzt BVerwGE 80, 170; VGH Bad.-Württ., NJW 1991, 2986 (2987); OVG Lüneburg, NVwZ 1991, 81; HessVGH, Gemeindehaushalt 1987, 264; OVG NW, OVGE 38, 247 (249) = NJW 1986, 2526; offengelassen bei VGH Bad.-Württ., NJW 1985, 2603 (2604). Ferner im Sinne einer Gesetzesanalogie *Schmalz*, Allgemeines Verwaltungsrecht (3. Aufl.), 8. Abschn. 7.2.1.; offengelassen von *Mertens*, Kostentragung, S. 73; *Ossenbühl*, Staatshaftungsrecht, § 43 1 c; *Moebis*, Diss., S. 28.

gefaßt und damit für einen bestimmten Rechtsbereich konkretisiert werden[250]. Wo es an einer solchen Konkretisierung fehlt, ist auf den allgemeine Rechtsgedanken zurückzugreifen.

Anders verhält es sich bezüglich derjenigen Rechtssätze, die bestimmte Rechtsfolgen aussprechen. Rechtsmethodisch anzuerkennen ist es nur, von bestimmten Rechtsfolgeanordnungen (etwa der §§ 138, 826 BGB) auf allgemeine Rechtsgedanken (Beachtung der guten Sitten) rückzuschließen. In umgekehrter Richtung aber sind die extrahierbaren allgemeinen Rechtsgedanken zu abstrakt, als daß sich aus ihnen mit einer rechtsdogmatisch tragfähigen Begründung wiederum auf bestimmte Rechtsfolgen schließen ließe.

Hinsichtlich der GoA läßt sich zwar ein allgemeiner Rechtsgedanke herleiten des Inhalts: „Altruistische Geschäftsführung ist erwünscht." Damit hat es aber auch schon sein Bewenden. Dieser allgemeine Rechtsgedanke läßt sich bei der Auslegung und Ausfüllung offener Gesetzestatbestände zunutze machen. Nach ihm kann sich beispielsweise die Frage der strafrechtlichen Relevanz eines Eingriffs in fremde Rechte beurteilen. Der allgemeine Rechtssatz trägt aber die Rechtsfolge der Straflosigkeit nicht in sich; ihm ließe sich nicht einmal entnehmen, ob altruistische Geschäftsführung auf der Ebene des Straftatbestandes, der Rechtswidrigkeit oder der Schuld zur Straflosigkeit führt[251]. Die Rechtsfolgen sind vielmehr dem Strafrecht selbst zu entnehmen; der allgemeine Rechtssatz über altruistische Geschäftsführung ist zu berücksichtigen bei der Auslegung und Konkretisierung der dem Strafrecht immanenten Begriffe (hier des Merkmals der Rechtswidrigkeit[252]).

Ebensowenig läßt sich aus allgemeinen Rechtsgedanken die konkrete Ausgestaltung der durch Geschäftsführung begründeten Rechtsbeziehung im Zweipersonenverhältnis zwischen Geschäftsführer und Geschäftsherrn bestimmen. Es mag zwar noch aus allgemeinen Rechtsgedanken der bloße *Tatbestand* einer altruistischen Geschäftsführung definiert werden können (wobei das Ergebnis nicht zwingend mit den Voraussetzungen der §§ 677, 683, 679, 684 Satz 2 BGB übereinstimmen muß). Bestimmte *Rechtsfolgen* lassen sich jedoch keinesfalls allgemein herleiten. Aus allgemeinen Rechtsgedanken erschließt sich nicht, ob der Geschäftsführer einen finanziellen Ausgleich erhalten soll (Aufwendungsersatz? oder sogar Entlohnung? oder nur ggf. Schadenersatz?), ob die Haftung gemildert ist (nur Haftung für grobes Verschulden, da Handeln

[250] Beispiele für die erste Gruppe: §§ 189 Abs. 1, 192 BGB, 359 Abs. 2 HGB, 1 ff. MeßEinhG; für die zweite Gruppe die genannten §§ 157, 242, 138, 826 BGB, 48 Abs. 2, 3, 49 Abs. 2, 5 VwVfG, 640 Abs. 2 RVO.

[251] Das darf aber – schon im Hinblick auf die beschränkte Akzessorietät der Teilnahme (§§ 26, 27 Abs. 1 StGB) – nicht offenbleiben.

[252] S. im einzelnen *Schroth*, JuS 1992, 476 m.w.N.

im Interesse des Geschädigten?) oder sogar verschärft (Zufallshaftung, da eigenverantwortlicher Eingriff in fremde Rechtssphäre?). Auch welche Rechtsfolgen bei unberechtigter Geschäftsführung eintreten, bliebe offen. Das alles ist vielmehr einer gesetzlichen Rechtsfolgenregelung vorbehalten, die für das Bürgerliche Recht in den §§ 677 ff. BGB getroffen ist[253].

Solche Gesetzesvorschriften, die bestimmte Rechtsfolgen enthalten, lassen sich nicht als eine nur deklaratorische Konkretisierung der ohnehin schon bestehenden Rechtslage auffassen. Rechtsfolgen festzulegen ist die ureigene Funktion von gesetzlichen Rechtsnormen und diesen auch vorbehalten[254]. Wo das Gesetz selbst keine Rechtsfolgen vorsieht und auch mit den anerkannten Methoden der Auslegung und der Rechtsfortbildung mittels Analogie keine bestimmte Rechtsfolge erschlossen werden kann, müssen Lebenssachverhalte rechtsfolgenlos bleiben. Allgemeine Rechtsfolgen kennt das Recht nicht. Auf einen „allgemeinen Teil des Rechts" kann nur zum Zwecke der ergänzenden *Auslegung* einer bestehenden Rechtsnorm zurückgegriffen werden; die Lehre von den allgemeinen Rechtsgedanken ist aber abzulehnen, soweit aus ihr unkodifizierte Anspruchsgrundlagen und andere Rechtsfolgen herzuleiten sind.

III. Analogie

Unter Analogie versteht man die Übertragung einer im Gesetz gegebenen Regel – meist einer Rechtsfolgenanordnung – auf einen vom Gesetz nicht geregelten, rechtsähnlichen Tatbestand[255]. Herkömmlich wird zwischen Gesetzes- und Rechtsanalogie unterschieden[256]. Gegenstand der Gesetzesanalogie ist der Regelungsgehalt einer einzelnen Rechtsnorm, während bei der Rechtsanalogie der abstrahierte Regelungsgehalt mehrerer, inhaltsähnlicher Rechts-

---

[253] Daß aber der allgemeine Rechtsgedanke der erwünschten altruistischen Geschäftsführung nicht zwingend zu den Rechtsfolgen der §§ 677 ff. BGB führt, läßt sich positivrechtlich anhand der getroffenen abweichenden Rechtsfolgenregelungen für einige spezielle privatrechtliche Geschäftsführungsverhältnisse belegen; s. etwa die Vorschriften über den Berge- und Hilfslohn (§§ 740 ff. HGB, §§ 93 ff. BinnSchG, § 10 i.V.m. §§ 4, 5, 9 StrandungsO).

[254] Dabei verbietet sich eine *analoge* Anwendung bestimmter Rechtsfolgenvorschriften deshalb nicht, weil das Gesetz selbst die Rechtsfolge festgelegt hat und es der angewandten Methodik obliegt, die Tragfähigkeit der Analogie – also die Zulässigkeit einer Ausdehnung der sachlichen Reichweite einer getroffenen Rechtsfolgenanordnung – im Wege der vergleichenden Betrachtung der betreffenden Lebenssachverhalte festzustellen.

[255] *Larenz*, Methodenlehre, S. 381; *Fikentscher*, Methoden des Rechts IV, S. 284; *Menger*, System des verwaltungsgerichtlichen Rechtsschutzes, S. 68 f.; *Bydlinski*, Juristische Methodenlehre, S. 475.

[256] *Larenz*, Methodenlehre, S. 383; *Simons*, Leistungsstörungen, S. 89; *Schack*, FS *Laun* (1947), 275 (278); *Bydlinski*, Juristische Methodenlehre, S. 477 ff.; treffend verwendet *Larenz* die Bezeichnungen „Einzel-" und „Gesamtanalogie".

normen auf den neuen Tatbestand übertragen wird. Im Fall der GoA kommt nur eine Gesetzesanalogie zu den §§ 677 – 687 BGB in Betracht.

Die Vorschriften über GoA sind analogiefähig und in das Verwaltungsrecht übertragbar, wenn eine planwidrige Unvollständigkeit des Öffentlichen Rechts in den einschlägigen Sachzusammenhängen vorliegt und die nicht geregelten verwaltungsrechtlichen Tatbestände den geregelten bürgerlichrechtlichen Tatbeständen so (rechts-)ähnlich sind, daß die Übereinstimmung eine rechtliche Gleichbehandlung der Fallgruppen rechtfertigt[257].

F. Entsprechende Anwendung der §§ 677 ff. BGB im Wege der Gesetzesanalogie

I. Planwidrige Regelungslücken im Öffentlichen Recht

Voraussetzung jeder gesetzesimmanenten Rechtsfortbildung ist die planwidrige Lückenhaftigkeit des Gesetzes[258]. Eine entsprechende Anwendung zivilrechtlicher Vorschriften kann nur dort in Betracht kommen, wo das Öffentliche Recht unbeabsichtigte Regelungslücken aufweist[259]. Das Vorhandensein von Regelungslücken ist dadurch belegt, daß in bestimmten Bereichen des Öffentlichen Rechts ein Bedürfnis für die Legitimations- und in anderen Bereichen für die Ausgleichsfunktion der GoA besteht, während entsprechende Gesetzesvorschriften im Öffentlichen Recht fehlen.

Die Kardinalfrage ist, ob und inwieweit es sich um *planwidrige* Unvollständigkeiten des Gesetzes handelt. Die aufgefundenen Regelungslücken können nur dann im Wege der Analogie geschlossen werden, wenn das Bestehen der Lücken einem gesetzgeberischen Gesamtplan zuwiderläuft[260]. Dagegen schließt sich jede Analogie aus, wenn die Regelungslücken dem gesetzgeberischen Gesamtplan gemäß sind, wenn sich also aus der Gesamtheit der vorhandenen Rechtsnormen erschließt, daß nach dem objektivierten Willen des Gesetzgebers mit Bedacht keine Regelung über die verwaltungsrechtliche GoA getroffen ist, und somit das Fehlen einer Rechtsfolgenanordnung dem Gesamtgefüge des Öffentlichen Rechts immanent ist. Unzulässig wäre es, Regelungs-

---

[257] Ähnlich Hermann *Weber*, JuS 1970, 169 (170).

[258] Statt vieler s. *Larenz*, Methodenlehre, S. 370; kritisch *Pawlowski*, Methodenlehre, Rdnr. 475.

[259] A.A. wohl nur *Baur*, DVBl. 1965, 893 (895 a.E.): Das Recht der Ersatzvornahme soll durch die Vorschriften der GoA ergänzt und gegebenenfalls sogar korrigiert werden können.

[260] Ähnlich *Larenz*, Methodenlehre, S. 373 f.; *Bydlinski*, Juristische Methodenlehre, S. 472 f.; *Canaris*, Die Feststellung von Lücken im Gesetz, S. 16 ff.

lücken systemwidrig auszufüllen. Eine Übernahme zivilrechtlicher Vorschriften in das Öffentliche Recht bleibt versagt, wenn und soweit der Regelungsgehalt der zivilrechtlichen Normen in einen inneren Widerspruch zu den Strukturen und Wertungen des positivierten Öffentlichen Rechts träte. Im Zusammenspiel mit den vorhandenen Instituten des Öffentlichen Rechts wie auch im Hinblick auf das Gesamtsystem der öffentlichrechtlichen Legitimations- und Ausgleichstatbestände darf das Rechtsinstitut der öffentlichrechtlichen GoA nicht als Fremdkörper erscheinen, sondern es muß sich systemkonform in die gesetzlich vorgegebenen Strukturen einfügen und diese stimmig ergänzen, soll eine analoge Anwendung der §§ 677 ff. BGB im Öffentlichen Recht tragfähig sein.

Widersprüche könnten einmal zu allgemeinen öffentlichrechtlichen Normen und Grundsätzen bestehen. So könnten im Verhältnis verschiedener Behörden untereinander der *Ausgleichsfunktion* der GoA[261] beispielsweise die Grundsätze der Finanzverfassung und des Finanzausgleichs entgegenstehen; in der zweiten Fallgruppe etwa könnte einer Legitimation Privater nach den §§ 677 ff. BGB entgegenstehen, daß Privaten nach allgemeinen öffentlichrechtlichen Grundsätzen niemals spezifisch hoheitliche Befugnisse zustehen.

Soweit sich in den einzelnen Fallgruppen herausstellt, daß sich eine Lückenfüllung mit dem Rechtsinstitut der GoA spannungsfrei in das Gesamtgefüge des öffentlichen Rechts einfügt, stellt sich in einem zweiten Zugriff die Frage, ob in einzelnen Teilrechtsgebieten des öffentlichen Rechts die dort getroffenen Spezialregelungen möglicherweise einer Anwendung der öffentlichrechtlichen GoA entgegenstehen und somit den sachlichen Geltungsbereich der §§ 677 ff. BGB eingrenzen. Dabei kann es sich um anderweitige (abschließende) Legitimations- oder Ausgleichsvorschriften für bestimmte Fremdgeschäftsführungstatbestände handeln, so daß strenggenommen schon keine Regelungslücke vorliegt, oder es kann sich – ohne daß besondere Fremdgeschäftsführungstatbestände normiert sind – aus der Rechtsmaterie eines bestimmten Teilrechtsgebietes selbst ergeben, daß Fremdgeschäftsführung außer Betracht bleiben solle[262].

1. Fallgruppe 1 (Behörden untereinander)

In der Fallgruppe 1 ergab sich ein Bedürfnis für die Ausgleichsfunktion der GoA in den Fällen der durch Art. 35 Abs. 1 GG legitimierten zwischen-

---

[261] Für eine Legitimation durch GoA ist im Öffentlichen Recht kein Raum, s. oben, S. 86 f.

[262] So beispielsweise OVG NW, KStZ 1989, 195 = NWVBL 1990, 99 für das Teilrechtsgebiet des Erschließungsrechts.

behördlichen Spontanhilfe. Jedoch könnten Wertungswidersprüche zu allgemeinen öffentlichrechtlichen Grundsätzen (etwa zum System der Finanzverfassung) oder zu speziellen öffentlichrechtlichen Rechtsinstituten (insbesondere zum Institut der Amtshilfe) einer analogen Anwendung der Vorschriften über GoA entgegenstehen.

a) Abschließende Regelung durch das Finanzverfassungsrecht

Ein Rückgriff auf das Rechtsinstitut der GoA wäre dann ausgeschlossen, wenn der finanzielle Ausgleich zwischen Verwaltungsträgern abschließend durch die Vorschriften der Finanzverfassung geregelt ist. Mit dieser Annahme wendet sich vor allem Vogel[263] gegen die Anerkennung einer öffentlichrechtlichen GoA. Gegenüber der Meinung Erichsens[264] zieht er den umgekehrten Schluß aus den Vorschriften des Finanzverfassungrechts. In Übereinstimmung mit Erichsen ist zunächst auch Vogel der Auffassung, wer die Kosten zu tragen habe, wenn ein Verwaltungsträger für einen anderen tätig werde, sei eine Frage des Finanzausgleichs im weiteren Sinne. Vogel zufolge ist jedoch die Frage des Finanzausgleichs in der Weise durch die Art. 104a, 106 Abs. 8 GG abschließend geregelt, daß, soweit diese Vorschriften keine Erstattungspflicht vorsähen, ein anderweitiger Ersatzanspruch nicht in Betracht komme. Entsprechendes gelte für die innerhalb der Länder bestehenden Regelungen über den Finanzausgleich.

Vogel ist nicht beizupflichten. Zur Begründung kann weitgehend auf die obigen Ausführungen[265] verwiesen werden: Die (durch Art. 35 Abs. 1 GG legitimierte) Wahrnehmung fremder Verwaltungsaufgaben in eigener Verantwortung ist stets zugleich eine Durchbrechung der Prämissen des Konnexitätsgrundsatzes, weshalb das Finanzverfassungsrecht zur Klärung der Frage eines finanziellen Ausgleichs solcher Fremdgeschäftsführung insgesamt nichts beizutragen vermag. So hat der Gesetzgeber auch für andere Fremdgeschäftsführungsverhältnisse – etwa für den Bereich der ersuchten Amtshilfe – eine (verfassungskonforme) Ausgleichsregelung (§ 8 Abs. 1 VwVfG) treffen können, die ebenfalls nicht in dem allgemeinen Finanzausgleich aufgeht. Gleichermaßen stünde es dem einfachen Gesetzgeber von Verfassungs wegen offen, den finanziellen Ausgleich bei zwischenbehördlicher Spontanhilfe konstitutiv festzulegen. Der verbindliche Aussagegehalt der Verfassung zu dieser Frage ist aber nicht allein deshalb größer, weil es der Gesetzgeber bislang unterlassen

[263] In *Drews/Wacke/Vogel/Martens*, Gefahrenabwehr, § 33 5 b.

[264] *Erichsen* in *Erichsen/Martens*, Allgemeines Verwaltungsrecht, § 30 Rdnr. 13; s. dazu oben, S. 108 ff.

[265] S. 108 ff.

hat, eine bestimmte Regelung über zwischenbehördliche Spontanhilfe zu treffen. Es besteht weder ein Rechtssatz von Verfassungsrang, der einen finanziellen Ausgleichsmechanismus bei zwischenbehördlicher Fremdgeschäftsführung verbietet, noch besteht ein Rechtssatz von Verfassungsrang, der es gebietet, einen solchen finanziellen Ausgleich im allgemeinen Finanzausgleich aufgehen zu lassen. Finanzverfassungsrechtliche Gesichtspunkte vermögen die Annahme einer Regelungslücke im Bereich der öffentlichrechtlichen unbeauftragten Fremdgeschäftsführung nicht zu entkräften[266].

b) Abschließende Regelungen durch die Amtshilfevorschriften

Das Fehlen einer Ausgleichsregelung für die zwischenbehördliche Spontanhilfe ist dann nicht als planwidrige Regelungslücke aufzufassen, wenn der Gesetzgeber für den gesamten Bereich der zwischenbehördlichen Fremdgeschäftsführung, insbesondere auch hinsichtlich des finanziellen Ausgleichs, eine abschließende oder zumindest vorgreifliche und die Ausgleichsmechanismen der GoA ausschließende Regelung getroffen hat. Diese Bedeutung könnte den Vorschriften über zwischenbehördliche Amtshilfe (§ 4 ff., insbesondere § 8 Abs. 1 VwVfG) zukommen.

aa) Bedeutung der Amtshilfevorschriften für einen finanziellen Ausgleich bei Spontanhilfe

Amts- und Spontanhilfe erfüllen im Verwaltungsrecht eine gleichgeartete Funktion, nämlich, die partielle Handlungsbehinderung einer an sich zuständigen Behörde durch die Einschaltung einer anderen, insoweit handlungsfähigen Behörde aufzufangen. Für das Amtshilferecht sind die einzelnen Hinderungstatbestände durch den Katalog des § 5 Abs. 1 Nr. 1 – 4 VwVfG definiert[267]; es handelt sich dabei um Fälle der tatsächlichen oder rechtlichen Unmöglichkeit der Durchführung einer Maßnahme oder der Informationsbeschaffung. Bei zwischenbehördlicher Spontanhilfe liegt die Handlungsunfähigkeit der an sich zuständigen Behörde darin begründet, daß diese über die anstehende Aufgabe (noch) nicht in Kenntnis gesetzt und daher nicht in der

---

[266] *Vogels* Auffassung erscheint in ihren Auswirkungen auch deshalb zu weit gehend, weil sie in letzter Konsequenz wohl ebenso zur überwiegenden Ablehnung des öffentlichrechtlichen Erstattungsanspruchs führen muß, jedenfalls soweit dieser bei Verwendungs- und Rückgriffstatbeständen im zwischenbehördlichen Bereich nach der Terminologie *Vogels* gleichfalls als „Finanzausgleich im weiteren Sinne" zu qualifizieren ist.

[267] Einen Ausnahmetatbestand bildet § 5 Abs. 1 Nr. 5 VwVfG, wonach Amtshilfe allein aus wirtschaftlichen Gesichtpunkten statthaft ist.

Lage ist, die erforderlichen Maßnahmen einzuleiten. Somit stehen sich Amts- und Spontanhilfe in ihrer Legitimationsfunktion nahe: Das Wesen beider ist die Durchbrechung der staatlichen Zuständigkeitsordnung zur Gewährleistung einer effektiven und rechtzeitigen Aufgabenerledigung.

Welche Bedeutung den Amtshilfevorschriften bei der Frage nach einem finanziellen Ausgleich zwischenbehördlicher Spontanhilfe zukommt, zeigt sich an der folgenden Gegenüberstellung mit den zivilrechtlichen Rechtsinstituten des Auftrags und der GoA und deren Einbettung in das System des Bürgerlichen Rechts.

Markant für das Rechtsinstitut der GoA sind die vielfältigen Verstrebungen mit dem Auftragsrecht, an dessen Regelungskomplex (§§ 662 ff. BGB) sich die Vorschriften über GoA auch unmittelbar anschließen. Das Zusammenspiel zwischen Auftragsrecht und GoA wird zuerst am Grundtatbestand des § 677 BGB auffällig. Das Rechtsverhältnis der GoA definiert sich nicht allein positiv durch eine Reihe unterschiedlicher Tatbestandsmerkmale, was der üblichen Gesetzestechnik entspräche, sondern GoA definiert sich durch die Subsidiaritätsklausel „ohne von ihm beauftragt oder sonst berechtigt zu sein" im Wege der Abgrenzung zu anderen Rechtsverhältnissen, insbesondere und ausdrücklich in Abgrenzung zum Auftragsverhältnis. Dabei besteht weitgehende Kongruenz zwischen den Rechtsfolgen des Auftrags und der (berechtigten) GoA. Die §§ 666 – 668 BGB finden im Recht der GoA über § 681 Satz 2 BGB entsprechende Anwendung; dasselbe gilt für § 670 BGB über § 683 Satz 1 BGB. Die wenigen und überwiegend relativ bedeutungslosen Divergenzen in den Vorschriften beider Rechtsinstitute erklären sich aus dem Umstand, daß ein Beauftragter den wirklichen Willen des Auftraggebers kennt, während sich der unbeauftragte Geschäftsführer mit dem vermuteten Willen des Geschäftsherrn behelfen muß. Die Rechtsinstitute „Auftrag" und „GoA" bilden gleichsam eine Symbiose. Sie fügen sich zusammen zu einem einzigen komplexen Rechtsinstitut der Fremdgeschäftsführung im Bürgerlichen Recht, einmal mit und einmal ohne rechtsgeschäftlichen Auftrag. Beide Einzelinstitute – „Geschäftsführung mit Auftrag" und „Geschäftsführung ohne Auftrag" – sind Teilaspekte eines einheitlichen Rechtsinstituts „Geschäftsführung". Die Stimmigkeit der Regelung über Fremdgeschäftsführung im Bürgerlichen Recht ergibt sich erst aus dem sich harmonisch ergänzenden Zusammenspiel beider Teilrechtsinstitute.

Die zu wahrende Homogenität des Öffentlichen Rechts erfordert es, daß ebenso in dieser Teilrechtsordnung die einzelnen Fremdgeschäftsführungstatbestände aufeinander abgestimmt sein müssen, insbesondere die Regeln der unbeauftragten Fremdgeschäftsführung auf das Recht der „beauftragten" Geschäftsführung. Die einzelnen Geschäftsführungstatbestände müssen sich in ihrer jeweiligen Ausprägung zu einem ganzheitlichen System zwischenbehördlicher Fremdgeschäftsführung zusammenfügen. Dabei sind in der Terminologie des Öffentlichen Rechts unter dem Begriff „Fremdgeschäftsführung" nicht die (oben auch aufgezeigten) Tatbestände der Übertragung von Verwaltungsaufgaben auf eine andere Verwaltungsbehörde zur *eigenverantwortlichen* Wahrnehmung – etwa im Wege der Delegation – zu verstehen; vielmehr ist „beauftragte Fremdgeschäftsführung" nur die auf einem Willensakt der an sich zuständigen Behörde beruhende ergänzende Hilfeleistung im Einzelfall – nämlich die ersuchte Amtshilfe –, hingegen „unbeauftragte Fremdgeschäftsführung" die durch Art. 35 Abs. 1 GG legitimierte, spontane, ebenfalls nur ergänzende und letztlich auf einem mutmaßlichen Ersuchen beruhende Hilfeleistung einer Behörde im Einzelfall.

Wenn sich aber die verschiedenen Teilaspekte der zwischenbehördlichen Fremdgeschäftsführung zu einem einheitlichen Regelungskomplex zu ergänzen haben, dann kann die Ausfüllung einer Regelungslücke im Bereich der unbeauftragten Geschäftsführung nicht ohne Berücksichtigung der für eine beauftragte Fremdgeschäftsführung bereits positivrechtlich getroffenen Regelung geschehen.

Die im Öffentlichen Recht gesetzlich verankerten Vorschriften über Amtshilfe schließen eine Ergänzung des Öffentlichen Rechts um die Ausgleichsfunktion der GoA dann aus, wenn der Regelungsgehalt der §§ 677 ff. BGB und deren Ausgleichsmodalitäten sich mit dem Regelungsgehalt der §§ 4 ff. VwVfG und dem Ausgleichsmechanismus des § 8 VwVfG dergestalt im Wertungswiderspruch befindet, daß sich ein einheitliches, in sich stimmiges System der öffentlichrechtlichen Fremdgeschäftsführung aus einer Kombination beider Rechtsinstitute – der Amtshilfe und einer öffentlichrechtlichen GoA – nicht bilden läßt. In diesem Fall wäre nicht die Regelungslücke selbst, sondern deren Ausfüllung systemwidrig, und es lägen die Voraussetzungen für eine Analogie nicht vor.

bb) Kombinierbarkeit der Amtshilfevorschriften mit der Ausgleichsfunktion einer öffentlichrechtlichen GoA

Der im Öffentlichen Recht gesetzlich verankerte Ausgleichsmechanismus der Amtshilfe (§ 8 VwVfG) auf der einen und der Ausgleichsmechanismus der GoA auf der anderen Seite, dessen Übernahme in das Öffentliche Recht in den Fällen der durch Art. 35 Abs. 1 GG unmittelbar legitimierten Spontanhilfe im Raume steht, verhalten sich zueinander wie folgt: Die um Amtshilfe ersuchte Behörde kann nach § 8 Abs. 1 Satz 2 VwVfG ihre Auslagen[268] ersetzt verlan-

[268] Zum Begriff vgl. § 10 VwKostG. In Art. 8 bayVwVfG ist das Wort „Auslagen" durch „besondere Aufwendungen" ersetzt.

gen, wenn diese im Einzelfall fünfzig Deutsche Mark übersteigen. Im übrigen ist das Amtshilferecht vom Grundsatz der Unentgeltlichkeit beherrscht[269]. In der Unentgeltlichkeit der Amtshilfe realisiert sich die Maxime einer möglichst zweckmäßigen und wirtschaftlichen Verwaltung[270]. Jede Einzelabrechnung über Gebühren, Tagegelder, Reisekosten, besondere Auslagen und allgemeine Verwaltungsaufwendungen würde vermehrten Verwaltungsaufwand verursachen, dem keine zusätzlichen Einnahmen und keine Steigerung der Verwaltungseffektivität gegenüberstünden. Ein ins Detail gehendes Auseinanderrechnen der Amtshilfekosten ist fruchtlos und lähmt die Verwaltung; im Streitfalle führt es außerdem zu einer unnötigen Mehrbelastung der Gerichte. Daher soll der Grundsatz der Unentgeltlichkeit gelten, soweit dies irgend vertretbar ist[271] (sog. Entstehungsprinzip). Die ersuchte Behörde soll daher weder eine Vergütung noch eine Verwaltungsgebühr beanspruchen können (§ 8 Abs. 1 Satz 1 VwVfG) und grundsätzlich auch keinen Aufwendungs- bzw. Auslagenersatz fordern dürfen. Eine Abweichung von diesem Grundsatz rechtfertigt sich nur dann, wenn die haushaltsmäßige Mehrbeanspruchung der ersuchten Behörden eine Belastungsgrenze zu überschreiten droht. Diesen Erwägungen trägt die Ausnahmeregelung des § 8 Abs. 1 Satz 2 VwVfG Rechnung, wonach Auslagen zu erstatten sind, wenn sie im Einzelfall[272] den Betrag von fünfzig Deutsche Mark[273] übersteigen. Contra legem sollen weitergehende Ausgleichsansprüche dann in Betracht kommen, wenn die strikte Einhaltung der Ausgleichsgrundsätze des § 8 VwVfG für die ersuchte Behörde finanziell nicht zumutbar wäre[274]. Rechtsdogmatisch dürfte dies angesichts der in § 8 Abs. 1 Satz 2 VwVfG klar getroffenen Grenzziehung schwer zu begründen sein.

Korrespondierend mit der Vorschrift über den Auslagenersatz ist das Entstehungsprinzip und damit die Maxime der effizienten Verwaltung gleichfalls in § 8 Abs. 2 VwVfG verwirklicht: Die ersuchte Behörde soll dasjenige, was sie durch die Amtshilfe erlangt hat, nicht mit der ersuchenden Behörde abrechnen müssen, sondern für sich behalten dürfen.

---

[269] *Knack-Henneke*, VwVfG, § 8 Rdnr. 2.

[270] S. *Knack-Henneke*, VwVfG, § 8 Rdnr. 2; ähnlich die Begründung des Regierungsentwurfs (BT-Drucks. 7/910, S. 40) sowie die Begründung zu § 6 Abs. 1 EVwVerfG 1963.

[271] *Knack-Henneke*, VwVfG, § 8 Rdnr. 2; s. auch *Borgs* in *Meyer/Borgs*, VwVfG, § 8 Rdnr. 3.

[272] In Art. 8 Abs. 1 Satz 2 bayVwVfG sind die Worte „im Einzelfall" ausgespart.

[273] Nach § 7 Abs. 1 Satz 2 SGB-X bei Amtshilfe zwischen Versicherungsträgern sogar einhundertfünfzig Deutsche Mark.

[274] So etwa, wenn der Verwaltungsaufwand über den allgemeinen Verwaltungsaufwand hinausgeht, die ersuchte Behörde dadurch haushaltsmäßig stark belastet und damit die Belastungsgrenze überschritten wird, s. *Knack-Henneke*, VwVfG, § 8 Rdnr. 2.2; vgl. auch OLG Hamburg, MDR 1987, 346 (347) = NStZ 1987, 131.

Im Gegensatz dazu stehen die einander entsprechenden Ausgleichsmaximen des Auftragsrechts und des Rechts der GoA. Der unbeauftragte Geschäftsführer kann sämtliche Aufwendungen ersetzt verlangen, die er für erforderlich halten durfte (§§ 683, 670 BGB). Bestimmte Mindestaufwendungen muß er nicht machen, um Aufwendungsersatz zu erhalten. Der Aufwendungsersatz erfaßt auch allgemeine Aufwendungen und Personalaufwand. Außerdem ist für das Bürgerliche Recht anerkannt, daß gewerbsmäßige Aufwendungen sogar zu vergüten sind[275]; im Verwaltungsrecht müßte Entsprechendes gelten, wenn fremde Verwaltungsaufgaben durch solche Verwaltungsbehörden erledigt werden, die im Rahmen ihrer eigenen Zuständigkeit mit vergleichbaren Sachaufgaben betraut sind[276].

Ungeachtet der Vergütungsfrage realisiert sich aber in beiden Rechtsinstituten – Auftrag wie GoA – das Leitbild eines möglichst detaillierten Interessenausgleichs zwischen den Beteiligten. Dieses sogenannte Ausgleichsprinzip liegt der gesamten bürgerlichrechtlichen Fremdgeschäftsführung zugrunde. Zum nicht hinwegzudenkenden Wesen des Auftrags und der GoA gehört nicht nur der unbedingte Aufwendungsersatz (§§ 683, 677 BGB)[277], sondern reziprok die Herausgabe des durch die Geschäftsführung Erlangten (§§ 667, 681 Satz 2 BGB; vgl. dagegen § 8 Abs. 2 VwVfG!).

Zwischenbehördliche Fremdgeschäftsführung, die für den Fall eines Ersuchens ihre gesetzliche Ausprägung in den Amtshilfevorschriften gefunden hat, steht also unter der Maxime, jedweden finanziellen Ausgleich, soweit vertretbar, zu unterbinden, während bürgerlichrechtliche Fremdgeschäftsführung von dem Ideal eines möglichst detaillierten Einzelausgleichs geprägt ist. Die grundlegenden Unterschiede in den Maximen beider Rechtsgebiete erklären sich aus strukturellen Divergenzen zwischen Bürgerlichem und Öffentlichem Recht. Das Bürgerliche Recht setzt Rechtsfolgen im Verhältnis zwischen verschiedenen Privatrechtssubjekten, deren Interessen einander regelmäßig widerstreiten. Aufgabe des bürgerlichen Gesetzgebers ist es, die widerstreitenden Interessen gegeneinander abzuwägen, angemessene Wertungs- und Ausgleichsmaßstäbe zu finden und diese in allgemeine Vorschriften zu fassen[278].

Dagegen ist das Verhältnis verschiedener Verwaltungsbehörden untereinander weit weniger von widerstreitenden Interessen bestimmt. Auch wenn die

---

275 Nachweise oben, S. 15, Fußn. 1.

276 Ebenso BGHZ 65, 384 (390).

277 Dieses Anspruchsziel war auch Gegenstand nahezu sämtlicher anhängig gewordener Klagen über die öffentlichrechtliche GoA.

278 Vgl. *Schwab*, Einführung in das Zivilrecht, Rdnr. 6 ff.; *Hübner*, Allgemeiner Teil des BGB, Rdnr. 53; *Flume*, Allgemeiner Teil Bd. II, § 1 3 e, § 1 9.

öffentliche Verwaltung in verschiedene öffentliche Rechtsträger mit jeweils getrennten Haushalten untergliedert ist, so stehen doch die einzelnen Verwaltungsträger nicht beziehungslos nebeneinander. Vielmehr haben sämtliche Behörden in der Erfüllung ihrer jeweils unterschiedlichen Aufgaben eine gemeinsame Funktion und verfolgen ein gemeinsames Ziel, nämlich die Förderung des Gemeinwohls[279]. Diese identische Zielrichtung jedweden Verwaltungshandelns rechtfertigt es, den gesamten Staatsorganismus rechtsdogmatisch als eine Einheit zu sehen[280] und die Effizienz der Verwaltung einheitlich – als Summe der Einzeleffektivitäten der verschiedenen Behörden in Gegenüberstellung zum betriebenen Verwaltungsaufwand – zu bemessen; sie läßt es als erstrebenswert erscheinen, die Gesamteffizienz der Verwaltung durch gesetzgeberische Maßnahmen gezielt zu fördern.

Somit stehen sich bei Fragen des finanziellen Ausgleichs zwischen Verwaltungsbehörden stets zwei widerstreitende Maximen gegenüber: Die höhere Verwaltungseffizienz spricht dafür, soweit irgend möglich von zwischenbehördlichem finanziellen Ausgleich abzusehen (Entstehungsprinzip); für das Prinzip der Einzelerstattung (Ausgleichsprinzip) streitet aber, daß nur hierdurch gewährleistet werden kann, daß öffentliche Mittel nicht endgültig wider ihre haushaltsmäßigen Bestimmung verwendet werden, sondern für ihren eigentlichen Zweck zur Verfügung stehen.

Für den Bereich der zwischenbehördlichen Fremdgeschäftsführung hat der Gesetzgeber dem Grundsatz der Verwaltungseffizienz und mithin dem Entstehungsprinzip den Vorzug gegeben. Ausdruck dieser gesetzgeberischen Grundentscheidung sind die Vorschriften über Amtshilfe und die darin zum Ausdruck kommende Zurückhaltung gegenüber Kostenausgleichsregelungen[281]. Die wertende Grundentscheidung des öffentlichrechtlichen Gesetzgebers zugunsten des Entstehungsprinzips im Bereich der ersuchten Fremdgeschäftsführung ist wegen der gebotenen Einheit des Öffentlichen Rechts für den gesamten Bereich der zwischenbehördlichen Fremdgeschäftsführung, somit auch

---

[279] Ähnlich *Oldiges*, NVwZ 1987, 737 (738); *Wendt*, NWVBL 1987, 33 (37); *Knack-Henneke*, VwVfG, vor § 4 Rdnr. 1.1; s. auch BVerfGE 31, 314 (355).

[280] Ebenso *Wendt*, NWVBL 1987, 33 (37); *Fonk*, Die Behörde des Regierungspräsidenten, S. 20 f.; *Oldiges*, NVwZ 1987, 737 (738); *Meyer-Teschendorf*, DÖV 1988, 901 (907); s. auch BVerfGE 7, 183 (190); *Haverkate*, DÖV 1987, 1058; *Bryde*, DÖV 1987, 1056; *Sachs*, NJW 1987, 2338; *Schuppert*, DÖV 1987, 757; *Oebbecke*, DVBl. 1987, 866; kritisch *Bull*, DÖV 1979, 689. Letztlich ergibt sich aus dem Gedanken der Staatseinheit auch der Sinn der Amtshilfe (BVerwG, DÖV 1972, 720 [721]; *Arndt*, NJW 1963, 24 [26]; *v.Mangoldt/Klein*, GG, Art. 35 Anm. II 1); a.A., gegen eine Fundierung der Amtshilfe in der Einheit der Staatsgewalt: *Schlink*, Die Amtshilfe, S. 62 ff.

[281] Die getroffene Regelung war keineswegs verfassungsrechtlich vorgegeben; es gibt keinen verfassungsrechtlichen Grundsatz, daß für die Amtshilfe keine Verwaltungskostenerstattung gefordert werden kann (*Schmidt-Bleibtreu/Klein*, GG, Art. 35 Rdnr. 9).

für den Bereich der zwischenbehördlichen auftragslosen Fremdgeschäftsführung (der Spontanhilfe), vorgreiflich; sie läßt im Verhältnis verschiedener Verwaltungsbehörden untereinander keinen Raum für einen detaillierten Vermögensausgleich nach dem Leitbild eines Rechtsinstituts wie etwa der GoA, in welchem sich das Ausgleichsprinzip realisiert. Ein finanzieller Ausgleich zwischenbehördlicher Spontanhilfe ist aus diesen Gründen abzulehnen.

Es spricht auch nichts dafür, daß der Gesetzgeber die Regelung der unbeauftragten Fremdgeschäftsführung nur schlicht übersehen hätte und ein rechtsdogmatischer Rückschluß aus den Vorschriften des Amtshilferechts aus diesem Grund als bedenklich erscheinen müsse. Unmittelbar vor dem Regelungskomplex der Amtshilfe findet sich in § 3 Abs. 4 VwVfG[282] eine Sonderregelung über die Legitimation zur Notgeschäftsführung im Öffentlichen Recht. Ohne weiteres hätte der Gesetzgeber dieser Vorschrift eine Regelung über Kostenerstattung anschließen können. Ohne weiteres hätte der Gesetzgeber auch die Amtshilfevorschriften um einen Normenkomplex betreffend „Amtshilfe ohne Auftrag", in ihren Rechtsfolgen und vor allem in der Ausgleichsfunktion weitgehend angelehnt an das Amtshilferecht, ergänzen können. Gerade solche Vorschriften finden sich jedoch nicht im Gesetz. Aus dem Schweigen des Gesetzes ist zu entnehmen, daß einer Behörde, die ohne Amtshilfeersuchen fremde Verwaltungsaufgaben erledigt, nicht einmal Auslagenersatz unter den Einschränkungen des § 8 VwVfG zustehen soll.

Tragbar ist dieses Ergebnis auch unter dem Gesichtspunkt der zusätzlichen Haushaltsbelastung des geschäftsführenden Verwaltungsträgers. Ein vermögensrechtlicher Ausgleich zwischenbehördlicher Fremdgeschäftsführung rechtfertigte sich letztlich nur vor dem Hintergrund einer gesetzlichen *Verpflichtung* der Behörde, eigene Mittel in fremder Sache einzusetzen. Die Kostenvorschrift des § 8 Abs. 1 VwVfG etwa hat ihren Grund darin, daß Behörden sich einem Amtshilfeersuchen nicht entziehen dürfen, gleich welche Kosten die Durchführung der Amtshilfe verursachen mag (§ 5 Abs. 4 VwVfG)[283]. Bei zwischenbehördlicher Spontanhilfe jedoch liegt eine Bindung nach dem Muster des § 5 VwVfG nicht vor, und wegen dieses Unterschiedes ist selbst der von Ehlers[284] vorgeschlagenen Anwendung des § 8 VwVfG auf zwischenbehördliche Spontanhilfe nicht zuzustimmen. Die Entscheidung, in der gegebenen Situation außerhalb der eigenen Zuständigkeit tätig zu werden, liegt – bei Vorliegen der Spontanhilfevoraussetzungen – im Entschließungsermessen der einspringenden

[282] In Schleswig-Holstein s. die §§ 165 Abs. 3, 166 Abs. 3 shLVwG.

[283] Nur dann kommt eine Weigerung in Betracht, wenn die Behörde die Hilfe nur mit einem – im Hinblick auf den angestrebten Erfolg (*Kopp*, VwVfG, § 5 Rdnr. 30) – unverhältnismäßig hohen Aufwand oder eine andere Behörde die Hilfe wesentlich einfacher oder mit wesentlich geringerem Aufwand leisten kann (§ 5 Abs. 3 Nr. 1, 2 VwVfG).

[284] Verwaltung in Privatrechtsform, S. 479.

Behörde. Selbst wenn sich die Spontanhilfebefugnis aus Art. 35 Abs. 1 GG im Einzelfall zu einer Eingriffs*pflicht* der Behörde verdichten sollte, so bleibt die Behörde gehalten, ihr Eingreifen auf unaufschiebbare Maßnahmen, also auf vorläufige Sicherungmaßnahmen, zu beschränken und der an sich zuständigen Behörde die endgültige Behebung der Gefahr zu überlassen. Der erforderliche Kostenaufwand dürfte somit für die einspringende Behörde stets in einem überschaubaren Rahmen bleiben; die fehlende Aussicht auf Kostenerstattung[285] vermag außerdem die spontan helfende Behörde wirksam davon abzuhalten, Maßnahmen über ihre Spontanhilfekompetenz hinaus zu ergreifen.

Nach allem kann die Regelungslücke des Gesetzes nur als „beredtes Schweigen" des Gesetzgebers verstanden werden. Einer Behörde, welche die Verwaltungsaufgaben einer anderen Behörde erledigt, ohne um Amtshilfe ersucht zu sein, soll nach dem Willen des Gesetzgebers weder Aufwands- noch Auslagenersatz zustehen. Die gesamte Fallgruppe 1 ist vom Anwendungsbereich der öffentlichrechtlichen GoA auszuschließen.

Es verbleiben in dieser Fallgruppe die der GoA ähnlichen Tatbestände. Die größte Bedeutung hat insoweit § 102 SGB-X[286], wonach derjenige Sozialleistungsträger, der während eines negativen Kompetenzkonflikts an einen Berechtigten vorläufig Leistungen erbringt, anschließend Erstattung von dem gesetzlich zuständigen Leistungsträger verlangen kann. Die besondere Befugnis der Sozialbehörden, Sozialleistungen unzuständigerweise vorläufig für einen anderen Sozialleistungsträger zu erbringen, rechtfertigt sich aus dem Wesen der Sozialleistung: Das Sozialrecht ist zusätzlich durch die besondere Maxime der rechtzeitigen Verwirklichung sozialer Gerechtigkeit und sozialer Sicherheit bestimmt (§ 1 Abs. 1 SGB-AT). Das erfordert im Einzelfall eine rasche Auszahlung der dem Berechtigten zustehenden Leistungen, notfalls zu Lasten der inneren Effizienz der Verwaltung. In anderen Rechtsgebieten kann ein Anspruchssteller dagegen bedenkenlos an die zuständige Verwaltungsbehörde verwiesen werden – nötigenfalls auf den Rechtsweg, wenn die zuständige Verwaltungsbehörde ihre Handlungspflicht zu Unrecht bestreitet.

2. Fallgruppe 2 (Bürger für Behörden)

In der Fallgruppe 2 ergab sich ein Bedürfnis für die Legitimations- und die Ausgleichsfunktion der GoA bei Handlungsunfähigkeit oder Handlungs-

---

[285] Zur Frage eines öffentlichrechtlichen Erstattungsanspruchs in dieser Fallkonstellation s. unten, S. 173 f.

[286] Diese Vorschrift steht übrigens wiederum im Einklang mit einer anderen Besonderheit des Sozialrechts, nämlich der modifizierten Anwendung des privatrechtlichen Auftragsrechts (§§ 88 ff. SGB-X, s. dazu *Pickel*, SGb. 1984, 1).

unwilligkeit der zuständigen Behörde. Jedoch könnte erstens einer analogen Anwendung der §§ 677 ff. BGB die staatliche Kompetenzordnung selbst entgegenstehen, soweit deren strikte Einhaltung geboten ist und sie eine Erledigung staatlicher Aufgaben durch Privatrechtssubjekte nur in den Fällen der hoheitlichen Beleihung zuläßt. Zweitens könnte sich aus dem Fehlen spezifisch hoheitlicher Befugnisse und Mittel ergeben, daß Geschäftsführung Privater für den Staat außer Betracht bleiben muß. Drittens schließlich kann eine planwidrige Regelungslücke dort nicht angenommen werden, wo spezialgesetzliche Regelungen bereits einen finanziellen Ausgleich für die im öffentlichen Interesse gelegenen Bemühungen Privater vorsehen oder aber einen finanziellen Ausgleich ausschließen.

a) Gebot der Einhaltung der staatlichen Kompetenzordnung

Bei der Erledigung von Verwaltungsaufgaben ist grundsätzlich die Einhaltung der staatlichen Kompetenz- und Zuständigkeitsordnung geboten. So ist es – außer in Notfällen – jeder Verwaltungsbehörde versagt, sich über die gegebene Zuständigkeitsordnung hinwegzusetzen und fremde Zuständigkeiten an sich zu ziehen[287]. Jedoch schließt die staatliche Kompetenz- und Zuständigkeitsordnung nicht nur das Handeln unzuständiger Verwaltungsbehörden aus, sondern grundsätzlich ebenso privates Eingreifen. In dem Maße, wie die Verwirklichung des öffentlichen Interesses auf staatliche Stellen übertragen ist, tritt die Verantwortung und Zuständigkeit des Einzelnen für die Herstellung des Gemeinwohls zurück. Sein Einschreiten an der Stelle einer zuständigen Verwaltungsbehörde bedarf einer besonderen Legitimation. Die Schaffung einer solchen Legitimation zum Tätigwerden in fremden Angelegenheiten und Rechtskreisen ist Regelungsgegenstand der GoA. Das Bestehen einer staatlichen Kompetenz- und Zuständigkeitsordnung, die ein Eingreifen Privater grundsätzlich ausschließt, ist somit nicht Hinderungsgrund für eine Anwendung der GoA, sondern gerade Voraussetzung für deren Anwendung in ihrer Legitimationsfunktion.

Die Legitimationswirkung der GoA basiert auf einer vergleichenden Bewertung widerstreitender Interessensgesichtspunkte. Im Privatrecht steht einer Fremdgeschäftsführung regelmäßig das Gebot der Einhaltung der durch die Privatautonomie vermittelten Privatsphäre des Einzelnen entgegen. Den in dieser Situation erforderlichen besonderen Legitimationsgrund bewirkt die berechtigte GoA, wenn der strikten Einhaltung der Privatsphäre ausnahmsweise eine geringere Bedeutung beizumessen ist als der Besorgung der in die Privat-

---

[287] S. etwa VGH Bad.-Württ., NJW 1985, 2603 (2605); BayVGH, VerwRspr. 21 (1970), 397 (400).

sphäre eingreifenden Maßnahme. Bewertungsmaßstab bei dieser Interessengegenüberstellung sind das Interesse und der wirkliche oder mutmaßliche Wille des Geschäftsherrn (§ 683 BGB) sowie dessen im öffentlichen Interesse liegenden Pflichten (§ 679 BGB).

Auf der normativen Grundlage der §§ 683, 679 BGB ist für das Öffentliche Recht eine entsprechende Interessenabwägung zu treffen. Einer Fremdgeschäftsführung durch Private steht regelmäßig das Gebot der Einhaltung der staatlichen Kompetenzordnung entgegen. Eine Legitimation durch GoA kommt dann in Betracht, wenn es auf die Wahrung der gegebenen Zuständigkeiten weniger ankommt als auf die Erledigung der in die Zuständigkeit des Geschäftsherrn fallenden Verwaltungsaufgabe[288]. Dabei wird im zweiten Hauptteil[289] näher darauf einzugehen sein, inwieweit der auf den §§ 683, 679 BGB basierende Bewertungsmaßstab durch die Eigenheiten des Öffentlichen Rechts spezifische Modifikationen erhält.

b) Beschränkungen durch fehlende Befugnisse des Geschäftsführers

Von der Frage der Aufgaben- und Zuständigkeitsverteilung zu unterscheiden ist die Frage nach den hoheitlichen Befugnissen – nach der Berechtigung also, zum Zwecke der Erledigung einer Verwaltungsaufgabe eine bestimmte Maßnahme zu ergreifen. Dem Vorbehalt einer besondere Befugnisnorm unterliegen solche Verwaltungsmaßnahmen, die in fremde Rechte eingreifen[290], sowie förmliches, insbesondere rechtsetzendes Verwaltungshandeln[291]. Hingegen bedarf schlichthoheitliches Verwaltungshandeln – soweit es zu keiner Beeinträchtigung fremder Rechte führt – keiner besonderen Befugnis[292]. So können ohne besondere Befugnisnorm Verwaltungsgebäude unterhalten und andere fiskalische Hilfsgeschäfte besorgt werden, es können Dienstfahrten

---

[288] Ebenso *Blas*, BayVBl. 1989, 648 (649 f.); ähnlich *Gusy*, JA 1979, 69 (71).

[289] S. unten, S. 183 ff.

[290] Das folgt schon aus Art. 2 Abs. 1 GG, vgl. hierzu BVerfGE 6, 32 „Elfes"; s. ferner *Maurer*, Allgemeines Verwaltungsrecht, § 6 Rdnr. 12; *Wolff/Bachof*, Verwaltungsrecht I, § 30 III a; *Schmalz/Hofmann*, Allgemeines Verwaltungsrecht I, 3. Abschn. 5.3.1.; zur Notwendigkeit einer besonderen Befugnis für den Gebrauch der Handlungsform des Verwaltungsakts s. BVerwG, NJW 1986, 1120; *Erichsen* in *Erichsen/Martens*, Allgemeines Verwaltungsrecht, § 14 Rdnr. 14; *Schmalz/Hofmann*, Allgemeines Verwaltungsrecht I, 6. Absch. 1.2.

[291] Im Hinblick auf Rechtsverordnungen s. Art. 80 Abs. 1 GG; dasselbe gilt für landesrechtliche Verordnungen, BVerfG, DVBl. 1981, 450; s. auch *Ossenbühl* in *Erichsen/Martens*, Allgemeines Verwaltungsrecht, § 7 Rdnr. 16; im Hinblick auf öffentlichrechtliche Satzungen s. BVerfGE 33, 125 (156 ff.); BVerwGE 6, 247; BVerwG, NJW 1993, 411; BGHZ 61, 7 (15); BayVerfGHE 15 (1962), 22 (25); a.A. *Maurer*, Allgemeines Verwaltungsrecht, § 4 Rdnr. 16.

[292] S. VGH Bad.-Württ., DÖV 1989, 169 (170).

unternommen und (nicht personenbezogene) Daten erhoben oder statistische Untersuchungen angestellt werden.

Im Zusammenhang mit der GoA wird die Auffassung vertreten, Private könnten in der Regel nicht als auftragslose Geschäftsführer für die Verwaltung tätig werden, weil sie nicht über staatliche Befugnisse verfügen[293]. Das Eingreifen privater Geschäftsführer komme sonach allenfalls bei faktischen, nicht regelnden Handlungen in Betracht[294] und könne nur insoweit als zulässig angesehen werden, als Rechte anderer nicht betroffen seien[295].

In dieser Rechtsauffassung drückt sich eine Vermischung zweier Problemkreise aus, die wohl richtigerweise getrennt zu betrachten sind, zum einen nämlich der Problemkreis des Innenverhältnisses – der Rechtsbeziehung zwischen dem geschäftsführenden Bürger und der Verwaltung – und zum anderen der Außenrechtskreis, die Rechtsbeziehung zwischen dem geschäftsführenden Privaten und etwaigen drittbetroffenen Bürgern. Die Frage nach der Zulässigkeit einer GoA betrifft allein das Innenverhältnis zwischen dem Geschäftsführer und dem Geschäftsherrn[296], hier der Verwaltung. In diesem Verhältnis sind Befugnisse gegenüber Dritten irrelevant[297].

Der Umstand, daß „einfache“ Bürger keine besonderen Amtsbefugnisse haben, ist nur im Außenverhältnis gegenüber Dritten von Bedeutung. Sicher kann der Bürger nicht Recht setzen oder Verwaltungsakte erlassen, und er darf kraft Öffentlichen Rechts auch nicht in die Rechte anderer eingreifen. Das berührt aber nicht die Zulässigkeit einer GoA, sondern es betrifft die Rechtmäßigkeit und Zulässigkeit der im Außenverhältnis vorgenommenen Handlungen. Die fehlende Amtsbefugnis eines privaten Geschäftsführers läßt sich als öffentlichrechtliches Pendant zur fehlenden Vertretungsmacht im Zivilrecht beschreiben, von der das Vorliegen einer zivilrechtlichen GoA infolge des

---

[293] *Schmalz*, Allgemeines Verwaltungsrecht (3. Aufl.), 8. Abschn. 7.5; *Tiedau*, DÖV 1952, 164 (165); *Brennhausen*, Diss., S. 29 f.; *Dreidoppel*, Diss. (unveröffentlicht), S. 50 f.; ebenso RG, JW 1927, 451 (452); s. auch *Schlör*, Diss., S. 22 ff.; Walter *Jellinek*, Verwaltungsrecht, S. 239; *Wolff*, Verwaltungsrecht I (7. Aufl.), § 44 I b 3 (nicht aufrecht erhalten in der 8. Aufl.); a.A. *Achterberg*, Allgemeines Verwaltungsrecht, § 25 Rdnr. 116; offengelassen in VGH Bad.-Württ., ESVGH 27, 125 = NJW 1977, 1843.

[294] *Schmalz*, Allgemeines Verwaltungsrecht (3. Aufl.), 8. Abschn. 7.5; *Menger*, VerwArch. 69 (1978), 397 (398); ähnlich HansOLG, MDR 1954, 180 (181); *Dreidoppel*, Diss. (unveröffentlicht), S. 51 ff.

[295] *Erichsen* in *Erichsen/Martens*, Allgemeines Verwaltungsrecht, § 30 Rdnr. 15.

[296] *Erman-Ehmann*, BGB, vor § 677 Rdnr. 19; *MünchKomm-Seiler*, BGB, vor § 677 Rdnr. 6; *Palandt-Thomas*, BGB, vor § 677 Rdnr. 3; *Staudinger-Wittmann*, BGB, vor §§ 677 – 687 Rdnr. 4.

[297] Ebenso *Hoepffner*, Diss., S. 158 f.

Abstraktionsgrundsatzes[298] ebensowenig abhängt. Der das Zivilrecht bestimmende Gedanke der Abstraktion der Vertretungsmacht vom Grundverhältnis hat im Öffentlichen Recht sein Äquivalent in der Unterscheidung zwischen Aufgabenzuweisung und Ermächtigungsnorm. Erledigt ein Bürger eine Verwaltungsaufgabe als Geschäftsführer, so ist zu unterscheiden zwischen seiner Legitimation im Grundverhältnis, d.h. seine Berechtigung, die Verwaltungs*aufgabe* an sich zu ziehen, und seiner Legitimation auf der *Befugnis*ebene, d.h. seine Berechtigung, zum Zwecke der Aufgabenerledigung in die Rechte Dritter einzugreifen oder etwa eine rechtsetzende Tätigkeit wahrzunehmen. Dabei betrifft das Institut der öffentlichrechtlichen GoA für die Behörde nur das Grundverhältnis, also das Innenverhältnis zwischen Geschäftsherrn und Geschäftsführer. Die Frage nach der *Befugnis* des Geschäftsführers ist dagegen unabhängig vom Innenverhältnis und von der möglichen Legitimationswirkung einer solchen GoA zu beurteilen und daher kein Kriterium für die Existenz der öffentlichrechtlichen GoA.

Zur Verdeutlichung mag ein Beispiel dienen: Auf einer Straße mit Gegenverkehr ist eine der beiden vorhandenen Fahrspuren an einer unübersichtlichen Stelle durch ein Hindernis versperrt, ein Bürger übernimmt vorübergehend die Regelung des Verkehrs. Es versteht sich von selbst, daß der Bürger – anders als etwa Polizeibeamte (§ 36 Abs. 1 – 4 StVO) – nicht die Befugnis hat, verbindliche Weisungen zu erteilen[299]. Gleichwohl dürfte in der Praxis zu erwarten sein, daß die betroffenen Verkehrsteilnehmer den nichthoheitlichen Regelungen des hilfsbereiten Bürgers im Interesse einer reibungs- und gefahrlosen Abwicklung der problematischen Verkehrssituation freiwillig Folge leisten. Obschon also dem Bürger die an sich zur Verkehrsregelung erforderlichen Hoheitsbefugnisse nicht zustehen, vermag er doch effektiv die anstehende Verwaltungsaufgabe zu erledigen. Auch spricht alles dafür, daß ein solches Vorgehen mit dem mutmaßlichen Willen und dem an der Sicherheit und Leichtigkeit des Verkehrs orientierten Interesse der zuständigen Verwaltung im Einklang steht. Ihr gegenüber ist der Geschäftsführer mit seinem Handeln durch GoA legitimiert. Dagegen wirkt sich die GoA im Verhältnis zu den übrigen Verkehrsteilnehmern nicht aus, insbesondere vermag die Legitimationswirkung der GoA nicht irgendwelche Befugnisse des Bürgers gegenüber Drittbetroffenen zu begründen. Ihnen gegenüber wäre jede eingreifende Maßnahme rechtswidrig. Die Legitimation gegenüber den übrigen Verkehrsteilnehmern beruht in dem geschilderten Fall vielmehr auf einer privatrechtlichen Einwil-

[298] Statt vieler *MünchKomm-Schramm*, BGB, § 164 Rdnr. 90 ff.; *Staudinger-Dilcher*, BGB, vor § 164 Rdnr. 33 f.; grundlegend *Laband*, ZHR 10 (1866), 183 (203 ff.).

[299] Unklar insoweit die Formulierung bei *Achterberg*, Allgemeines Verwaltungsrecht, § 25 Rdnr. 117: Für das Handeln im hoheitlichen Bereich sei eine besondere gesetzliche Ermächtigung nicht notwendig, sondern das Institut der GoA bilde hierfür den Rechtsgrund.

ligung. Damit zeigt sich – resultierend aus dem Abstraktionsprinzip – zugleich eine Doppelnatur der „öffentlichrechtlichen“ GoA: Während das Rechtsverhältnis in Beziehung zur Behörde möglicherweise öffentlichrechtlicher Natur ist, beurteilt sich dasselbe Einschreiten im Verhältnis zu anderen Betroffenen nach privatrechtlichen Grundsätzen. Anstelle der privatrechtlichen Einwilligung würde als Legitimationstatbestand gegenüber den Drittbetroffenen beispielsweise auch eine vertragliche Sonderbeziehung oder eine weitere, nebenher bestehende privatrechtliche GoA (deren Tatbestandsvoraussetzungen gesondert vorliegen müssen) in Betracht kommen.

Was das Grundverhältnis, die GoA gegenüber der Behörde hinsichtlich der Aufgabenwahrnehmung betrifft, so spricht hinsichtlich der Ausgleichsfunktion der GoA nichts dagegen, die Aufwendungen des verkehrsregelnden Bürgers entsprechend § 683 BGB zu ersetzen.

Für den Bereich der Strafverfolgung – den Schmalz[300] zur Begründung seiner gegenteiligen Auffassung besonders anspricht – gilt das Folgende: Daß ein Bürger nicht nach einem Beschuldigten fahnden, ihn vernehmen oder gar verhaften darf (wohl aber festnehmen, § 127 Abs. 1 StPO) und auch keine Beschlagnahme durchführen kann, bedarf keiner weiteren Erörterung. Jedoch kann hieraus keineswegs gefolgert werden, daß ein Bürger auf dem Gebiet der Strafverfolgung schlechthin nicht als Geschäftsführer für die Verwaltung in Betracht kommt. So begegnet es keinen Bedenken, einen Bürger, der strafprozessual verwertbares Entlastungsmaterial beschafft oder vor dem Untergang bewahrt (auch das gehört zu den Aufgaben der Staatsanwaltschaft, § 160 Abs. 2 StPO), als Geschäftsführer für die Strafverfolgungsbehörde anzusehen[301].

c) Abschließende Regelungen in Teilrechtsgebieten

aa) Sozialrecht

Eine spezielle sozialrechtliche Ausgleichsvorschrift ist § 121 BSHG, deren Tatbestand und Rechtsfolgen sich geringfügig von den Ausgleichsmechanismen der §§ 677 ff. BGB unterscheiden[302]. Soweit die Hilfeleistung eines Privaten zugleich unter dem Gesichtspunkt des § 121 BSHG zu beurteilen ist und auch den Tatbestand einer GoA erfüllen könnte, geht § 121 BSHG als abschlie-

---

[300] Allgemeines Verwaltungsrecht (3. Aufl.), 8. Abschn. 7.5.

[301] S. etwa AG Bremen, NJW-RR 1986, 355: Entnahme einer Blutprobe zum Beweis dafür, daß der Beschuldigte zur Tatzeit unter der enthemmenden Wirkung des Alkohols stand.

[302] S. oben, S. 91.

ßende Sonderregelung vor[303]. Auf das Recht der GoA kann nicht ergänzend zurückgegriffen werden. Dies folgt daraus, daß der Erstattungsanspruch nach BSHG speziellere Anspruchsvoraussetzungen hat, etwa zusätzlich voraussetzt, daß der Geschäftsführer die Aufwendungen nicht auf Grund einer *sittlichen* Pflicht selbst zu tragen hat. Dieses negative Tatbestandsmerkmal drohte unterlaufen zu werden, käme neben § 121 BSHG auch allgemeines GoA-Recht zur Anwendung, welches auf eigene sittliche Pflichten des Geschäftsführers nicht abstellt.

bb) Erschließungsrecht

Mit dem abschließenden Charakter der Vorschriften des Erschließungsrechts befaßt sich eine jüngere Entscheidung des Oberverwaltungsgerichts Nordrhein-Westfalen[304]. Ein Unternehmer hatte Erschließungsmaßnahmen im Vorgriff auf einen noch abzuschließenden Erschließungsvertrag durchgeführt. Noch bevor er in Konkurs fiel, trat er sämtliche sich aus der Bautätigkeit ergebenden Ansprüche sicherheitshalber an einen Lieferanten ab, welcher nun von der für die Erschließung verantwortlichen Gemeinde Aufwendungsersatz aus GoA wegen der schon erbrachten Erschließungsleistungen verlangte. Die Klage blieb erfolglos. Das Berufungsgericht führt aus, die Abwicklung der im öffentlichen Interesse durchzuführenden Erschließungsmaßnahmen sei durch die §§ 123 ff. BauGB und das öffentlichrechtliche Vertragsrecht umfassend gewährleistet. Es spreche einiges dafür, daß für den Bau öffentlichrechtlicher Erschließungsanlagen nur zwei Möglichkeiten bestünden, nämlich die Erschließung durch die Gemeinde selbst (§§ 127 ff. BauGB) oder die Übertragung der Erschließung auf einen Dritten (§ 124 Abs. 1 BauGB), so daß in diesem Rechtsbereich schwerlich Raum für eine GoA durch einen Privaten bleibe.

Gegenüber dieser Schlußfolgerung ist Skepsis angebracht. Regelungsinhalt der Vorschriften der §§ 124 Abs. 1, 127 ff. BauGB ist das den Gemeinden zum Zwecke der Erschließung an die Hand gegebene Instrumentarium. Nach der zutreffenden Auffassung des Gerichts handelt es sich insoweit auch um abschließende Regelungen: Weitere Handlungsalternativen, als die Erschließung entweder selbst durchzuführen oder sie auf einen Dritten zu übertragen, sind *den Gemeinden* als Erschließungsträger nicht eingeräumt. Ob aber und unter welchen Voraussetzungen gegebenenfalls andere Rechtsträger eigeninitiativ Erschließungsmaßnahmen an Stelle und für die Gemeinde durchführen können, entzieht sich dem Regelungsgehalt der §§ 123 ff. BauGB.

---

303 Ebenso BGH, NVwZ 1990, 499 (500); *Gusy*, JA 1979, 69 (70); *Schmalz*, Allgemeines Verwaltungsrecht (3. Aufl.), 8. Abschn. 7.2.3; *Mergler/Zink*, BSHG, Einf. zu Abschn. 9 Rdnr. 6.

304 KStZ 1989, 195 = NWVBL 1990, 99.

Daß der Fall einer GoA im Erschließungsrecht gesetzlich nicht vorgesehen ist, ist offensichtlich; insoweit unterscheidet sich aber die Gesetzeslage im Erschließungsrecht nicht von der Rechtslage in jedwedem anderen Teilrechtsgebiet des Öffentlichen Rechts. Auch im Erschließungsrecht kann die Durchbrechung der gesetzlich angeordneten Aufgabenzuweisung (§ 123 Abs. 1 BauGB) nur durch einen besonderen Legitimationstatbestand erfolgen, welcher in der berechtigten GoA für die Behörde liegen könnte.

Im Gegenteil lassen gerade die Normen des Erschließungsrechts den umgekehrten Schluß zu, daß nämlich besonders in diesem Rechtsgebiet eine GoA für die Verwaltung in Betracht kommen kann. Wenn nämlich aus § 124 Abs. 1 BauGB geschlossen werden kann, daß die Durchführung der Erschließung durch einen privaten Unternehmer gleichwertig ist mit einer Erschließung durch die Gemeinde selbst, dann dürften der GoA eines Privaten unter kompetenzrechtlichen Gesichtspunkten gerade im Erschließungsrecht weniger Bedenken entgegenstehen als in anderen Rechtsgebieten, wo behördliches Handeln nicht ohne weiteres durch das Eingreifen Privater gleichwertig ersetzt werden kann.

Gegen die Zulässigkeit einer GoA im Erschließungsrecht könnte allerdings sprechen, daß solche Maßnahmen regelmäßig nicht unaufschiebbar und aus diesem Grunde kein tauglicher Gegenstand einer öffentlichrechtlichen GoA sind[305]. Dies betrifft jedoch nicht die hier zu erörternde Frage nach der Ausschließlichkeit der §§ 124 Abs. 1, 127 ff. BauGB, sondern beurteilt sich anhand der noch herauszuarbeitenden Tatbestandsvoraussetzungen der öffentlichrechtlichen GoA.

Schließlich könnte der *Ausgleichs*mechanismus der GoA durch die speziellen Lastenverteilungsvorschriften der §§ 124 Abs. 2 Satz 2, 127 ff. BauGB modifiziert oder sogar derogiert sein. Das beträfe aber nur die *Ausgleichs*funktion der GoA und nicht deren Existenz als solche, etwa hinsichtlich der Legitimationsfunktion. Die generelle Zulässigkeit einer GoA im Erschließungsrecht kann indessen nicht mit der Begründung verneint werden, die GoA finde sich nicht in einem abschließenden Katalog der den Gemeinden an die Hand gegebenen Erschließungsinstrumentarien.

---

305 S. unten, S. 186, Fußn. 18.

3. Fallgruppe 3 (Behörden für Bürger)

a) Geschäftsführung im Rahmen der eigenen Aufgaben

Im Rahmen der ihnen zugewiesenen Aufgaben sind die Behörden im Verhältnis zum Bürger an die ihnen eingeräumten Befugnisse gebunden. In der Fallgruppe 3 besteht für die *Legitimations*funktion der GoA keinerlei Bedürfnis; insoweit besteht auch keine planwidrige Regelungslücke. Innerhalb der ihnen durch das Gesetz eingeräumten und zugleich auch eingegrenzten Möglichkeiten dürfen Behörden in fremde Rechtskreise eingreifen; darüber hinaus darf der Wirkungskreis der Behörden nicht dadurch ins Uferlose ausgedehnt werden, daß man der gegebenen polizeilichen Generalklausel eine weitere Generalklausel (Recht zur GoA) an die Seite stellt[306].

Fraglich ist, ob das Öffentliche Recht Regelungslücken enthält, die eine Anwendung der *Ausgleichs*funktion der GoA im Verhältnis zwischen Behörde und Bürger ermöglichen. Hierfür kommen Fälle in Betracht, in denen die Verwaltung durch sonstige Vorschriften des Verwaltungsrechts legitimiert ist (etwa die Feuerwehr zum Löschen eines Schadenfeuers aus einschlägigem Feuerwehrrecht), während spezielle Ausgleichsmechanismen fehlen. Angesprochen sind damit die Fälle der sogenannten gemischt-fremden Geschäftsführung. Es geht um die Frage, ob Behörden, die im Rahmen ihrer Zuständigkeit tätig werden – somit ein eigenes Geschäft führen und der Legitimationsfunktion der GoA nicht bedürfen –, dabei zugleich die öffentlichrechtliche Handlungspflicht eines Privaten erfüllen – somit auch ein Geschäft in dessen Interesse führen –, Aufwendungsersatz aus GoA verlangen können.

Die Existenz einer behördlichen gemischt-fremden Geschäftsführung wird von der ordentlichen Gerichtsbarkeit mit gleicher Vehemenz verteidigt wie nahezu einhellig in der Literatur bestritten. Ständiger Zivilrechtsprechung zufolge kann in der Erfüllung einer Verwaltungsaufgabe durch die zuständige Behörde zugleich eine auftragslose Geschäftsführung für den polizeipflichtigen Störer liegen. Hiernach kann die Feuerwehr den Aufwand ihrer Löscharbeiten vom Brandverursacher ersetzt verlangen[307]; die Schiffahrtsverwaltung hat gegen den Eigner eines gesunkenen Schiffs einen Anspruch auf den Ersatz erforderlicher Bergungskosten[308]; die Straßenbaubehörde kann Verunreini-

---

306 *Maurer*, JuS 1970, 561 (564); *Ehlers*, Verwaltung in Privatrechtsform, S. 473; ähnlich VG Würzburg, BayVBl. 1992, 121 (122); *Maurer*, Allgemeines Verwaltungsrecht, § 28 Rdnr. 11.

307 BGHZ 40, 28; OLG Hamm, NWVBL 1989, 218; LG Braunschweig, DVBl. 1973, 227.

308 BGH, NJW 1969, 1205; BGHZ 65, 384; OLG Köln, VKBl. 1972, 922; OLG Hamburg, VersR 1983, 1076; LG Trier, VkBl. 1977, 580.

gungen des Straßenbelages auf Kosten des Verursachers beseitigen[309], und es liegt eine ausgleichspflichtige GoA seitens der Behörde vor, welche ein verunglücktes (und grundwassergefährdendes) Kraftfahrzeug birgt[310]. Außerhalb des Gefahrenabwehrrechts wurde auch die Frage erörtert, ob in der Bewilligung und Auszahlung einer Sozialleistung (etwa der Verschollenheitsrente) zugleich die Besorgung eines Geschäftes für einen unterhalts- bzw. schadenersatzpflichtigen Dritten liegen kann[311].

Dem treten das Schrifttum und überwiegend auch die Verwaltungsrechtsprechung mit unterschiedlichen Begründungen entgegen.

So begründet Oldiges[312] seine ablehnende Haltung gegenüber der gemischtfremden Geschäftsführung unter anderem damit, die öffentliche Aufgabe lasse sich nicht den Kategorien des eigenen oder fremden Geschäfts zuordnen, sondern stehe außerhalb dieses Dualismus. Zu eigenen Geschäften führe sie nicht, weil die Verwaltung kein Eigeninteresse an den von ihr zu erledigenden Aufgaben habe, sondern stets Ziele verfolge, die außerhalb ihrer selbst lägen[313]. Die Verwaltung nehme aber auch nicht fremde Geschäfte wahr, weil sie in all ihrem Handeln in erster Linie dem Gemeinwohl verpflichtet sei.

Dieser Ansicht ist entgegenzuhalten, daß der letztlich gemeinnützige Zweck der gesamten Verwaltungstätigkeit keineswegs ausschließen muß, einzelne bestimmte Verwaltungsmaßnahmen dem Geschäftsbereich (= der Aufgabenzuständigkeit) einer Behörde wie zugleich auch dem Rechtskreis und Verantwortungsbereich eines Privaten zuzuordnen. So sind die Einweisung eines Obdachlosen[314] oder die Verhinderung eines Suizides[315] einerseits öffentliche, polizeiliche Aufgaben, während andererseits zugleich auch eine eigene Rechtszuständigkeit des jeweils Betroffenen besteht, Wohnung zu nehmen oder die Selbsttötung zu unterlassen. Es handelt sich auf seiten der Behörde um die Besorgung eigener und zugleich auch fremder Geschäfte. Dagegen lassen sich andere Verwaltungsaufgaben durchaus in die Kategorie des (nur) eigenen

---

[309] BGHZ 65, 354.

[310] BGHZ 63, 167 (169 f.); ebenso die Vorinstanz OLG Düsseldorf, VersR 1973, 64.

[311] Nachweise s. oben, S. 101 ff.; ablehnend SchlHOLG, SchlHA 1959, 295 (297).

[312] JuS 1989, 616 (622).

[313] Dieser Gedanke findet sich bereits bei Otto *Mayer*, Deutsches Verwaltungsrecht Bd. 2 (1. Aufl.), S. 427; ähnlich auch *Rietdorf*, DÖV 1966, 253 (254); *Wolff/Bachof*, Verwaltungsrecht I, § 2 II a 2; *Wollschläger*, GoA im öffentlichen Recht und Erstattungsanspruch, S. 31.

[314] S. BVerwGE 17, 83 (86); *Günther/Traumann*, NVwZ 1993, 130 f.; *Martens* in *Drews/Wacke/Vogel/Martens*, Gefahrenabwehr, § 16 3 c; *Götz*, Allgemeines Polizei- und Ordnungsrecht, Rdnr. 102.

[315] Vgl. *Götz*, Allgemeines Polizei- und Ordnungsrecht, Rdnr. 100; *Möller/Wilhelm*, Allgemeines Polizei- und Ordnungsrecht, Kap. 3.1.1; *Martens*, DÖV 1976, 457 (459).

Geschäfts der Verwaltung einordnen, beispielsweise die Erhebung öffentlicher Abgaben oder die Raumplanung. Hierher gehören auch alle Aufgaben, die einer unbestimmten Anzahl von Bürgern zugute kommen, wie beispielsweise das Bildungswesen oder der Betrieb sportlicher und kultureller Einrichtungen. Ebenso, wie im Privatrecht gemischte Zuständigkeiten und Verantwortungsbereiche anerkannt sind, können auch im Öffentlichen Recht einzelne Maßnahmen entweder nur dem Aufgabenbereich einer bestimmten Verwaltungsbehörde zugehören oder zugleich auch im Interesse einzelner Privater stehen; diese Unterscheidung ermöglicht für das Verwaltungsrecht eine Aufgabenzuordnung in die Kategorien des eigenen oder (auch-)fremden Geschäfts und schließt daher eine gemischt-fremde Geschäftsführung nicht schon im Ansatz aus.

Zum Teil wird weiter argumentiert, GoA müsse an den Tatbestandsvoraussetzungen des § 677 BGB scheitern, weil die Behörde gegenüber dem Bürger zum Eingreifen in sonstiger Weise berechtigt sei[316]. Dieser Begründungsansatz greift zwar, wenn eine behördliche Handlungs- und Eingriffsbefugnis unabhängig von der Einhaltung bestimmter verfahrensmäßiger Voraussetzungen besteht, wie etwa die Befugnis der Feuerwehr zum Löschen eines Schadenfeuers. Er ist jedoch dann nicht stichhaltig, wenn die Rechtsbeziehung zwischen Behörde und Bürger durch besondere Vorschriften geregelt ist – diejenigen des Vollstreckungsrechts – und jene nicht eingehalten sind. Denn von der allgemeinen Berechtigung der Behörde zum Eingreifen in einer gegebenen Situation läßt sich nicht ohne weiteres darauf schließen, die Behörde sei selbst bei Verletzung der vollstreckungsrechtlichen Verfahrensvorschriften gegenüber dem betreffenden Bürger im Sinne des § 677 BGB berechtigt. Gerade in diesen Fällen hätte aber die GoA wirtschaftlich eine große Bedeutung, weil neben ihr keine weiteren Ausgleichsmechanismen ersichtlich sind.

Die an den Tatbestandsvoraussetzungen des § 677 BGB orientierte Kritik ließe sich erweitern um den Gesichtspunkt, GoA erfordere das Handeln *für* einen anderen. Somit knüpft GoA an den Willen des Geschäftsführers an, ein fremdes Geschäft zu besorgen; bei der Führung eigener und zugleich fremder Geschäfte muß der Wille des Geschäftsführers darauf gerichtet sein, zugleich ein eigenes und auch ein fremdes Geschäft zu führen. Ein Geschäftsführer kann nur dann die Rechtsfolgen einer Auch-Gestion für sich beanspruchen, wenn ebenso der Tatbestand einer Auch-Gestion erfüllt ist, wenn also die gesamte

---

[316] So *Hurst*, DVBl. 1965, 757 (759); *Gusy*, JA 1979, 69 (70); *Klein*, DVBl. 1968, 166 (167); *Maurer*, JuS 1970, 561 (563); *ders.*, Allgemeines Verwaltungsrecht, § 28 Rdnr. 11; *Mertens*, Kostentragung, S. 74 (Fußn. 39); *Oldiges*, JuS 1989, 616 (621); Walter *Schmidt*, Staats- und Verwaltungsrecht, Rdnr. 275 a.E.; *Erichsen* in *Erichsen/Martens*, Allgemeines Verwaltungsrecht, § 30 Rdnr. 17; *Schoch*, Jura 1994, 241 (245); ähnlich *Bötticher*, MDR 1950, 617 (618); Harald *Schneider*, MDR 1993, 193 (197); *Faber*, JZ 1993, 948 (949); s. auch VG Würzburg, BayVBl. 1992, 121 (122); a.A. *Baur*, DVBl. 1965, 893 (894).

Geschäftsführung ihrem Inhalt nach zumindest auch in einem altruistischen Bemühen gestanden hat. Nicht erst im Zusammenhang mit der Kostenfrage darf den Geschäftsführer interessieren, wessen fremde Zuständigkeits- und Verantwortungsbereiche das Geschäft noch betraf; vielmehr muß die gesamte Geschäftsführung erkennbar von dem Willen des Gestors getragen sein, auch für einen anderen tätig zu werden. Da der Tatbestand des § 677 BGB die fremdnützige Zweckgerichtetheit des Handelns („Besorgung für einen anderen“) zum zentralen Begriffsmerkmal der GoA erhebt, muß der Wille zur Mitbesorgung einer fremden Angelegenheit die Ursache für die Übernahme des gesamten Geschäfts gesetzt haben, zumindest muß der Mitbesorgungswille für die Geschäftsübernahme „auch-kausal“, mitursächlich gewesen sein. Wenigstens muß der Aspekt der gleichzeitigen Wahrnehmung fremder Belange zu einer merkbaren Verstärkung des Geschäftsübernahmewillens geführt haben, soll nicht der Tatbestand des § 677 BGB um seine subjektive Komponente vollends reduziert werden. Gerade an einer merkbaren Verstärkung des Geschäftsübernahmewillens fehlt es aber in den hier zu diskutierenden Fällen einer Geschäftsführung durch die Verwaltung[317]: Behörden, die aufgrund einer eigenen Zuständigkeit tätig werden, dürfen ihr Handeln gar nicht (auch) auf den wirklichen oder gemutmaßten Willen Privater abstellen[318]. Ihre eigenen Aufgaben haben sie im öffentlichen Interesse und gerade ohne Rücksicht auf den Willen und das Interesse Dritter zu erfüllen[319]. Das Eingreifen der Feuerwehr bei Bränden darf nicht (auch) auf der Erwägung beruhen, zugleich im Interesse eines Dritten zu handeln, welcher ebenfalls zur Eindämmung des Brandherdes verpflichtet sein könnte. Der alleinige Grund für das Eingreifen der Feuerwehr ist deren öffentlichrechtliche Aufgabe (und Pflicht) der Brandbekämpfung, wie sie sich aus den einschlägigen Feuerwehrgesetzen ergibt[320]. Im Rahmen der Erfüllung dieser Aufgaben bleibt der Feuerwehr kein Raum, ihr Eingreifen auf private Belange Dritter abzustellen[321]. Gleiches gilt bei der Bergung verlorengegangener Schiffsteile: Das Interesse, durch welches das Handeln der Schifffahrtsverwaltung bestimmt sein muß, ist die Sicherheit und Leichtigkeit des Verkehrs auf den Wasserstraßen. Die Schiffahrtsverwaltung darf sich bei der Übernahme des Geschäftes nicht davon leiten lassen, ob die Bergung womöglich zusätzlich einem anderen obliegt oder eines anderen Interesse entspricht. Auch-Gestion durch die Verwaltung wäre somit tatbestandlich ausgeschlossen,

---

[317] Ähnlich bereits *Hartmann*, Recht 1914, Sp. 221 (223 f.).

[318] *Rietdorf*, DÖV 1966, 253 (254); *Scherer*, NJW 1989, 2724 (2728); für den Sozialleistungsbereich s. SchlHOLG, SchlHA 1959, 295 (297); LG Berlin, NJW 1958, 831 (832).

[319] Ähnlich *Goez*, Verwaltungsrechtspflege in Württemberg, S. 160; *Schubert*, AcP 178 (1978), 425 (445).

[320] Ähnlich *Neuffer*, Diss., S. 133.

[321] Ebenso *Scherer*, NJW 1989, 2724 (2728).

weil sich die Verwaltung gerade nicht *auch* dem Willen und Interesse des privaten Bürgers unterordnen darf, sondern allein im Hinblick auf das öffentliche Interesse eingreifen muß, weil es der Verwaltung versagt ist, mit dem Willen zu handeln, auch ein Geschäft für den Bürger mit Rücksicht auf dessen Belange zu führen.

So anschaulich die Argumentation am Tatbestand des § 677 BGB die von Teilen der Rechtsprechung betriebene und von der Literatur zu Recht mißbilligte Überdehnung des Anwendungsbereichs der GoA unter verschiedenen Gesichtspunkten aufzulisten vermag, ist sie doch rechtssystematisch an dieser Stelle verfrüht. Grundlegender ist zunächst danach zu fragen, ob sich die Übertragung der §§ 677 ff. BGB in das Öffentliche Recht schon deshalb verbietet, weil die Ausgleichsmechanismen zwischen Behörde und Bürger bei der Erfüllung öffentlichrechtlicher Pflichten durch verwaltungsvollstreckungsrechtliche und sonstige Kostenvorschriften abschließend geregelt sind, so daß sich eine rechtsmethodische Ergänzung des Öffentlichen Rechts im Wege einer Analogie schon aus dem Gesichtspunkt des Fehlens einer planwidrigen Regelungslücke verbietet. Das Vorhandensein planwidriger Regelungslücken soll daher in denjenigen Rechtsbereichen besonders untersucht werden, in denen für die Ausgleichsfunktion der GoA am ehesten ein Bedürfnis zu erkennen ist; allen voran die der Ersatzvornahme ähnlichen Tatbestände im Gefahrenabwehrrecht.

aa) Gefahrenabwehrrecht

Die Vorschriften über die Selbst- und Ersatzvornahme schließen überwiegender Auffassung zufolge eine GoA über denselben Gegenstand im Verhältnis zwischen Verwaltung und Bürger aus[322]; außerhalb des Geltungsbereichs dieser

[322] RGZ 43, 293; BVerwGE 10, 282 (290); HambOVG, HambJVBl. 46 (1972), 54 (55); VGH Bad.-Württ., ESVGH 23 (1974), 34; OVG NW, NJW 1978, 720; Schl.-Holst. VG, VkBl. 1979, 680; VG Kassel, NJW 1980, 305 (306); VG Wiesbaden, KStZ 1982, 119 (120); LG Wuppertal, GewArch 1981, 370 (371); AG Krefeld, NJW 1979, 722; AG Frankfurt, NJW-RR 1990, 730 (731); *Mertens*, Kostentragung, S. 73 ff., 77 f.; *Erman-Ehmann*, BGB, vor § 677 Rdnr. 25b; *Götz*, Allgemeines Polizei- und Ordnungsrecht, Rdnr. 333; *Hoepffner*, Diss., S. 152 ff.; *MünchKomm-Seiler*, BGB, vor § 677 Rdnr. 31; *Oldiges* in *Grimm/Papier*, Nordrh.-Westf. Staats- und VerwR, S. 298 f.; *Schmalz*, Allgemeines Verwaltungsrecht (3. Aufl.), 8. Abschn. 7.4; *Schoch*, Jura 1994, 241 (245); *Schubert*, NJW 1978, 687 (688); *ders.*, AcP 178 (1978), 425 (446); *Schwark*, JuS 1984, 321 (327); *Soergel-Mühl*, BGB, vor § 677 Rdnr. 9; *Schenke* in *Steiner*, Besonderes Verwaltungsrecht, Kap. II Rdnr. 235; *Vogel* in *Drews/Wacke/Vogel/Martens*, Gefahrenabwehr, § 33 5 b; *Wolff/Bachof*, Verwaltungsrecht I, § 44 I b 5.; *Würtenberger*, NVwZ 1983, 192 (193 f.); ähnlich auch *Neuffer*, Diss., S. 137 f.; s. ferner BGH, DVBl. 1970, 499 (500); a.A. die herrschende Zivilrechtsprechung: BGHZ 40, 28; BGH, NJW 1969, 1205; BGHZ 63, 167 (169 f.); 65, 354; 65, 384; OLG Köln, VKBl. 1972, 922; OLG Hamburg, VersR 1983, 1076; OLG Hamm, NWVBL 1989, 218; LG Braunschweig, DVBl. 1973, 227; LG Trier, VkBl. 1977, 580; ebenso *Baur*, JZ 1964, 354; *ders.*, DVBl. 1965, 893; *Berg*, JuS 1975, 681 (683 f.); *Mittelmeier*, VersR 1974, 727 (729

Vorschriften verbiete es der Vorbehalt des Gesetzes, auf die Grundsätze der GoA zurückzugreifen[323]. Diese zutreffende Rechtsansicht beruht auf folgendem: Selbst- und Ersatzvornahme sind Mittel des Verwaltungszwangs; sie sind in den Verwaltungsvollstreckungsgesetzen des Bundes und der Länder sowie außerdem zusätzlich in einigen Polizeigesetzen geregelt. Grundsätzlich sind sie im sogenannten gestreckten Verfahren zu vollziehen. Danach setzt jede Verwaltungsvollstreckung eine konkretisierte öffentlichrechtliche Handlungspflicht des Bürgers voraus; gegen ihn muß ein vollziehbarer befehlender Verwaltungsakt ergangen sein[324]. Weiter muß die ersatzweise Vornahme der Handlung auf Kosten des Bürgers durch die Behörde schriftlich angedroht und ihm muß eine Frist zur Erfüllung der Verpflichtung gesetzt werden[325]. Sodann muß das Zwangsmittel festgesetzt werden[326], bevor es schließlich angewendet werden darf. Bis zur endgültigen Ausführung der Ersatzvornahme, auch noch während der Zeitspanne nach der Festsetzung, kann der Bürger die Pflicht selbst erfüllen und damit eine Durchführung der Vollstreckungsmaßnahme abwenden[327].

---

ff.); *Friesecke*, BWaStrG, § 8 Rdnr. 16; s. auch *Hurst*, DVBl. 1965, 757 und Polizei 1964, 80 (84); *Klein*, DVBl. 1968, 166; kritisch *Oldiges*, JuS 1989, 616 (621).

[323] *Ehlers*, Verwaltung in Privatrechtsform, S. 472 f.; *Maurer*, Allgemeines Verwaltungsrecht, § 28 Rdnr. 11; *Würtenberger*, NVwZ 1983, 192 (193 f.); *MünchKomm-Seiler*, BGB, vor § 677 Rdnr. 31; *Neuffer*, Diss., S. 135 ff.; a.A. *Schmalz*, Allgemeines Verwaltungsrecht (3. Aufl.), 8. Abschn. 7.4: Dem Gesetzesvorbehalt sei dadurch genüge getan, daß sich die ursprüngliche Handlungspflicht des Bürgers aus dem Gesetz ergebe.

[324] § 6 Abs. 1 VwVG (auch i.V.m. Art. III Abs. 4 mevpEGVwR); § 18 bwLVwVG; Art. 29 Abs. 1 bayVwZVG; § 6 Abs. 1 berlVwVG; § 15 Abs. 1 brbgVwVG; § 11 Abs. 1 bremVwVG; § 14 hambVwVG; § 68 Abs. 1 hessVwVG; § 70 Abs. 1 ndsVwVG i.V.m. § 42 Abs. 1 ndsGefAG; § 55 Abs. 1 nwVwVG; §§ 2, 61 Abs. 1 rhpfLVwVG; § 13 Abs. 1 saarlVwVG; § 19 Abs. 1 sächsVwVG; § 228 Abs. 1 shLVwG; § 30 Abs. 1 thürVwZVG; sowie die Sondervorschriften für vollzugspolizeiliche Vollstreckungsmaßnahmen in § 28 Abs. 1 ME-PolG; § 50 Abs. 1 AE-PolG; § 47 Abs. 1 hessSOG; § 79 Abs. 1 mevpSOG; § 50 Abs. 1 nwPolG; § 44 Abs. 1 saarlPolG; § 53 Abs. 1 sachsanhSOG; § 51 Abs. 1 thürPAG; § 53 Abs. 1 DDR-PAG (i.V.m. § 1 brbgVGPolG, § 65 Nr. 2 sächsPolG).

[325] § 13 VwVG (auch i.V.m. Art. III Abs. 4 mevpEGVwR); § 20 bwLVwVG; Art. 36 bayVwZVG; § 13 berlVwVG; § 23 brbgVwVG; § 17 bremVwVG; § 18 Abs. 2 hambVwVG; § 69 hessVwVG; § 70 Abs. 1 ndsVwVG i.V.m. § 48 ndsGefAG; § 63 nwVwVG; § 66 rhpfLVwVG; § 19 saarlVwVG; § 20 sächsVwVG; § 236 shLVwG; § 37 thürVwZVG; sowie für vollzugspolizeiliche Vollstreckungsmaßnahmen in § 34 ME-PolG; § 52 AE-PolG; § 53 hessSOG; § 87 mevpSOG; § 56 nwPolG; § 50 saarlPolG; § 59 sachsanhSOG; § 57 thürPAG; § 58 DDR-PAG (i.V.m. § 1 brbgVGPolG, § 65 Nr. 2 sächsPolG).

[326] In einigen Bundesländern sowie im Bundesrecht bestehen hierüber besondere Vorschriften, s. § 14 VwVG (auch i.V.m. Art. III Abs. 4 mevpEGVwR); § 14 berlVwVG; § 24 brbgVwVG; § 18 bremVwVG; § 64 nwVwVG.

[327] Daß der Verpflichtete bis zur endgültigen Ausführung der Maßnahme nicht das Recht verliert, der Anordnung durch eigenes Tun nachzukommen, ist in einigen Bundesländern gesetzlich festgeschrieben (Art. 55 Abs. 2 Satz 3 bayPAG; § 37 Abs. 4 bayVwZVG; § 15 Abs. 3 berlVwVG;

Die stufenweise vorgesehenen Erfordernisse des gestreckten Verfahrens dienen dem Schutz des Bürgers. Ihm soll – vor allem durch die Androhung des Zwangsmittels – die auf ihn zukommende Kostenlast beizeiten verdeutlicht[328] und Gelegenheit gegeben werden, die Vollstreckung durch eigenes Tätigwerden abzuwenden[329]. Von diesen Schutzmechanismen darf nur aus besonderem Grunde abgewichen werden, nämlich bei gegenwärtiger Gefahr (Sofortvollzug)[330]. Auf einen befehlenden Grundverwaltungsakt wie auch auf Androhung und förmliche Festsetzung kann nur dann verzichtet werden, wenn dies zur Abwehr einer gegenwärtigen Gefahr notwendig ist, wenn nämlich der schnelle und effektive Schutz der Allgemeinheit vor Gefahren für die öffentliche Sicherheit als Rechtsgut im Einzelfall höher zu bewerten ist als der Schutz des Einzelnen vor überraschenden Vollstreckungsmaßnahmen.

Dem Bürger ist durch das vollstreckungsrechtliche „Vorwarnsystem" ein Schutzmechanismus eingeräumt, der von der Verwaltung – wenn nicht gegenwärtige Gefahr vorliegt – zwingend zu beachten ist. Hierbei handelt es sich nicht bloß um ein programmatisches Leitbild für die Verwaltung, wie sie das verwaltungsvollstreckungsrechtliche Verfahren, soweit tunlich, ausgestalten

---

§ 25 Abs. 3 brbgVwVG; § 26 Abs. 1 lit. c hambVwVG; § 92 Abs. 1 Nr. 4 mevpSOG; § 241 Abs. 1 Nr. 4 shLVwG; § 41 Abs. 1 thürVwVZG; ferner §§ 15 Abs. 3 VwVG, 30 Abs. 2 Satz 3 ME-PolG sowie 54 Abs. 2 Satz 3 AE-PolG) und folgt im übrigen aus dem gemeinsamen Zweck aller vollstreckungsrechtlichen Maßnahmen als Beugemittel (dazu *App*, Verwaltungsvollstreckungsrecht, Rdnr. 647; *Vahle*, Vollstreckung und Rechtsschutz, Rdnr. 22; s. auch OVG Lüneburg, BRS 44, Nr. 208 [S. 479]; *Bettermann*, DVBl. 1969, 120).

328 Nach den Vorschriften sämtlicher Länder mit Ausnahme Hamburgs sollen die voraussichtlichen Kosten der Ersatzvornahme bei der Androhung angegeben werden, s. § 13 Abs. 4 VwVG (auch i.V.m. Art. III Abs. 4 mevpEGVwR); § 20 Abs. 5 bwLVwVG; Art. 36 Abs. 4 bayVwZVG; § 13 Abs. 4 berlVwVG; § 23 Abs. 4 brbgVwVG; § 17 Abs. 4 bremVwVG; § 74 Abs. 3 hessVwVG; § 70 Abs. 1 ndsVwVG i.V.m. § 48 Abs. 4 ndsGefAG; § 63 Abs. 4 nwVwVG; § 66 Abs. 4 rhpfLVwVG; § 19 Abs. 4 saarlVwVG; § 20 Abs. 5 sächsVwVG; § 236 Abs. 6 shLVwG; § 38 Abs. 1 Satz 1 thürVwZVG; sowie als Sondervorschriften für vollzugspolizeiliche Vollstreckungsmaßnahmen in § 34 Abs. 4 ME-PolG, § 52 Abs. 6 AE-PolG; § 53 Abs. 4 hessSOG; § 87 Abs. 6 mevpSOG; § 56 Abs. 4 nwPolG, § 50 Abs. 4 saarlPolG; § 59 Abs. 4 sachsanhSOG; § 57 Abs. 4 thürPAG; § 58 Abs. 4 DDR-PAG (i.V.m. § 1 brbgVGPolG, § 65 Nr. 2 sächsPolG).

329 S. *App*, Verwaltungsvollstreckungsrecht, Rdnr. 702; *Henneke*, Jura 1989, 64 (67).

330 §§ 6 Abs. 2, 14 Satz 2 VwVG (auch i.V.m. Art. III Abs. 4 mevpEGVwR); § 21 bwLVwVG; Art. 35 bayVwZVG; §§ 6 Abs. 2, 14 Satz 2 berlVwVG; § 18 Abs. 3 hambVwVG; § 72 hessVwVG; §§ 15 Abs. 2, 23 Abs. 1 Satz 3, 24 Satz 2 brbgVwVG; § 70 Abs. 1 ndsVwVG i.V.m. §§ 42 Abs. 2, 48 Abs. 1 Satz 3 ndsGefAG; §§ 55 Abs. 2, 63 Abs. 1 Satz 3, 64 Satz 2 nwVwVG; § 61 Abs. 2 rhpfLVwVG; §§ 18 Abs. 2, 19 Abs. 1 Satz 1 saarlVwVG; § 21 sächsVwVG; §§ 230, 236 Abs. 1 Satz 2 shLVwG; § 36 thürVwZVG. Die Voraussetzungen des Sofortvollzugs unterscheiden sich im einzelnen geringfügig. Speziell für vollzugspolizeiliche Vollstreckungsmaßnahmen s. §§ 28 Abs. 2, 34 Abs. 1 Satz 3 ME-PolG; §§ 50 Abs. 2, 52 Abs. 1 AE-PolG; §§ 47 Abs. 2, 53 Abs. 1 Satz 3 hessSOG; §§ 81, 87 Abs. 1 mevpSOG; §§ 50 Abs. 2, 56 Abs. 1 Satz 2 nwPolG; §§ 44 Abs. 2, 50 Abs. 1 Satz 3 saarlPolG; §§ 53 Abs. 2, 59 Abs. 1 Satz 3 sachsanhSOG; §§ 52 Abs. 2, 57 Abs. 1 Satz 3 thürPAG; §§ 53 Abs. 2, 58 Abs. 1 Satz 3 DDR-PAG (i.V.m. § 1 brbgVGPolG, § 65 Nr. 2 sächsPolG).

solle, sondern um zwingende gesetzliche Verfahrensbestimmungen. Sie sind zugleich die Tatbestandsvoraussetzungen, unter denen die Verwaltung an den Bürger das diesen belastende Kostenerstattungsverlangen richten kann. Sind die Vollstreckungsvoraussetzungen nicht erfüllt, so besteht auch ein Anspruch auf Kostenerstattung nicht. In diesem Fall kann sich ein Zahlungsanspruch auch nicht aus anderen Ausgleichsvorschriften ergeben. Es würde den Schutzzweck der verwaltungsvollstreckungsrechtlichen Verfahrensvorschriften verfehlen, wenn die Kostenpflicht des Bürgers von deren Einhaltung nicht abhinge. Eine Umgehung der vollstreckungsrechtlichen Verfahrensvoraussetzungen über das Rechtsinstitut der GoA ist deshalb unzulässig. Rechtsmethodisch begründet sich das Verbot eines Rückgriffs auf das Rechtsinstitut der GoA letztlich aus einem Umkehrschluß: Daß die Rechtsfolge der Kostenerstattung für behördliches Eingreifen durch die vollstreckungsrechtlichen Vorschriften über Selbst- und Ersatzvornahme an bestimmte Verfahrensvoraussetzungen geknüpft ist, läßt die Folgen eines Fehlens der Tatbestandsvoraussetzungen nicht etwa offen, sondern hat zugleich zum Regelungsinhalt, daß die Rechtsfolge der Kostenerstattung außerhalb dieser vollstreckungsrechtlichen Kasuistik gerade nicht greift. Dieser rechtsfolgenausschließende Regelungsgehalt des Vollstreckungsrechts kann nur durch noch speziellere Normen derogiert werden; Beispiele für solche speziellere Normen sind etwa die polizeilichen Vorschriften des Bundes und einiger Länder über die Kostentragung bei unmittelbarer Ausführung einer polizeilichen Maßnahme[331]. Hingegen sind die Vorschriften über GoA keine gegenüber dem Vollstreckungsrecht spezielleren Normen, welche die (negative) Rechtsfolge des Vollstreckungsrechts überspielen könnten.

bb) Sozialrecht

Im Bereich des Sozialrechts könnte eine Auch-Fremdgeschäftsführung durch Sozialleistungsträger zugunsten Privater darin zu sehen sein, daß durch Sozialleistungen zugleich fremde Unterhalts- oder Schadenersatzpflichten erfüllt werden. Von diesem Gedanken ist § 52 Abs. 1 Satz 2 BVG durchdrungen, obgleich bei der Bewilligung von Verschollenheitsrente – wie sich gezeigt hat[332] – der Tatbestand einer berechtigten GoA gerade nicht erfüllt ist.

---

[331] S. § 5a ME-PolG; §§ 15, 40 Abs. 2 Nr. 2 BGSG; § 8 Abs. 2 bwPolG; Art. 9 Abs. 2 bayPAG; § 15 Abs. 2 berlASOG; § 7 Abs. 3 hambSOG; § 8 hessSOG; § 6 rhpfPOG; § 6 sächsPolG; § 9 sachsanhSOG; § 9 thürPAG; zur Unterscheidung zwischen unmittelbarer Ausführung und Sofortvollzug s. *Oldiges*, JuS 1989, 616 (619).

[332] S. dazu oben, S. 101 ff.

In der Regel geht das Gesetz nicht den Weg über die Rechtsfolgen der GoA. Dem Sozialleistungsträger steht regelmäßig kein originärer Erstattungs- oder Aufwendungsersatzanspruch gegen den Schädiger bzw. gegen den Unterhaltspflichtigen zu, sondern es geht die privatrechtliche Forderung des Sozialleistungsberechtigten gegen den Dritten in Höhe der erbrachten Sozialleistung auf den Leistungsträger über[333]. Die Rechtsverhältnisse zwischen den Beteiligten sind durch die besonderen Ausgleichstatbestände abschließend geregelt; daneben kommen Ansprüche aus GoA nicht in Betracht.

Für das Sozialhilferecht gilt außerdem, daß die §§ 90 ff. BSHG ihrem Sinn nach eine abschließende Regelung über sämtliche in Betracht kommenden Ausgleichsansprüche enthalten, so daß dem Träger der Sozialhilfe auch dann nicht das Rechtsinstitut der GoA hilfsweise zur Seite steht, wenn die §§ 90 ff. BSHG im Einzelfall keinen Ersatz gewähren[334].

cc) Benutzungsverhältnisse

Im Verhältnis zwischen Verwaltung und Bürger sind Ansprüche aus GoA des weiteren ausgeschlossen, soweit Leistungen aufgrund eines Benutzungsverhältnisses erbracht werden. Das gilt für öffentlichrechtliche Benutzungsverhältnisse, wozu die freiwillige Benutzung sozialer, kultureller, sportlicher und wirtschaftlicher Einrichtungen und der Besuch öffentlicher Kindergärten, Schulen und Volkshochschulen ebenso gehört wie der zwangsweise Anschluß[335] an die Wasserversorgung, Kanalisation, Müllabfuhr etc. Gleichermaßen trifft es auf die zunehmend privatrechtlich ausgestalteten[336]

---

[333] So ordnen die §§ 91 BSHG, 115, 116 SGB-X, 81a BVG, 37 BAFöG, 5 OEG und 7 UnterhVG eine Legalzession an, ebenso im Beamtenrecht § 87a BBG, wohingegen die §§ 90 BSHG, 140 AFG eine besondere Überleitungsanzeige erfordern.

[334] BVerwG, NDV 1973, 109; HessVGH, NVwZ 1987, 822; LSG Nieders., Breithaupt 64 (1975), 829 (830); ferner BGHZ 33, 243 (noch zu § 21a FürsPflVO); s. auch BVerwG, ZfSH 1968, 17 (19).

[335] Vgl. hierzu die Satzungsermächtigungen in § 11 bwGO; Art. 24 Abs. 1 Satz 2 bayGO; § 15 brbgKommVerf; § 19 Abs. 2 hessGO; § 15 Abs. 1 mevpKV; § 8 Nr. 2 ndsGemO; § 19 nwGO; § 26 rhpfGO; § 22 saarlKSVG; § 15 sächsKommVerfG; § 15 sachsanhKommVerfG; § 17 Abs. 2 shGO; § 15 thürVKO.

[336] Zur Wahlfreiheit zwischen verschiedenen Organisationsformen und Ausgestaltungen der Benutzungsverhältnisse s. VGH Bad.-Württ., ESVGH 25, 203; VBlBW 1962, 60; *Ehlers*, Verwaltung in Privatrechtsform, S. 175 ff.; *Hauser*, Die Wahl der Organisationsform, S. 3 ff.; *Schmidt-Aßmann* in *v.Münch/Schmidt-Aßmann*, Besonderes Verwaltungsrecht, 1. Abschn. Rdnr. 111; *Knemeyer*, Bay. Kommunalrecht, Rdnr. 238; *Seeger/Wunsch*, Kommunalrecht in Bad.-Württ., 10. Abschn. I 5; Nachweise zur älteren Gegenauffassung, wonach solche Rechtsbeziehungen einheitlich dem Öffentlichen Recht zuzuordnen sind, bei VGH Bad.-Württ., a.a.O.

Dienstleistungs- und Benutzungsverhältnisse öffentlich getragener Einrichtungen zu.

Als finanzielle Ausgleichsmechanismen kommen im öffentlich- und privatrechtlichen Benutzungsverhältnis lediglich das Erheben von Gebühren und Beiträgen oder das Anbieten der Leistungen gegen Entgelt[337] nebst Sekundärverpflichtungen aus dem Benutzungsverhältnis (Schadenersatz bei zweckwidriger Nutzung) in Betracht. Daneben ist eine Qualifikation der erbrachten (Dienst-)Leistungen als eine GoA für den Benutzer ausgeschlossen. Daher sind die Kosten für einen zwangsweisen Anschluß an eine öffentliche Einrichtung entgegen der Auffassung des Bayerischen Verwaltungsgerichtshofs nur dann zu erstatten, wenn die Satzung, welche den Benutzungszwang normiert, zugleich eine Ermächtigung zum kostenpflichtigen Selbsteintritt des Einrichtungsträgers enthält[338]. Entstehen bei der zweckwidrigen Benutzung einer Einrichtung Schäden, so ist der Beseitigungsaufwand nicht GoA für den Verursacher, sondern Schadensposition im Rahmen einer positiven Vertragsverletzung des Benutzungsverhältnisses[339].

dd) Aufwendungen im Justizvollzug

Eine spezielle Problematik aus der dritten Fallgruppe bilden die behördlichen Aufwendungen im Vollzug der Straf- und Untersuchungshaft sowie der Sicherungsverwahrung. Neben den allgemeinen (Betriebs-)Kosten für die Unterbringung und Betreuung der Gefangenen und die Sicherung der Anstalt fallen mitunter auch besondere Aufwendungen im Interesse einzelner Inhaftierter an. Der Bundesgerichtshof[340] hatte über die Frage zu entscheiden, ob ein *Untersuchungs*häftling dem Anstaltsträger die besonderen Aufwendungen einer Heilbehandlung zu erstatten hat, welche allein durch einen unternommenen Suizidversuch des Gefangenen erforderlich wurde. In Verfahren vor dem Landgericht Frankfurt[341] und dem Amtsgericht Diez[342] stritten Vollzugs-

---

[337] S. VGH Bad.-Württ., VBlBW 1962, 60; *Seeger/Wunsch*, Kommunalrecht in Bad.-Württ., 10. Abschn. I 8.

[338] A.A. BayVGH, NVwZ 1992, 431 = BayVBl. 1992, 214: Nachdem der Anlieger seinen der Geschäftsführung entgegenstehenden Willen nicht geäußert habe, habe die Gemeinde die Hausanschlußleitung für ihn herstellen dürfen und könne hierfür Aufwendungsersatz nach den §§ 677, 683 BGB verlangen.

[339] S. BGHZ 63, 119: Die Entfernung umweltgefährdenden Sondermülls von einer städtischen Mülldeponie ist nicht GoA für denjenigen, der anstelle des zugelassenen Hausmülls eigenmächtig Sondermüll abgeladen hatte, sondern es bestehen Ansprüche aus positiver Vertragsverletzung des privatrechtlichen Benutzungsvertrages über die Nutzung der Mülldeponie.

[340] BGHZ 109, 354 (s. auch die erstinstanzliche Entscheidung: LG Trier, NStZ 1988, 244).

[341] NJW 1977, 1924.

behörden und Untersuchungsgefange um die besonderen Aufwendungen für die Zwangsernährung der Gefangenen, während diese sich im Hungerstreik befunden hatten.

Ein Rückgriff auf das Rechtsinstitut der GoA könnte wegen eines Vorrangs der strafprozessualen Kostenvorschriften ausgeschlossen sein. Der Bundesgerichtshof hat in seiner Entscheidung diese Rechtsfrage offenlassen können[343], die Instanzgerichte haben den Vorrang des strafprozessualen Kostenrechts bejaht. Demgegenüber hält das Oberlandesgericht Koblenz in einer unveröffentlichten Entscheidung offenbar Ansprüche aus GoA gegenüber *Straf*gefangenen für möglich[344].

Strafprozessuale und strafvollzugsrechtliche Kostenvorschriften sind für Untersuchungsgefangene die §§ 464 ff. StPO, für Strafgefangene § 93 StVollzG sowie für Sicherungsverwahrte § 130 i.V.m. § 93 StVollzG. Die spezielle (Delikts-[345])Vorschrift des § 93 Abs. 1 Satz 1 StVollzG stellt auf besondere Tatbestandsmerkmale ab (grobes Verschulden), die dem Recht der GoA fremd sind. Ein Rückgriff auf das allgemeine Rechtsinstitut der GoA schließt sich aus, weil sonst das Nichtvorliegen der speziellen Tatbestandsmerkmale des § 93 Abs. 1 Satz 1 StVollzG in der Rechtsfolge ohne jede Konsequenz bliebe. Die strafvollzugsrechtliche Vorschrift ist gegenüber den §§ 670, 683 BGB vorrangig und hat abschließenden Charakter. Dem steht auch die Konkurrenzvorschrift des § 93 Abs. 1 Satz 2 StVollzG nicht entgegen, weil diese Norm nur das Verhältnis zu anderen *delikts*rechtlichen Vorschriften klarstellen will[346].

Für Untersuchungsgefangene gilt, daß die Vorschrift des § 93 StVollzG im Rahmen der Untersuchungshaft keine - auch nicht analoge[347] - Anwendung findet. Einschlägig sind allein die Kostenvorschriften der Strafprozeßordnung. Die fraglichen Behandlungskosten sind Kosten der Untersuchungshaft und

---

342 StV 1986, 260.

343 Der BGH hatte bereits den Tatbestand einer GoA verneint. Die landgerichtliche Vorinstanz (LG Trier, NStZ 1988, 244) hatte einen Vorrang der prozessualen Kostenvorschriften angenommen.

344 Beschluß vom 16.9.1987 - 10 U 1410/86 -, zitiert nach LG Trier, NStZ 1988, 244.

345 S. dazu oben, S. 95 f.

346 Gemeint sind vor allem Schadenersatzansprüche aus der Verletzung fremder Rechtsgüter und aus § 826 BGB, nur darauf bezieht sich auch die amtl. Begründung zu § 93 Abs. 1 Satz 2 StVollzG (s. BT-Drucks. 7/918, S. 120). Im Widerspruch zu der hier vertretenen Auffassung stehen die Gesetzgebungsmaterialien allerdings insoweit, als dort an anderer Stelle (S. 120, r. Sp.) dennoch Ansprüche der Vollzugsbehörde aus § 683 BGB grundsätzlich offenbar für möglich gehalten werden.

347 BGHZ 109, 354 (359); LG Trier, NStZ 1988, 244; AG Diez, StV 1986, 260 (261).

gehören als solche zu den Kosten des Strafverfahrens[348]. Sie werden im Kostenfestsetzungsverfahren nach § 464b StPO aufgrund einer Kostenentscheidung nach § 464 Abs. 1 StPO festgesetzt. In welchen Fällen Kosten zu erstatten sind, bestimmt sich nach den einzelnen Kostentatbeständen, welche sind: die Verurteilung des Beschuldigten (§ 465 Abs. 1 StPO), die Verursachung unnötiger Mehrkosten durch schuldhafte Säumnis (§§ 464c, 467 Abs. 2 Satz 1 StPO), die Rücknahme oder Erfolglosigkeit eines eingelegten Rechtsbehelfs (§ 473 Abs. 1, 6 StPO) und die Wiedereinsetzung in den vorigen Stand (§ 473 Abs. 7 StPO). Anderen Personen als dem Beschuldigten können die Kosten im Falle einer vorsätzlich oder leichtfertig erstatteten unwahren Anzeige (§ 469 StPO), im Falle der Rücknahme eines Strafantrags (§ 470 StPO) sowie im Falle der Erfolglosigkeit einer Privatklage (§ 471 Abs. 2 StPO) auferlegt werden. In welchem *Umfang* die Kosten zu erstatten sind, ergibt sich aus den §§ 464a, 471 Abs. 1, 472 Abs. 1, 472a Abs. 1, 472b, 473 Abs. 4, 5 StPO.

Das strafprozessuale Kostenerstattungsrecht ist sowohl im Hinblick auf die anspruchsbegründenden Kostentatbestände als auch im Hinblick auf den Umfang und die Höhe der zu erstattenden Kosten in den §§ 464 ff. StPO detailliert und umfassend geregelt. Erweist sich das strafprozessuale Kostenerstattungsrecht im Einzelfall dennoch als lückenhaft, so sind die fehlenden Rechtsfolgenanordnungen vorrangig aus einer Analogie zu vergleichbaren *strafprozessualen* Vorschriften zu gewinnen. Allein die speziellen strafprozessualen Vorschriften sind derart auf die besondere Situation eines Strafprozeßrechtsverhältnisses abgestimmt, daß von der Analogievoraussetzung der jeweils rechtsähnlichen Interessenlage der zu beurteilenden Sachverhalte ausgegangen werden kann. Ein Rückgriff auf das allgemeine Rechtsinstitut der GoA kommt dagegen nicht in Betracht[349].

ee) Ergebnis

Die Untersuchung derjenigen Rechtsgebiete, in denen ein Bedürfnis für die Ausgleichsfunktion der GoA erkennbar war und welche den vornehmlichen Gegenstand der bisherigen Diskussion in der Rechtswissenschaft über die GoA zwischen Verwaltung und Bürger bildete, hat gezeigt, daß Regelungslücken im Öffentlichen Recht, soweit sie überhaupt bestehen, nicht dem Gesetzesplan zuwiderlaufen, sondern plankonform gehen. Aus diesem Befund läßt sich für das gesamte Öffentliche Recht zusammenfassen: Das System der für das Öffentliche Recht gesetzlich getroffenen Ausgleichsvorschriften beinhaltet abschließende Kostentatbestände in dem Sinne, daß rechtlich legitimiertes

---

[348] § 464a Abs. 1 Satz 1 StPO i.V.m. § 11 Abs. 1 GKG, KV Nr. 1910.

[349] Ebenso *Schubert*, NJW 1978, 687 (688).

Verwaltungshandeln, welches zugleich auch einzelnen Privaten zugute kommt, stets nur im Rahmen und nach Maßgabe dieses Ausgleichssystems, also aufgrund einer besonderen öffentlichrechtlichen Ausgleichsvorschrift, gebühren-, entgelt- oder sonst ausgleichspflichtig ist, wohingegen eine Anwendung sonstiger, auf das Öffentliche Recht erst zu übertragender Ausgleichsinstitute außer Betracht bleibt.

Dem Gesetzgeber bleibt es vorbehalten, Verwaltungsmaßnahmen und öffentliche Dienstleistungen legislativ als ausgleichspflichtig zu erfassen, wie dies in einigen vormaligen Domänen der öffentlichrechtlichen GoA – etwa im Feuerwehrrecht der Länder[350] und im Wasserstraßengesetz des Bundes[351] – (inzwischen) geschehen ist[352]. Ein ergänzender Rückriff auf die Ausgleichsfunktion der §§ 677 ff. BGB wegen Auch-Gestion bleibt in der Fallgruppe 3 ausgeschlossen.[353]

b) Behördliche Hilfeleistung außerhalb der eigenen Aufgaben

Trifft eine Behörde eine Maßnahme *allein* im Interesse eines Bürgers, liegt also ein behördliches Eingreifen zugunsten des einzelnen ganz außerhalb des behördlichen Aufgabenbereichs (beauftragt etwa die Polizei aus eigenem Antrieb einen Handwerksmeister mit der Reparatur eines privaten Wasserrohrs[354]), so geht es – anders als im vorigen Gliederungspunkt – nicht allein um die Frage eines finanziellen Ausgleichs, sondern zunächst um die Frage einer Legitima-

---

[350] § 36 bwFeuerwehrG; Art. 28 Abs. 3 bayFeuerwehrG; § 36 Abs. 2 brbgBSchG; § 30 Abs. 1 Satz 2, Abs. 2 bremBrandSchG; § 17 berlFwG; §§ 25a, 25b hambFeuerwehrG; § 42 Abs. 2 hessBrSHG; § 26 Abs. 2 mevpBrSchG; § 26 Abs. 4 ndsBrandschG; § 36 Abs. 2 nwFSHG; § 37 rhpfLBKG; § 25 Abs. 2 saarlBSG; § 22 sächsBrandschG; § 9 sachsanhBschHLG; § 38 Abs. 1 thürBKG.

[351] § 30 Abs. 12 WaStrG.

[352] Solche Vorschriften begründen einen selbständigen öffentlichrechtlichen Erstattungsanspruch und sind – entgegen der Auffassung des HessVGH (DÖV 1994, 172 [173]) – nicht als bloße „Konkretisierung" eines sich letztlich in § 683 BGB gründenden Aufwendungsersatzanspruchs zu qualifizieren.

[353] Außerhalb der hier behandelten Geschäftsführungsproblematik steht der „Fuldaer Dombrandfall" (RGZ 82, 206): Hier lag ein sog. unechtes Gesamtschuldverhältnis vor. Daß der Brandschaden durch den Träger der Kirchenbaulast behoben worden war, konnte dem fahrlässigen Brandstifter nach den Grundsätzen der Vorteilsausgleichung nicht zugute kommen – er blieb nach wie vor zu Schadenersatz verpflichtet. Der Deliktsanspruch war entsprechend § 255 BGB auf den Baulastträger zu übertragen (ebenso *Selb*, Schadensbegriff und Regreßmethoden, S. 31; *Thiele*, AcP 167 (1967), 193 (224 f.); *Staudinger-Wittmann*, BGB, vor §§ 677 – 687 Rdnr. 21; ähnlich *Larenz*, Schuldrecht I, § 32 II).

[354] Beispiel nach *Schmalz*, Allgemeines Verwaltungsrecht (3. Aufl.), 8. Abschn. 7.4.; praktische Beispiele aus der veröffentlichten Rechtsprechung gibt es hierfür nicht.

tion der Verwaltung durch die §§ 677 ff. BGB, da eine anderweitige Legitimation der Verwaltung – so im vorigen Gliederungspunkt durch die polizeilichen Generalklauseln etc. – hier nicht vorliegt.

Es kann die Übertragung der §§ 677 ff. BGB auch nicht wie zuvor unter dem Gesichtspunkt des abschließenden Charakters der gesetzten Kostenausgleichsvorschriften abgelehnt werden, denn die existenten öffentlichrechtlichen Ausgleichsvorschriften sind stets ein Pendant zu öffentlichrechtlichen Legitimationstatbeständen, sie können somit nur den finanziellen Ausgleich gesetzlich *legitimierten* Verwaltungshandelns (abschließend) regeln. Für nicht verwaltungsgesetzlich legitimierte Maßnahmen treffen die verwaltungsrechtlichen Kostenvorschriften keine Rechtsfolge; ihnen gegenüber verhalten sich die gegebenen Ausgleichstatbestände neutral, weshalb beispielsweise die normierten Kostenausgleichstatbestände auch nicht den (gesetzlich nicht festgeschriebenen) öffentlichrechtlichen Erstattungsanspruch als eine denkbare Rechtsfolge nicht legitimierten Verwaltungshandelns ausschließen.

Allein aus den bisher erörterten Gesichtspunkten kann deshalb die gemeinsame Übernahme der Legitimations- und der Ausgleichsfunktion der GoA im Fall der Erledigung rein privater Angelegenheiten durch Verwaltungsbehörden nicht verworfen werden. Eine Übernahme der Legitimations- und Ausgleichsfunktion der GoA in das Öffentliche Recht könnte in dieser Fallkonstellation jedoch mit dem abschließenden Charakter der öffentlichrechtlichen Aufgabenbestimmung unvereinbar sein und dem abschließenden Zweck der Verwaltungstätigkeit sowie den Grundsätzen der behördlichen Willensbildung und Entscheidungsfindung entgegenstehen.

Die Vorschriften der §§ 677 ff. BGB stellen den wirklichen oder mutmaßlichen Willen des Geschäfts*herrn* und dessen Interesse in den Vordergrund. Der Grund hierfür liegt darin, daß jede Fremdgeschäftsführung zugleich einen Eingriff in fremde Rechtssphären bedeutet, welcher die Billigung durch die Rechtsordnung nur unter besonderen Voraussetzungen finden kann, nämlich dann, wenn berechtigte Interessen des Geschäftsherrn, die sich zuerst an dessen Willen festmachen, nicht entgegenstehen.

Mit dem Willen und dem Interesse des Geschäfts*führers* befaßt sich das Zivilgesetz nur am Rande. Die Geschäftsführung hat eine kognitive und eine voluntative Komponente: Der Geschäftsführer muß wissen, daß es sich um ein fremdes Geschäfts handelt (§ 687 Abs. 1 BGB), und er muß das Geschäft als ein fremdes führen wollen (§ 687 Abs. 2 BGB, jeweils im Umkehrschluß). Andere Voraussetzungen stellen die §§ 677 ff. BGB an die Person des Geschäftsführers nicht. Privatpersonen sind in ihrer Willensbildung grundsätzlich frei; es steht in ihrem Belieben, auch solche Maßnahmen zu ergreifen, die ihnen selbst keinerlei Vorteil erbringen. Der Handlungsspielraum privater

Rechtssubjekte ist nicht zweckgebunden, er konstituiert sich auch nicht aus einzelnen besonders zu verleihenden Handlungsermächtigungen, sondern es herrscht allgemeine Handlungsfreiheit im Rahmen der Trias des Art. 2 Abs. 1 GG.

Anders definiert sich dagegen der Aktionsradius einer Verwaltungsbehörde. Jedwede öffentliche Verwaltung ist getragen von einem Verwaltungszweck, nämlich der Förderung des Gemeinwohls[355]. Die Verwaltung ist am öffentlichen Interesse orientiert[356], welches sich in den öffentlichrechtlichen Gesetzen konkretisiert[357].

Vom öffentlichen Interesse zu scheiden sind die Individualinteressen einzelner Bürger. Zwar kann das öffentliche Interesse im Einzelfall mit bestimmten Individualinteressen übereinstimmen, was in besonderem Maße für die Bereiche der Sozialfürsorge[358] und der Leistungsverwaltung insgesamt zutrifft[359]; das öffentliche Interesse deckt sich aber stets nur insoweit mit Individualinteressen, wie die Gesetzesnormen des Öffentlichen Rechts bloße Individualinteressen zu auch-öffentlichen Interessen erheben. Individualinteressen zu verfolgen ist der Verwaltung nur in dem Rahmen gestattet, in dem private Interessen mit dem gesetzlich determinierten öffentlichen Interesse kongruieren. Im übrigen läuft jede Verfolgung rein privater Interessen durch die Verwaltung dem gesetzten Verwaltungszweck zuwider.

Zweck der Vorschriften über GoA ist aber gerade die Unterstützung des positiven Altruismus[360], die Förderung der interessengemäßen Wahrnehmung fremder, rein individueller Interessen. Dieser Regelungszweck der §§ 677 ff.

---

[355] *Wolff/Bachof*, Verwaltungsrecht I, § 29 vor I; *Ossenbühl*, Verwaltungsvorschriften und Grundgesetz, S. 232.

[356] *Maurer*, Allgemeines Verwaltungsrecht, § 1 Rdnr. 10; s. auch VG Würzburg, BayVBl. 1992, 121 (122).

[357] Ähnlich *Wolff/Bachof*, Verwaltungsrecht I, § 29 vor I, IV a.

[358] S. *Maurer*, Allgemeines Verwaltungsrecht, § 1 Rdnr. 10; *Neuffer*, Diss., S. 133 f.

[359] Sogar polizeiliches Handeln kann zugleich im Individualinteresse stehen, etwa die Sicherstellung einer Sache, um den Eigentümer vor Verlust derselben zu bewahren, s. § 21 Nr. 2 MEPolG. Außerdem ist anerkannt, daß *öffentliche* Gefahrenabwehr den Schutz *individueller* Rechtsgüter wie Leben, Gesundheit oder Eigentum einzelner Bürger einschließt, s. *Martens* in *Drews/Wacke/Vogel/Martens*, Gefahrenabwehr, § 15 2 b; *Götz*, Allgemeines Polizei- und Ordnungsrecht, Rdnr. 76.

[360] H.M., sog. Theorie der Menschenhilfe, s. *Kohler*, JherJb. 25 (1887), 1 (42 ff.); *Lent*, Wille und Interesse, S. 12; *Schubert*, AcP 178 (1978), 425 (428 ff.); *Esser/Weyers*, Schuldrecht II, § 46 I 1; *Larenz*, Schuldrecht II/1, § 57 vor I; *Hoepffner*, Diss., S. 22 f.; *Neuffer*, Diss., S. 91; *Oldiges*, JuS 1989, 616 (621); *Erman-Ehmann*, vor § 677 Rdnr. 1; *v.Caemmerer*, NJW 1963, 1402 (1403); ablehnend *Wollschläger*, Die GoA, S. 37; *Gusy*, JA 1979, 69 (72); kritisch auch *MünchKomm-Seiler*, BGB, vor § 677 Rdnr. 1 ff.; *AK-Joerges*, BGB, vor § 677 Rdnr. 18 ff.; 52 ff; *v.Einem*, NWVBL 1992, 384.

BGB läuft dem Gegenstand der öffentlichen Verwaltung zuwider[361]. Der sachliche Betätigungsspielraum der Verwaltung ist durch deren Verwaltungsaufgaben vorgegeben; im öffentlichen Interesse findet jede Verwaltungstätigkeit ihre Berechtigung und auch ihre Schranke[362]. Die Verwaltung ist dem Gemeinwohl verpflichtet, sie darf sich nicht nach Belieben und Willkür fremder, außerhalb der Förderung des Gemeinwohls stehender Interessen einzelner Privater annehmen. Die Übernahme fremder, privater Geschäfte ist der Verwaltung wegen deren Bindung an den Verwaltungszweck untersagt. Eine Legitimation der Verwaltung durch die den Altruismus fördernden §§ 677 ff. BGB schließt sich aus.

Hinter diesen Erwägungen steht letztlich die Frage nach dem Vorbehalt des Gesetzes. Postulat dieser Ausprägung des Gesetzmäßigkeitsprinzips ist die Rechtsbindung der Verwaltung: Verwaltungstätigkeit bedarf gesetzlicher Grundlagen[363]. Seine besondere, in der Rechtswissenschaft zuvorderst erkannte Bedeutung hat der Gesetzesvorbehalt bei belastenden Verwaltungsmaßnahmen[364]: Ohne gesetzliche Ermächtigungsgrundlage, welche in ihrem Inhalt, Zweck und Ausmaß hinreichend bestimmt sein muß[365], darf die Verwaltung nicht in Rechte und Freiheiten des Bürgers eingreifen (sog. Eingriffsvorbehalt). Die Anforderungen an die Regelungsdichte des Gesetzes steigen mit der Bedeutung der Angelegenheit für die Allgemeinheit und der Nachhaltigkeit der Grundrechtsbetroffenheit des einzelnen Bürgers[366]. In dieser besonderen Ausprägung ist der Vorbehalt des Gesetzes gleichbedeutend mit Schutz des Bürgers vor eigengesetzlicher und unberechenbarer Eingriffsverwaltung[367]; er ist somit

---

[361] S. zu diesem Gedanken auch *Maurer*, Allgemeines Verwaltungsrecht, § 28 Rdnr. 11; *ders.*, JuS 1970, 561 (565).

[362] Ähnlich VG Würzburg, BayVBl. 1992, 121 (122); *Wolff/Bachof*, Verwaltungsrecht I, § 29 vor I.

[363] *Maurer*, Allgemeines Verwaltungsrecht, § 6 Rdnr. 3.

[364] S. im einzelnen *Mayer/Kopp*, Allgemeines Verwaltungsrecht, § 8 III 2 b; *Maurer*, Allgemeines Verwaltungsrecht, § 6 Rdnr. 12; *Jesch*, Gesetz und Verwaltung, S. 141 ff., 156 ff.; *Wolff/Bachof*, Verwaltungsrecht I, § 30 III a.

[365] BVerfGE 8, 274 (325); 9, 137 (147); 22, 330 (345); 48, 210 (221); 56, 1 (12); 62, 169 (182); in diesem Sinne auch BVerfGE 8, 71 (76); 41, 251 (266); vgl. ferner BVerfGE 55, 207 (226).

[366] Sog. Wesentlichkeitstheorie, s. BVerfGE 34, 165 (192 f.); 40, 237 (248 ff.); 47, 46 (78 f.); 48, 210 (221); 49, 89 (126 f.); 57, 295 (320 f.); 58, 257 (268 ff.); BVerwGE 41, 261 (263); 47, 201 (203); 51, 235 (238); 64, 308 (310 f.); *Kisker*, NJW 1977, 1313 (1317 ff.); *Bauer*, DÖV 1983, 53 (54 ff.); *Bull*, Allgemeines Verwaltungsrecht, Rdnr. 317 ff.; kritisch *Kloepfer*, JZ 1984, 685 (689 ff.).

[367] Ähnlich *Ossenbühl*, Verwaltungsvorschriften und Grundgesetz, S. 210.

letztlich ein Ausfluß des Rechtsstaatsprinzips[368]. Jener wichtige Aspekt des Gesetzesvorbehalts spielt allerdings im hiesigen Sachzusammenhang eine nur untergeordnete Rolle[369], weil die Geschäftsführung *für* einen Privaten – wie sie § 677 BGB voraussetzt – ungeachtet der Kostenfolge zunächst nicht als eingreifende Maßnahme, sondern als begünstigendes, im Interesse des Bürgers (§ 683 BGB) liegendes Verwaltungshandeln zu klassifizieren wäre.

Vielmehr muß die Zulässigkeit einer GoA seitens der Verwaltung für den Bürger am Vorbehalt des Gesetzes unter dem Blickwinkel des Demokratieprinzips und des Grundsatzes der Gewaltenteilung scheitern. Das Demokratieprinzip erfordert, daß die Verwaltung grundsätzlich nur vollziehende Gewalt des Willens der Gemeinschaft ist, welcher sich in den vom gewählten Parlament beschlossenen Gesetzen herausbildet und äußert[370]. Der mit dem Demokratieprinzip eng verbundene Grundsatz der Gewaltenteilung fordert, daß die Ziele und Maßstäbe des Verwaltungshandelns nicht von der Verwaltung selbst zu bestimmen, sondern von der Legislative vorzugeben sind[371]. Beide Verfassungsprinzipien stehen einer Anwendung der §§ 677 ff. BGB in der dritten Fallgruppe entgegen[372]. Eine Anerkennung der behördlichen GoA öffnete

---

[368] S. BVerfGE 8, 71 (76); 9, 137 (147); 22, 330 (345); 34, 165 (192); 48, 210 (221); *Listl*, DVBl. 1978, 10 (13); *Mayer/Kopp*, Allgemeines Verwaltungsrecht, § 8 III 1 (S. 131); s. auch *Burmeister*, Institutioneller Gesetzesvorbehalt, S. 35 ff.

[369] Unter diesem Gesichtspunkt aber die Erörterung der öffentlichrechtlichen GoA bei *Gusy*, JA 1979, 69 (71 f.), wie auch bei *Ehlers*, Verwaltung in Privatrechtsform, S. 473. Zuzustimmen – auch unter dem Aspekt der Rechtsstaatlichkeit – ist allerdings deren ablehnende Haltung gegenüber der Rechtsprechung des BGH über gemischt fremde Geschäftsführung in den Fallkonstellationen der polizeilichen Ersatzvornahme. Daß aber der Eingiffsvorbehalt eine generelle Ablehnung der GoA durch Verwaltungsbehörden nicht trägt, erkennt zutreffend *Schmalz* (Allgemeines Verwaltungsrecht [3. Aufl.], 8. Abschn. 7.4), ohne jedoch im weiteren auf andere Aspekte des Gesetzesvorbehalts einzugehen.

[370] S. BVerfGE 33, 125 (158); *Kisker*, NJW 1977, 1313 (1314 ff.); *Mallmann*, VVDStRL 19 (1961), 165 (185 f.); *Menger*, VerwArch. 52 (1961), 196 (197); *Mayer/Kopp*, Allgemeines Verwaltungsrecht, § 8 III 1 (S. 131); vgl. auch BVerfGE 41, 251 (266); 49, 89 (126 f.); 55, 207 (225 f.); BVerwGE 47, 201 (203); 51, 235 (238); 64, 308 (310 f.); *Listl*, DVBl. 1978, 10 (15). *Eberle* (DÖV 1984, 485 [489 f.]) und Wilfried *Wolff* (Allgemeines Verwaltungsrecht, § 7 1.1.2) stellen die nur im parlamentarischen Verfahren gewährleisteten Gesichtspunkte der Transparenz und des Ausgleichs widerstreitender Interessen in den Vordergrund. Kritisch: *Ossenbühl*, Verwaltungsvorschriften und Grundgesetz, S. 196 ff., 228; *Böckenförde/Grawert*, AöR 95 (1970), 1 (25 f.): Auch die Exekutive sei (mittelbar) demokratisch legimiert; in diesem Sinne auch BVerfGE 68, 1 (109); ebenso *Kloepfer*, JZ 1984, 685 (686); s. ferner dazu *Kisker*, NJW 1977, 1313 (1314), *Krebs*, Jura 1979, 304 (307) und *Clement*, Diss., S. 92 f. Gegen eine Zuordnung des Gesetzesvorbehalts zum demokratischen Prinzip außerdem *Herzog* in *Maunz/Dürig*, GG, Art. 20, II. Abschnitt Rdnr. 85, sowie *Starck*, Der Gesetzesbegriff des Grundgesetzes, S. 282 f.

[371] Ähnlich *Mayer/Kopp*, Allgemeines Verwaltungsrecht, § 8 III 1 (S. 132); s. auch *Kloepfer*, JZ 1984, 685 (694 f.); *Herzog* in *Maunz/Dürig*, GG, Art. 20, V. Abschnitt Rdnr. 80; BVerfGE 62, 169 (182).

[372] S. auch Walter *Schmidt*, Staats- und Verwaltungsrecht, Rdnr. 275.

die Tür für die Verfolgung privater Interessen durch die Verwaltung nach eigenem Belieben. Nach den §§ 677 ff. BGB wäre die Verwaltung dem privaten Interesse verbunden und von ihrem eigenen Verwaltungszweck entbunden. Das Betätigungsfeld der öffentlichen Verwaltung wäre nicht mehr durch den in parlamentarischen Gesetzen zum Ausdruck gekommenen Willen der Gemeinschaft bestimmt, sondern die Verwaltung hätte freie Hand, jenseits ihrer durch Aufgaben- und Zuständigkeitsnormen gesetzten Grenzen neue Tätigkeitsfelder in fremden privaten Zuständigkeitsbereichen aufzuspüren. Das führte letztlich zu einem – im Verwaltungsrecht grundsätzlich nicht existenten[373] – *freien* Entschließungsermessen[374] der Verwaltung, denn für die Beurteilung der Pflichtgemäßheit einer behördlichen Entschließung zur Geschäftsübernahme fehlt es an jedem öffentlichrechtlichen Maßstab[375]. Fremdgeschäftsführung durch die Verwaltung außerhalb ihrer gesetzlichen Zuständigkeiten wäre eigengesetzliche Aufgaben- und Zielbestimmung sowie deren Verfolgung durch die Verwaltung. Der Vorbehalt des Gesetzes steht in seiner Erscheinungsform als Ausfluß des Demokratie- und Gewaltenteilungsprinzips einer Erweiterung des behördlichen Handlungsspielraums durch zusätzliche Fremdgeschäftsführungstatbestände entgegen[376].

---

[373] Ermessen ist nicht *freie*, sondern stets *pflichtgemäße* Ausübung eines gegebenen Handlungsspielraums (*Maurer*, § 7 Rdnr. 17; *Wolff/Bachof*, Verwaltungsrecht I, § 31 II c 3 ß; *Achterberg*, Allgemeines Verwaltungsrecht, § 18 Rdnr. 54; *Mayer/Kopp*, Allgemeines Verwaltungsrecht, § 9 I 2); Entschließungsfreiheit kann einer Behörde nur im Rahmen des gesetzlich festgelegten Zwecks einer Handlungsermächtigung zustehen (s. § 40 VwVfG, vgl. ferner § 114 VwGO).

[374] Vgl. hierzu auch *Maurer* (JuS 1970, 561 [564]), der den Gedanken einer GoA seitens der Verwaltung für den Bürger außerdem durch Erwägungen über eine eventuelle „Schrumpfung" des behördlichen Ermessens zur Übernahme privater Geschäfte und sich daraus ergebende einklagbare Rechtsansprüche oder gegebenenfalls sogar Amtshaftungsansprüche (wegen pflichtwidrig unterlassener GoA) ad absurdum führt.

[375] Maßstab jeden Verwaltungshandelns muß zumindest eine parlamentsgesetzliche Zweckbestimmung der Verwaltung sein. Umstritten sind die Anforderungen an die Rechtsqualität solcher Zweckbestimmungen; vgl. zum Meinungsstreit darüber, ob eine bloße Bereitstellung von Haushaltsmitteln im Haushaltsgesetz schon als hinreichende Zweckbestimmung in diesem Sinne erachtet werden kann: BVerwGE 6, 282 (287); 58, 45 (48); BVerwG, DVBl. 1978, 212 (213); *Jarass*, NVwZ 1984, 473 (475 ff.); *Bull*, Allgemeines Verwaltungsrecht, Rdnr. 335; ablehnend *Menger*, VerwArch. 52 (1961), 196; *Bauer*, DÖV 1983, 53 (58 f.). Ungeachtet dieses Meinungsstreits ist jedenfalls anerkannt, daß der Staat keine Geschenke machen darf, ohne gleichzeitig darin liegende gesetzlich zugelassene Ziele zu verfolgen (*Köttgen*, DVBl. 1953, 485 [487]; Hans P. *Ipsen*, Öffentliche Subventionierung Privater, S. 20; im Ergebnis ebenso *Clement*, Diss., S. 88 f. m.w.N.; ähnlich auch *Ossenbühl*, Verwaltungsvorschriften und Grundgesetz, S. 232 f., der jedoch sich unmittelbar aus der Verfassung ergebende Zielbestimmungen bereits als ausreichend erachtet). Ein solches Geschenk läge aber in der – nicht zu vergütenden – altruistischen Fremdgeschäftsführung zugunsten einzelner Privater.

[376] Die Vorschriften der §§ 677 ff. BGB selbst können dem Gesetzesvorbehalt schon deshalb nicht genügen, weil sie das Rechtsverhältnis zweier Privater untereinander zum (unmittelbaren) Regelungsinhalt haben und es an der gesetzgeberischen Absicht fehlt, gerade den Handlungs-

Öffentliches Recht steht aber nicht nur der Geschäfts*übernahme*, sondern ebenso auch der *Durchführung* einer GoA durch Verwaltungsbehörden entgegen. In der Durchführung einer GoA ist der unbeauftragte Geschäftsführer durch den Willen und das Interesse des Geschäftsherrn fremdbestimmt. Nach § 677 BGB hat er das Geschäft so zu führen, wie das Interesse des Geschäftsherrn mit Rücksicht auf dessen wirklichen oder mutmaßlichen Willen es erfordert. Nach Maßgabe des § 681 Satz 1 BGB ist er gehalten, eine Entschließung des Geschäftsherrn einzuholen und dieser Folge zu leisten, und nach § 681 Satz 2 BGB i.V.m. § 666 BGB ist er dem Geschäftsherrn zu Auskünften und zur Rechenschaft verpflichtet. Solche Fremdbestimmungs- und Kontrollmechanismen sind im Verhältnis zwischen Bürgern und Hoheitsträgern nicht zugelassen; die Verwaltung hat ihr Handeln am Maßstab des öffentlichen Interesses zu verantworten und darf sich nicht in der Weise dem Willen und Interesse eines Privaten unterordnen, wie es die §§ 677 ff. BGB vorsehen[377]. Die Durchführung von Verwaltungsmaßnahmen kann sich nur nach Öffentlichem Recht, die Art und Weise der Sachaufgabenerledigung nur nach bindenden gesetzlichen Vorschriften und pflichtgemäßer Ermessensausübung richten. Für eine Fremdbestimmtheit der Verwaltung nach Maßgabe der §§ 677 ff. BGB ist im Öffentlichen Recht kein Raum.

Eine Legitimation der Verwaltung durch die §§ 677 ff. BGB ist daher ausgeschlossen und somit – mangels einer irgend gearteten Legitimation – auch die Ausgleichsfunktion der GoA. Die abschließende gesetzliche Regelung des Zwecks der Verwaltungstätigkeit steht einer zusätzlichen Legitimation entgegen, wie sich auch die Fremdbestimmtheit nach den §§ 677 ff. BGB nicht mit den öffentlichrechtlichen Entscheidungsmaximen verträgt. Insgesamt ist für GoA durch Verwaltungsbehörden im Öffentlichen Recht ist kein Raum.

4. Zusammenfassung

Wo ein Bedürfnis für die Übernahme der Legitimations- und der Ausgleichsfunktion der §§ 677 ff. BGB in das Öffentliche Recht besteht, ist diese rechtlich nur insoweit zulässig, wie das Öffentliche Recht planwidrige Regelungslücken aufweist.

---

spielraum der Verwaltung durch jene Vorschriften erweitert zu haben. Außerdem bieten die §§ 677 ff. BGB keine hinreichende Bestimmung des öffentlichen Zwecks der Verwaltungstätigkeit.

[377] Ebenso *Medicus*, Bürgerliches Recht, Rdnr. 412; *Ehlers*, Verwaltung in Privatrechtsform, S. 471 f.; *Scherer*, NJW 1989, 2724 (2728); ähnlich *Schubert*, AcP 178 (1978), 425 (445); *Schwark*, JuS 1984, 321 (326).

In der Fallgruppe 1 steht die gesetzlich getroffene Grundentscheidung zugunsten des Entstehungsprinzips einer entsprechenden Anwendung der §§ 677 ff. BGB entgegen. In der Fallgruppe 3 kommt eine entsprechende Anwendung der Ausgleichsfunktion der GoA in den Fällen der sogenannten „auch-fremden" Geschäftsführung wegen des abschließenden Charakters der getroffenen öffentlichrechtlichen Ausgleichsvorschriften nicht in Betracht; in den Fällen der ausschließlich fremden Geschäftsführung scheitert GoA an der Bindung der Verwaltung an den öffentlichen Verwaltungszweck.

Lediglich in der Fallgruppe 2 finden sich planwidrige Regelungslücken, die eine entsprechende Anwendung der GoA gegebenenfalls ermöglichen. Ausgenommen hiervon sind sozialrechtliche Sachverhalte, soweit sie durch spezielle und insoweit abschließende Erstattungsvorschriften geregelt sind.

II. Alternativen zu einer Ausfüllung der Regelungslücken durch die §§ 677 ff. BGB

Für die verbliebene Fallgruppe 2 fragt sich, welche Möglichkeiten einer Ausfüllung der aufgefundenen planwidrigen Regelungslücken in Betracht kommen. Regelungslücken im Bereich des Öffentlichen Rechts sind vorrangig durch analoge Anwendung öffentlichrechtlicher Normen zu schließen[378]. Eine analoge Anwendung zivilrechtlicher Vorschriften kommt hingegen nur dann in Betracht, wenn und soweit Sätze des Öffentlichen Rechts zur Lückenfüllung nicht herangezogen werden können.

Zunächst sind deshalb analogiefähige Vorschriften des gesetzten Öffentlichen Rechts zu erforschen. Finden sich keine analogiefähigen öffentlichrechtlichen Normen, so ist zu prüfen, ob die Regelungslücken vorrangig durch anerkannte Rechtsinstitute des ungeschriebenen Öffentlichen Rechts zu schließen sind – in Betracht kommt hier der öffentlichrechtliche Erstattungsanspruch – und sich dadurch ein Rückgriff auf das Rechtsinstitut der GoA erübrigt.

1. Analogiefähige Vorschriften des gesetzten Öffentlichen Rechts

Im Öffentlichen Recht finden sich nicht viele Vorschriften, deren verallgemeinernde Anwendung auf übrige Fremdgeschäftsführungstatbestände auch nur erwägenswert ist. Die vereinzelten Vorschriften, die auf die bürgerlich-

---

[378] *Fleiner*, Institutionen, S. 56; *Meier-Branecke*, AöR 11 (1926), 230 (244); *Lassar*, Der Erstattungsanspruch im Verwaltungs- und Finanzrecht, S. 230; Hermann *Weber*, JuS 1970, 169 (170); *Hoepffner*, Diss., S. 68; *Schlör*, Diss., S. 53.

rechtliche GoA verweisen[379], können den Gedanken der allgemeinen Geltung der GoA im Öffentlichen Recht nicht in sich tragen, weil es sich hierbei jeweils um Rechtsfolgenverweisungen handelt, die den Tatbestand einer öffentlichrechtlichen GoA nicht voraussetzen. Der Anwendungsbereich des § 102 SGB-X erscheint zu speziell, als daß der darin enthaltene Rechtsgedanke auf das gesamte Öffentliche Recht übertragen werden könnte. Außerdem betrifft diese Vorschrift gerade das Verhältnis verschiedener Verwaltungsbehörden untereinander, in dem die öffentlichrechtliche GoA als allgemeines Rechtsinstitut ohnehin ausscheidet. Schließlich rechtfertigt sich § 102 SGB-X allein durch den besonders raschen Handlungsbedarf im Bereich des Sozialrechts. Auch deshalb kann die Vorschrift nicht auf das gesamte Öffentliche Recht übertragen werden. Insgesamt ist keine öffentlichrechtliche Gesetzesnorm ersichtlich, welche zur allgemeinen Regelung der öffentlichrechtlichen Fremdgeschäftsführung in entsprechender Anwendung herangezogen werden könnte.

2. Vorrang des öffentlichrechtlichen Erstattungsanspruchs

Mit einer Gegenüberstellung von öffentlichrechtlicher GoA und öffentlichrechtlichem Erstattungsanspruch befaßt sich Wollschläger[380] in der zugleich jüngsten grundlegenden Abhandlung über öffentlichrechtliche GoA. Wollschläger will die öffentlichrechtliche GoA durch den öffentlichrechtlichen Erstattungsanspruch vollends verdrängt wissen. Er weist nach, daß sämtliche Fälle, die in der Rechtsprechung vormals unter Anwendung der Grundsätze der öffentlichrechtlichen GoA gelöst wurden, entweder inzwischen einer positivrechtlichen Regelung zugeführt wurden oder aber zu keinem anderen Ergebnis geführt hätten, wenn anstelle der Grundsätze der GoA das Rechtsinstitut des öffentlichrechtlichen Erstattungsanspruchs angewandt worden wäre. Daraus folgert Wollschläger, die öffentlichrechtliche GoA habe neben dem Erstattungsanspruch keine Existenzberechtigung[381].

Genährt wird Wollschlägers Ansatz durch einige Gerichtsentscheidungen, die die rechtliche Grundlage eines zugesprochenen Anspruchs nicht eindeutig benennen. So heißt es in manchen Gerichtsentscheidungen, der Klaganspruch

---

[379] S. oben, S. 101 ff.

[380] GoA im öffentlichen Recht und Erstattungsanspruch (1977); s. auch die Besprechungen von *Sieg*, SGb. 1978, 132 und *Haueisen*, DVBl. 1978, 310 (zustimmend), sowie von *Mörtel*, BayVBl. 1980, 575 und *Breuer*, Der Staat 18 (1979), 319 (ablehnend).

[381] *Wollschläger* (Fußn. 380), S. 95. In diesem Sinne zuvor bereits *Klein*, DVBl. 1968, 166 (170), allerdings nur bezogen auf das Verhältnis verschiedener Verwaltungsträger untereinander; kritisch zu dessen Auffassung *Hoepffner*, Diss., S. 148 ff.

bestünde sowohl aus § 683 Satz 1 BGB als auch daneben aus § 812 BGB[382]. Der Bundesgerichtshof führt in einer Entscheidung aus, über das Vorliegen einer GoA brauche nicht entschieden zu werden, weil sich der geltend gemachte Anspruch wenigstens aus Bereicherungsrecht ergebe[383]. Umgekehrt spricht das Oberlandesgericht München Aufwendungsersatz aus GoA zu, während es dahinstehen läßt, ob zusätzlich auch Bereicherungsansprüche bestehen[384]. Sprachlich vermengt werden beide Rechtsinstitute in BSGE 20, 143 (144), wenn dort von einem „auf die Grundsätze der öffentlichrechtlichen Geschäftsführung ohne Auftrag gestützten Erstattungsanspruch" die Rede ist, und inhaltlich entspricht BSGE 23, 213 (217)[385] exakt Wollschlägers Theorie: In Fällen, in denen ein öffentlicher Rechtsträger an Stelle eines anderen primär oder allein verpflichteten öffentlichen Rechtsträgers Aufwendungen gemacht hat, werde der gebotene Ausgleich durch das allgemein anerkannte Institut des öffentlichrechtlichen Erstattungsanspruchs herbeigeführt. Die Vorinstanz hatte dagegen aus GoA verurteilt[386].

Wollschlägers Ansatz und der zuvor zitierten Rechtsprechung kann aus dogmatischen Gründen nicht gefolgt werden. Die beiden in Rede stehenden Rechtsinstitute können nicht in beliebige Konkurrenz zueinander gesetzt werden. Beide Rechtsinstitute sind dem Katalog der besonderen zivilrechtlichen Schuldverhältnisse entlehnt (§§ 677 ff., 812 ff. BGB[387]). Bei einer Übernahme der betreffenden Vorschriften in das Öffentliche Recht darf deren Einbettung in das Gesamtgefüge des Zivilrechts nicht außer acht gelassen werden.

Im Zivilrecht haben beide Rechtsinstitute ihre eigenständige Funktion. Sie sind nicht nach Belieben austauschbar, sondern führen eine gleichwertige Koexistenz. Das Bereicherungsrecht befaßt sich mit bloßem Vermögensausgleich, wohingegen sich GoA als komplexes gesetzliches Schuldverhältnis mit Legitimations- und Ausgleichsfunktion, nämlich mit Haupt- (§ 677 BGB) und Nebenpflichten (§ 681 BGB), mit besonderen Haftungsvorschriften (§§ 678, 680 BGB) sowie mit differenzierten Ausgleichsmechanismen (§§ 683 – 685 BGB) darstellt. Auch hinsichtlich der konkreten Rechtsfolgen ergeben sich Unterschiede. Wenn Wollschläger zur Begründung seiner gegenteiligen Auf-

---

[382] RGZ 102, 9 (10); HansOLG, MDR 1954, 180.

[383] NJW 1964, 1365.

[384] NVwZ 1985, 293 (294).

[385] Unter zweifelhafter Berufung auf BSGE 16, 151 und BSGE 16, 222, weil dort jeweils – anders als bei BSGE 23, 213 – die Voraussetzungen des § 678 Abs. 1 BGB vorlagen.

[386] SG Frankfurt/M, zitiert nach BSGE 23, 213 (217).

[387] Nachweise zur Herleitung des öffentlichrechtlichen Erstattungsanspruchs aus den §§ 812 ff. BGB sowie zur Gegenauffassung unten, S. 172.

fassung[388] für das Öffentliche Recht maßgeblich darauf abhebt, dort finde der Vertrauensschutz bei Wegfall der Bereicherung nur beschränkte Anwendung[389], so belegt er hierdurch allenfalls eine partielle Übereinstimmung der Rechtsfolgen beider Institute. In anderer Hinsicht verbleiben jedoch zahlreiche Unterschiede zwischen den Rechtsfolgen einer GoA und eines Bereicherungsanspruchs:

Was die Ausgleichsfunktion betrifft, so muß der Bereicherungsschuldner das zu Unrecht Erlangte herausgeben bzw. dessen Wert (§ 818 Abs. 2 BGB). Dagegen hat der Geschäftsherr einer GoA dem unbeauftragten Geschäftsführer dessen Aufwendungen zu ersetzen. Oft mögen zwar die Aufwendungen des Geschäftsführers der Höhe nach mit dem Wert der Bereicherung des Geschäftsherrn übereinstimmen. Der Wert der Bereicherung ist aber beispielsweise dann niedriger als die Höhe der Aufwendungen, wenn diese erfolglos geblieben sind oder wenn der Geschäftsherr die Angelegenheit unter Verwendung eigener Mittel selbst preisgünstiger hätte erledigen können. Andererseits kann der Wert der Bereicherung auch die Höhe der gemachten Aufwendungen übersteigen, wenn nämlich der Geschäftsführer eigene Arbeitskraft eingesetzt hat, die ihm über § 683 BGB nicht vergütet wird[390].

Weitere Unterschiede bestehen zwischen den Rechtsfolgen von GoA und Bereicherungsrecht in Fragen der Verjährung (vgl. § 852 BGB; GoA verjährt nach § 195 BGB), der Verzinsung (§ 256 BGB) und der Freistellung von Verbindlichkeiten (§ 257 BGB). Vor allem aber ist die berechtigte GoA zugleich Legitimationstatbestand, für das Bürgerliche Recht also Rechtfertigungstatbestand im Hinblick auf Eigentums-, Besitz- und andere Störungen, für das Öffentliche Recht wäre sie Legitimationstatbestand für Kompetenzüberschreitungen.

Einige Beispiele aus der einschlägigen Rechtsprechung zeigen, daß die unterschiedlichen Rechtsfolgen von GoA und Erstattungsanspruch nicht nur von rechtsdogmatischer Bedeutung sind: So waren etwa dem privaten Geschäftsführer, der anstelle der zuständigen Verwaltungsbehörde ein Uferdeckwerk hatte neu anlegen lassen und für diesen Zweck ein Darlehen aufnahm, die Darlehnszinsen in ihrer tatsächlich angefallenen Höhe unter der Prämisse einer berechtigten GoA zu ersetzen[391], wohingegen eine Bereicherung der Behörde in Höhe der Zinsaufwendungen des privaten Geschäftsführers schon deshalb nicht anzunehmen ist, weil entweder eine Kreditaufnahme seitens der Verwaltung

---

388 GoA im öffentlichen Recht und Erstattungsanspruch, S. 37, 61.

389 S. 36 f., 61.

390 Zur Vergütung berufseinschlägig verwendeter Arbeitskraft vgl. allerdings die Nachweise oben, S. 15, Fußn. 1.

391 BVerwGE 80, 170 (176).

zur Deckung der Ausgabe nicht erforderlich gewesen wäre oder weil zumindest der Verwaltung als uneingeschränkt kreditwürdig geltender Darlehnsnehmerin ein entsprechendes Darlehen zu günstigeren Konditionen eingeräumt worden wäre. Soweit ein Geschäftsführer eigene Geldmittel einsetzt, kann er Zinsen aus §§ 256, 246 BGB verlangen, wohingegen ein Bereicherungsgläubiger seinen Schuldner zunächst in Verzug setzen muß (§§ 284, 288 BGB)[392].

In einem anderen Fall hatte der Bundesgerichtshof die Haftung der Feuerwehr bei der mißglückten Bergung eines verunglückten Fahrzeugs unter dem Gesichtspunkt einer berechtigten GoA für den Fahrzeughalter nach § 680 BGB gemildert und zugleich eine Anwendung der weiteren Haftungserleichterung des § 839 Abs. 1 Satz 2 BGB abgelehnt[393]. Hätte dagegen der Feuerwehreinsatz „nur" einen öffentlichrechtlichen Erstattungsanspruch ausgelöst, so wäre das Handeln der Feuerwehr unter dem gewöhnlichen Haftungsmaßstab zu beurteilen gewesen; jedoch wäre der Gemeinde als Trägerin der Feuerwehr möglicherweise die Subsidiaritätsklausel des § 839 Abs. 1 Satz 2 BGB zugute gekommen, da der Geschäftsführer (Fahrzeughalter) außerdem aus einem Versicherungsvertrag Ersatz für den erlittenen Schaden verlangen konnte.

Für das Konkurrenzverhältnis zwischen GoA und ungerechtfertigter Bereicherung im Privatrecht gilt, daß die berechtigte GoA jedweden Bereicherungsanspruch ausschließt. Denn die berechtigte GoA ist zugleich Rechtsgrund für jede mit der Geschäftsbesorgung einhergehende Bereicherung des Geschäftsherrn[394], weshalb der Wert einer Geschäftsbesorgung niemals seitens des Geschäftsführers kondiziert werden kann. Der Geschäftsherr ist dem Geschäftsführer ausschließlich nach den §§ 677 ff. BGB verpflichtet. Dasselbe hat im Öffentlichen Recht für das Konkurrenzverhältnis zwischen GoA und öffentlichrechtlichem Erstattungsanspruch zu gelten, welcher ebenfalls auf einen Ausgleich rechtsgrundloser Vermögensverschiebungen gerichtet ist. Soweit öffentlichrechtliches Handeln die Tatbestände der §§ 677 ff. BGB erfüllt, ist es geboten, auch die Rechtsfolgen in Legitimation und Ausgleich nach den §§ 677 ff. BGB zu bestimmen, und nur in den Fällen einer ungerechtfertigten Vermögensverschiebung gelangt der auf bloßen Ausgleich gerichtete öffentlichrechtliche Erstattungsanspruchs zur Anwendung.

Es geht fehl, das Rechtsinstitut der öffentlichrechtlichen GoA durch den öffentlichrechtlichen Erstattungsanspruch ersetzen zu wollen[395]. Einen Vor-

---

[392] S. auch hierzu BVerwGE 80, 170 (176).

[393] BGHZ 63, 167.

[394] *MünchKomm-Seiler*, BGB, vor § 677 Rdnr. 15; *Palandt-Thomas*, BGB, vor § 677 Rdnr. 10; *Staudinger-Wittmann*, BGB, vor §§ 677 – 687 Rdnr. 4.

[395] Im Ergebnis ebenso *Ehlers*, Verwaltung in Privatrechtsform, S. 477 f.; *Erichsen* in *Erichsen/Martens*, Allgemeines Verwaltungsrecht, § 30 Rdnr. 11; *Schmalz*, Allgemeines Verwaltungs-

rang des Erstattungsanspruchs gegenüber der Fremdgeschäftsführung und der GoA kennt das Öffentliche Recht ebensowenig wie das Zivilrecht.

III. Vergleichbarkeit der Sachverhalte und Interessenlagen bei den Fallkonstellationen der zivilrechtlichen und der öffentlichrechtlichen GoA

Soweit in der allein noch verbliebenen zweiten Fallgruppe (GoA eines Privaten für die Verwaltung) planwidrige Regelungslücken als Grundvoraussetzung einer Analogie herausgearbeitet werden konnten, kommt eine Ausfüllung dieser Lücken mit den privatrechtlichen Vorschriften über die GoA nur dann in Betracht, wenn die zur Beurteilung stehenden Sachverhalte des Öffentlichen Rechts weithin vergleichbar sind mit denjenigen Sachverhalten des Bürgerlichen Rechts, welche durch die §§ 677 ff. BGB unmittelbar geregelt sind, und zudem die Interessenlagen in den Fallkonstellationen des Öffentlichen Rechts mit den Interessenlagen bei zivilrechtlicher Geschäftsführung weitgehend übereinstimmen[396].

Aus der Rechtsposition des *Privaten* ergeben sich keine grundsätzlichen Bedenken gegen eine Anwendung der §§ 677 ff. BGB bei einer Geschäftsführung für die Verwaltung. Es spricht nichts dagegen, den Willensentschluß, zugunsten der Verwaltung einzugreifen, in gleicher Weise zu behandeln, als werde ein Geschäft für einen privaten Geschäftsherrn besorgt. Eher sprechen Gesichtspunkte, welche sich aus der besonderen Rechtsstellung der öffentlichen *Verwaltung* als Geschäftsherr einer GoA ergeben, gegen die uneingeschränkte Anwendung der GoA in der Fallgruppe 2, wie etwa Fragen der Koordinierbarkeit der Erledigung öffentlicher Aufgaben, das Interesse an einer Auslastung der verwaltungseigenen sächlichen und personellen Mittel sowie die fehlende Gesetzesbindung privater Geschäftsführer. Diese Gesichtspunkte schließen aber die Vergleichbarkeit der Interessenlage bei Geschäftsführung im öffentlichrechtlichen und solcher im privaten Bereich nicht schlechthin aus, so daß eine Übernahme der §§ 677 ff. BGB unter noch zu klärenden Einzelvoraussetzungen tragfähig ist.

---

recht (3. Aufl.), 8. Abschn. 7.2.3; *Fleischfresser*, VwRdsch 1988, 305; *Blas*, BayVBl. 1989, 648 (652); s. ferner *Gusy*, JA 1979, 69 (72); für eine klare Unterscheidung auch BVerwGE 44, 351 (367).

[396] Ähnlich *Larenz*, Methodenlehre, S. 381 f.

IV. Ergebnisse und Folgerungen

Die Untersuchung hat bisher ergeben, daß eine Übernahme der §§ 677 ff. BGB in das Öffentliche Recht weder hinsichtlich deren Legitimations- noch hinsichtlich deren Ausgleichsfunktion für den Fall in Betracht kommt, daß Verwaltungsbehörden in fremden oder in auch-fremden Angelegenheiten tätig werden. Im Verhältnis verschiedener Behörden untereinander folgt das aus dem auch insoweit abschließenden Charakter der §§ 4 ff. VwVfG – letztlich aus Wertungswidersprüchen zwischen dem Regelungsgehalt der §§ 677 ff. BGB (Ausgleichsprinzip) und den im Amtshilferecht niedergelegten Prinzipien der verwaltungsinternen Kostenerstattung (Entstehungsprinzip). Im Verhältnis zwischen Verwaltung und Bürger ist die GoA wegen des Vorbehalts des Gesetzes (Demokratieprinzip und Grundsatz der Gewaltenteilung) ausgeschlossen, ferner weil sich die Verwaltung nicht dem Willen eines privaten Geschäftsherrn im Sinne einer Fremdbestimmtheit nach Maßgabe der §§ 677 ff. BGB unterordnen will und darf. Dagegen ist die GoA eines Bürgers für die Verwaltung nicht ausgeschlossen. Im Verhältnis verschiedener Privatrechtssubjekte untereinander ist Fremdgeschäftsführung – auch in öffentlichrechtlichen Handlungszusammenhängen – stets privatrechtliche GoA.

Steht danach fest, daß zugunsten der öffentlichen Hand die Ausgleichsfunktion der GoA niemals greift, so stellt sich die Frage nach anderweitigen Ausgleichsansprüchen, wenn Verwaltungsbehörden in fremder Angelegenheit und in fremdem Interesse tätig werden. Es fragt sich vor allem, ob Verwaltungsbehörden wenigstens über das Rechtsinstitut des öffentlichrechtlichen Erstattungsanspruchs den Wert ihrer Leistungen als Bereicherung des jeweils Begünstigten herausverlangen können.

Der Erstattungsanspruch ist ein inzwischen gewohnheitsrechtlich anerkanntes[397] Rechtsinstitut des Öffentlichen Rechts. Es handelt sich um den Ausgleich einer ungerechtfertigten Bereicherung auf dem Gebiet des Öffentlichen Rechts, dessen Fundierung in den §§ 812 ff. BGB ebenso vehement bestritten wird, wie sich dessen Durchführung gleichwohl an einer modifizierten Anwendung eben dieser Vorschriften orientiert[398]. Das ursprünglich im Steuerrecht[399] entwikkelte Rechtsinstitut erlangte seine größte Bedeutung im Bereich des Sozial-

---

[397] BVerwGE 25, 72 (76); 71, 85 (88); *Achterberg*, Allgemeines Verwaltungsrecht, § 25 Rdnr. 23; *Ossenbühl*, NVwZ 1991, 513 (516); *Schoch*, Jura 1994, 82 (84) m.w.N.

[398] S. *Meier-Branecke*, AöR 11 (1926), 230 (253 ff.); Eckart *Weber*, Der Erstattungsanspruch, S. 29 ff.; *Haueisen*, NJW 1954, 977; Hermann *Weber*, JuS 1986, 29; *Ossenbühl*, Staatshaftungsrecht, § 54 2; *Wallerath*, DÖV 1972, 221; *Wolff/Bachof*, § 44 I b 6; aus der Rechtsprechung zuletzt OVG NW, NJW 1992, 2245. Weitere Nachweise bei *Kreßel*, Öffentliches Haftungsrecht und sozialrechtlicher Herstellungsanspruch, S. 97 ff.

[399] S. *Lassar*, Der Erstattungsanspruch im Verwaltungs- und Finanzrecht.

rechts. Im Zweipersonenverhältnis konnten Sozialleistungsträger die zu Unrecht erbrachten Sozialleistungen und Überzahlungen von dem jeweiligen Leistungsempfänger zurückverlangen[400]; im Mehrpersonenverhältnis konnten Leistungsträger, die eine Sozialleistung in der irrtümlichen Annahme ihrer eigenen Zuständigkeit erbracht hatten, bei dem wirklich zuständigen Verwaltungsträger Rückgriff nehmen[401]. Heute ist der Erstattungsanspruch im Finanz- und Sozialrecht allerdings weitgehend kodifiziert[402], so daß dessen Bedeutung als allgemeines Rechtsinstitut in diesen Bereichen stark zurückgegangen ist.

Im allgemeinen Verwaltungsrecht findet sich eine besondere Ausprägung des Erstattungsanspruchs in § 48 Abs. 2 Satz 5 – 8 VwVfG[403] für den Fall der Rücknahme eines rechtswidrigen begünstigenden Verwaltungsaktes[404]. Daneben wird dem Erstattungsanspruch als Rechtsinstitut des allgemeinen Verwaltungsrechts Bedeutung im Verhältnis verschiedener Behörden untereinander zugemessen[405] sowie im Verhältnis zwischen Verwaltung und Bürger außerhalb des Geltungsbereichs des § 48 VwVfG[406]. Ob und wieweit der Erstattungsanspruch als „Ersatzinstitut" für die nicht anwendbaren §§ 677 ff. BGB in Betracht kommt, beurteilt sich wie folgt.

1. „Geschäftsführung" unter verschiedenen Behörden

a) Anwendung des Erstattungsanspruchs

Der Tatbestand des öffentlichrechtlichen Erstattungsanspruchs setzt das Fehlen eines rechtlichen Grundes für eine zwischenbehördliche Vermögens-

---

[400] S. Darstellung bei *Langkeit*, DOK 1971, 341.

[401] Sog. „Abwälzungsanspruch", s. BSGE 16, 151 (156 f.) m. zahlr. Nachw.; 16, 222 (225); 23, 213 (217); 36, 43 (44); BSG, Breithaupt 1975, 691 (692); BSGE 39, 137 (138); BSG, SozR 2200, Nr. 13 zu § 539 RVO; SozR 2200, Nr. 42 zu § 548 RVO; BayLSG, FEVS 13, 196 (197 f.); OVG Hamburg, FEVS 17, 124 (126 f.).

[402] S. § 37 Abs. 2 AO; §§ 50, 102 ff. SGB-X; im Beamtenrecht die §§ 53 Abs. 2 BRRG, 12 Abs. 2 BBesG, 52 Abs. 2 BeamtenVG, 87 Abs. 2 BBG und entsprechende Landesvorschriften.

[403] In Nordrh.-Westf.: § 49a Abs. 2 Satz 1 nwVwVfG.

[404] Die sich wiederholenden Verweisungen auf die Vorschriften des Bürgerlichen Gesetzbuchs über die ungerechtfertigte Bereicherung, z.B. in § 48 Abs. 2 Satz 6 VwVfG (ebenso in den beamtenrechtlichen Vorschriften, z.B. § 53 Abs. 2 BRRG) zeigen übrigens an, daß in einer entsprechenden, auf die Besonderheiten des Öffentlichen Rechts abgestimmten Anwendung eben jener zivilrechtlichen Ausgleichsvorschriften auch die rechtsdogmatische Grundlage des allgemeinen öffentlichrechtlichen Erstattungsanspruchs zu suchen sein dürfte.

[405] Vgl.. BayVGH, VerwRspr. 22 (1971), 866; OVG NW, NVwZ-RR 1988, 46; s. auch VGH Bad.-Württ., NJW 1985, 2603 (2605).

[406] S. BVerwGE 71, 85; HessVGH, NJW 1991, 510; OVG NW, NJW 1992, 2245.

verschiebung voraus, in der Terminologie des Öffentlichen Rechts das Eingreifen oder Handeln einer Behörde ohne rechtliche Legitimation, d.h. ohne entsprechende Kompetenz.

Der Erstattungsanspruch kann die Ausgleichsfunktion der berechtigten GoA deshalb nicht ersetzen, weil eines der Tatbestandsmerkmale des Erstattungsanspruchs, das Fehlen einer Legitimation, in diesen Fällen stets nicht erfüllt ist. Zwischenbehördliche Spontanhilfe hat ihre Legitimation und mithin ihren Rechtsgrund in Art. 35 Abs. 1 GG, der erste Zugriff der Polizeistellen in den jeweiligen Polizeigesetzen der Länder. Außerdem stünde ein Erstattungsanspruch in diesen Fällen gleichermaßen wie GoA im Wertungswiderspruch zu dem im Amtshilferecht mit der Vorschrift des § 8 VwVfG verfolgten Entstehungsprinzip.

Des weiteren kann eine Behörde auch dann keine Kostenerstattung beanspruchen, wenn sie sich bewußt über die Grenzen der eigenen Kompetenz – beispielsweise über die Grenzen der Spontanhilfekompetenz – hinwegsetzt. Eine Behörde, die in Kenntnis der eigenen Unzuständigkeit fremde Verwaltungsaufgaben an sich zieht und dabei fremde Entscheidungskompetenzen ausübt, handelt widerrechtlich und auf eigenes Risiko; sie kann nicht auch noch finanziellen Ausgleich von der an sich zuständigen Behörde verlangen[407].

Als ein der Fremdgeschäftsführung ähnlicher Tatbestand bleibt für den Erstattungsanspruch nur der Fall der irrtümlichen Erledigung fremder Verwaltungsaufgaben. Eine unbewußte Kompetenzüberschreitung birgt die Gefahr einer Fehlleitung von Verwaltungsmitteln in erheblichem Ausmaß, namentlich dann, wenn der Irrtum über einen längeren Zeitraum unentdeckt bleibt. Sie ist daher auszugleichen, um sicherzustellen, daß öffentliche Mittel zumindest im wesentlichen entsprechend ihrer haushaltsgemäßen Bestimmung verwendet werden. Der Ausgleich ist in dem Umfang geboten, wie die erbrachte Leistung dem zuständigen Verwaltungsträger so zugute kommt, als habe er sie selbst erbracht[408]; dies läßt sich messen an den von der zuständigen Behörde ersparten eigenen Aufwendungen.

Insoweit stehen die aus dem Amtshilferecht und dem Gesichtspunkt der Einheit der Verwaltung entwickelten Grundsätze einem finanziellen Ausgleichsmechanismus nicht entgegen. Das Amtshilferecht ist in dieser Hinsicht deshalb nicht vorgreiflich, weil es Aussagen nur für den Bereich des beabsichtigten Gebrauchs einer durch das Recht eingeräumten Möglichkeit der zwischenbehördlichen Fremdgeschäftsführung trifft, nicht aber für den zwischen-

---

[407] S. BayVGHE 23 (1970), 2 (7 f.) = VerwRspr. 21 (1970), 397 (402 f.): Aufstellen und Betreiben von Straßenlaternen durch die Gemeinde im Bewußtsein der eigenen Unzuständigkeit.

[408] Ähnlich BayVGH, VerwRspr. 22 (1971), 866 (874).

behördlichen finanziellen Ausgleich jedweder Art. Der Gesichtspunkt der Einheit der Verwaltung und somit die Maxime der Verwaltungseffizienz treten deshalb hinter dem Ausgleichsprinzip zurück, weil sich mit unabsichtlicher Kompetenzüberschreitung in weit erheblicherem Umfang die Gefahr einer Fehlleitung öffentlicher Mittel verbindet. Während sich nämlich die Spontanhilfe auf eine Einzelmaßnahme beschränkt und außerdem die eingreifende Behörde gehalten ist, ihre Maßnahmen auf das unbedingt Erforderliche zu beschränken, wird die irrtümlich ihre eigene Zuständigkeit annehmende Behörde keine Veranlassung sehen, ihren Sach- und Personaleinsatz einzuschränken. Bezieht sich der Zuständigkeitsirrtum auf eine Vielzahl von Fällen, so wird die Menge der bestimmungswidrig verwendeten Finanzmittel unüberschaubar und nicht mehr hinnehmbar.

Die in der Gesetzgebung wie in der richterlichen Rechtsfortbildung zu treffende Wertung zwischen den Maximen des Entstehungs- und des Ausgleichsprinzips[409] entpuppt sich also letztlich als bloß quantitative Frage, zu beantworten nach der Höhe der im Raume stehenden Ausgleichszahlung. Je weniger finanzielle Mittel bestimmungswidrig verwendet zu werden drohen, desto eher wird das Entstehungsprinzip dem Ausgleichsprinzip vorzuziehen sein.

b) Konsequenzen

Das hier vertretene Ergebnis der weitestgehenden Ablehnung von Ausgleichsansprüchen aus GoA und Erstattungsansprüchen unter verschiedenen Verwaltungsbehörden ist nicht in jeder Hinsicht rechtspolitisch wünschenswert. So kann die Bereitschaft einer Behörde, bei Gefahr im Verzug für eine andere Behörde einzuspringen, gelähmt sein, wenn keinerlei Kostenerstattung in Aussicht steht[410].

Da sich die haushaltsmäßige Belastung der bei Gefahr im Verzug einspringenden Behörde jedoch aus den genannten Rechtsgründen weder durch eine analoge Anwendung der GoA noch durch den Erstattungsanspruch ausgleichen läßt, obliegt es dem Gesetzgeber, eine normative Regelung über den finanziellen Ausgleich der zwischenbehördlichen Notfallhilfe zu treffen. Solange besondere Gesetzesvorschriften hierüber nicht bestehen, muß (und kann auch) den Behörden zugemutet werden, um der übergeordneten Gemeinwohlinteressen willen in Notfällen ohne Aussicht auf Kostenerstattung auszuhelfen. Die Konsequenzen einer restriktiveren Anwendung der öffentlichrechtlichen GoA

---

[409] S. oben, S. 134 ff.

[410] *Ehlers*, Verwaltung in Privatrechtsform, S. 475 Fußn. 307; ähnlich *Hoepffner*, Diss., S. 23 f.

wären vor allem dann nicht einschneidend, wenn sich die Behörden bei der Wahrnehmung einer Notkompetenz strikter auf die Informierung der zuständigen Behörde wie auf die Durchführung unaufschiebbarer Sicherungsmaßnahmen beschränkten und die eigentliche Gefahrenbeseitigung der an sich zuständigen Behörde überließen[411].

2. Behördliche „Geschäftsführung" für einen Privaten

a) Verwaltungshandeln im öffentlichen und zugleich privaten Interesse

Es läßt sich fragen, ob eine Verwaltungsbehörde, welche in Wahrnehmung ihrer eigenen Aufgabe zugleich die öffentlichrechtliche Handlungspflicht eines Privaten erfüllt, wenn schon nicht aus GoA, so doch zumindest aus dem Gesichtspunkt des öffentlichrechtlichen Erstattungsanspruchs einen finanziellen Ausgleich erlangen kann. Hierfür streitet – soweit ersichtlich – allein Wollschläger[412]. Ihm zufolge sind die Kosten einer Gefahrenabwehr von vornherein dem Bürger und nicht der Behörde zugewiesen[413]. Eine Ersatzvornahme erspare dem Bürger auch dann eigene Aufwendungen, wenn sie rechtswidrig durchgeführt werde. Ein Verfahrensverstoß der Behörde bilde keinen „Rechtsgrund", welcher den Störer zum Behalten seiner Ersparnis berechtige. Die Verwaltung könne Ersatz aus dem Tatbestand eines „Erstattungsanspruchs aus rechtswidriger Ersatzvornahme" verlangen.

Wollschlägers Auffassung ist nicht beizupflichten. Ordnungsrecht ist zuerst Recht der Gefahrenabwehrmaßnahmen und nicht Recht der Kostenzuweisung. Eine Polizeibehörde, welche Gefahren beseitigt, handelt hinsichtlich der Wahr-

---

[411] So konnte in BVerwG, NJW 1986, 2524 (Ölbeseitigung auf einer Bundeswasserstraße durch Landesbehörden in Wahrnehmung ihrer Eilkompetenz) die Reinigungsfirma ebensogut von der letztlich zuständigen Bundesbehörde beauftragt werden. War hierfür, wie das Gericht glauben machen will, keine Zeit, so fallen die Kosten der Maßnahme dem Land als Kosten der Erfüllung einer eigenen (Eil-)Aufgabe zur Last. Wie hier auch OVG NW, OVGE 38, 247 = NJW 1986, 2526 (Löschen eines brennenden städtischen Papierkorbs durch die Landespolizei): Die Gefahrenabwehrmaßnahme wurde in Wahrnehmung eigener Eilkompetenz auf eigene Kosten durchgeführt; ebenso *Oldiges*, JuS 1989, 616 (623). Vgl. zur Entscheidung des BVerwG auch die neuere Rechtsprechung des Gerichts zur Eingrenzung der schiffahrtpolizeilichen Aufgaben des Bundes und dessen wasserpolizeilicher Zustandsverantwortlichkeit an Bundeswasserstraßen in BVerwGE 87, 181 mit ersten Auswirkungen auf die Verwaltungsrechtsprechung zur öffentlichrechtlichen GoA bei OVG Lüneburg, VkBl. 1992, 435 = ZfW 1993, 48.

[412] GoA und Erstattungsanspruch, S. 83 f.

[413] Insoweit ähnlich *Broß*, DVBl. 1983, 377 (378); *Oldiges*, JuS 1989, 616 (622); im gegenteiligen Sinne aber *Schwachheim*, NVwZ 1988, 225 (226): Die Aufgabe der Gefahrenabwehr liege zunächst bei den zuständigen Polizei- und Ordnungsbehörden – und nicht etwa bei den jeweiligen Störern.

nehmungszuständigkeit stets mit Legitimation. Aus dieser Legitimation folgt im bereicherungsrechtlichen Sinne der Rechtsgrund für das Handeln, und zwar unabhängig davon, ob die besonderen Tatbestände des Verwaltungsvollstreckungsrechts gegeben sind[414]. Dagegen sind die Kosten der Maßnahme dem Bürger nur nach Maßgabe der vollstreckungsrechtlichen Vorschriften zugewiesen[415]. Der öffentlichrechtliche Erstattungsanspruch ist nicht einschlägig.

b) Verwaltungshandeln im ausschließlich privaten Interesse

Ist die Behörde dagegen wider ihrer Zweckbindung – somit unlegitimiert – in ausschließlich privatem Interesse tätig geworden, so steht einer Anwendung des öffentlichrechtlichen Erstattungsanspruchs nichts im Wege. Voraussetzung des Erstattungsanspruchs ist, daß der Private infolge der behördlichen Maßnahme etwas erlangt hat. Das Fehlen eines Rechtsgrundes für die Bereicherung folgt daraus, daß die gesamte Maßnahme jeder öffentlichrechtlichen Legitimation und Rechtsgrundlage entbehrt. Der Bürger hat das Erlangte herauszugeben und bei Unmöglichkeit der Herausgabe den Wert zu ersetzen. Eine Erstattung kann ausgeschlossen sein, wenn der Bürger darauf vertrauen durfte, das Erlangte behalten zu können[416].

3. Ergebnis

Verwaltungsbehörden können für die Wahrnehmung fremder Aufgaben und Angelegenheiten nur in den gesetzlich vorgesehenen Fällen einen Kostenausgleich beanspruchen. Fehlen spezialgesetzliche Ausgleichsvorschriften oder sind deren Voraussetzungen nicht eingehalten, so kann finanzieller Ausgleich weder unter dem Gesichtspunkt der GoA noch aus dem öffentlichrechtlichen Erstattungsanspruch verlangt werden. Die Behörde kann lediglich dann einen Bereicherungsausgleich in Gestalt des öffentlichrechtlichen Erstattungsanspruchs geltend machen, wenn sie irrtümlich fremde Verwaltungsaufgaben erledigt oder entgegen ihrem Verwaltungszweck in ausschließlich privatem Interesse gehandelt hat.

---

[414] Ähnlich Walter *Schmidt*, Staats- und Verwaltungsrecht, Rdnr. 275 (3).

[415] So auch *Oldiges*, JuS 1989, 616 (619, 622).

[416] Vgl. allgemein zum Vertrauensschutz beim öffentlichrechtlichen Erstattungsanspruch *Ossenbühl*, NVwZ 1991, 513 (520 f.); s. auch BVerwGE 71, 85 (90 f.).

Zweiter Hauptteil

Detailfragen zur GoA im Öffentlichen Recht

A. Geschäftsführung eines Privaten für eine Verwaltungsbehörde

I. Tatbestand einer berechtigten GoA für die Verwaltung

Den Tatbestand des § 677 BGB[1] erfüllt, wer ein Geschäft für die Verwaltung führt, ohne dazu beauftragt oder sonst berechtigt zu sein. Weitere Voraussetzung einer berechtigten GoA ist es außerdem, daß die Übernahme der Geschäftsführung dem wirklichen oder mutmaßlichen Willen des Geschäftsherrn entspricht (§ 683 Satz 1 BGB). Dieser Wille der Behörde gliedert sich in zwei Aspekte. Zum einen muß der *Gegenstand* der Geschäftsbesorgung selbst dem behördlichen Willen entsprechen, und zum anderen muß das *Eingreifen* des Geschäftsführers anstelle der zuständigen Behörde in der gegebenen Situation im Einklang mit dem wirklichen oder mutmaßlichen Willen der Behörde stehen.

1. Geschäftsführung für die Verwaltung

Unter „Geschäft der Verwaltung" ist jede rechtliche oder tatsächliche Handlung zu verstehen, die der Erledigung einer Verwaltungsaufgabe dient. Der Private muß diese Angelegenheit mit dem Willen besorgen, ein Geschäft für die Verwaltung zu führen. Welche Behörde für die Erledigung der betreffenden Verwaltungsaufgabe zuständig ist, braucht dem privaten Geschäftsführer nicht bekannt zu sein; durch die GoA wird diejenige Behörde berechtigt und verpflichtet, die gesetzlich zur Aufgabenerledigung berufen ist (§ 686 BGB).

---

[1] Im Kapitel A des zweiten Hauptteils verstehen sich die zitierten Vorschriften des BGB jeweils in analoger Anwendung.

2. Ohne Auftrag oder sonstige Berechtigung

Der Private darf zur Geschäftsführung weder beauftragt noch sonst berechtigt sein. Nicht anzuwenden sind die §§ 677 ff. BGB im Verhältnis zwischen der Verwaltung und einem beauftragten Unternehmer oder anderen Verwaltungshelfern.

Ferner schließt sich GoA dann aus, wenn ein Privater eine solche Handlung im öffentlichen Interesse vornimmt, zu welcher er durch Verwaltungsakt verpflichtet worden war[2]. Der befehlende Verwaltungsakt schafft zwischen Verwaltung und Bürger eine besondere Rechtsbeziehung, die dem Bürger eine Handlungspflicht auferlegt und ihn zugleich im Sinne des § 677 BGB auch berechtigt, im öffentlichen Interesse, beispielsweise im Interesse der Gefahrenabwehr, tätig zu werden. Das gilt auch für rechtswidrige Verwaltungsakte bis zu deren Aufhebung; der gebotene Ausgleich wird nicht über das Recht der GoA, sondern über Amtshaftungs- und Folgenbeseitigungsrecht[3] herbeigeführt.

Zuletzt muß GoA für die Verwaltung auch dann außer Betracht bleiben, wenn der Bürger einer noch nicht durch Verwaltungsakt konkretisierten, materiellen Polizeipflicht freiwillig nachkommt und im öffentlichen Interesse eine von ihm selbst zu verantwortende Gefahr beseitigt. Zwischen der Behörde und dem Bürger besteht in dieser Konstellation zwar noch kein Rechtsverhältnis mit konkreten Handlungspflichten des Bürgers, wohl aber eine öffentlichrechtliche Sonderbeziehung, die durch einseitigen Hoheitsakt (Verwaltungsakt) jederzeit von Seiten der Verwaltung zu einer konkreten Handlungspflicht des Bürgers verdichtet werden kann. Auch gegenüber dieser dem Öffentlichen Recht eigentümlichen Sonderbeziehung zwischen Verwaltung und Bürger greift die Subsidiaritätsklausel des § 677 BGB. Für seine eigenen bei der Gefahrenabwehr anfallenden Kosten muß der materiell ordnungspflichtige Bürger in jedem Fall selbst aufkommen.

3. Wille und Interesse der Behörde

a) Interesse an der Erledigung der Aufgabe

Berechtigt ist eine GoA für die Verwaltung, wenn sie dem wirklichen oder mutmaßlichen Willen der Behörde entspricht (§ 683 Satz 1 BGB). Nach wel-

---

[2] *Gusy*, JA 1979, 69 (70).

[3] S. zum Inhalt und zur Herleitung des allgemeinen Folgenbeseitigungsanspruchs *Schoch*, VerwArch. 79 (1988), 1 (15 ff., 32 ff.); *Kreßel*, Öffentliches Haftungsrecht und sozialrechtlicher Herstellungsanspruch, S. 49 ff., jeweils m. zahlr. Nachw.

chen Kriterien sich allerdings der maßgebliche Wille der Verwaltung bestimmt, ist umstritten.

Eine in der Literatur vertretene Meinung spricht der Verwaltung die Fähigkeit zur selbständigen Willensbildung ab. Danach soll sich der Wille der Behörde allein nach den für die Verwaltung verbindlichen Rechtsnormen bestimmen; der maßgebliche behördliche Wille entspreche stets dem öffentlichen Interesse[4]. Der Tatbestand des § 683 BGB werde im Öffentlichen Recht dahin konkretisiert, daß die Behörde für die Maßnahme abstrakt zuständig und zu deren Durchführung im Einzelfall konkret verpflichtet gewesen sein muß[5].

Zu überzeugen vermag diese Ansicht nicht. Sie ignoriert die Rechtstatsache, daß der tatsächlich gebildete und geäußerte Wille einer Behörde deren gesetzlichen Verpflichtungen manches Mal nicht entspricht, sondern dem öffentlichen Interesse zuwiderläuft, woraus rechtswidriges Verwaltungshandeln resultiert. Ein solcher nicht am öffentlichen Interesse orientierter Wille der Verwaltung ist nach allgemeinen Grundsätzen des Verwaltungsrechts jedoch zu berücksichtigen. Das Prinzip der Gesetzesbindung der Verwaltung (Art. 20 Abs. 3 GG) ist zwar ein maßgeblicher Faktor bei der behördlichen Willensbildung; dessen Bedeutung und Tragweite geht aber nicht dahin, daß ein tatsächlich gebildeter, zu den Gesetzen in Widerspruch stehender Wille der Verwaltung bedeutungslos wäre und in der Rechtsanwendung durch eine fingierte, gesetzeskonforme Willensentschließung der Verwaltung ersetzt würde. Die Übertragung der Verantwortung für das Gemeinwohl auf besondere Organe der vollziehenden Gewalt (Art. 20 Abs. 2 Satz 2 GG) steht nicht unter dem Vorbehalt einer gesetzesgemäßen (Art. 20 Abs. 3 GG) Wahrnehmung derselben.

So gilt bei förmlichem Verwaltungshandeln nach dem Prinzip der Bestandskraft, letztlich also aus Gründen der Rechtssicherheit, daß behördliche Willensbekundungen ihre Wirksamkeit solange beanspruchen, bis sie gerichtlich kassiert oder sonst aufgehoben werden[6]. Ergibt sich aus einem förmlichen Verwaltungshandeln ein der Geschäftsführung entgegenstehender behördlicher Wille, so ist dieser entgegenstehende Wille beachtlich. Hatte beispielsweise der Geschäftsführer bei der Behörde vormals eine bestimmte Verwaltungsmaßnahme

---

[4] *Erichsen* in *Erichsen/Martens*, Allgemeines Verwaltungsrecht, § 30 Rdnr. 18; *Gusy*, JA 1979, 69 (70); *Schmalz*, Allgemeines Verwaltungsrecht (3. Aufl.), 8. Absch. 7.6; *Schoch*, Jura 1994, 241 (248); *Blas*, BayVBl. 1989, 648 (650) und JA 1989, 514 (515 f.): Der Wille der Behörde sei identisch mit deren gesetzlichen Verpflichtungen. A.A. *Freund*, JZ 1975, 613 (616): Auch ein ermessensfehlerhafter Willensentschluß der Verwaltung sei zu berücksichtigen.

[5] *Gusy*, JA 1979, 69 (70); ebenso *Blas*, BayVBl. 1989, 648 (650) und JA 1989, 514 (516).

[6] Vgl. bei Verwaltungsakten § 43 Abs. 2 VwVfG; bei bauplanungsrechtlichen Satzungen § 215 Abs. 1 BauGB. Etwas anderes kann nur bei offensichtlichen und besonders eklatanten Rechtsmängeln gelten (§§ 43 Abs. 3, 44 VwVfG).

beantragt und ist er mit diesem Ansinnen per Verwaltungsakt abschlägig beschieden worden, so kann der Private die Verwaltungsmaßnahme nicht als Geschäftsführer für die Verwaltung selbst vornehmen und anschließend Aufwendungsersatz mit der Begründung verlangen, die Geschäftsführung habe dem objektivierten Willen der Behörde (Art. 20 Abs. 3 GG) entsprochen, da die Verwaltung (entgegen dem ablehnenden Bescheid) materiellrechtlich zur Vornahme der Handlung verpflichtet gewesen sei.

Bekundet die Behörde ihren der Geschäftsführung entgegenstehenden Willen allein durch nichtförmliches Verwaltungshandeln, so ist gleichermaßen daran festzuhalten. Im rechtsgeschäftlichen Bereich etwa erfordert jeder Vertragsschluß mit einer Behörde die entsprechende Willenserklärung der Verwaltung. Steht jedoch der behördliche Wille einem Vertragsabschluß entgegen, so kann das Rechtsgeschäft nicht zustandekommen. Keinesfalls kann die fehlende rechtsgeschäftliche Willenserklärung der Behörde etwa aus dem Gesichtspunkt der Gesetzesbindung der Verwaltung fingiert werden. Bedarf beispielsweise die Behebung einer gegenwärtigen Gefahr der Mitwirkung eines privaten Unternehmers (etwa eines Ölentsorgungsunternehmers[7]), weil der Verwaltung eigene technische Mittel fehlen, so mag die Behörde aus dem Gesichtspunkt der Gesetzesbindung der Verwaltung bei hinzukommender Schrumpfung des Auswahlermessens im Einzelfall dazu verpflichtet sein, einen bestimmten privaten Unternehmer mit bestimmten Gefahrenbeseitigungsmaßnahmen zu beauftragen. Solange es aber die Behörde unterläßt, mit dem einzig in Betracht kommenden Werkunternehmer zu kontrahieren, kommt eine Beauftragung gleichwohl nicht zustande. Die für einen Vertragsschluß erforderliche rechtsgeschäftliche Erklärung der Behörde kann nicht aufgrund der Gesetzesbindung der Verwaltung und der daraus resultierenden Einschreitenspflicht der Behörde fingiert werden. Der ablehnende Wille der Behörde ist für die Frage des Zustandekommens eines Rechtsgeschäftes mit dem Unternehmer auch dann maßgeblich, wenn die Weigerung zugleich eine Verletzung der behördlichen Pflicht zum Eingreifen in der gegebenen Situation bedeutete.

Auf den quasivertraglichen Bereich schließlich sind diese Grundsätze zu übertragen. Die Bedeutung eines geäußerten behördlichen Willens, der einem rechtsgeschäftlichen Vertragsschluß mit dem Geschäftsführer entgegensteht, reicht in den quasivertraglichen Bereich hinein und hat seine Bedeutung dort unter dem Aspekt des (fehlenden) wirklichen Willens der Behörde an einer unbeauftragten Fremdgeschäftsführung (§ 683 Satz 1 BGB). Die ablehnende Haltung der Behörde rechtlich zu überprüfen, kann allenfalls im Rahmen des § 679 BGB zulässig sein, wobei die Tragfähigkeit dieser Vorschrift im Öffent-

---

[7] So der Sachverhalt bei BVerwG, NJW 1986, 2524 (Ölverschmutzung auf der Hollager Schleuse).

lichen Recht allerdings fraglich ist und noch zu prüfen sein wird. Hingegen ist im Rahmen einer Beurteilung nach § 683 Satz 1 BGB in jedem Fall auf den wirklichen Willen der Behörde abzustellen, gleich ob sich dieser an den behördlichen Rechtspflichten orientiert.

Hat die Behörde zum Zeitpunkt der Geschäftsführung noch keinen Willen gebildet, so ist auf deren mutmaßlichen Willen abzustellen. Offenbar werden kann der mutmaßliche Behördenwille in einer ständigen Verwaltungsübung bei ähnlich gelagerten Sachverhalten. Es kann dann davon ausgegangen werden, daß die Behörde den Gegenstand der in Frage stehenden Geschäftsführung entsprechend der üblichen Verwaltungspraxis behandeln würde. An diese Vorgaben muß sich der Geschäftsführer halten. Fehlen besondere Anhaltspunkte für eine bestimmte Verwaltungsübung, so muß der mutmaßliche Wille der Behörde aus deren wohlverstandenem Interesse gefolgert werden[8]. Eine Vermutung spricht dafür, daß das Behördeninteresse an einer rechtmäßigen und effektiven Aufgabenerfüllung orientiert ist. Anhaltspunkte für das Behördeninteresse ergeben sich daher in erster Linie aus den für die Behörde verbindlichen Rechtsnormen. Sofern die Behörde keinen entgegenstehenden Willen bekundet hat und sich auch aus einer praktizierten Verwaltungsübung nichts anderes ergibt, ist davon auszugehen, daß die Behörde ihren gesetzlichen Auftrag erfüllen und ihren gesetzlichen Pflichten nachkommen will. Der mutmaßliche Behördenwille läßt sich in diesen Fällen aus den behördlichen Verpflichtungen und dem öffentlichen Interesse bestimmen.

Daher kann es letztlich auch nicht ins Gewicht fallen, daß der Private in seinem gewöhnlichen Handeln nicht an das für die Behörde zwingend geltende Öffentliche Recht und hier insbesondere an die Grundrechte Dritter gebunden ist. Weil nämlich die Geschäftsführung dem wirklichen oder mutmaßlichen Willen der Behörde entsprechen muß, fließen ausnahmslos sämtliche Gesichtspunkte, die für eine behördliche Entschließung in der gegebenen Situation maßgeblich gewesen wären, und somit auch alle von der Behörde zu beachtenden Rechtspositionen in das im Nachhinein zu treffende Urteil über die Berechtigung der Geschäftsführung ein.

Abzulehnen ist dagegen die (allerdings herrschende) Rechtsauffassung, GoA für eine Verwaltungsbehörde sei auf solche Fälle zu beschränken, in denen der Verwaltung, falls diese selbst eingegriffen hätte, kein Entscheidungsspielraum verblieben wäre[9]. Danach soll GoA nur bei gebundenen Verwaltungsentschei-

---

[8] Für das Bürgerliche Recht: BGHZ 47, 370 (374); *Medicus*, Bürgerliches Recht, Rdnr. 423; *RGRK-Steffen*, BGB, vor § 677 Rdnr. 75; *Staudinger-Wittmann*, BGB, vor §§ 677 – 687 Rdnr. 29; s. auch BGH, NJW 1971, 609 (612).

[9] So aber die h.M., s. *Blas*, BayVBl. 1989, 648 (650), *Schmalz*, Allgemeines Verwaltungsrecht (3. Aufl.), 8. Absch. 7.5; *Gusy*, JA 1979, 69 (71); s. auch BGH, NJW 1978, 1258 (1259). Differen-

dungen in Betracht kommen sowie dann, wenn ein gesetzlich vorgesehener Ermessensspielraum im konkreten Fall auf nur eine einzige rechtlich zulässige Entscheidung reduziert war[10]. Diese Auffassung findet im Bürgerlichen Recht keine Stütze und ist auch nicht durch Besonderheiten des Verwaltungsrechts gefordert. Die von den Vertretern dieser Ansicht ins Feld geführte Gefahr des „Unterlaufens" einer behördlichen Ermessensentscheidung durch die GoA besteht in Wahrheit nicht, weil der Geschäftsführer das Geschäft exakt so zu führen hat, wie das Interesse der Behörde mit Rücksicht auf deren wirklichen oder mutmaßlichen Willen es erfordert (§ 677 BGB), und er somit auch einer mutmaßlichen behördlichen Ermessensentscheidung verpflichtet ist.

Trotz dieser im Grundsatz bestehenden Bindung an eine mutmaßliche behördliche Ermessensentschließung werden die Maßnahmen des berechtigten Geschäftsführers häufig von der gemutmaßten Ermessensbetätigung der Verwaltung abweichen. Der Grund hierfür liegt in den unterschiedlichen Handlungsmöglichkeiten, die einerseits dem privaten Geschäftsführer und andererseits der Verwaltung gegeben sind. Da privaten Bürgern keine Eingriffe in die Rechte Dritter zustehen, muß beispielsweise der Private, der in berechtigter GoA für die Verwaltung den behinderten Verkehr regelt[11], an die Vernunft der betroffenen Verkehrsteilnehmer appellieren, während die zuständige Behörde bei pflichtgemäßer Ermessensbetätigung zu besonderen hoheitlichen Regelungsmaßnahmen greifen würde. Wenn aber die mutmaßliche Ermessensbetätigung der Verwaltung für die berechtigte Geschäftsführung nicht in jedem Fall vorgreiflich ist, sondern die pflichtgemäßen Maßnahmen der Verwaltung von den Maßnahmen des berechtigten Geschäftsführers durchaus abweichen können, kann die berechtigte GoA für die Verwaltung nicht zur Voraussetzung haben, daß die Behörde selbst mit den ihr zur Verfügung stehenden Mitteln keine Auswahl unter verschiedenen Maßnahmen (Auswahlermessen) gehabt hätte.

b) Interesse an der Übernahme des Geschäftes durch den Geschäftsführer

Ständiger Verwaltungs- und Zivilrechtsprechung zufolge muß nicht nur das Geschäft als solches dem Interesse des Geschäftsherrn entsprechen, sondern es muß auch das Eingreifen des Geschäftsführers anstelle der zuständigen Behör-

---

zierend jedoch BVerwGE 80, 170 (175): Eine Handlungsfreiheit, die von der Behörde nicht beansprucht werde, erscheine weniger schutzwürdig.

[10] S. allgemein zur Ermessensreduzierung BVerwGE 11, 95 (96 f.); BSGE 28, 80 (83); *Erichsen* in *Erichsen/Martens*, Allgemeines Verwaltungsrecht, § 10 Rdnr. 22.

[11] S. oben, S. 143 f.

de in der gegebenen Situation im öffentlichen Interesse liegen[12]. In der Formulierung ist dies ungenau: Abzustellen ist primär nicht auf das öffentliche Interesse an der Geschäftsübernahme, sondern abermals auf den wirklichen und mutmaßlichen Behördenwillen (§ 683 Satz 1 BGB). Bei dessen Ermittlung allerdings kann dem öffentlichen Interesse eine gewichtige Bedeutung zukommen.

Ob das Eingreifen des Privaten in der gegebenen Situation berechtigt ist, richtet sich zuerst nach dem wirklichen Willen der Behörde. Regelmäßig wird es allerdings zum Zeitpunkt der Geschäftsführung noch zu keiner behördlichen Willensbildung gekommen oder zumindest wird ein solcher Wille nicht nach außen getreten sein[13], so daß auf den mutmaßlichen Willen der Behörde abzustellen ist. Dieser kann sich wiederum in einer praktizierten Verwaltungsübung zeigen. So steht einer Geschäftsführung der mutmaßliche Behördenwille entgegen, wenn die Behörde früher bereits ein Eingreifen bei ähnlich gelagerten Sachverhalten gerügt hatte. In der Regel wird aber nicht einmal eine bestimmte Verwaltungsübung festgestellt werden können, so daß in diesen Fällen auf das wohlverstandene Interesse der Behörde und damit auf das öffentliche Interesse abzustellen ist.

Für die Bestimmung des öffentlichen Interesses an einer Geschäftsführung durch Private gelten folgende Anhaltspunkte.

Grundsätzlich spricht eine Vermutung dafür, daß Behörden daran interessiert sind, ihre eigenen Aufgaben selbst wahrzunehmen, und somit jede unbeauftragte Geschäftsübernahme dem öffentlichen Interesse zuwiderläuft. Dies ergibt sich einmal aus der Tatsache, daß Behörden eigene Verwaltungsapparate unterhalten, besondere Arbeitsmittel[14] vorhalten und Personal beschäftigen, deren Kapazitäten sie im Interesse einer sparsamen und wirtschaftlichen Verwaltung[15] zunächst in Einsatz bringen wollen und müssen, bevor ergänzend Fremdleistungen in Anspruch genommen werden können. Soweit unter diesen Gesichtspunkten Raum bleibt für Fremdleistungen, schließt sich GoA in der

---

[12] BVerwG, BBauBl. 1962, 454; BVerwGE 80, 170 (173); BayVGHE 25 (1972), 117 (120) = VerwRspr. 24 (1973), 542 (546); BayVGHE 23 (1970), 2 (5) = VerwRspr. 21 (1970), 397 (400); OVG Lüneburg, Gemeinde 1990, 260; BGH, LM Nr. 17 zu § 683 BGB; WM 1976, 1056 (1059); NJW 1978, 1258 (1260); OLG Köln, NVwZ 1993, 1020 (1022).

[13] Daß der Geschäftsführer die Aufgabe übernehmen sollte, kann allenfalls dann angenommen werden, wenn die Behörde mit diesem bereits in Vertragsverhandlungen über die Erledigung der Maßnahme eingetreten war. Allerdings spricht die Tatsache, daß die Behörde über den Gegenstand der Geschäftsbesorgung einen schuldrechtlichen Vertrag schließen wollte, eher gegen die Annahme, daß der Unternehmer die Verwaltungsaufgabe gerade als unbeauftragter Geschäftsführer erledigen sollte. Siehe hierzu den gesonderten Gliederungspunkt unten, S. 191 ff.

[14] Etwa Streufahrzeuge für den Winterdienst.

[15] Vgl. etwa § 31 Abs. 2 Satz 2 hambWegeG; s. ferner Art. 114 Abs. 2 GG, § 6 HGrG.

Regel deshalb aus, weil es dem behördlichen Interesse und sogar der behördlichen Pflicht entspricht[16], private Unternehmer in eigener Regie und in Übereinstimmung mit den öffentlichen Vergaberichtlinien (VOL / VOB, Teil A) auszuwählen und diesen die Aufgabenerledigung nach Maßgabe der öffentlichen Ausführungsbestimmungen (Teile B und C der Verdingungsordnungen) zu übertragen.

Auch kann nur die zuständige Behörde gewährleisten, daß die Aufgaben der öffentlichen Verwaltung in rechtmäßiger und geordneter Art und Weise erledigt werden. Dagegen geht jedes private Einschreiten an Stelle der Verwaltung auf Kosten der Überschaubarkeit sowie der Koordinierbarkeit der einzelnen öffentlichen Maßnahmen und kann daher die Verwaltung beeinträchtigen.

Überdies spielen haushaltsrechtliche Gesichtspunkte eine Rolle. Nur nach Maßgabe der Haushaltsgesetze und des Haushaltsplans ist nämlich die Verwaltung dazu ermächtigt, Ausgaben zu leisten und Verbindlichkeiten einzugehen (§ 3 Abs. 1 HGrG). Daher können selbst die objektiv erforderlichen Maßnahmen stets nur in dem Umfang erledigt werden, wie sie durch bereitstehende Haushaltsmittel gedeckt sind. Sind die Haushaltsmittel zur Bewältigung sämtlicher Verwaltungsaufgaben nicht ausreichend, so hat die Verwaltung dringliche Aufgaben bevorzugt wahrzunehmen und andere Aufgaben hintanzustellen. Über die zeitliche Reihenfolge, in der die anstehenden Verwaltungsaufgaben erledigt werden, entscheidet die Verwaltung nach pflichtgemäßem Ermessen. An einer Übernahme von Aufgaben durch unbeauftragte Geschäftsführer kann der Verwaltung nicht gelegen sein, soweit dadurch einer von der Verwaltung zu bestimmenden Reihenfolge der Sachaufgabenerledigung vorgegriffen oder sogar eine bereits festgelegte Reihenfolge unterlaufen würde[17].

Ferner spricht für die Einhaltung der öffentlichen Kompetenzordnung die Gesetzesbindung der Verwaltung, insbesondere deren Grundrechtsbindung. Nur durch ein Handeln der Verwaltung selbst ist die Beachtung des objektiven Rechts und der subjektiven Rechte Dritter sicherzustellen. Latent gefährdet ist bei jeder privaten Geschäftsführung beispielsweise die Beachtung des Gleichheitsgrundsatzes (Art. 3 Abs. 1 GG): Mit jeder Geschäftsführung durch einen Privaten geht einher, daß diese Verwaltungsaufgabe zu einem anderen Zeitpunkt (nämlich früher) und möglicherweise auf eine andere Art und Weise

---

[16] S. *Ingenstau/Korbion*, VOB, Einl. Rdnr. 40, 101.

[17] Ebenso BayVGHE 23 (1970), 2 (4) = VerwRspr. 21 (1970), 397 (399); VGH Bad.-Württ., ESVGH 27, 125 (129) = NJW 1977, 1843 (1844); OVG Lüneburg, Gemeinde 1990, 260 (261); OVG NW, zitiert nach PersVerk. 1966, 131 (ohne Verfasserangabe); ähnlich *Blas*, BayVBl. 1989, 648 (651); *Klein*, DVBl. 1968, 166 (170); *Menger*, VerwArch. 69 (1978), 397 (400); s. auch OVG Lüneburg, VerwRspr. 15 (1963), 799 (801); VGH Bad.-Württ., NJW 1985, 2603 (2605).

erledigt wird, als es dem Plan der zuständigen Behörden entsprach. Hierin kann eine Verletzung des Gleichheitsgrundsatzes liegen, wenn die Verwaltungsaufgabe dem Geschäftsführer letztlich selbst zugute kommt und für ein Vorziehen der konkreten Maßnahme aus ermessensfehlerfreier Beurteilung seitens der Verwaltung kein sachlicher Grund bestand.

Schließlich sind Fälle denkbar, in denen einer Fremdgeschäftsführung entgegensteht, daß die Verwaltung aus dem Gesichtspunkt der Kostenabwälzung daran interessiert ist, die Verwaltungsaufgabe nach bestimmten förmlichen Verfahrensvorschriften zu erledigen. Steht es beispielsweise der Sicherheitsbehörde offen, eine Gefahr auf Kosten des Störers im Wege des sofortigen Vollzugs oder durch Ersatzvornahme im gestreckten Verfahren zu beseitigen, so wird dies dem öffentlichen Interesse eher entsprechen als die Geschäftsführung seitens eines Dritten, aus der die Behörde ihrerseits nach § 683 BGB zu Aufwendungsersatz verpflichtet würde, ohne diese Kosten wiederum auf den polizeilich Verantwortlichen abwälzen zu können.

Aus dem Gesagten ergibt sich, daß die Übernahme von Verwaltungsgeschäften durch private Geschäftsführer nur in besonderen Ausnahmefällen dem mutmaßlichen Willen einer Behörde entspricht. Zunächst können nur solche Fälle in Betracht kommen, in denen die Behörde zwingend selbst hätte eingreifen müssen (reduziertes Entschließungsermessen). Des weiteren muß sichergestellt sein, daß die Verwaltung nicht in der Dispositionsbefugnis beeinträchtigt wird, die Aufgabe durch eigene Bedienstete selbst auszuführen oder einen von ihr selbst ausgewählten Unternehmer mit der Durchführung zu beauftragen. Für die berechtigte GoA kommen daher nur solche Aufgaben in Betracht, welche die Verwaltung selbst weder durch eigene Bedienstete noch durch beauftragte Unternehmer hätte wahrnehmen können. Zuletzt muß ausgeschlossen sein, daß die Behörde in der Befugnis beeinträchtigt wird, über die Reihenfolge der Sachaufgabenerledigung pflichtgemäß zu disponieren. Es verbleiben mithin für eine Fremdgeschäftsführung nur Verwaltungsaufgaben, die keinen Aufschub dulden und von denen mit hinreichender Wahrscheinlichkeit anzunehmen ist, daß die Behörde selbst für deren sofortige Erledigung gesorgt haben würde, wenn sie dazu in der Lage gewesen wäre.

Unter Berücksichtigung dieser Kriterien konzentriert sich der Anwendungsbereich der GoA auf solche Verwaltungsaufgaben[18].

---

[18] So rechtfertigt sich im Ergebnis auch die Auffassung des OVG NW (KStZ 1989, 195 = NWVBL 1990, 99) zur GoA im Erschließungsrecht: Die Aufgabe der Erschließung kann die zuständige Gemeinde stets rechtzeitig wahrnehmen, sei es letztlich im Wege der Übertragung der Erschließung auf den potentiellen Fremdgeschäftsführer durch Erschließungsvertrag. Aus diesem Grunde ist die Erschließung kein tauglicher Gegenstand einer öffentlichrechtlichen GoA.

Bezeichnenderweise findet sich in der veröffentlichten Rechtsprechung nicht ein einziger Fall, in welchem eine berechtigte GoA für die Verwaltung nach den hier herausgearbeiteten Voraussetzungen anzunehmen gewesen wäre. In den meisten Fällen, in denen GoA eines Privaten für die Verwaltung angenommen wurde, lag eine Geschäftsführung *gegen* den Willen der Behörde vor (§ 679 BGB)[19]. In einigen Fällen hatten die Geschäftsführer eine vermeintliche eigene Vertragspflicht gegenüber der Verwaltung erfüllt[20], in einem Fall war der Geschäftsführer in Wahrheit in sonstiger Weise (nämlich aufgrund eines Befehls der Besatzungsmacht) zur Geschäftsführung im Sinne des § 677 BGB berechtigt[21], und eine letzte Entscheidung betraf die Nothilfeleistung unter Privaten bei Forderungsübergang nach § 1542 RVO (jetzt § 116 SGB-X)[22].

Ganz ohne praktische Relevanz ist die GoA für die Verwaltung dennoch nicht. Zwei denkbare Fallkonstellationen einer verwaltungsrechtlichen GoA wurden bereits genannt: einmal die vorläufige Regelung des durch besondere Hindernisse beeinträchtigten Straßenverkehrs[23] und zum anderen die Bewahrung strafprozessualen Beweismaterials vor dem Untergang zugunsten der zuständigen Strafverfolgungsbehörde[24].

c) Berechtigte Geschäftsführung gegen den Willen der Verwaltung

Steht der behördliche Wille einer Geschäftsführung entgegen, so kann die Geschäftsübernahme bestenfalls nach § 679 BGB (i.V.m. § 683 Satz 2 BGB) berechtigt sein. Fraglich ist, ob diese Vorschrift in das System des Öffentlichen Rechts übernommen werden kann.

Die herrschende Meinung bejaht diese Frage[25]. Danach kommt es für die Anwendung des § 679 BGB darauf an, ob im konkreten Fall trotz entgegen-

---

[19] BVerwGE 80, 170; VGH Bad.-Württ., ESVGH 27, 125 = NJW 1977, 1843; OVG Lüneburg, NVwZ 1991, 81; BGH, VersR 1956, 235; LG Wiesbaden, DAR 1970, 130; AG Bremen, NJW-RR 1986, 355 und AG Lichterfelde, JR 1951, 53 (aufgehoben durch LG Berlin, JR 1951, 405).

[20] BGH, WM 1972, 616 (618); HansOLG, MDR 1954, 180; OLG München, NVwZ 1985, 293; OLG Frankfurt, MDR 1987, 233.

[21] BGHZ 1, 57 (61 ff.).

[22] BGHZ 33, 251.

[23] S. oben, S. 143 f.

[24] S. oben, S. 144. Der vom AG Bremen in NJW-RR 1986, 355 entschiedene Fall ist deshalb nicht gleichgelagert, weil dort der Geschäftsführer die Blutalkoholuntersuchung gegen den ausdrücklichen Willen der Behörde (§ 679 BGB) hatte vornehmen lassen.

[25] BVerwG, BBauBl. 1962, 454; BVerwGE 80, 170 (173); BVerwG, NVwZ 1992, 672; OVG Lüneburg, VerwRspr. 15 (1963), 799 (800); BayVGHE 23 (1970), 2 (5) = VerwRspr. 21 (1970),

stehenden Willens der Verwaltung ein öffentliches Interesse an der Geschäftsführung besteht, was unter Berücksichtigung aller Umstände des Einzelfalls zu ermitteln sei. Zu würdigen seien dabei die sachliche und zeitliche Dringlichkeit der Aufgabe, die Sachnähe des Betroffenen, seine Handlungs- und Zugriffsmöglichkeiten sowie das Verhalten und die Handlungsmöglichkeiten der zuständigen Behörden[26]. Eine nähere Untersuchung der einschlägigen Rechtsprechung zeigt, daß diejenigen Geschäftsbesorgungen, für die § 679 BGB angewendet wurde, in weit überwiegender Anzahl letztlich dem Geschäftsführer selbst zugute kamen[27], daß es sich großenteils also um sogenannte Selbsthilfeaufwendungen handelte.

Die entsprechende Anwendung der §§ 683 Satz 2, 679 BGB ist entgegen der herrschenden Rechtsmeinung abzulehnen. Die Begründung hierzu unterscheidet sich danach, ob der Geschäftsführer eigene subjektive Öffentliche Rechte[28] im Wege der Selbsthilfe realisiert oder ob er bloßes objektives Öffentliches Recht gegen den Willensentschluß der Verwaltung durchsetzt.

aa) Maßnahmen zur Durchsetzung subjektiver Öffentlicher Rechte

Macht jemand Aufwendungen zur Erledigung solcher Verwaltungsaufgaben, deren Erfüllung er von der Verwaltung verlangen und gerichtlich durchsetzen

---

397 (400); BayVGHE 25 (1972), 117 (119 f.) = VerwRspr. 24 (1973), 542 (546); HessVGH, Gemeindehaushalt 1987, 264; OVG Lüneburg, Gemeinde 1990, 260; NVwZ 1991, 81 (82); BGHZ 1, 57 (62); BGH, LM Nr. 17 zu § 683 BGB; NJW 1978, 1258 (1259); LG Berlin, JR 1951, 405 (406); AG Karlsruhe, NJW 1990, 329; AG Niebüll, NVwZ 1991, 917; *Maurer*, Allgemeines Verwaltungsrecht, § 28 Rdnr. 10; *Erichsen* in *Erichsen/Martens*, Allgemeines Verwaltungsrecht, § 30 Rdnr. 18; *Weimar*, RiA 1964, 18; *Klein*, DVBl. 1968, 166 (170); a.A. *Freund*, JZ 1975, 513 (516); kritisch auch VGH Bad.-Württ., NJW 1985, 2603 (2605).

[26] BVerwGE 80, 170 (174).

[27] In BVerwGE 80, 170 sicherte die Neuanlage des Uferdeckwerks zugleich das eigene Betriebsgrundstück. In VGH Bad.-Württ., ESVGH 27, 125 = NJW 1977, 1843 gewährleistete die Herstellung der Kanalisationsanlage zugleich die eigene Abwasserentsorgung, ebenso in OVG Lüneburg, NVwZ 1991, 81 die Reinigung der Anschlußleitung. In BGH, VersR 1956, 235 behandelte das Krankenhaus den Patienten auch um des eigenen Verdienstes willen. In AG Lichterfelde, JR 1951, 53 (aufgehoben durch LG Berlin, JR 1951, 405) wurden die angeschafften Schulbücher vom Geschäftsführer selbst genutzt. In AG Karlsruhe, NJW 1990, 329 sicherte die Störungsbeseitigungsmaßnahme den eigenen Fernsehempfang. In AG Niebüll, NVwZ 1991, 917 verschaffte die Zwangsräumung dem Geschäftsführer selbst den Zugang zu seiner Wohnung. In ArbG Wetzlar, RiA 1964, 190 kamen die nachgezahlten Arbeitgeberbeiträge der sozialen Absicherung des Geschäftsführers zugute. Uneigennütziges Handeln nur in LG Wiesbaden, DAR 1970, 130: Lichtbilder zum Nachweis einer Ampelfehlschaltung; AG Bremen, NJW-RR 1986, 355: Blutalkoholuntersuchung als strafprozessuales Entlastungsmaterial.

[28] Zum Begriff des subjektiven Öffentlichen Rechts s. *Erichsen* in *Erichsen/Martens*, Allgemeines Verwaltungsrecht, § 10 Rdnr. 52 ff.; *Wolff/Bachof*, Verwaltungsrecht I, § 43; kritisch *Achterberg*, Allgemeines Verwaltungsrecht, § 20 Rdnr. 69 ff.; s. auch *Henke*, DÖV 1980, 621.

kann (subjektives Öffentliches Recht), so ist eine GoA für die Verwaltung aus dem Gesichtspunkt eines Vorrangs des verwaltungsgerichtlichen Rechtsschutzes ausgeschlossen[29]. Die Mittel und Wege, mit denen ein Bürger bestimmte Maßnahmen gegen den Willen der Verwaltung durchsetzen kann, sind in den einschlägigen prozessualen und vorprozessualen Verfahrensvorschriften abschließend geregelt. Bei besonders dringlichen Anliegen steht es dem Bürger offen und ist ihm zuzumuten, vorläufigen Rechtsschutz nach § 123 VwGO zu erwirken[30]. Selbsthilfe dagegen ist unzulässig. Es besteht kein öffentliches Interesse an der Übernahme eines Geschäftes durch einen privaten Geschäftsführer zum Zwecke der Umgehung prozessualer Vorschriften. Wer eigene subjektive Öffentliche Rechte im Wege der Selbsthilfe durchsetzt, kann sich wegen der gemachten Aufwendungen nicht auf die Vorschriften der §§ 683 Satz 2, 679 BGB berufen[31].

bb) Maßnahmen zur Durchsetzung objektiven Öffentlichen Rechts

Macht ein Privater dagegen freiwillige Aufwendungen zur Durchsetzung bloßen objektiven Öffentlichen Rechts gegen den Willen der Verwaltung, so kann ihm zwar nicht vorgehalten werden, er habe vorrangig den verwaltungsgerichtlichen Rechtsschutz in Anspruch nehmen müssen. Denn die einschlägigen Verfahrensvorschriften gewähren keinen Rechtsschutz; einen allgemeinen Gesetzesvollziehungsanspruch gibt es nicht[32]. Objektives Öffentliches Recht kann vom einzelnen Bürger nicht klageweise gegenüber der Verwaltung geltend gemacht werden[33]. Das gilt auch dann, wenn die Einhaltung der objek-

---

[29] Ebenso BVerwGE 80, 170 (175); OVG Lüneburg, VerwRspr. 15 (1963), 799 (801); *Menger*, VerwArch. 69 (1978), 397 (400); *Gusy*, JA 1979, 69 (71); a.A. AG Lichterfelde, JR 1951, 53 (55), aufgehoben durch LG Berlin, JR 1951, 405.

[30] Ebenso BVerwGE 80, 170 (175).

[31] In AG Karlsruhe, NJW 1990, 329 hätte der Kläger die Störungsbeseitigungsmaßnahme aus § 23 FernmAnlG verlangen und gerichtlich durchsetzen können. Zur Geschäftsführung war der Kläger nicht berechtigt; als finanziellen Ausgleich konnte er allenfalls die Ersparnis der Deutschen Bundespost in Geld ersetzt verlangen (§ 684 Satz 1 BGB); s. aber auch OLG Karlsruhe, NJW-RR 1992, 93. In AG Niebüll, NVwZ 1991, 917 hätte der Kläger die Herausgabe der Wohnung in geräumtem Zustand klageweise von der Ordnungsbehörde erzwingen können (vgl. dazu VGH Bad.-Württ., NJW 1990, 2770; OVG NW, NVwZ 1991, 905). In AG Lichterfelde, JR 1951, 53 hätte der Kläger – nach der Prämisse des Gerichts (a.A. zuvor BezVerwG [Brit. Sektor], JR 1950, 311) – die Beschaffung der Lernmittel klageweise durchsetzen können. In ArbG Wetzlar, RiA 1964, 190 lag in der Nachzahlung der Arbeitgeberanteile eine Pflicht aus dem Arbeitsverhältnis, deren Erfüllung der Kläger auch nach Beendigung des Arbeitsverhältnisses noch gerichtlich hätte verlangen können.

[32] *Erichsen* in *Erichsen/Martens*, Allgemeines Verwaltungsrecht, § 10 Rdnr. 52.

[33] Dieser Grundsatz findet seinen Ausdruck in der Vorschrift des § 42 Abs. 2 VwGO, wonach der Kläger „in seinen Rechten verletzt" sein muß, welche nach überwiegender Ansicht bei allge-

tiven öffentlichrechtlichen Vorschriften den Bürger infolge eines Rechtsreflexes begünstigen würde[34].

Aus den Vorschriften über die verwaltungsgerichtlichen Verfahren und das verwaltungsbehördliche Vorverfahren lassen sich aber allgemeine Grundsätze über die Zulässigkeit einer Rechtsverfolgung herleiten. Die Einteilung in objektive und subjektive Öffentliche Rechte scheidet klagbare von nicht klagbaren Rechten. In ihrer Tragweite jedoch beschränkt sich diese Unterscheidung nicht darauf, prozessuale Klagevoraussetzungen festzulegen. Vielmehr bedeutet die Sonderung subjektiver und objektiver Rechte zugleich eine Wertung, welche Interessen einer Rechtsverfolgung durch den Bürger überhaupt zugänglich sind. Dabei soll unter Rechtsverfolgung im weiteren Sinne auch die zwangsweise Durchsetzung bestimmter Maßnahmen im Wege der Selbsthilfe verstanden werden. Daraus folgt: Wenn schon demjenigen keine Selbsthilfe zusteht, der sogar einen gerichtlich durchsetzbaren Anspruch auf die Erfüllung der Maßnahme hat, dann kann das Selbsthilferecht erst recht nicht demjenigen zuzubilligen sein, der hinsichtlich der Verwirklichung der Maßnahme verfahrensrechtlich noch schlechter gestellt ist. Der Ausschluß der verwaltungsgerichtlichen Popularklage hat alles andere zum Zweck, als gerade dem „quivis ex populo" die Herstellung der allgemeinen Gerechtigkeit im Wege von Selbsthilfeaufwendung zu ermöglichen. Der Vorrang des verwaltungsgerichtlichen Rechtsschutzes greift auch im Hinblick auf die Erfüllung objektiven Öffentlichen Rechts. Wo kein verwaltungsgerichtlicher Rechtsschutz gegeben ist, kann Öffentliches Recht auch nicht im Wege der Selbsthilfe auf Kosten der zuständigen Verwaltung realisiert werden[35]. Die Erzwingung bestimmter Verwaltungsmaßnahmen ist in diesem Bereich den Fachaufsichtsbehörden vorbehalten[36].

Für GoA gegen den Willen der Verwaltung bleibt somit kein Raum. Die Vorschrift des § 679 BGB findet im Öffentlichen Recht keine Anwendung.

---

meinen Leistungsklagen sinngemäße Anwendung findet (dazu BVerwGE 36, 192 [199]; BVerwG, NJW 1977, 118 [119], NVwZ 1991, 574 [575]; VGH Bad.-Württ., NVwZ-RR 1991, 334; *Schmitt Glaeser*, Verwaltungsprozeßrecht, Rdnr. 387; a.A. *Kopp*, VwGO, § 42 Rdnr. 38; *Neumeyer*, JuS 1979, 31 [34 f.] je m.w.N.); ebenso § 113 Abs. 1, 5 VwGO; offener dagegen § 43 Abs. 1 VwGO, wonach für die Feststellungsklage ein „berechtigtes Interesse" des Klägers genügt.

[34] *Eyermann/Fröhler/Kormann*, VwGO, § 42 Rdnr. 155; *Redeker/v.Oertzen*, VwGO, § 42 Rdnr. 152.

[35] Ähnlich *Fleischfresser*, VwRdsch 1988, 305 (307); *Schlör*, Diss., S. 56 f.; a.A. die h.M., vgl. BVerwGE 80, 170 (175 f.); OVG Lüneburg, NVwZ 1991, 81 (82); LG Wiesbaden, DAR 1970, 130.

[36] Ebenso *Freund*, JZ 1975, 513 (516); s. auch BVerwG, BBauBl. 1962, 454.

d) Erfüllung unwirksamer Verträge

In einigen Gerichtsentscheidungen wurde privaten Unternehmern Aufwendungsersatz aus GoA zugesprochen, nachdem jene (zumeist Bau-)Leistungen für die Verwaltung aufgrund eines vermeintlich bestehenden, in Wahrheit aber nicht rechtsgültig geschlossenen Vertrages erbracht hatten[37]. Dabei lag die Unwirksamkeit der vertraglichen Abmachung in der Regel darin begründet, daß eine Gemeinde es als Auftraggeber verabsäumt hatte, die nach den jeweiligen Gemeindeordnungen vorgeschriebenen besonderen Förmlichkeiten für Geschäfte außerhalb der laufenden Verwaltung zu beobachten[38].

Nach herrschender Auffassung ist die Gemeinde bei Mißachtung dieser Förmlichkeiten nicht wirksam vertreten[39]. Oft tritt dieser Mangel erst spät in das Bewußtsein der Beteiligten, so daß manchmal schon mit der Bauausführung begonnen wird oder gar die Leistung bereits vollständig erbracht ist, bevor die Unwirksamkeit des Verpflichtungsgeschäftes offenkundig wird.

Ein vertragliches Entgelt steht dem Unternehmer für seine Leistung nicht zu. Herrschender Rechtspraxis zufolge soll der Unternehmer in diesen Fällen jedoch einen Aufwendungsersatz aus GoA von der Gemeinde verlangen können[40]. Zur Begründung wird angeführt, eine Werk- oder Dienstleistung, die ein Unternehmer für die Gemeinde erbringe, diene in aller Regel deren Nutzen. Somit besorge der Unternehmer, der sich irrig gegenüber der Gemeinde für vertraglich verpflichtet hält, zumindest auch ein fremdes Geschäft der Gemeinde. Die irrige Annahme einer eigenen vertraglichen Pflicht schließe eine GoA nicht aus. Somit komme es für den Aufwendungsersatzanspruch nur noch darauf an, ob das Geschäft im Einzelfall dem mutmaßlichen Willen der Gemeinde entsprochen habe.

---

[37] BGH, WM 1972, 616 (618); OLG München, NVwZ 1985, 293; OLG Frankfurt, MDR 1987, 233.

[38] S. § 54 Abs. 1, 2 bwGO; Art. 38 Abs. 2 bayGO; § 71 Abs. 2 hessGO; § 63 Abs. 2 ndsGemO; § 56 Abs. 1 nwGO; § 49 Abs. 1, 2 rhpfGO; § 62 saarlKSVG; § 60 Abs. 1, 2 sächsKommVerfG; §§ 51 Abs. 2, 56 Abs. 2 shGO.

[39] Begründet wird dies mit Art. 55 EGBGB, s. RGZ 64, 408 (413 f.); 82, 7 (8); BGHZ 32, 375 (380 f.); BGH, NJW 1980, 117 (118); NJW 1982, 1036 (1037); NJW 1984, 606; NJW 1994, 1528; BAG, AP Nr. 7 zu § 125 BGB m. krit. Anm. *Westermann*; LAG Hamm, NWVBL 1992, 218; *Weißhaar*, Allgemeines Kommunalrecht in Nieders., § 20.5.2; *Seeger/Wunsch*, Kommunalrecht in Bad.-Württ., Abschn. 23 VI; a.A. (bloßer Formverstoß) noch BGHZ 21, 59 (66); BGH, NJW 1958, 866; ebenso *Ehlers*, Verwaltung in Privatrechtsform, S. 235 ff.; a.A. (wirksame Form- und zugleich Vertretungsvorschrift): *Wolff/Bachof/Stober*, Verwaltungsrecht II, § 87 Rdnr. 61; weitere Nachweise zum Ganzen bei BGH, NJW 1980, 117 (118). Zur Frage, wann die Berufung der Gemeinde auf die Unwirksamkeit ihrer Verpflichtungserklärung eine unzulässige Rechtsausübung darstellt, s. BGH, NJW 1973, 1494 (1495); NJW 1980, 117 (118); NJW 1994, 1528.

[40] S. Nachweise in Fußn. 37.

Seinem Tatbestand nach scheint das Rechtsinstitut der GoA zumindest insoweit zu passen, als es zu den Voraussetzungen des § 677 BGB gerade gehört, daß weder ein Auftrag noch eine sonstige Berechtigung vorliegt, daß also eine wirksame vertragliche Vereinbarung über die Geschäftsbesorgung nicht zustandegekommen ist.

GoA schließt sich auch nicht deshalb aus, weil etwa ein Fremdgeschäftsführungswille fehlt. Daß der Geschäftsführer irrig annahm, er sei wirksam beauftragt, hindert nicht, sondern stützt gerade die Annahme, daß er ein Geschäft besorgen wollte, von dem er wußte, das es im Interesse der Gemeinde lag[41]. Denn die objektive Zuordnung des Geschäfts zum Rechtskreis der Gemeinde ändert sich durch den Glauben an die Wirksamkeit des Vertrages nicht, und auch vertraglich wäre der Unternehmer dem gemeindlichen Interesse verbunden gewesen. Die Zuordnung des Geschäfts zum Rechtskreis der Gemeinde änderte sich auch dann nicht, wenn eine vertragliche Verpflichtung wirksam zustandegekommen wäre. GoA entfiele nicht deshalb, weil der Geschäftsherr lediglich zur Erfüllung eigener Pflichten und nicht im fremden Interesse tätig würde, sondern wegen der in § 677 BGB festgeschriebenen Subsidiarität gegenüber Auftrag und sonstigen Vertragsverhältnissen.

Fraglich ist dagegen, inwieweit die durch eine unwirksame Vereinbarung veranlaßte Geschäftsführung dem wirklichen oder mutmaßlichen Behördenwillen entspricht. Durch ihr Eintreten in Vertragsverhandlungen über die Durchführung der Maßnahme hat die Behörde einerseits zu erkennen gegeben, daß sie an einer Erledigung der Sachaufgabe als solcher interessiert ist. Andererseits aber hat das Verhalten der Behörde auch gezeigt, daß jene die Durchführung der Maßnahme selbst leiten und beaufsichtigen wollte, so daß es sicher nicht im behördlichen Interesse läge, wenn irgendein beliebiger Privatmann die Verwaltungsaufgabe aus eigenem Antrieb und ohne Absprache mit der Behörde erledigte. In dem hier behandelten Fall, in dem gerade derjenige Unternehmer tätig wird, mit welchem die Gemeinde kontrahieren wollte, sind die Interessen der Gemeinde dagegen zumindest insoweit gewährleistet, als sie faktisch über die Bauausführung gleichermaßen wacht, als habe sie einen wirksamen Vertrag abgeschlossen. Letztlich werden zeitliche Aspekte den mutmaßlichen Behördenwillen mitbestimmen. Hat die Behörde ein besonderes Interesse an der Einhaltung eines bestimmten Termins, so spricht dies dafür, daß die Behörde für den Fall, daß sich der geschlossene Vertrag im Nachhinein als nichtig erweisen sollte, hilfsweise mit einer auftragslosen Geschäftsführung durch den Vertragspartner einverstanden ist. Ist die Aufgabenerledigung dagegen zeitlich ungebunden, so ist anzunehmen, daß der mutmaß-

---

[41] A.A. LG Düsseldorf, NJW 1963, 1500 (1502): Der Handelnde wolle ausschließlich eine eigene Pflicht erfüllen; ebenso *Medicus*, Bürgerliches Recht, Rdnr. 411 f.; *Wollschläger*, Die GoA, S. 207.

liche Wille der Verwaltung eher dahin geht, einen unwirksamen Vertrag neu zu verhandeln.

Die eigentliche Problematik dieser Fallgruppe erwächst jedoch nicht aus dem Tatbestand der berechtigten Geschäftsführung, sondern aus dem Konkurrenzverhältnis zum Normenkomplex der §§ 177 ff. BGB. Die Vorschriften über Vertretung ohne Vertretungsmacht enthalten detaillierte Regelungen über die Rechtsbeziehungen im Dreiecksverhältnis zwischen dem Vertreter, dem nicht ordnungsgemäß Vertretenen und dem Kontrahenten. § 179 BGB gibt dem anderen Teil (Unternehmer) das Recht, sich wegen der Erfüllung des Vertrages oder wegen Schadenersatzes an den Vertreter persönlich zu wenden. Dagegen ergibt sich aus § 177 Abs. 1 BGB, daß die Vertragspflichten zwischen den Vertragsparteien – hier im Verhältnis zwischen dem Unternehmer und der Gemeinde – nur unter der Voraussetzung aufleben sollen, daß der Vertretene – hier also die Gemeinde – das Geschäft nachträglich genehmigt. Neben dieser Bestimmung auch quasivertragliche Vorschriften außerhalb des Vertretungsrechts heranzuziehen, um einen Anspruch des Unternehmers in der vertraglich vereinbarten Höhe zu begründen, hieße, die speziellere Vorschrift des § 177 Abs. 1 BGB zu unterlaufen. Nach der Dogmatik des Vertretungsrechts (§ 177 Abs. 1 BGB) kommt in den Fällen der unberechtigten Vertretung nur der *nachträgliche*, im Wege einer rechtsgeschäftlichen Genehmigung *erklärte* Wille des Vertretenen in Betracht; daneben bleibt jeder Rückgriff auf den bloß *gemutmaßten* Willen der Gemeinde im Zeitpunkt der Leistung – worauf die Dogmatik der GoA abstellt – unstatthaft. Im Verhältnis zur Gemeinde kann der Unternehmer allenfalls kondizieren und bei Bauleistungen Entschädigung wegen Rechtsverlustes (§ 951 BGB) verlangen[42]. Im übrigen muß er sich an den Vertreter persönlich halten.

II. Rechtsfolgen einer GoA für die Verwaltung

1. Berechtigte GoA

Die Rechtsfolgen einer berechtigten GoA für die Verwaltung sind den §§ 677 ff. BGB zu entnehmen.

Die Hauptpflicht des privaten Geschäftsführers ist es, das Geschäft so zu führen, wie das Interesse des Geschäftsherrn es mit Rücksicht auf dessen wirklichen oder mutmaßlichen Willen erfordert (§ 677 BGB). Bei der Durchführung einer Verwaltungsmaßnahme ist der Geschäftsführer dem öffentlichen Interesse

---

[42] S. ferner zur Haftung der Gemeinde aus culpa in contrahendo in dieser Fallgestaltung *Jäckle*, NJW 1990, 2520 (2523 f.).

mit Rücksicht auf die übliche Verwaltungspraxis verpflichtet. Seine Geschäftsführung muß an einer größtmöglichen Förderung des Gemeinwohls orientiert sein; er hat den konkreten Verwaltungszweck mit den ihm zur Verfügung stehenden Mitteln bestmöglich zu realisieren. Verletzt der Geschäftsführer diese Pflichten, steht also die Maßnahme in der Art und Weise ihrer Durchführung im Widerspruch zum öffentlichen Interesse, so haftet er der Verwaltung aus positiver Forderungsverletzung – gegebenenfalls nach dem Haftungsmaßstab des § 680 BGB.

Der Geschäftsführer seinerseits kann von der Verwaltung alle Aufwendungen ersetzt verlangen, die er den Umständen nach für erforderlich halten durfte (§§ 683 Satz 1, 670 BGB), und zwar auch dann, wenn die Aufwendungen den erhofften Erfolg nicht erbracht haben und das Gemeinwohl durch die Geschäftsführung daher im Ergebnis nicht gefördert wurde. Gehört der Gegenstand der Geschäftsbesorgung zum Beruf oder Gewerbe des Geschäftsherrn, so kann dieser für sein Bemühen die übliche Vergütung verlangen[43]. Birgt die Geschäftsführung ein bestimmtes, typisches Risiko, so kann der Geschäftsführer Schäden ersetzt verlangen, wenn sich das spezifische Risiko zu seinem Nachteil realisiert[44].

Die Anzeige- und Wartepflicht des § 681 Satz 1 BGB gilt im Öffentlichen Recht in besonderer Weise. Während die Vorschrift für das Bürgerliche Recht nur Nebenpflichten[45] des Geschäftsführers benennt, geht deren Bedeutung im Öffentlichen Recht erheblich darüber hinaus. Die Vorschrift konkretisiert zugleich den mutmaßlichen Behördenwillen für die Zeit nach der Geschäftsübernahme. Das öffentliche Interesse an einer Geschäftsführung durch Private besteht nur bis zu dem Zeitpunkt, an dem die Behörde über das weitere Vorgehen selbst entscheiden kann. An einem dauerhaften Ausschluß der Behörde von deren Verantwortung für die Sachaufgabe besteht kein Interesse. Verzögert ein Geschäftsführer die Benachrichtigung der Behörde, oder wartet er die behördliche Entschließung pflichtwidrig nicht ab, so ist seine Geschäftsübernahme im weiteren Verlauf unberechtigt[46].

---

[43] Nachweise oben, S. 15, Fußn. 1, für entsprechende privatrechtliche Fallgestaltungen.

[44] Für das Privatrecht: RGZ 167, 85 (89); RG, DR 1944, 287; BGHZ 33, 251 (257); 38, 270 (277); 38, 302 (304); 52, 115; *Henssler*, JuS 1991, 924 (926); *Larenz*, Schuldrecht II/1, § 57 I b; *MünchKomm-Seiler*, BGB, § 683 Rdnr. 18 ff.; *Soergel-Mühl*, BGB, § 683 Rdnr. 7; *Staudinger-Wittmann*, BGB, § 683 Rdnr. 5; im Ergebnis ebenso *Medicus*, Bürgerliches Recht, Rdnr. 428 f., jedoch mit abweichender Begründung (richterrechtliche Risikohaftung).

[45] So auch die nichtamtliche Überschrift der Vorschrift.

[46] Anders die h.M. bei zivilrechtlicher GoA für Privatpersonen: Eine Verletzung der Pflicht des § 681 Satz 1 BGB begründe lediglich Schadenersatz, schließe jedoch eine berechtigte GoA nicht aus, vgl. BGHZ 65, 354 (356 f.); *Medicus*, Bürgerliches Recht, Rdnr. 412; *Staudinger-Wittmann*, BGB, § 681 Rdnr. 3; sowie – für öffentlichrechtliche GoA – *Schoch*, Jura 1994, 241

Die Rechenschaftspflicht des § 666 BGB und die Herausgabepflicht des § 667 BGB (jeweils in Verbindung mit § 681 Satz 2 BGB) gelten im Öffentlichen Recht gleichermaßen wie im Bürgerlichen Recht. Ob die Verzinsungspflicht der §§ 681 Satz 2, 668 BGB in den öffentlichrechtlichen Fallgestaltungen jemals relevant werden kann, erscheint fraglich; gegen die Anwendung der Vorschrift bestehen aber keine grundsätzlichen Bedenken. Die Regelungen über beschränkt geschäftsfähige Geschäftsführer (§ 682 BGB) und über Schenkungsabsicht (§ 685 BGB) sind ebenfalls zu übernehmen.

Die Haftungsvorschrift des § 680 BGB findet modifizierte Anwendung. Im Öffentlichen Recht kann es nicht entscheidend darauf ankommen, ob dem Geschäftsherrn selbst – hier der Behörde – eine Gefahr droht, sondern abzustellen ist auf dringende Gefahren für das Gemeinwohl, welches der Sorge der nach den gesetzlichen Aufgaben- und Zuständigkeitsordnungen als Geschäftsherr anzusehenden Behörde besonders obliegt.

Zuletzt beschränken sich die Rechtsfolgen der GoA auf das Innenverhältnis zwischen dem geschäftsführenden Bürger und der Verwaltung. Im Verhältnis zu Dritten wirkt sich die Geschäftsführung für die Verwaltung nicht aus. Der Geschäftsführer erlangt durch die Geschäftsführung keine hoheitlichen Befugnisse[47] und wird auch nicht Amtsträger im Sinne des Art. 34 GG[48].

2. Unberechtigte GoA

Die Vorschriften über unberechtigte GoA gelten im Öffentlichen Recht ebenso wie im Bürgerlichen Recht. Wird die Geschäftsführung nachträglich von seiten der zuständigen Behörde genehmigt (§ 684 Satz 2 BGB), so stehen dem Geschäftsführer dieselben Rechte zu wie bei berechtigter GoA. Verweigert die Behörde die Genehmigung, so ist sie dem Geschäftsführer entsprechend § 684 Satz 1 BGB zum Bereicherungsausgleich verpflichtet. An die Stelle der §§ 818 ff. BGB treten im Öffentlichen Recht die Rechtsfolgen des Erstattungsanspruchs[49].

---

(249). Ähnlich wie hier aber für das Öffentliche Recht: BayVGHE 23 (1970), 2 (5) = VerwRspr. 21 (1970), 397 (399 f.), entschieden allerdings für den Fall einer Geschäftsführung unter verschiedenen Behörden.

[47] Dazu eingehend oben, S. 141 ff.; ferner *Erichsen* in *Erichsen/Martens*, Allgemeines Verwaltungsrecht, § 30 Rdnr. 15; weit weniger eindeutig allerdings *Achterberg*, Allgemeines Verwaltungsrecht, § 25 Rdnr. 117; s. auch RG, JW 1927, 451 (452).

[48] *Weimar*, RiA 1964, 19 (20).

[49] Im Ergebnis ebenso BVerwGE 80, 170 (176 f.), ohne allerdings § 684 BGB zu benennen.

Nach einer Entscheidung des Bayerischen Verwaltungsgerichtshofs[50] soll es an einer Bereicherung der Behörde dann fehlen, wenn durch die Geschäftsführung deren Ermessensentschließung und -betätigung vorweggenommen wurde. Gegen diese Ansicht spricht, daß eine Bereicherung allein nach dem tatsächlich erlangten Vorteil und dessen Wert zu bemessen ist[51], während das Gericht offenbar auch bei dieser Frage die rechtswidrige Kompetenzüberschreitung des Geschäftsführers im Blick hatte und zu sanktionieren suchte[52]. Standen mehrere Möglichkeiten der Aufgabenerfüllung zum Auswahlermessen, so kann die Verwaltung zumindest um den Wert der kostengünstigsten Alternative bereichert sein[53].

Im einzelnen vollzieht sich der Bereicherungsausgleich wie folgt: Die Behörde hat dem Geschäftsführer das Erlangte nach Möglichkeit in natura herauszugeben[54]. Ist dies nicht möglich, so hat die Behörde nach § 818 Abs. 2 BGB den Wert des Erlangten zu erstatten. Schwierigkeiten ergeben sich – wie im Bürgerlichen Recht – bei der Bestimmung des Wertes, um den die Behörde bereichert ist[55]. Einiges spricht dafür, den Wert der behördlichen Bereicherung am objektiven Nutzen der Geschäftsführung zu messen. Die Behörde hat zu entscheiden, ob sie sich das Ergebnis der Geschäftsführung als Erfüllung

---

[50] BayVGHE 23 (1970), 2 (7 f.) = VerwRspr. 21 (1970), 397 (402 f.), entschieden allerdings für den Fall einer GoA unter verschiedenen Verwaltungsbehörden: Aufstellen von Straßenlaternen durch die Gemeinde entlang der Bundes- und Staatsstraßen.

[51] S. etwa *Soergel-Mühl*, BGB, § 818 Rdnr. 14.

[52] Dieser Eindruck verstärkt sich dadurch, daß das Gericht in einem nahezu gleichgelagerten Fall (BayVGH, VerwRspr. 22 [1971], 866 [872 ff.]) den entsprechenden Erstattungsanspruch zusprach, in welchem eine Gemeinde ebenfalls Straßenlaternen aufgestellt hatte, hier jedoch in der (entschuldbar) irrigen Annahme der eigenen Zuständigkeit.

[53] Hätte in dem angeführten Fall (BayVGHE 23 [1970], 2) eine Privatperson das Geschäft geführt, so wäre ein Erstattungsanspruch in Höhe der behördlicherseits ersparten Aufwendungen nach Maßgabe des § 684 Satz 1 BGB zuzusprechen gewesen. Im Verhältnis verschiedener Behörden untereinander (so der wirkliche Sachverhalt) war allerdings auch diese Vorschrift nicht anzuwenden, so daß auf einen finanziellen Ausgleich kein Anspruch bestand (s. oben, S. 174).

[54] Im Fall LG Wiesbaden, DAR 1970, 130 hätte die Behörde dem Geschäftsführer nur die Lichtbilder selbst herauszugeben gehabt, die jener zum Nachweis der Ampelfehlschaltung angefertigt hatte. Wollte sie die Bilder behalten, etwa um den Vorgang aktenmäßig zu dokumentieren, so mußte sie das Geschäft genehmigen (§ 684 Satz 2 BGB) und war dann zu Aufwendungsersatz verpflichtet.

[55] Im Bürgerlichen Recht wird gestritten, ob der Wert nach objektiven Maßstäben oder aus der subjektiven Sicht des Bereicherungsempfängers zu bestimmen ist, vgl. *MünchKomm-Lieb*, § 812 Rdnr. 262 sowie zum Problem der aufgedrängten Bereicherung OVG Lüneburg, Gemeinde 1990, 260 (262); *MünchKomm-Lieb*, BGB, § 818 Rdnr. 34 f. m. zahlr. Nachw.; *Medicus*, Bürgerliches Recht, Rdnr. 899, 952; *Erman-Ehmann*, BGB, § 684 Rdnr. 1.

ihrer Aufgabe zu eigen machen kann[56] oder ob dieselbe Verwaltungsaufgabe – nunmehr unter ihrer Sachherrschaft – erneut erledigt werden muß. Bei der Entschließung hierüber kann das pflichtgemäße Ermessen der Behörde gegebenenfalls durch deren vorangegangenes Verhalten reduziert sein. Lag die Geschäftsführung beispielsweise in der Errichtung oder Ausbesserung eines Bauwerks und hatte sich die Behörde zuvor mit der Art und Weise der Bauausführung einverstanden erklärt, jedoch ihre eigene Rechtspflicht zur Erledigung zu Unrecht bestritten, so kann sie nach erfolgter Geschäftsführung nicht geltend machen, es fehle an einer Bereicherung, weil ihr Ermessensspielraum beschnitten worden sei[57]. Der Wert der Bereicherung bemißt sich nach der Höhe der tatsächlich erspart gebliebenen Aufwendungen[58].

Mußte der Geschäftsführer erkennen, daß die Übernahme der Geschäftsführung dem wirklichen und mutmaßlichen Behördenwillen widersprach, so ist er nach § 678 BGB auch für Zufallsschäden haftbar. Schließlich greift § 687 Abs. 2 BGB Platz, wenn ein privater Geschäftsführer ein Verwaltungsgeschäft als eigenes führt, obwohl er weiß, dazu nach den Voraussetzungen der §§ 677, 683 BGB nicht berechtigt zu sein[59].

---

[56] So etwa in AG Bremen, NJW-RR 1986, 355: Die privat in Auftrag gegebene Blutalkoholuntersuchung wurde anschließend strafprozessual verwertet. Die Strafverfolgungsbehörde ist um den Wert der Maßnahme bereichert.

[57] Deshalb wäre in BVerwGE 80, 170 (Neuanlage eines Uferdeckwerks) und VGH Bad.-Württ., ESVGH 27, 125 = NJW 1977, 1843 (Planung und Ausführung einer Erschließungsanlage) ein Erstattungsanspruch nach § 684 Satz 1 BGB zuzusprechen gewesen. Dagegen fehlte es in OVG Lüneburg, NVwZ 1991, 81 an einer Bereicherung, wenn die Gemeinde die Kanalisation durch eigene Bedienstete reinigen konnte. Das wiederum konnte der Anlieger im Verwaltungsrechtsweg erzwingen. Bei AG Lichterfelde, JR 1951, 53 (aufgehoben durch LG Berlin, JR 1951, 405) war die Schulbehörde allenfalls in Höhe der Kosten bereichert, die sie selbst hätte aufwenden müssen, um die Schulbücher zu beschaffen. In BGH, VersR 1956, 235 fehlte es an jeder Bereicherung, weil die AOK zur Versorgung ihrer Mitglieder durch nicht zugelassene Ärzte außer in Notfällen nicht verpflichtet ist. Zutreffend stellt BAG, DB 1977, 1418 von vornherein auf die Bereicherung des öffentlichen Trägers der Krankenpflegerschule ab, welche darin lag, daß diesem eigene Aufwendungen für die Beschaffung von Lernmitteln erspart geblieben sind (§ 684 Satz 1 BGB), und erwägt erst gar nicht die Anwendung des § 679 BGB.

[58] S. OVG Lüneburg, Gemeinde 1990, 260 (262 a.E.). An einer meßbaren Ersparnis kann es fehlen, wenn die Behörde für die Erledigung der betreffenden Aufgabe eigene Sachmittel und eigenes Personal vorhält, ähnlich *Wollschläger*, GoA im öffentlichen Recht und Erstattungsanspruch, S. 54.

[59] S. AG Ansbach, MDR 1954, 241: Ein nicht zugelassener Arzt rezeptiert in gleicher Weise wie ein Kassenarzt zu Lasten der öffentlichen Krankenkasse. Beachte im Zusammenhang der Geschäftsanmaßung öffentlicher Geschäfte auch den Straftatbestand der Amtsanmaßung (§ 132 StGB); s. außerdem RG, JW 1927, 451 zur unberechtigten Wahrnehmung polizeilicher Aufgaben und Befugnisse durch die aufgebrachte Volksmenge.

III. Prozessuale Fragen

1. Rechtsweg für Ansprüche aus GoA

Welcher Rechtsweg für Ansprüche aus GoA eines Privaten für die Verwaltung gegeben ist, beurteilt sich nach den §§ 13 GVG, 40 Abs. 1 Satz 1 VwGO. Danach ist der Verwaltungsrechtsweg eröffnet, wenn es sich um eine öffentlichrechtliche Streitigkeit handelt, andernfalls der ordentliche Rechtsweg. Welcher Rechtsnatur eine Streitigkeit ist, bestimmt sich maßgeblich nach dem Rechtsverhältnis, aus dem der streitige Anspruch oder die sonstige Rechtsfolge hergeleitet wird[60]. Ansprüche aus GoA gehören dem Öffentlichen Recht an, wenn das durch die Geschäftsübernahme begründete Rechtsverhältnis öffentlichrechtlicher Natur ist.

Die Kriterien für die Qualifikation der GoA als dem Öffentlichen oder dem Bürgerlichen Recht zugehörig sind umstritten. Die wohl überwiegende Auffassung stellt darauf ab, welchen Charakter das Geschäft gehabt hätte, wenn es vom Geschäftsherrn selbst geführt worden wäre[61] – was dann zu keinem eindeutigen Ergebnis führt, wenn die Verwaltung in der gegebenen Situation sowohl öffentlichrechtlich als auch privatrechtlich vorgehen konnte[62]. Bei der Erfüllung einer fremden Rechtspflicht soll es auf die Rechtsnatur der Pflicht des Geschäftsherrn ankommen[63]. Wenn ein hypothetischer Vertrag über die Geschäftsbesorgung öffentlichrechtlicher Natur gewesen wäre, dann soll dies als Indiz gelten für die öffentlichrechtliche Rechtsnatur einer denselben Gegenstand betreffenden GoA[64].

Nach der Gegenmeinung soll es entscheidend auf die Rechtsnatur der vom Geschäftsführer ergriffenen Maßnahme ankommen[65]. Sonach wäre die Geschäftsführung eines Privaten zugunsten der Verwaltung stets privatrechtliche

[60] BVerwGE 38, 1 (4); ähnlich BGH (GSZ), DÖV 1976, 633; *Eyermann/Fröhler/Kormann*, VwGO, § 40 Rdnr. 1; *Menger/Erichsen*, VerwArch. 61 (1970), 375 (380).

[61] BVerwG, DÖV 1973, 490 (491); OVG Lüneburg, Gemeinde 1990, 260; BGH, NJW 1975, 47 (49) m.w.N.; *Baur*, DVBl. 1965, 893 (896); *Ehlers*, Verwaltung in Privatrechtsform, S. 479 f.; *Menger*, VerwArch. 69 (1978), 397 (399); *Erichsen* in *Erichsen/Martens*, Allgemeines Verwaltungsrecht, § 30 Rdnr. 16; *Hoepffner*, Diss., S. 101 ff., 173 ff.; *Gusy*, JA 1979, 69; *Klein*, DVBl. 1968, 166 (169); *Schoenenbroicher*, MDR 1993, 97 (100).

[62] *Ehlers* (Verwaltung in Privatrechtsform, S. 480) will sich in diesen Fällen hilfsweise am Rechtscharakter des geführten Geschäftes orientieren; dagegen will *Klein* (DVBl. 1968, 166 [169]) privat- und öffentlichrechtliche GoA nebeneinander zulassen.

[63] BayVGH, BayVBl. 1979, 621 (623); *Gusy*, JA 1979, 69.

[64] *Klein*, DVBl. 1968, 166 (170); *Gusy*, JA 1979, 69.

[65] BVerwG, NJW 1956, 925; BSGE 6, 197 (199 f.); OVG Lüneburg, OVGE 11, 307 (312); *Tiedau*, DÖV 1952, 164 (165); *Hamann*, NJW 1955, 481 (482).

GoA, weil Privatrechtssubjekte nicht in der Lage sind, hoheitliche Mittel zur Erledigung einer Verwaltungsaufgabe zu ergreifen[66].

Beide Ansätze überzeugen nicht. Der Anknüpfungspunkt für die Rechtswegfrage ist nicht in dem Geschäft selbst zu sehen – und zwar weder, wie es der Private tatsächlich geführt hat, noch, wie es die Verwaltung hypothetisch selbst geführt hätte –, sondern es ist auf die Rechtsbeziehung zwischen dem privaten Geschäftsführer und der öffentlichen Verwaltung abzustellen. Entscheidend für die Rechtswegfrage ist, ob ein privater Geschäftsführer der Verwaltung gleich jedem beliebigen privaten Geschäftsherrn gegenübersteht oder ob das Rechtsverhältnis zwischen dem Privaten und der Verwaltung wesentlich durch öffentliches Sonderrecht geprägt ist.

Die bisherige Untersuchung der Einzelheiten einer GoA für die Verwaltung hat erbracht, daß die Verwaltung keineswegs wie jeder andere private Geschäftsherr dasteht. GoA für eine Verwaltungsbehörde ist vielmehr nur in sehr eingeschränktem Maße möglich. Sie kommt allein in Betracht, wenn und solange die Behörde nicht imstande ist, eine dringliche Verwaltungsaufgabe rechtzeitig selbst wahrzunehmen. Geschäftsführung gegen den Willen der Verwaltung ist stets unzulässig, § 679 BGB findet keine Anwendung. Ferner ist das Interesse des Geschäftsherrn, nach dem sich die Geschäftsführung auszurichten hat, zugleich das durch das Öffentliche Recht bestimmte öffentliche Interesse, und nach öffentlichrechtlichen Vorgaben bestimmen sich die einzelnen Geschäftsführerpflichten (§ 677 BGB).

Diese Besonderheiten verdeutlichen, daß das Rechtsverhältnis einer GoA für die Verwaltung in vielerlei Hinsicht unter dem Einfluß und der Herrschaft des Öffentlichen Rechts steht. Es ist insgesamt als öffentlichrechtliches Rechtsverhältnis einzustufen[67]. Der Anspruch des privaten Geschäftsführers auf Aufwendungsersatz (§ 683 BGB) oder Erstattung (§ 684 Satz 1 BGB) ist somit stets öffentlichrechtlicher Natur; das gleiche gilt für die Ansprüche der öffentlichen Hand auf Erfüllung der Hauptpflichten aus § 677 BGB und der sich aus § 681 Satz 2 BGB ergebenden weiteren Pflichten des Geschäftsführers, ferner für Sekundäransprüche und schließlich ebenso für Ansprüche aus unberechtigter GoA (§§ 678, 687 BGB). Diese Rechte sind vor den Verwaltungsgerichten geltend zu machen – in Angelegenheiten der Sozialgerichtsbarkeit (§ 51 Abs. 1 SGG) vor den Sozialgerichten[68].

---

[66] So auch OVG Lüneburg, OVGE 11, 307 (312); *Tiedau*, DÖV 1952, 164 (165).

[67] Ebenso die Auffassung, die auftragslose Geschäftsführung im öffentlichrechtlichen Handlungszusammenhang sei stets öffentlichrechtlich, s. *Oldiges*, JuS 1989, 616 (620).

[68] S. *Meyer-Ladewig*, SGG, § 51 Rdnr. 14.

Ebenfalls im Verwaltungsrechtsweg geltend zu machen sind die behördlichen Schadenersatzansprüche wegen einer Pflichtverletzung des Geschäftsführers. Die abdrängende Sonderzuweisung des § 40 Abs. 2 VwGO ist nicht anzuwenden, weil diese Vorschrift nur bei Pflichtverletzungen seitens der Verwaltung, nicht aber seitens des Bürgers greift[69].

Von der getroffenen Zuordnung zum Öffentlichen Recht unberührt bleibt die Qualifikation der ergriffenen Maßnahme gegenüber einem drittbetroffenen Bürger. Wegen des auch im Öffentlichen Recht geltenden Abstraktionsprinzips sind das Innenverhältnis (Geschäftsführungsverhältnis gegenüber der Behörde) und das Außenverhältnis (Eingriffsbefugnis gegenüber dem Bürger) getrennt zu betrachten[70]. Im Verhältnis zu drittbetroffenen Personen wirkt sich die öffentlichrechtliche GoA nicht aus; insbesondere erlangt der private Geschäftsführer keine hoheitlichen Eingriffsbefugnisse[71]. Soweit das private Eingreifen an der Stelle der zuständigen Behörde auch gegenüber Dritten einer besonderen Legitimation bedarf, weil es in deren Rechte eingreift, muß sich diese Legitimation auf besondere Legitimationstatbestände gründen. In Betracht kommen insbesondere die Einwilligung des Betroffenen, eine vertragliche Sonderbeziehung oder eine zusätzliche privatrechtliche GoA – neben der im Verhältnis zur Behörde bestehenden öffentlichrechtlichen GoA[72]. Die hieraus zwischen den Privatrechtssubjekten resultierenden Rechtsbeziehungen sind privatrechtlicher Natur. Das Handeln für eine Behörde nimmt damit eine Doppelnatur ein: Während die Rechtsbeziehung zur Behörde als öffentlichrechtlich zu qualifizieren ist, liegt zugleich im Verhältnis zu weiteren betroffenen privaten Rechtsträgern privatrechtliches Handeln vor[73].

2. Revisibilität der Gerichtsentscheidungen über öffentlichrechtliche GoA

Nach § 137 Abs. 1 VwGO kann die Revision einer verwaltungsgerichtlichen Entscheidung nur auf die Verletzung von Bundesrecht oder einer Vorschrift

---

[69] BVerwGE 18, 72 (78); 37, 231 (235 f.); BGHZ 43, 269 (278); *Schoch*, FS *Menger*, S. 305 (314) m.w.N.

[70] S. oben, S. 141 ff.

[71] S. oben, S. 141 ff., 195.

[72] Benötigt der Private zur Abwehr einer öffentlichrechtlichen Gefahr etwa ein bestimmtes, ihm nicht gehörendes Werkzeug, so bedarf die Verwendung des Werkzeugs wegen §§ 903, 1004 BGB einer gesonderten Legitimation gegenüber dessen Eigentümer. Diese Legitimation folgt aus Einwilligung, wenn der Eigentümer mit der Verwendung einverstanden ist; sie folgt aus einer vertraglichen Sonderbeziehung, wenn der Private das Werkzeug ohnehin gemietet hatte und schließlich folgt sie aus privatrechtlicher GoA (s. unten, S. 207), wenn der Eigentümer zugleich der für die Gefahr polizeilich Verantwortliche ist.

[73] S. auch oben, S. 143 f.

des VwVfG eines Landes gestützt werden, die ihrem Wortlaut nach mit dem VwVfG des Bundes übereinstimmt. Die Zulässigkeit der Revision wegen einer fehlerhaften Anwendung der öffentlichrechtlichen GoA ist fraglich. Sie ergibt sich nicht schon daraus, daß die §§ 677 ff. BGB ihrem bürgerlichrechtlichen Ursprung nach dem Bundesrecht zugehörig sind, denn es handelt sich um deren analoge Anwendung. Rechtssätze, die infolge eines Analogieschlusses gewonnen werden, haben ihren Ursprung nicht in der legislativen Tätigkeit einer bestimmten Gesetzgebungskörperschaft, sondern in der Rechtsfortbildung durch den Richter. Die Rechtsnatur solcher Rechtssätze bestimmt sich nach demjenigen Rechtsgebiet, in welchem sie ergänzend angewandt werden sollen[74].

Das Rechtsinstitut der öffentlichrechtlichen GoA hat seinen Platz im System des Öffentlichen Rechts als ein allgemeiner Grundsatz des Verwaltungsrechts[75]. Allgemeine Grundsätze des Verwaltungsrechts ergänzen in den jeweiligen Sachgebieten des besonderen Verwaltungsrechts die dort gegebenen besonderen Sach- und Verfahrensnormen. Ob solche allgemeinen Grundsätze des Verwaltungsrechts dem Bundesrecht oder dem Landesrecht zuzuordnen sind, hängt nach der Rechtsprechung des Bundesverwaltungsgerichts davon ab, zur Ergänzung welchen Rechts der jeweilige allgemeine Grundsatz herangezogen wird[76]. Irrevisibel ist danach die Anwendung allgemeiner Grundsätze des Verwaltungsrechts in Ergänzung von irrevisiblem Recht[77]. Die Einordnung der öffentlichrechtlichen GoA zu Bundes- oder Landesrecht richtet sich somit nach dem jeweiligen Rechtszusammenhang, in welchem die Geschäftsbesorgung steht. Liegt die Geschäftsführung in dem Vollzug einer bundesgesetzlichen

---

[74] Allgemein dazu BVerwGE 2, 22; 27, 129; 55, 337 (339), BVerwG, VwRdsch 1984, 180 (r. Sp.); *Schüle*, VerwArch 38 (1933), 399 (407); *Eyermann/Fröhler/Kormann*, VwGO, § 137 Rdnr. 7; *Redeker/v.Oertzen*, VwGO, § 137 Rdnr. 10; *Bettermann*, DVBl. 1956, 11 (14); *Bertrams*, DÖV 1992, 97 (98 ff.) m.w.N.; zur Revisibilität der Ansprüche aus öffentlichrechtlicher GoA s. BVerwGE 82, 350 (351); BVerwG, Beschl. v. 21.6.1991 – 8 B 82/91 –, JURIS-DOKNR 669623; vgl. auch BVerwG, NVwZ 1991, 574 (575) und BayVBl. 1992, 149 zur Revisibilität des öffentlichtlichen Erstattungsanspruchs. A.A. *Hardt*, DVBl. 1973, 325: Analog angewandte Rechtssätze seien stets Bundesrecht und damit revisibel. A.A. *Schleifenbaum*, DVBl. 1969, 350 (351): Revisibilität liege dann vor, wenn entweder die Rechtsordnung, deren Lückenhaftigkeit festgestellt wurde, oder diejenige Norm, die zur Lückenausfüllung herangezogen wurde, revisibel sei. Die vom BVerwG in DÖV 1973, 490 (491) aufgestellten Grundsätze, wonach die öffentlichrechtliche GoA zugleich eine Konkretisierung des auf dem Bundesverfassungsrecht beruhenden gegenseitigen Treueverhältnisses zwischen Bund und Ländern und damit stets bundesrechtlicher Natur sei, tragen zu dem hier zu behandelnden Verhältnis zwischen geschäftsführenden Bürgern und der Verwaltung nichts bei.

[75] Ebenso BVerwG, Beschl. v. 21.6.1991 – 8 B 82/91 –, JURIS-DOKNR 669623.

[76] BVerwGE 82, 350 (351); BVerwG, Beschl. v. 21.6.1991 – 8 B 82/91 –, JURIS-DOKNR 669623.

[77] BVerwG, Beschl. v. 21.6.1991 – 8 B 82/91 –, JURIS-DOKNR 669623.

Verwaltungsaufgabe, so handelt es sich bei dem Rechtsinstitut der öffentlichrechtlichen GoA um eine Ergänzung von Bundesrecht und mithin um revisibles Recht. Betätigt sich ein privater Geschäftsführer dagegen in einer landesgesetzlichen Verwaltungsaufgabe, so sind die Vorschriften über öffentlichrechtliche GoA in das Landesrecht inkorporiert und daher nicht revisibel[78].

B. Geschäftsführung unter Privaten

Bei der Fremdgeschäftsführung Privater untereinander handelt es sich stets um privatrechtliche GoA[79]. In manchen Einzelfragen ergeben sich jedoch Besonderheiten aus öffentlichrechtlichen Sachzusammenhängen.

1. Ausgleich unter mehreren Störern

Sind mehrere Störer zugleich für eine Gefahr im polizeilichen Sinne verantwortlich, so braucht die Polizei nicht alle Störer gleichermaßen in Anspruch nehmen, sondern sie hat ein Auswahlermessen und kann einzelne oder auch nur einen einzigen Störer zur Gefahrenabwehr heranziehen[80]. Bei rechtmäßiger Inanspruchnahme durch die Behörde kann der Störer die ihm entstandenen Kosten von der Verwaltung nicht ersetzt verlangen[81]. Im Raum steht jedoch die Frage nach einer zumindest anteiligen Abwälzung der Kosten auf die übrigen, von der Polizei nicht herangezogenen Störer.

Einige Abhandlungen und Gerichtsentscheidungen befassen sich mit dieser Frage unter dem Gesichtspunkt der auch-fremden Geschäftsbesorgung[82]. Rechtsdogmatische Gründe gebieten es jedoch, vorab zu überprüfen, ob in

---

[78] Ebenso BVerwG (Fußn. 77); dort hatte das Berufungsgericht die Grundsätze der GoA zur Ergänzung irrevisiblen Satzungsrechts herangezogen, weshalb die Revision nicht zugelassen wurde.

[79] S. oben, S. 114 ff., 118 ff.

[80] S. BayVGH, BayVBl. 1989, 467 (469); *Ossenbühl*, DÖV 1976, 463 (470 f.); *Papier*, DVBl. 1985, 873 (879); *Götz*, Allgemeines Polizei- und Ordnungsrecht, Rdnr. 233; *Oerder*, NVwZ 1992, 1031 (1037); *Enders*, DVBl. 1993, 82 (89).

[81] A.A. nur *Giesberts*, Die gerechte Lastenverteilung, S. 218 ff., 221 ff.: Der Störer sei partiell gleich einem Nichtstörer zu behandeln und könne teilweise Kostenerstattung von der Behörde beanspruchen; dagegen zutreffend *Kloepfer/Thull*, DVBl. 1989, 1121 (1122).

[82] S. BGHZ 16, 12; BGH, WM 1976, 1056 (1060); BGHZ 98, 235 (240 ff.); LG Köln, NJW 1975, 1708 m. insoweit zust. Anm. Heinrich *Götz*, NJW 1975, 2204; *Papier*, Altlasten, S. 72 ff.; *Marburger*, UTR 3 (1987), 169 (191 ff.); *Kloepfer/Thull*, DVBl. 1989, 1121 (1123 f.); *Leinemann*, VersR 1992, 25 (27); *Rank*, BayVBl. 1988, 390 (395); in der Sache ablehnend BGH, NJW 1981, 2457.

dieser Fallgestaltung ein Gesamtschuldnerausgleich (§ 426 Abs. 1 BGB) zwischen den Störern in Betracht kommt, da die Vorschriften über die Gesamtschuld den Vorschriften über GoA als speziellere Regelungen vorgehen[83].

Unproblematisch ist die Anwendung der §§ 421 ff. BGB, soweit öffentliches Polizeirecht ausdrücklich auf die bürgerlichrechtlichen Vorschriften des Gesamtschuldnerausgleichs verweist[84].

Im polizeigesetzlich nicht geregelten Bereich bestehen zumindest dann keine Bedenken gegen eine Anwendung des § 426 Abs. 1 BGB, wenn zugleich mehrere gleichlautende Ordnungsverfügungen gegen verschiedene Störer ergangen sind. Allen Störern obliegt dieselbe Pflicht zur Gefahrenbeseitigung; demjenigen Störer, welcher die Gefahr zuerst beseitigt oder zuerst im Wege des behördlichen Verwaltungszwangs herangezogen wird, steht ein Kostenausgleich gemäß § 426 Abs. 1 BGB zu.

Umstritten ist dagegen die Anwendbarkeit des § 426 Abs. 1 BGB, wenn sich eine polizeiliche Maßnahme von vornherein nur gegen einen von mehreren Störern gerichtet hat. Der Bundesgerichtshof lehnt eine Anwendung der §§ 421 ff. BGB mit der Begründung ab, die Behörde könne nicht – wie für die Gesamtschuld charakteristisch – nach Belieben den einen oder anderen Teil auf Erfüllung seiner Pflichten in Anspruch nehmen, da sie in ihrer Störerauswahl durch zwingendes Öffentliches Recht gebunden sei[85].

Allerdings sprechen die hinter diesem Einwand stehenden Erwägungen eher für als gegen den Ausgleichsanspruch. Der Begriff „beliebige Inanspruchnahme" darf – wie sämtliche Begriffe des Zivilrechts – nicht unbesehen in das Öffentliche Recht übertragen werden, sondern nur unter Beachtung der Besonderheiten der öffentlichrechtlichen Fallkonstellationen. Der vom Bundesgerichtshof in den Vordergrund gestellte Begriff der „beliebigen Inanspruchnahme" bedeutet im Kern nicht mehr, als daß der Gläubiger jeden von mehreren Schuldnern ohne Rücksicht auf deren Rechtsbeziehung im Innenverhältnis, d.h. ohne Rücksicht auf die letztendliche Kostentragungspflicht, auswählen darf.

---

[83] Zum Vorrang des Gesamtschuldverhältnisses s. *Erman-Ehmann*, BGB, vor § 677 Rdnr. 11; *Fikentscher*, Schuldrecht, Rdnr. 930 a.E.; *Medicus*, Bürgerliches Recht, Rdnr. 415.

[84] S. § 30 Abs. 12 Satz 2 WaStrG; § 10 Abs. 5 Satz 3 sächsEGAB; sowie für den polizeilichen Schadenregreß § 50 Abs. 2 ME-PolG; § 64 Abs. 2 berlASOG; § 61 Abs. 2 bremPolG; §§ 8 Abs. 2 Satz 2, 43 Abs. 3 Satz 2, 69 Abs. 2 hessSOG; § 63 Abs. 2 ndsGefAG; § 73 Abs. 2 rhpfPOG; § 73 Abs. 2 saarlPolG; § 40 Abs. 2 sächsPolG; § 74 Abs. 2 sachsanhSOG.

[85] BGH, NJW 1981, 2457 (2458); s. auch BGHZ 110, 313 (318); im Ergebnis ebenso OLG Düsseldorf, NVwZ 1989, 993 (997); *Schwachheim*, NVwZ 1988, 225 (226 f.); *Knemeyer*, Polizei- und Ordnungsrecht, Rdnr. 261; *Würtenberger* in *Achterberg/Püttner*, Besonderes Verwaltungsrecht II, Kap. 7/1 Rdnr. 192 ff.

Dieser Tatbestand ist bei der behördlichen Auswahl unter mehreren Störern gegeben, da sich die behördliche Auswahl nicht an dem Innenverhältnis zwischen den Störern und nach der letztendlichen Kostentragungspflicht orientiert, sondern von der Maxime einer möglichst schnellen und effektiven Gefahrenabwehr bestimmt ist[86]. So wird die Behörde oft denjenigen Störer in Anspruch zu nehmen haben, der sich zufällig in der Nähe des Geschehens aufhält oder sonst für die Behörde leicht erreichbar ist, oder denjenigen Störer, der über besondere, zur Gefahrenabwehr erforderliche Kenntnisse und Mittel verfügt. Es handelt sich somit zwar um eine von sachlichen Kriterien geleitete und daher nicht „beliebige" Auswahl, doch fließt der Aspekt der angemessenen Verteilung der Kostenlast unter den verschiedenen Störern als Auswahlkriterium allenfalls am Rande in die behördlichen Ermessenserwägungen ein[87].

Auf diese Fallkonstellation paßt ihrem Regelungszweck nach die Ausgleichsvorschrift des § 426 Abs. 1 BGB. Jene Vorschrift will verhindern, daß durch *insoweit* sachfremde Erwägungen des Gläubigers[88] festgelegt wird, welcher Gesamtschuldner im Endergebnis das zur Befriedigung erforderliche Opfer aufzubringen hat. So ist im Fall der polizeilichen Inanspruchnahme kein sachlicher Grund dafür gegeben, einen unter mehreren Störern etwa nur deshalb von der Kostenlast freizusprechen, weil die Behörde seiner nicht so schnell wie eines anderen Störers habhaft werden konnte. Ebenso besteht kein sachlicher Grund, einen unter mehreren Störer deshalb allein mit den Kosten zu belasten, weil dieser zu Recht wegen seiner besonderen technischen Fähigkei-

---

[86] S. BGH, NJW 1981, 2457 (2458); *Drews/Wacke/Vogel/Martens*, Gefahrenabwehr, § 19 6 c; *Schenke* in *Steiner*, Besonderes Verwaltungsrecht, Kap. II Rdnr. 100; *Götz*, Allgemeines Polizei- und Ordnungsrecht, Rdnr. 236; *Kloepfer/Thull*, DVBl. 1989, 1121; *Kormann*, UPR 1983, 281 (284); *Würtenberger* in *Achterberg/Püttner*, Besonderes Verwaltungsrecht II, Kap. 7/1 Rdnr. 187 f. *Seibert*, DVBl. 1992, 664 (673); *Kohler-Gehrig*, NVwZ 1992, 1049 (1051); *Denninger* in *Lisken/Denninger*, Handbuch des Polizeirechts, Kap. E Rdnr. 104 ff.; *Enders*, DVBl. 1993, 82 (89); dagegen tritt der BayVGH (BayVBl. 1989, 467 [469]) für einen (bedenklich) weiten Ermessensspielraum der Behörden ein, die bei der Störerauswahl zum Tragen kommenden Gesichtspunkte selbst festzulegen.

[87] Ebenso *Kloepfer/Thull*, DVBl. 1989, 1121 (Fußn. 7): Das polizei- und ordnungsrechtliche Instrumentarium sei eben zum Zwecke der Gefahrenabwehr und nicht als Kostenzurechnungsrecht konzipiert worden.

[88] Zu Unrecht stellt *Schwachheim* (NVwZ 1988, 225 [226]) unter Berufung auf *RGRK-Weber*, BGB, § 426 Rdnr. 1, das Kriterium der „Gläubigerwillkür" in den Vordergrund. Bei näherem Hinsehen ist dieser Begriff nämlich auch für das Privatrecht nicht aussagekräftig: Gleich einer Ordnungsbehörde bei der Störerauswahl wird auch der private Gläubiger, der zu keinem der Gesamtschuldner eine persönliche Beziehung hat, nicht „willkürlich" vorgehen, sondern gezielt denjenigen in Anspruch nehmen, bei welchem er glaubt, seinen Anspruch schnellstmöglich und effektiv realisieren zu können.

ten und Möglichkeiten von der Behörde zur Gefahrenabwehr herangezogen wurde[89].

Die Kriterien einer gerechten Kostenverteilung zwischen den Störern unterscheiden sich von denjenigen Erwägungen, welche in eine pflichtgemäße Ermessensentschließung über die polizeiliche Auswahl der Störer im Interesse einer effektiven Gefahrenabwehr münden. Als Kriterium einer gerechten Kostenverteilung können etwa der Grad der Verantwortung für die Gefahr oder die Art der gesetzten Ursache eine Rolle spielen. Im Zweifel sind alle Störer zu gleichen Teilen kostenmäßig heranzuziehen. Die §§ 421 ff. BGB können einen gerechten Interessenausgleich zwischen den Beteiligten nach erfolgter Gefahrenabwehr herbeiführen[90].

Auch mit seinem zweiten Einwand, die Anwendung des Gesamtschuldnerausgleichs würde eine Erweiterung der Gefährdungshaftung über die gesetzlich enumerierten Fälle hinaus bedeuten[91], überzeugt der Bundesgerichtshof nicht. Hier wirft das Gericht einen Begriff aus dem privaten Schadenersatzrecht ein, wo in Wirklichkeit die Kosten einer Gefahrenabwehr, also einer öffentlichrechtlichen Schadensprävention in Rede stehen. Die Verantwortlichkeit des Störers für eine von ihm verursachte oder von seinem Machtbereich ausgehende Gefahr wird durch den Gesamtschuldnerausgleich nicht über dasjenige Maß hinaus erweitert, welches durch die materielle, noch nicht konkretisierte Polizeipflicht bereits vorgezeichnet war[92]. Daß die behördliche Inpflichtnahme des einen Bürgers auf der Primärseite nicht die Haftung des anderen auf der Sekundärseite ausschließt, belegen schließlich auch die polizeilichen Schadensregreßvorschriften[93]. Hier wie dort sind die Rechtspflichten des Störers der öffent-

---

[89] Ähnlich *Dienelt*, NVwZ 1994, 355.

[90] Ebenso *Seibert*, DVBl. 1992, 664 (673); *ders.*, DÖV 1983, 964; *Kloepfer/Thull*, DVBl. 1989, 1121 (1125 f.); *Kormann*, UPR 1983, 281 (287 f.); *Leinemann*, VersR 1992, 25 (27 ff.); im Ergebnis ähnlich *Schenke* in *Steiner*, Besonderes Verwaltungsrecht, Kap. II Rdnr. 101; *Petersen*, Der gesamtschuldnerische Ausgleich, S. 77 ff., 134; s. auch *Baur*, JZ 1964, 354 (357); *Vogel* in *Drews/Wacke/Vogel/Martens*, § 19 6 vor a; *Spannowsky*, DVBl. 1994, 560 (563 f.); sowie (ohne Begründung) BayVGH, BayVBl. 1993, 147 (148).

[91] BGH, NJW 1981, 2457 (2458); ebenso *Schwachheim*, NVwZ 1988, 225 (227).

[92] Ähnlich *Kohler-Gehrig*, NVwZ 1992, 1049 (1052); *Leinemann*, VersR 1992, 25 (29); a.A. in diesem Zusammenhang *Papier*, Altlasten, S. 73 f.: Vor der behördlichen Inanspruchnahme sei ein öffentlichrechtlicher Pflichtenstatus des Störers oder der Störer noch nicht existent. Nehme die Behörde von mehreren Störern (nur) einen bestimmten Verantwortlichen in Anspruch, so entstehe nur *in dessen* Person eine öffentlichrechtliche Pflicht. Dem ist zu entgegnen, daß eine öffentlichrechtliche (Polizei-)Pflicht (hier: gesundheitsgefährdende Bodenverunreinigungen zu vermeiden) sehr wohl bereits vor der behördlichen Inanspruchnahme besteht. Der behördlichen Inanspruchnahme kommt allein die Bedeutung zu, die (schon bestehende) öffentlichrechtliche Pflicht in ein Zwei-„personen“-Rechtsverhältnis zwischen Behörde und Störer zu überführen und dort die Grundlage für Verwaltungszwangsmaßnahmen zu bilden.

[93] S. dazu oben, S. 103 ff.

lichen Sicherheit und Ordnung, welche der Bundesgerichtshof mit dem Begriff „Gefährdungshaftung“ bezeichnet, bereits im Gesetz angelegt.

Es sprechen keine stichhaltigen Gründe dagegen, die Rechtsbeziehung verschiedener polizeilicher Störer untereinander als Gesamtschuldverhältnis aufzufassen. Dem behördlicherseits in Anspruch genommenen Störer steht ein Kostenausgleich nach § 426 Abs. 1 BGB zu. Für GoA bleibt im Verhältnis verschiedener Störer untereinander wegen der Spezialität des Gesamtschuldverhältnisses kein Raum.

Allein für den Fall, daß die Störer lediglich auf der Sekundärebene in Anspruch genommen werden (Ersatz der Polizeikosten nach unmittelbarer Ausführung einer Maßnahme oder nach Sofortvollzug), wenn also dem Auswahlkriterium der schnellen und effektiven Gefahrenabwehr keine Bedeutung mehr zukommt, können Verhältnismäßigkeitsgesichtspunkte dagegen sprechen, von mehreren Verantwortlichen nur einen einzigen mit den gesamten Polizeikosten behördlicherseits zu belasten und diesem für die Realisierung der Regreßforderung gegenüber den übrigen Störern das Insolvenzrisiko aufzubürden[94]. Es kann dann im Einzelfall ermessensfehlerhaft sein, wenn die Behörde bei der Auswahl des von ihr in Anspruch genommenen Störers die ihr bekannten und unstreitigen Regelungen des internen Ausgleichs völlig unberücksichtigt läßt[95]. Zu weit geht allerdings die Auffassung Würtenbergers[96], bei der Erstattung von Polizeikosten hafteten mehrere Störer gegenüber der Behörde von vornherein nur je in Höhe ihres Anteils an der Verursachung des polizeiwidrigen Zustandes („pro rata“)[97]. Es kann nicht Sache der Sicherheitsbehörde sein, nach gelungener Gefahrenabwehr in eine umfängliche und bisweilen schwierige Ermittlungstätigkeit hinsichtlich der jeweiligen Verursachungsanteile und gegebenenfalls der sonstigen störerintern ausgleichsrelevanten Tatsachen einzutreten[98]. Die Behörde wird von mehreren Störern jeden nur insoweit kostenmäßig *nicht* in Anspruch nehmen können, als sich zwischen dem Maß dessen Verantwortlichkeit einerseits und dem Anteil seiner kostenmäßigen Inanspruchnahme andererseits eine deutliche und nicht hinnehmbare Diskrepanz abzeichnet.

---

[94] *Würtenberger* in *Achterberg/Püttner*, Besonderes Verwaltungsrecht II, Kap. 7/1 Rdnr. 193.

[95] BVerwG, NVwZ 1990, 474 (475).

[96] In *Achterberg/Püttner*, Besonderes Verwaltungsrecht II, Kap. 7/1 Rdnr. 193.

[97] Mißverständlich insoweit der Leitsatz bei OVG Hamburg, NVwZ 1990, 788. Wie sich aus den Entscheidungsgründen ergibt (abgedruckt in GewArch 1990, 223), postuliert das Gericht nicht etwa ein „pro-rata“ Haftung im Sinne *Würtenbergers*, sondern in Frage stand die Störereigenschaft des in Anspruch Genommenen, nämlich die Kausalität seines Verhaltens für die gefährdende Verunreinigung.

[98] S. auch HessVGH, NVwZ 1992, 1101 (1102).

2. Altruistische Erfüllung fremder öffentlichrechtlicher Pflichten

Beseitigt jemand eine Gefahr anstelle des polizeilich Verantwortlichen, ohne jedoch selbst ebenfalls Störer zu sein, so sind die Vorschriften über GoA grundsätzlich anwendbar. Allerdings dürfte die Geschäftsführung (Beseitigung der Gefahr auf dessen Kosten) in der Regel so lange nicht dem Interesse des materiell Polizeipflichtigen entsprechen, wie sich seine Polizeipflicht noch nicht durch eine polizeiliche Verfügung konkretisiert hat. Solange nämlich die zuständige Behörde noch nicht an den Störer herangetreten ist, darf jener darauf hoffen, daß die Behörde die Gefahr auf eigene Kosten beseitigt oder aus Opportunitätsgründen von einem Einschreiten ganz absieht. Für die GoA ist erst dann Raum, wenn es als sicher gelten kann, daß die Behörde wegen der Gefahr einschreiten und hierbei den Verantwortlichen in die Pflicht nehmen will.

Nicht anzuwenden sind die Vorschriften über die GoA, wenn die Behörde den „Geschäftsführer" zu Unrecht selbst als Störer in Anspruch genommen hatte[99]. Der Geschäftsführer kann nicht über die GoA bei dem wirklichen Störer Rückgriff nehmen, sondern er muß Rechtsschutz gegen die behördliche Anordnung suchen und gegebenenfalls die Behörde auf Schadenersatz oder Folgenbeseitigung in Anspruch nehmen.

Zuletzt bleibt die GoA auch dann außer Betracht, wenn der private „Geschäftsführer" von einer Behörde rechtsgeschäftlich dazu beauftragt worden war, die Gefahr zu beseitigen. In der Rechtspraxis kann deshalb ein von der Polizei beauftragter Abschleppunternehmer seine Aufwendungen nicht aus eigenem Recht (GoA) von demjenigen ersetzt verlangen, der für das rechtswidrig abgestellte Kraftfahrzeug verantwortlich war[100]. Der beauftragte Abschleppunternehmer will nur seinen schuldrechtlichen Vertrag mit der Polizeibehörde erfüllen; für die Annahme, er sei erschienen, um ein Geschäft des Falschparkers zu führen, fehlt jeder Anhaltspunkt[101]. Im Verhältnis zum Störer ist der Abschleppunternehmer lediglich ein Gehilfe der Polizei[102]. Er muß sich

---

[99] Ebenso *Neuffer*, Diss., S. 119 ff.; a.A. aber noch der historische Gesetzgeber, Prot I, S. 1607; *Jakobs/Schubert*, Beratungen III, S. 117; Mot. Bd. 2, S. 865; *Mugdan*, Materialien Bd. 2, S. 483; s. auch RGZ 167, 55.

[100] GoA allerdings bejahend: LG Limburg, MDR 1965, 742; LG Braunschweig, NJW 1966, 1820; LG München I, NJW 1976, 898; VersR 1978, 1076; AG Lübbecke, MDR 1975, 228; AG München, VersR 1977, 460; VersR 1977, 461.

[101] Ebenso LG München I, NJW 1978, 48; AG Düsseldorf, JZ 1967, 62; *Neuffer*, Diss., S. 118 f.; *Schwark*, JuS 1984, 321 (328); *Berg*, JuS 1975, 681 (684).

[102] BGH, NJW 1993, 1258 (1259); *Medicus*, JZ 1967, 63 (65). In diesem Sinne auch § 760 E 1, s. dazu Mot. Bd. 2, S. 869; *Mugdan*, Materialien, Bd. 2, S. 486. Allerdings wurde § 760 E 1 gestrichen und die Klärung der Frage der Wissenschaft überlassen, s. Prot II, Bd. 2, S. 741; *Mugdan*, Materialien Bd. 2, S. 1202.

wegen einer Vergütung an seinen Auftraggeber, die Behörde, halten, welche die Aufwendungen ihrerseits als Kosten einer Ersatzvornahme im Sofortvollzug auf den Störer abwälzen kann.

3. GoA und der Vorrang der Unfallversicherung bei Nothilfeleistung unter Privaten

Leistet ein Privater einem in Not Geratenen Hilfe, so kann er seine Aufwendungen herrschender Ansicht zufolge vom Geretteten selbst[103] oder sogar von dessen Krankenkasse[104] aus GoA ersetzt verlangen. Dieser Anspruch ist nach nahezu einhelliger Meinung nicht dadurch ausgeschlossen, daß der Geschäftsführer durch die Hilfeleistung zugleich eine eigene öffentlichrechtliche Pflicht aus § 323c StGB (früher § 330c StGB) erfüllt[105].

Außer diesem privatrechtlichen Anspruch gegen den Geretteten stehen einem Nothelfer auch öffentlichrechtliche Leistungen zu. Er ist gemäß § 539 Abs. 1 Nr. 9 lit. a RVO[106] unfallversichert und erhält überdies seine materiellen Nachteile nach § 765a RVO vom Unfallversicherungsträger ersetzt.

Gegenstand einer jüngeren Diskussion ist die Frage, ob die privatrechtlichen Ansprüche des Nothelfers aus GoA auf den Unfallversicherungsträger gemäß § 116 Abs. 1 SGB-X (früher § 1542 RVO) übergehen, wenn und soweit jener Leistungen an den Nothelfer nach den §§ 539 Abs. 1 Nr. 9 lit. a, 765a RVO erbringt. Die früher herrschende Auffassung, die einen Forderungsübergang

---

[103] RGZ 167, 85 (92); BGHZ 33, 251 (257 f.); BGHZ 38, 270; OLG Karlsruhe, VersR 1977, 936; LG Arnsberg, VersR 1961, 209; LG Konstanz, VersR 1973, 1173; *Bechtold*, NJW 1953, 489 (490); Hermann *Lange*, JZ 1963, 550 (552); *Fleischfresser*, VwRdsch 1988, 305 (308); *Weimar*, VP 1966, 174 (175); *Hoepffner*, Diss., S. 165; *Otto*, JuS 1984, 684 (688); *Soergel-Mühl*, BGB, vor § 677 Rdnr. 8; *Zimmermann*, FamRZ 26 (1979), 103; s. ferner die amtliche Begründung des Regierungsentwurfs zu § 765a RVO (BR-Drucks. 352/74, S. 17); offengelassen von OLG Karlsruhe, NJW 1988, 2676 (2677); ablehnend BGHZ 38, 302 für den speziellen Fall der Hilfeleistung zwischen Vater und Sohn unter Hinweis auf § 685 BGB.

[104] BGHZ 33, 251.

[105] RGZ 167, 85; BGHZ 33, 251; OLG Tübingen, MDR 1950, 160; *Bechtold*, NJW 1953, 489 (490); *Berg*, JuS 1975, 681; *v.Caemmerer*, NJW 1963, 1402 (1403); *Enneccerus/Lehmann*, Lehrbuch des Bürgerlichen Rechts II, § 165 III 3; *Féaux de la Croix*, JW 1939, 457 (461 f.); *Fikentscher*, Schuldrecht, Rdnr. 930; *Erman-Ehmann*, BGB, vor § 677 Rdnr. 1a; *Neuffer*, Diss., S. 95 f.; *Rödder*, JuS 1983, 930 (931); *Schmalz*, Allgemeines Verwaltungsrecht (3. Aufl.), 8. Abschn. 7.6; *Soergel-Mühl*, BGB, § 677 Rdnr. 11; *Staudinger-Wittmann*, BGB, vor §§ 677 – 687 Rdnr. 22; *Weimar*, MDR 1982, 456; *ders.*, VP 1966, 56; *Zimmermann*, FamRZ 26 (1979), 103 (104); a.A. RG, JW 1909, 311 Nr. 7; *Barkhau*, Öffentlichrechtliche Entschädigung, S. 46; *Michaelis*, ZAkDR 8 (1941), 330; kritisch auch *Hauß*, FS Weitnauer, S. 333 (338 ff.); offengelassen von *Freund*, JZ 1975, 513 (517).

[106] Früher § 537 Nr. 5 lit. a RVO, davor § 553a RVO.

nach § 1542 RVO annahm[107], geriet aus Billigkeitsgesichtspunkten zunehmend unter Kritik, und inzwischen scheint bereits die Gegenansicht zu überwiegen, wonach die Aufwendungen der Unfallversicherung jedenfalls dann nicht auf den Geretteten abgewälzt werden können, wenn jener schuldlos in eine Gefahr geratenen ist[108]. Das soll zumindest hinsichtlich der Aufwendungen für die personenbezogenen Unfallversicherungsleistungen nach § 539 Abs. 1 Nr. 9 lit. a RVO gelten. Jene neuere Auffassung, wonach solche Aufwendungen letztendlich dem Unfallversicherungsträger, also einer Solidargemeinschaft, zur Last fallen sollen, entspricht im übrigen auch den Vorstellungen des historischen Gesetzgebers[109].

Rechtstechnisch ungeeignet ist jedoch die Methode, welche überwiegend diskutiert wird, um das nach der gewandelten Anschauung angemessene Ergebnis herbeizuführen, nämlich der Weg über eine Beschränkung der Anwendung der Regreßvorschrift des § 116 SGB-X[110]. Denn mittels einer restriktiven Anwendung des § 116 SGB-X kann nur dann die erstrebte Kostenverteilung herbeigeführt werden, wenn zeitlich zuerst der Unfallversicherungsträger vom Nothelfer wegen der zustehenden Versicherungsleistungen belangt wird; sie muß dagegen ins Leere gehen, wenn sich der Nothelfer zunächst wegen seiner privatrechtlichen Aufwendungsersatzansprüche an den Geretteten hält[111]. Im letzteren Fall müßte der Gerettete den Nothelfer herrschender Auffassung zufolge aus GoA befriedigen[112], ohne daß ihm selbst aber eine rechtliche Handhabe gegeben wäre, die Kosten der Nothilfe auf den Unfallversicherer abzuwälzen. Sonach bliebe der Aufwendungsersatz bei Notfallhilfe *stets* regreßlos; es wäre daher immer derjenige endgültig mit den Rettungskosten belastet, welcher zuerst vom Nothelfer auf Ersatz in Anspruch genommen wird.

---

[107] RGZ 167, 85; BGHZ 33, 251 (258); 38, 270 (281); LG Arnsberg, VersR 1961, 209; LG Konstanz, VersR 1973, 1173; *Hoepffner*, Diss., S. 165; Hermann *Lange*, JZ 1963, 550 (552); *Otto*, JuS 1984, 684 (688); *Rietschel*, Anm. LM Nr. 8 zu § 683 BGB; s. auch LG Trier, NJW-RR 1994, 483.

[108] BGHZ 92, 270 = LM Nr. 44 zu § 683 BGB m. zust. Anm. *Hauß*; OLG Karlsruhe, NJW 1988, 2676 (2677); *Hauß*, FS *Weitnauer*, S. 333 (341 f.); *v.Caemmerer*, DAR 1970, 283 (291); Eike *v.Hippel*, FS *Sieg*, 171 (181 ff.); *Gitter*, JZ 1985, 392; *Larenz*, Schuldrecht II/1, § 57 I b; *Medicus*, Bürgerliches Recht, Rdnr. 424; *MünchKomm-Seiler*, BGB, § 683 Rdnr. 21; *Wollschläger*, Die GoA, S 303 f.; *Zimmermann*, FamRZ 26 (1979), 103 (109); s. auch *Esser/Weyers*, Schuldrecht II, § 46 II 4 c.

[109] S. Verhandlungen des Reichstages, Bd. 430, Anlage 234, S. 9 f.

[110] Vgl. etwa die Begründung bei BGHZ 92, 270 (271): § 1542 RVO erfasse keine Ansprüche aus GoA, weil es sich insoweit um Aufwendungen und nicht um Schäden handle; ebenso OLG Karlsruhe, NJW 1988, 2676 (2677).

[111] So etwa bei OLG Tübingen, MDR 1950, 160; s. auch LG Köln, NJW-RR 1991, 989.

[112] Nachweise s. oben, S. 208, Fußn. 103 f.

Seiler[113] will das Problem lösen, indem er die privatrechtlichen GoA-Ansprüche im Wege der Vorteilsausgleichung um die Höhe der zustehenden Unfallversicherungsleistungen kürzt[114]. Das ist zunächst insofern ungewöhnlich, als es sich bei Vorteilsausgleichung um ein spezifisch *schaden*rechtliches Problem handelt[115], während hier der Ersatz freiwilliger *Aufwendungen* in Rede steht. Weiter will Seiler offenbar dann keinen Vorteilsausgleich gelten lassen, wenn der Gerettete dem Nothelfer aus Delikt oder Gefährdung haftet. Damit setzt sich Seiler in Widerspruch zu den anerkannten Grundsätzen der Vorteilsausgleichung. Diesen zufolge ist nämlich der Haftungsgrund für die Vorteilsausgleichung nicht relevant, die Vorteilsausgleichung (Schadenskompensation) vielmehr ein Aspekt der Schadensberechnung[116]. Ausschlaggebend ist der Rechtsgrund der Kompensationsleistung im Verhältnis zwischen dem Ersatzberechtigten (hier: Nothelfer) und dem Vorteilgewährenden (hier: Unfallversicherungsträger). Gerade in diesem Verhältnis sind aber Unglücksursache und Verschulden des Geretteten irrelevant.

In Frage zu stellen ist vielmehr die Entstehung eines privaten Ausgleichsanspruchs überhaupt, das Schuldverhältnis zwischen Nothelfer und Gerettetem an sich. Daß der Nothelfer seine Aufwendungen vom Geretteten aus GoA ersetzt verlangen kann, ist nicht zwingend[117]. Ein dringendes Bedürfnis für den privaten Aufwendungsersatzanspruch besteht jedenfalls nicht, da die berechtigten Interessen des privaten Nothelfers durch die sozialrechtliche Absicherung (§§ 539 Abs. 1 Nr. 9 lit. a, 765a RVO[118]) hinreichend gewährleistet sind. Auch in seinem Umfang bleibt der „sozialrechtliche Aufwendungsersatzanspruch" nicht hinter dem zurück, was der Geschäftsführer vom Geretteten nach den §§ 683, 670 BGB verlangen könnte, zumal die Vorschriften der §§ 765a RVO und 670 BGB in der Rechtsfolgenanordnung wortlautidentisch sind. Vielmehr gehen die Sozialleistungen in mancher Hinsicht sogar weiter als ein

[113] In *MünchKomm*, BGB, § 683 Rdnr. 21.

[114] In diesem Sinne auch *Palandt-Thomas*, BGB, § 683 Rdnr. 10, allerdings ohne dogmatische Herleitung.

[115] Vgl. BGHZ 91, 206 (209); *Beitzke*, JZ 1952, 33; *Esser/Schmidt*, Schuldrecht I, § 33 V; *Fikentscher*, Schuldrecht, Rdnr. 562 ff.; *Medicus*, Bürgerliches Recht, Rdnr. 854 f.; *MünchKomm-Grunsky*, BGB, vor § 249 Rdnr. 93, 94.

[116] S. BGH, DB 1981, 2222 = BB 1981, 1800 (1801); *Fikentscher*, Schuldrecht, Rdnr. 562; *Medicus*, Bürgerliches Recht, Rdnr. 854; s. auch *Erman-Kuckuk*, BGB, vor § 249 Rdnr. 92.

[117] Gegen einen privatrechtlichen Anspruch aus GoA gegen den Geretteten auch *Hauß* (FS *Weitnauer*, 333 [338 ff.]) und *Nökel* (Diss. S. 132 f.), die hauptsächlich auf die Schutzbedürftigkeit des Geretteten gegenüber dem Sozialversicherungsträger abstellen; andeutungsweise ebenso *Erman-Ehmann*, vor § 677 Rdnr. 5; s. ferner Anm. *Hauß*, LM Nr. 44 zu § 683 BGB.

[118] In Berlin und Nordrhein-Westfalen erhält der Nothelfer außerdem Ersatz aus den §§ 59 Abs. 1 Nr. 3 berlASOG, 33 Abs. 1 lit. b nwFSHG; ähnlich § 65 Abs. 1 Nr. 2 AE-PolG, s. dort auch Begründung Nr. 6 f.

privatrechtlicher Aufwendungsersatzanspruch. Die Leistungen der Unfallversicherung kann der Nothelfer nämlich auch bei Maßnahmen zur Abwendung einer bloßen Scheingefahr beanspruchen[119], während dieselben Maßnahmen sicher nicht dem wirklichen und mutmaßlichen Willen und dem Interesse eines gar nicht wirklich in Gefahr befindlichen „Geretteten" entsprechen[120].

Rechtspolitische Gesichtspunkte sprechen sogar eher dagegen, privaten Nothelfern privatrechtliche Ersatzansprüche zur Seite zu stellen. In Nothilfefällen geht nämlich das Regelungsziel des § 683 BGB fehl, altruistische Maßnahmen durch die Inaussichtstellung eines finanziellen Ausgleichs zu fördern. Denn wo privatrechtliche Ansprüche in Aussicht stehen, bleibt die Frage nach deren Realisierbarkeit[121] und der Solvenz des Schuldners nicht aus. In Notfällen aber darf die Bereitschaft, größere Rettungsaufwendungen zu machen, nicht von Erwägungen über die finanzielle Stellung des Verletzten getragen sein. Vielmehr hat jedwede Nothilfeleistung in dem jeweils erforderlichen Umfang ohne Ansehung der verletzten Person zu geschehen.

Dieses spricht dafür, die §§ 539 Abs. 1 Nr. 9 lit. a, 765a RVO dergestalt als abschließende Regelung über die durch Nothilfeleistung entstehenden Rechtsbeziehungen aufzufassen, daß daneben privatrechtliche Aufwendungsersatzansprüche ganz außer Betracht bleiben. Durch § 323c StGB ist der Nothilfealtruismus von einer bloßen privatrechtlichen Eingriffsmöglichkeit zu einer öffentlichrechtlichen Eingriffspflicht avanciert. Aus dem Öffentlichen Recht sollten sich auch (abschließend) die Rechtsfolgen der Erfüllung dieser Pflicht bestimmen[122].

Bestand haben die zivilrechtlichen Ersatzansprüche neben einem gegebenen öffentlichrechtlichen Ausgleich allenfalls dann, wenn der Gerettete dem Not-

---

[119] *Gitter* in *Dersch/Knoll/Brockhoff*, RVO, Rdnr. 23 zu § 539; *Lauterbach*, Unfallversicherung, § 539 Anm. 59 b; im Sinne einer nicht allzu engherzigen Auslegung des § 765a RVO auch die amtliche Begründung des Regierungsentwurfs (BR-Drucks. 352/74, S. 17).

[120] S. OLG Frankfurt, MDR 1976, 1021; *Dietrich*, JZ 1974, 535 (537 ff.).

[121] So war etwa die Tatsache, daß Ansprüche gegen den Geretteten aus GoA oftmals nicht verwirklicht werden können, mit ein Motiv für die Einführung der Vorgängervorschrift des § 539 Abs. 1 Nr. 9 lit. a RVO (s. Verhandlungen des Reichstages, Bd. 430, Anlage 234, S. 9); vgl. auch BGHZ 33, 251 (258).

[122] Schließlich ist die Gesetzestechnik der Derogation zivilrechtlicher Ersatzansprüche durch vorrangige Sozialversicherungsleistungen dem Gesetz auch in anderen Zusammenhängen nicht fremd (vgl. etwa die §§ 636, 637 RVO). Ob und inwieweit sich die Sozialversicherungsträger ihrerseits schadlos halten können, muß das Gesetz ausdrücklich regeln (§ 640 RVO für den Fall der §§ 636, 637 RVO).

helfer aus Delikt haftet[123]. Insoweit schließt sich auch ein Forderungsübergang nach § 116 SGB-X nicht aus.

Für aufgewendete Sachmittel (§ 765a RVO) gilt dasselbe wie für Gesundheitsschäden (§ 539 Abs. 1 Nr. 9 lit. a RVO)[124]; auch in dieser Hinsicht sind privatrechtliche Ansprüche aus Geschäftsführung ausgeschlossen. § 765a Abs. 2 RVO erfordert keine abweichende Bewertung, da diese Vorschrift nur Rechtsgrundverweisung auf § 116 SGB-X ist und somit nur (deliktischen) *Schaden*ersatz bei Gefährdungshaftung oder schuldhafter, adäquat kausaler Herausforderung des Nothelfers betrifft, nicht aber bloßen *Aufwendungs*ersatz[125].

4. Privatrechtliche GoA durch Verwaltungsbehörden

Die Untersuchung ergab im ersten Hauptteil, daß Behörden als Geschäftsführer einer öffentlichrechtlichen GoA nicht in Betracht kommen. Dem partiell anzuerkennenden Bedürfnis für die Legitimations- und die Ausgleichsfunktion der GoA steht zwingendes Öffentliches Recht entgegen. Für die Frage, ob Verwaltungsbehörden als Geschäftsführer einer privatrechtlichen GoA in Betracht kommen, kann nichts anderes gelten[126].

Für behördliches Handeln im eigenen Aufgabenbereich und zugleich privaten Interesse gilt, daß die abschließenden öffentlichrechtlichen Ausgleichs-

---

[123] So etwa in Fällen der Gefährdungshaftung oder der schuldhaften Herausforderung einer Selbstgefährdung des Nothelfers, s. hierzu OLG Karlsruhe, NJW 1988, 2676 (2677 f.) und Anm. *Hauß*, LM Nr. 44 zu § 683 BGB.

[124] A.A. BGHZ 92, 270; OLG Karlsruhe, NJW 1988, 2676 (2677), welche zwischen persönlichen und sächlichen Aufwendungen differenzieren. Nach *Hauß* (Anm. LM Nr. 44 zu § 683 BGB) soll der BGH die Frage offengelassen haben; wie hier aber die Einschätzung bei *Lang*, WM 1988, Sonderbeilage Nr. 9, S. 20.

[125] So auch die Begründung im Regierungsentwurf zu § 765a RVO (BR-Drucks. 352/74, S. 17). In den Erläuterungen zu Abs. 2 dieser Vorschrift ist lediglich von deckungsgleichen „Schäden" (und nicht von „Aufwendungen") die Rede, während noch in der Begründung zu Abs. 1 eine Vielzahl möglicher bürgerlichrechtlicher Ansprüche (aus unerlaubter Handlung, Gefährdungshaftung, Auftrag oder GoA) genannt werden. Nicht mit der hier vertretenen Auffassung übereinstimmend allerdings der Regierungsentwurf insoweit, als dort zum Ausdruck kommt, die möglichen bürgerlichrechtlichen Ansprüche gegen den Geretteten blieben von § 765a RVO unberührt. Das sollte m.E. – wie bei persönlichen Aufwendungen – nur hinsichtlich deliktischer Ansprüche gelten.

[126] Vgl. aber die Zivilrechtsprechung zur privatrechtlichen GoA durch Verwaltungsbehörden (Nachweise oben, S. 42 ff.); s. ferner *Hoepffner*, Diss., S. 154.

vorschriften aus den oben genannten Gründen[127] auch jedem privatrechtlichen Ausgleichsanspruch entgegenstehen.

Behördliches Handeln außerhalb des eigenen Aufgabenbereichs im ausschließlich privaten Interesse kann dagegen – wie gleichgelagerte Fremdgeschäftsführung in öffentlichrechtlicher Handlungsform[128] – auch bei der Wahl privatrechtlicher Handlungsformen nicht durch die §§ 677 ff. BGB legitimiert sein, weil das Ergreifen privater Rechtsformen die Verwaltung von ihrem Verwaltungszweck, der Förderung des Gemeinwohls, nicht entbindet. Verwaltungsbehördliches Handeln kann unter keinen Umständen lediglich nach privatrechtlichen Grundsätzen beurteilt werden, sondern die Verwaltung bleibt in allen Handlungen stets (auch) durch die Vorschriften des Öffentlichen Rechts gebunden[129]. Auch der Mittel des Privatrechts dürfen sich Verwaltungsbehörden nur mit dem Ziel bedienen, ihre eigenen, durch Öffentliches Recht festgelegten Aufgaben zu erfüllen. Privatrechtliche GoA durch Verwaltungsbehörden widerspricht gleichermaßen wie öffentlichrechtliche GoA dem gesetzten Verwaltungszweck und ist deshalb ebenso abzulehnen[130]. Ungeachtet der gewählten Handlungsformen kann sich die Verwaltung weder auf die Legitimations- noch auf die Ausgleichsfunktion der GoA berufen.

5. Privatrechtliche GoA durch einen Amtswalter

Abschließend zu erörtern ist die Frage, ob Amtswalter persönlich, indem sie ihre Amtspflichten erfüllen, zugleich auch als Geschäftsführer für Dritte anzusehen sein können. Unter diesem Gesichtspunkt hat das Bayerische Oberste

---

[127] S. 147 ff.

[128] S. oben, S. 159 ff.

[129] *Maurer*, Allgemeines Verwaltungsrecht, § 28 Rdnr. 12 a.E.; *Ehlers*, Verwaltung in Privatrechtsform, S. 246; *Bull*, Allgemeines Verwaltungsrecht, Rdnr. 391; *Wolff/Bachof*, Verwaltungsrecht I, § 23 II b; speziell für den Bereich der Leistungsverwaltung s. *Jesch*, Gesetz und Verwaltung, S. 183.

[130] Privatrechtliche GoA durch Verwaltungsbehörden wird nicht einmal anzuerkennen sein, wenn ein Dienstfahrzeug in den Straßengraben gelenkt wird, um ein unvermutet aufgetauchtes Kind nicht zu überfahren (Beispiel nach *Ehlers*, Verwaltung in Privatrechtsform, S. 474; vgl. zur sog. Selbstaufopferung des Kraftfahrers in der zivilistischen Diskussion *Soergel-Mühl*, BGB, § 683 Rdnr. 9 m.w.N.). Indem die Behörde (durch den betreffenden Fahrer) eine Gefahr von dem bedrohten Kind abwendet, handelt sie zugleich im Interesse der öffentlichen Sicherheit sowie des Gemeinwohls und führt damit ein *eigenes* Geschäft (offengelassen bei *Ehlers*, S. 474, Fußn. 304). Die Behörde kann allein dafür, daß sie sich darum bemüht, bei der Erledigung ihrer Verwaltungsaufgaben keine Schäden anzurichten, von niemandem Aufwendungsersatz verlangen. Die Behörde könnte nicht einmal dann Aufwendungsersatz beanspruchen, wenn sie das Kind vor einer solchen Gefahr retten würde, zu deren Entstehung sie selbst in keiner Weise beigetragen hat.

Landesgericht[131] den privatrechtlichen Aufwendungsersatzanspruch eines Polizeibeamten erwogen, welcher sich bei der Rettung einer Person von dem Versuch, Selbstmord zu begehen, eine Verletzung zugezogen hatte. Das Gericht führt aus, die Handlungsweise des Polizeibeamten könne durchaus den Begriff der Geschäftsführung im Sinne des § 677 BGB erfüllen. Daß der Polizeibeamte damit einer eigenen öffentlichrechtlichen Pflicht aus seinem Amt nachkam, hindere an sich nicht die Annahme, er habe zugleich auch privatrechtlich ein Geschäft der Beklagten geführt.

Entgegen den Erwägungen des Gerichts ist jedoch die Konstruktion des zugleich öffentlich- wie auch privatrechtlich handelnden Polizeibeamten abzulehnen. Der Amtswalter ist ausführendes Organ des Staates; seine Willensbildung und -betätigung ist im Ganzen der Behörde zuzurechnen. Eine andere Beurteilung kommt nur bei außerdienstlichen Handlungen in Betracht: Wenn etwa der Beamte nicht in Ausübung seines Dienstes, sondern lediglich bei dessen Gelegenheit ein rein privates Geschäft besorgt, so ist sein Handeln ausschließlich dem Privatrecht zuzuordnen[132] (und stellt womöglich eine Verletzung seiner Dienstpflichten dar). Steht aber das Handeln in einem erkennbaren Zusammenhang mit der Dienstausübung des Beamten, so bleibt für eine Zerlegung des Handelns in einen öffentlichrechtlichen und einen privatrechtlichen Teil kein Raum[133]. In dem vom Bayerischen Obersten Landesgericht entschiedenen Fall ist eine Zuordnung zum Privatrecht schon deshalb ausgeschlossen, weil sich der Polizeibeamte zur Rettung der Suizidentin keineswegs auf seine privatrechtlichen Handlungsbefugnisse hätte beschränken wollen und dürfen, sondern je nach Erforderlichkeit auch auf seine spezifisch hoheitlichen Rechte und Mittel hätte zurückgreifen müssen. Hinzu kommt, daß ein Amtswalter sich nicht gleich einem unbeauftragten Geschäftsführer dem Willen eines privaten Dritten unterwerfen will und darf[134].

Schließlich widerspräche eine Aufspaltung in privates und öffentliches Handeln auch den Grundsätzen des öffentliche Haftungrechts. Die Haftung für Verwaltungshandeln richtet sich nach § 839 BGB, Art. 34 GG. Danach ist die Amtshaftung für Fahrlässigkeit subsidiär (§ 839 Abs. 1 Satz 2 BGB), und persönlich ist der Beamte nur für grobes Verschulden haftbar zu machen (Art. 34 Satz 2 GG). Diese öffentlichen Haftungsgrundsätze würden unterlaufen, wenn das Handeln des Amtswalters unter haftungsrechtlichen Gesichtspunkten zusätzlich einer privatrechtlichen Beurteilung (hier nach den §§ 677, 687 BGB)

---

[131] BayObLGZ 1968, 200 = MDR 1968, 920.

[132] Ebenso *Maurer*, JuS 1970, 561 (566).

[133] Ebenso *Maurer*, JuS 1970, 561 (566); ähnlich zuvor bereits *Moebis*, Diss., S. 76.

[134] S. dazu Mot. Bd. 2, S. 856 f.; *Mugdan*, Materialien Bd. 2, S. 478: Ein Beamter dürfe und könne nicht so eng gebunden sein, wie ein negotiorum gestor.

unterläge. Systemwidrig und unangemessen erschiene dagegen die isolierte Anwendung der vorteilhaften Regelungen des Privatrechts (hier des § 683 BGB) zugunsten des Amtswalters unter Aussparung der korrelierenden, nachteiligen Haftungsvorschriften.

Somit kommt eine (auch-)privatrechtliche Beurteilung des Handelns eines Amtsträgers unter dem Gesichtspunkt einer GoA für den von der Amtshandlung betroffenen Bürger nicht in Betracht. Ein Amtswalter kann in Ausübung seines Dienstes nicht zugleich privatrechtlicher Geschäftsführer für einen Dritten sein[135].

---

[135] Im Ergebnis hat auch das BayObLG (BayObLGZ 1968, 200 = MDR 1968, 920) den Aufwendungsersatzanspruch abgeleht, jedoch allein wegen fehlenden Fremdgeschäftsführungswillens.

Ergebnisse und Folgerungen

Das Rechtsinstitut der öffentlichrechtlichen GoA genießt in Rechtsprechung und Literatur breite Anerkennung. Die Judikatur der letzten viereinhalb Jahrzehnte hat ihr einen kaum noch abgrenzbaren Anwendungsbereich erschlossen. Demgegenüber hat die Untersuchung ergeben, daß der rechtsdogmatisch und methodisch zu ermittelnde Anwendungsbereich der öffentlichrechtlichen GoA ein weit bescheideneres Ausmaß annimmt; es handelt sich um ein Rechtsinstitut mit relativ geringer praktischer Relevanz[1]. Von der Rechtsprechung werden viele der im Zusammenhang mit öffentlichrechtlicher GoA auftretenden Probleme ignoriert; sie hat § 683 BGB zu einem Mittel des Lastenausgleichs aus Billigkeitsgründen gemacht[2].

Im Bürgerlichen Recht erfüllt die GoA zwei Funktionen: eine Legitimations- und eine Ausgleichsfunktion, deren Übernahme in das Öffentliche Recht gesondert zu vollziehen ist.

Für eine Übernahme der Legitimationsfunktion der GoA im Verhältnis verschiedener Behörden untereinander besteht im Hinblick auf das fein strukturierte System der im Öffentlichen Recht bereits vorhandenen Legitimationsmechanismen kein Bedürfnis. Ein Bedürfnis besteht allein für die Ausgleichsfunktion der GoA (§ 683 BGB) in den Fällen der durch Art. 35 Abs. 1 GG legitimierten zwischenbehördlichen Spontanhilfe. Jedoch scheitert deren Anwendung an der in § 8 VwVfG getroffenen gesetzgeberischen Grundentscheidung zugunsten des Entstehungsprinzips.

Der GoA einer Verwaltungsbehörde für einen Bürger außerhalb ihres eigenen Aufgabenbereichs steht entgegen, daß die Erweiterung behördlicher Kompetenzen unter dem verfassungsrechtlichen Gesichtspunkt des Demokratieprinzips und des Prinzips der Gewaltenteilung einer besonderen gesetzgeberischen Entscheidung bedürfte. Soweit durch behördliches Handeln zugleich eigene wie auch fremde Aufgaben erledigt werden (sog. gemischt-fremde Geschäftsführung), bedarf es zwar nicht einer weitergehenden *Legitimation* für das Einschreiten der Behörde als solches, doch steht einer Anwendung der *Ausgleichs*funktion der GoA (§ 683 BGB) das abgeschlossene System der

---

[1] In der Einschätzung ebenso *Schoch*, Jura 1994, 241 (249); sowie – für die zweite Fallgruppe – *Fleischfresser*, VwRdsch 1988, 305 (308).

[2] Ebenso *Medicus*, Bürgerliches Recht, Rdnr. 412.

für das öffentliche Recht getroffenen gesetzlichen Ausgleichsvorschriften entgegen.

GoA unter Privaten ist stets privatrechtliche GoA.

Für öffentlichrechtliche GoA bleiben nur die Fälle der Geschäftsführung eines Bürgers für die Verwaltung. Aber auch in dieser Fallgruppe lassen der wirkliche und der mutmaßliche Wille der Verwaltung wenig Raum für berechtigte GoA durch Private; sie konzentriert sich auf Verwaltungsaufgaben, deren Erledigung keinen Aufschub duldet und von denen mit hinreichender Wahrscheinlichkeit anzunehmen ist, daß die Behörde selbst für deren sofortige Erledigung gesorgt haben würde, wenn sie dazu in der Lage gewesen wäre. Wegen des Vorrangs des verwaltungsgerichtlichen Rechtsschutzes kommt eine Geschäftsführung *gegen* den Willen der Verwaltung (§ 679 BGB) nicht in Betracht.

Rechtspolitisch ist es nicht erstrebenswert, die Gesetzeslage im Wege der Kodifikation einer öffentlichrechtlichen GoA im Sinne der bisherigen Rechtsprechung abzuändern[3]. Im Verhältnis verschiedener Verwaltungsbehörden zueinander sollte an der einheitlichen Sichtweise der Verwaltungseffizienz und damit am Entstehungsprinzip festgehalten werden. Insoweit bietet es sich allenfalls an, die zur Zeit sich nur aus Art. 35 Abs. 1 GG ergebende allgemeine Nothilfekompetenz durch einfachgesetzliche Vorschriften zu konkretisieren und etwa das Amtshilferecht um den Tatbestand einer „Amtshilfe in Notfällen" zu ergänzen, welche bei Gefahr im Verzug und ohne Ersuchen stattfindet, deren Reichweite sich auf die Vornahme unaufschiebbarer Sicherungsmaßnahmen beschränkt und deren Rechtsfolgen sich an herkömmliches Amtshilferecht anlehnen[4].

Im Verhältnis zwischen geschäftsführenden Bürgern und der Verwaltung zeigt sich in der zunehmenden Anerkennung privater Selbsthilfeaufwendungen[5], daß ein offenbar zu respektierendes Bedürfnis danach besteht, Verwaltungsrealhandeln auch abseits klagbarer Rechtspositionen durchzusetzen. Indessen hat die Untersuchung gezeigt, daß das Institut der GoA nicht dazu geeignet ist, dieses Bedürfnis rechtlich zu unterfangen, und es wäre rechtspolitisch unangebracht, Selbsthilfebefugnisse des Bürgers gegenüber der Verwaltung im Sinne der hierzu ergangenen Rechtsprechung zu kodifizieren.

---

[3] Für eine weitgehende Kodifikation der öffentlichrechtlichen GoA aber *Hoepffner*, Diss., S. 184 f.

[4] Für eine Honorierung der behördlichen „Nachbarschaftshilfe" in Wege einer gesetzgeberischen Entscheidung, welche zugleich die Voraussetzungen und Grenzen solcher Nachbarschaftshilfe festlegt, auch bereits *Rietdorf*, DÖV 1966, 253 (255).

[5] Grundlegend zuletzt BVerwGE 80, 170; ferner etwa OVG Lüneburg, NVwZ 1991, 81.

Eine rechtliche Anerkennung legitimer privater Interessen sollte eher in einer behutsamen Erweiterung der gerichtlichen Rechtsschutzmöglichkeiten gegenüber der Verwaltung gesucht werden. Die Vorschrift des § 42 Abs. 2 VwGO etwa sieht eine Ausweitung der Klagebefugnis durch anderweitige gesetzliche Bestimmungen ausdrücklich vor[6]. Überhaupt sollte es in Betracht gezogen werden, eine Leistungsklage nicht mehr allein vom Vorliegen entsprechender subjektiver Leistungsansprüche abhängig zu machen, sondern darüber hinaus auch aus mancher heute noch als bloße Reflexbegünstigung bezeichneten Position eine Klagebefugnis anzuerkennen, sofern nur ein berechtigtes und schutzwürdiges Interesse an der alsbaldigen Erledigung der Verwaltungsmaßnahme vorliegt[7]. Für eine Lockerung der Sachurteilsvoraussetzungen der Leistungsklage spricht einiges, wenn die Alternative zur verwaltungsgerichtlichen Leistungsklage derzeit (nach der herrschenden Rechtsprechung[8]) allein darin besteht, daß der potentielle Kläger als unbeauftragter Geschäftsführer selbst anstelle der Verwaltung eingreift und die Durchführung der Maßnahme damit ganz der Kontrolle durch die Verwaltung entzieht (um anschließend – im Wege der jetzt auf Geldersatz gerichteten Leistungsklage – denselben Streitstoff gleichwohl vor Gericht zu bringen).

---

[6] Vgl. dazu *Bettermann* in Staatsbürger und Staatsgewalt, S. 449 (473).

[7] In diesem Sinne Eberhard *Schwerdtner*, NVwZ 1990, 630 (632 f.): Genügen solle eine besondere Beschwer dergestalt, daß die Kläger ... einen Nachteil im weitesten Sinne erlitten oder in absehbarer Zeit zu erwarten haben.

[8] Zuletzt BVerwGE 80, 170.

Literaturverzeichnis

Achterberg, Norbert: Allgemeines Verwaltungsrecht, 2. Aufl., Heidelberg 1986

Amelung, Knut: Erweitern allgemeine Rechtfertigungsgründe, insbesondere § 34 StGB, hoheitliche Eingriffsbefugnisse des Staates?, NJW 1977, 833

Apelt, Heinrich: Die Zulässigkeit des Rechtswegs, Diss., Leipzig 1935

App, Michael: Verwaltungsvollstreckungsrecht, 2. Aufl., Köln – Berlin – Bonn – München 1992

Arndt, Adolf: Umwelt und Recht, NJW 1963, 24

Augustin, Karl: Keine neuen Aufgaben ohne finanzielle Deckung, DÖV 1949, 94

Barkhau, Werner: Öffentlich-rechtliche Entschädigung bei Nothilfeleistungen, Stuttgart 1954

Bartlsperger, Richard: Die Aufwendungsersatzansprüche der Wasserstraßenverwaltung für Schiffs- und Ankerbergungen, ZBinnSch 102 (1975), 439

Bauer, Hartmut: Der Gesetzesvorbehalt im Subventionsrecht, DÖV 1983, 53

Baur, Fritz: Der Ersatz der Aufwendungen für präventiven Gewässerschutz, JZ 1964, 354

— Ersatzvornahme und Geschäftsführung ohne Auftrag, DVBl. 1965, 893

Bechtold: Ansprüche des Helfers, insbesondere des Arztes, aus Hilfeleistung, NJW 1953, 489

Beitzke, Günther: Anmerkung zu LG Göttingen, Urt. v. 9.3.1950 – 1 S 29/50 –, JZ 1952, 33

Berg, Hans: Hauptprobleme der Geschäftsführung ohne Auftrag, JuS 1975, 681

Bertrams, Michael: Das vor dem Bundesverwaltungsgericht revisible Recht, DÖV 1992, 97

Bettermann, Karl A.: Die Grenzen der Wirksamkeit des Bundesverwaltungsgerichts insbesondere als Revisionsgericht, DVBl. 1956, 11

— Klagebefugnis und Aktivlegitimation im Anfechtungsprozeß, in: Staatsbürger und Staatsgewalt, Band 2, Jubiläumsschrift, herausgegeben von Helmut R. *Kürz* und Richard *Naumann*, Karlsruhe 1963, S. 449

— Anmerkung zu OVG Lüneburg, Beschl. v. 17.3.1967 – II OVG B 15/67 –, DVBl. 1969, 120

Bierling, Ernst R.: Zur Kritik der juristischen Grundbegriffe II, Gotha 1883 (zitiert: *Bierling*, Grundbegrife II)

Birk, Dieter / *Inhester*, Michael: Die verfassungsrechtliche Rahmenordnung des kommunalen Finanzausgleichs, dargestellt am Beispiel des Landes Nordrhein-Westfalen, DVBl. 1993, 1281

Blas, Elisabeth E.: Die öffentlich-rechtliche Geschäftsführung ohne Auftrag eines Hoheitsträgers und eines Bürgers für einen Träger der öffentlichen Gewalt, BayVBl. 1989, 648

— Der Aufwendungsersatzanspruch aus öffentlich-rechtlicher GoA eines Bürgers gegen einen Träger der öffentlichen Gewalt, JA 1989, 514

Böckenförde, Ernst-W. / *Grawert*, Rolf: Sonderverordnungen zur Regelung besonderer Gewaltverhältnisse, AöR n.F. 95 (1970), 1

Böhme, Ernst: Rechtsübereinstimmung im Gemeinderecht, Der Städtetag 1948, 41

Bötticher, Ed.: Anmerkung zu LG Hamburg, Urt. v. 14.3.1950 – 2 S 19/59 –, MDR 1950, 617

Brennhausen, Rüdiger: Geschäftsführung ohne Auftrag im öffentlichen Recht, Diss., Gießen 1934

Breuer, R.: Buchbesprechung von *Wollschläger*, Geschäftsführung ohne Auftrag im öffentlichen Recht und Erstattungsanspruch, Der Staat 18 (1979), 319

Brohm, Winfried: Gemeindliche Selbstverwaltung und staatliche Raumplanung, DÖV 1989, 429

Broß, Siegfried: Zur Erstattung der Kosten von Polizeieinsätzen, DVBl. 1983, 377

Brunner, Georg: Der Selbsteintritt der höheren Behörde, DÖV 1969, 773

Bryde, Brun-O.: Die Einheit in der Verwaltung als Rechtsproblem, DÖV 1987, 1056

Bull, Hans P.: Datenschutz contra Amtshilfe, DÖV 1979, 689

— Allgemeines Verwaltungsrecht, 3. Aufl., Heidelberg 1991

Bundesministerium der Justiz (Hrsg.): Zur Reform des Staatshaftungsrechts, Bonn 1987

Burmeister, Günter C.: Herkunft, Inhalt und Stellung des institutionellen Gesetzesvorbehalts, Berlin 1991 (zitiert: *Burmeister*, Institutioneller Gesetzesvorbehalt)

Bydlinski, Franz: Juristische Methodenlehre und Rechtsbegriff, 2. Aufl., Wien – New York 1991

v. Caemmerer, Ernst: Anmerkung zu BGH, Urt. v. 8.1.1963 – VI ZR 87/62 –, NJW 1963, 1402

— Die Bedeutung des Schutzbereichs einer Rechtsnorm für die Geltendmachung von Schadensersatzansprüchen aus Verkehrsunfällen, DAR 1970, 283

Canaris, Claus-W.: Die Feststellung von Lücken im Gesetz, 2. Aufl., Berlin 1983

Clement, Walter: Der Vorbehalt des Gesetzes, insbesondere bei öffentlichen Leistungen und öffentlichen Einrichtungen, Diss., Tübingen 1987

Däubler, Wolfgang u.a. (Bearb.): Kommentar zum Bürgerlichen Gesetzbuch (Reihe Alternativkommentare), Band 3, Neuwied – Darmstadt 1979 (zitiert: *AK*-Bearbeiter, BGB)

Dahm, Georg: Völkerrecht, Band 3, Stuttgart 1961

Daumann, Hans: Der Abschleppdienst und seine kostenmäßige Abwicklung, DAR 1969, 317

Degenhart, Christoph: Staatsrecht I, 9. Aufl., Heidelberg 1993

Denninger, Erhard: Polizeiaufgaben, in: *Lisken*, Hans / *Denninger*, Erhard (Hrsg.), Handbuch des Polizeirechts, München 1992, S. 105

Denninger, Erhard u.a.: Alternativentwurf einheitlicher Polizeigesetze des Bundes und der Länder, Neuwied – Darmstadt 1979 (zitiert: AE-PolG)

Dersch / Knoll / Brockhoff: RVO-Gesamtkommentar (Loseblatt), Wiesbaden 1960 ff., Stand: Juli 1991

Dicke, Detlev C.: Die bergrechtliche Grundabtretung als Musterbeispiel eines öffentlichrechtlichen Vertrages zwischen Privaten, ZfB 111 (1970), 431

Dienelt, Klaus: Das Verhältnis der Kostentragungs- zur Gefahrenbeseitigungspflicht bei der Ersatzvornahme, NVwZ 1994, 355

Dietrich, Peter: Auftragslose Hilfeleistung in gefährlichen Situationen, JZ 1974, 535

Dittmar, Otfried: Geschäftsführung ohne Auftrag im öff. Recht, BayVBl. 1929, 105

Dolzer, Rudolf / *Vogel*, Klaus (Hrsg.): Bonner Kommentar zum Grundgesetz (Loseblatt), Heidelberg 1950 ff., Stand: Juli 1993 (zitiert: *BK*-Bearbeiter, GG)

Dorn, Horst: Arbeitsleistung und Aufwendungsersatz, JZ 1964, 93

Dregger, Alfred: Probleme der Auftragsverwaltung, Der Städtetag 1955, 190

Dreher, Martin: Die Amtshilfe, Göttingen 1959

Dreidoppel, Emil: Die Geschäftsführung ohne Auftrag im öffentlichen Recht, Diss., Köln 1957 (unveröffentlicht)

Drews, Bill / *Wacke*, Gerhard / *Vogel*, Klaus / *Martens*, Wolfgang: Gefahrenabwehr, 9. Aufl., Köln – Berlin – Bonn – München 1986

Eberle, Carl-E.: Gesetzesvorbehalt und Parlamentsvorbehalt, DÖV 1984, 485

Eckert, Lutz: Leistungsstörungen in verwaltungsrechtlichen Schuldverhältnissen, DVBl. 1962, 11

Ehlers, Dirk: Verwaltung in Privatrechtsform, Berlin 1984

— Die Rechtsprechung zum nordrhein-westfälischen Kommunalrecht der Jahre 1984 – 1989, NWVBL 1990, 44

Eichenhofer, Eberhard: Ausgleichsansprüche der Sozialleistungsträger, DVBl. 1991, 77

v. Einem, Hans-Jörg: Geschäftsführung ohne Auftrag im Sozialrecht, NWVBL 1992, 384

Enders, Rainald: Rechtsprobleme der Behandlung von Abfallaltanlagen und Altlasten in den neuen Bundesländern, DVBl. 1993, 82

Engel, Wolfgang: Staatlicher Selbsteintritt und kommunale Selbständigkeit, DVBl. 1982, 757

Enneccerus, Ludwig / *Lehmann*, Heinrich: Lehrbuch des Bürgerlichen Rechts, Band 2: Recht der Schuldverhältnisse, 15. Aufl., Tübingen 1958

Erichsen, Hans-U.: Kommunalrecht des Landes Nordrhein-Westfalen, Siegburg 1988

Erichsen, Hans-U. / *Martens*, Wolfgang: Allgemeines Verwaltungsrecht, 9. Aufl., Berlin – New York, 1992

Erman, Walter: Handkommentar zum Bürgerlichen Gesetzbuch, Band 1, 9. Aufl., Münster 1993 (zitiert: *Erman*-Bearbeiter, BGB)

Ernst, Werner / *Zinkahn*, Willy / *Bielenberg*, Walter: Baugesetzbuch, Kommentar (Loseblatt), Band 2, München 1965 ff., Stand: Juni 1993

Esser, Josef / *Schmidt*, Eike: Schuldrecht, Band 1: Allgemeiner Teil, Teilband 2, 7. Aufl., Heidelberg 1993

Esser, Josef / *Weyers*, Hans-L.: Schuldrecht, Band 2: Besonderer Teil, 7. Aufl., Heidelberg 1991

Eyermann, Erich / *Fröhler*, Ludwig / *Kormann*, Joachim: Verwaltungsgerichtsordnung, Kommentar, 9. Aufl., München 1988

Faber, Heiko: Anmerkung zu BVerwG, Urt. v. 30.11.1990 – 7 C 4.90 –, JZ 1993, 948

Féaux de la Croix: Die Entschädigung bei Hilfeleistung in Not- und Unglücksfällen, JW 1939, 457

Fikentscher, Wolfgang: Methoden des Rechts, Band 4, Tübingen 1977

— Schuldrecht, 8. Aufl., Berlin – New York 1992

Finkelnburg, Klaus / *Lässig*, Curt L.: Kommentar zum Verwaltungsverfahrensgesetz, Band 1, Düsseldorf 1979

Fleiner, Fritz: Institutionen des Deutschen Verwaltungsrechts, 8. Aufl., Tübingen 1928

Fleischfresser, Andreas: Der Erstattungsanspruch eines Privaten gegen einen öffentlichen Rechtsträger aus Geschäftsführung ohne Auftrag – ein Scheinproblem?, VwRdsch 1988, 305

Flume, Werner: Allgemeiner Teil des Bürgerlichen Rechts, Band 2: Das Rechtsgeschäft, 4. Aufl., Berlin – Heidelberg – New York 1993

Foerster, German: Amtshilfe ohne Rechtspflicht, SKV 1971, 184

Fonk, Friedrich: Die Behörde des Regierungspräsidenten, Berlin 1967

Forsthoff, Ernst: Lehrbuch des Verwaltungsrechts, Band 1: Allgemeiner Teil, 10. Aufl., München 1973

Friedrichs, Karl: Wie weit sind die Vorschriften des BGB auf Schuldverhältnisse des öffentlichen Rechts anwendbar?, ArchBürgR 42 (1916), 28

— Der allgemeine Teil des Rechts, AnnDR 1917, 385

— Der allgemeine Teil des Rechts, Berlin – Leipzig, 1927

Freund, Hanskarl: Zur Rechtsproblematik einer Geschäftsführung ohne Auftrag im öffentlichen Recht, JZ 1975, 513

Friesecke, Albrecht: Bundeswasserstraßengesetz, Kommentar, 2. Aufl., Köln – Berlin – Bonn – München 1981

Gallwas, Hans-U.: Die Erfüllung von Verwaltungsaufgaben durch Private, VVDStRL 29 (1971), 211

Geller, Georg / *Kleinrahm*, Kurt / *Fleck*, Hans-J.: Die Verfassung des Landes Nordrhein-Westfalen, Kommentar, 2. Aufl., Göttingen 1963 (zitiert: *Geller/Kleinrahm/Fleck*, nwVerf)

Gern, Alfons: Der Vertrag zwischen Privaten über öffentlichrechtliche Berechtigungen und Verpflichtungen, Berlin 1977

— Zur Möglichkeit öffentlichrechtlicher Verträge zwischen Privaten, NJW 1979, 694

Giesberts, Ludger: Die gerechte Lastenverteilung unter mehreren Störern, Berlin 1990

Gitter, Wolfgang: Anmerkung zu BGH, Urt. v. 10.10. 1984 – IVa ZR 167/82 –, JZ 1985, 392

Götz, Heinrich: Anmerkung zu LG Köln, Urt. v. 27.3.1975 – 6 O 358/73 –, NJW 1975, 2204

Götz, Volkmar: Allgemeines Polizei- und Ordnungsrecht, 11. Aufl., Göttingen 1993

Goez, Karl: Die Verwaltungsrechtspflege in Württemberg, Tübingen – Leipzig 1902

Grunau, Theodor / *Tiesler*, Eberhard: Strafvollzugsgesetz, 2. Aufl., Köln u.a. 1982

Günther, Jörg-M. / *Traumann*, Edzard: Aktuelle Rechtsprobleme der Wohnraumbeschlagnahme zur Unterbringung Obdachloser, NVwZ 1993, 130

Gusy, Christoph: Die Anwendung der Geschäftsführung ohne Auftrag im öffentlichen Recht, JA 1979, 69

Habermehl, Kai: Die Geschäftsführung ohne Auftrag im Öffentlichen Recht, Jura 1987, 199

Hamann, Andreas: Die öffentlich-rechtliche Geschäftsführung ohne Auftrag, NJW 1955, 481

Hardt, Hans-J.: Die Revisibilität der allgemeinen Verwaltungsgrundsätze, DVBl. 1973, 325

Hartmann: Die öffentlich-rechtliche negotiorum gestio, Recht 1914, Sp. 221

Haueisen, F.: Erstattungsansprüche im öffentlichen Recht, NJW 1954, 977

— Buchbesprechung von *Wollschläger*, Geschäftsführung ohne Auftrag im öffentlichen Recht und Erstattungsanspruch, DVBl. 1987, 310

Hauser, Werner: Die Wahl der Organisationsform kommunaler Einrichtungen, Köln 1987

Hauß, Fritz: Ein strapaziertes Rechtsinstitut, in: Privatautonomie, Eigentum und Verantwortung, Festgabe für Hermann *Weitnauer*, Berlin 1980, S. 333

Haverkate, Görg: Die Einheit in der Verwaltung als Rechtsproblem, DÖV 1987, 1058

Haymann, Franz: Ersatzansprüche bei Verfolgung von Verbrechern, JW 1932, 367

Hegel, Herrmann: Die Unterbringung Obdachloser in privaten Räumen, Stuttgart 1963

Heidenreich, Klaus / *Tausch*, Christian: Staatliche Entschädigungspflicht für Auswirkungen besonders geschützter Tierarten?, NuR 1992, 210

Heise, Gerd / *Riegel*, Reinhard: Musterentwurf eines einheitlichen Polizeigesetzes, 2. Aufl., Stuttgart – München – Hannover 1978

Henke, Wilhelm: Das subjektive öffentliche Recht im System des öffentlichen Rechts, DÖV 1980, 621

Henneke, Hans-G.: Verwaltungszwang mittels Zwangsgeld, Jura 1989, 64

Henssler, Martin: Grundfälle zu den Anspruchsgrundlagen im Recht der Geschäftsführung ohne Auftrag, JuS 1991, 924

Herzberg, Rolf D.: Kritik der teleologischen Gesetzesauslegung, NJW 1990, 2525

Heydorn, Uwe: Die Negotiorum Gestio im öffentlichen Recht, Diss., Hamburg 1940

v. Hippel, Eike: Die Entschädigung des Nothelfers, in: Festschrift für Karl *Sieg*, Karlsruhe 1976, S. 171

Hirschberger, Max: Organleihe, München 1989

Hoepffner, Arnd G.: Die Geschäftsführung ohne Auftrag in der Verwaltung, Diss., Würzburg 1972

Hofmann, Jochen: Asylrecht und kommunale Selbstverwaltung, ZAR 1983, 138

Huber, Peter M.: Die neue Verfassung des Freistaats Thüringen, LKV 1994, 121

Hübner, Heinz: Allgemeiner Teil des Bürgerlichen Gesetzbuches, Berlin – New York 1985

Hurst, Karl: Polizeilich-ordnungsbehördliche Nachbarhilfe, Die Polizei 1964, 80

— Ersatzvornahme und Geschäftsführung ohne Auftrag im Polizei- und Ordnungsrecht, DVBl. 1965, 757

Imboden, Max: Der verwaltungsrechtliche Vertrag, Basel 1958

Ingenstau, Heinz / *Korbion*, Hermann: VOB, Kommentar, 12. Aufl., Düsseldorf 1993

Ipsen, Hans P.: Öffentliche Subventionierung Privater, Berlin – Köln 1956

Ipsen, Jörn: Niedersächsisches Kommunalrecht, Stuttgart – München – Hannover 1989

Jäckle, Wolfgang: Die Haftung der öffentlichen Verwaltung aus culpa in contrahendo im Licht der oberinstanzlichen Rechtsprechung, NJW 1990, 2520

Jakobs, Horst H. / *Schubert*, Werner (Hrsg.): Die Beratungen des Bürgerlichen Gesetzbuchs, Band III (§§ 652 bis 853), Berlin – New York 1983

Jarass, Hans D.: Der Vorbehalt des Gesetzes bei Subventionen, NVwZ 1984, 473

Jascheck, Hans-H.: Strafgesetzbuch: Leipziger Kommentar, 10. Aufl., Berlin – New York 1985 (zitiert: LK-Bearbeiter, StGB)

Jaschkowitz: Auftraglose Geschäftsführung im öffentlichen Recht, JW 1928, 1024

Jellinek, Walter: Verwaltungsrecht, 3. Aufl., Berlin 1931

Jesch, Dietrich: Gesetz und Verwaltung, 2. Aufl., Tübingen 1968

Josef, Eugen: Auftraglose Geschäftsführung im öffentlichen Recht, LZ 22 (1928), 1050

Kähler, Clemens-M.: Die Amtshilfe nach dem Verwaltungsverfahrensgesetz, Diss., Berlin 1977

Kaiser, Günther / *Kerner*, Hans-Jürgen / *Schöch*, Heinz: Strafvollzug, 4. Aufl., Heidelberg 1992

Kaup, Wolfgang: Das subjektive Recht der regelrecht zuständigen Behörde auf den selbsteintrittsfreien Funktionsbereich, BayVBl. 1990, 193.

Kirchhof, Paul: Notwehr und Nothilfe des Polizeibeamten aus öffentlich-rechtlicher Sicht, in: *Merten*, Detlef, Aktuelle Probleme des Polizeirechts, 1977, S. 67

Kisker, Gunter: Neue Aspekte im Streit um den Vorbehalt des Gesetzes, NJW 1977, 1313

Klein, Hans H.: „Auftrag" und „Geschäftsführung ohne Auftrag" im öffentlichen Recht, II. Teil, DVBl. 1968, 166

Kleinknecht, Theodor / *Meyer-Goßner*, Lutz: Strafprozeßordnung, Kommentar, 41. Aufl., München 1993

Kloepfer, Michael: Der Vorbehalt des Gesetzes im Wandel, JZ 1984, 685

Kloepfer, Michael / *Thull*, Rüdiger: Der Lastenausgleich unter mehreren polizei- und ordnungsrechtlich Verantwortlichen, DVBl. 1989, 1121

Knack, Hans J. (Hrsg.): Verwaltungsverfahrensgesetz, Kommentar, 4. Aufl., Köln – Berlin – Bonn – München 1994 (zitiert: *Knack*-Bearbeiter, VwVfG)

Knemeyer, Franz-L.: Aufgabenkategorien im kommunalen Bereich, DÖV 1988, 397

— Bayerisches Kommunalrecht, 7. Aufl., Stuttgart – München – Hannover – Berlin 1991

— Polizei- und Ordnungsrecht, 5. Aufl., München 1993

Köhler, Helmut: Arbeitsleistungen als „Aufwendungen" ?, JZ 1985, 359

— BGB Allgemeiner Teil, 21. Aufl., München 1991

Köttgen, Arnold: Subventionen als Mittel der Verwaltung, DVBl. 1953, 485

Kohler, Jos.: Ueber die Interpretation von Gesetzen, GrünhutsZ 13 (1886), 1

— Die Menschenhülfe im Privatrecht, JherJb. 25 (1887), 1

Kohler-Gehrig, Eleonara: Der gesamtschuldnerische Innenausgleich zwischen Zustands- und Verhaltensstörer im Polizei- und Ordnungsrecht, NVwZ 1992, 1049

Kopp, Ferdinand O.: Verwaltungsverfahrensgesetz, Kommentar, 5. Aufl., München 1991

— Verwaltungsgerichtsordnung, Kommentar, 9. Aufl., München 1992

Kopp, Ferdinand O. / *Kopp*, Ferdinand J.: Die länderübergreifende Amtshilfe und Verwaltungsvollstreckungshilfe, BayVBl. 1994, 229.

Kormann, Joachim: Lastenverteilung bei Mehrheit von Umweltstörern, UPR 1983, 281

Krebs, Walter: Zum aktuellen Stand der Lehre vom Vorbehalt des Gesetzes, Jura 1979, 304

Kreßel, Eckhard: Öffentliches Haftungsrecht und sozialrechtlicher Herstellungsanspruch, Frankfurt/M. 1990

Kriebel, Hellmut: Die Rechtsnatur des ehrenamtlichen Dienstes in Nothilfeorganisationen, DÖV 1962, 766

Krüger, Herbert: Geschäftsführung ohne Auftrag für die Völkergemeinschaft, in: Völkerrechtliche und Staatsrechtliche Abhandlungen, Festschrift für Carl *Bilfinger*, Köln – Berlin 1954, S. 169

— Allgemeine Staatslehre, 2. Aufl., Stuttgart – Berlin – Köln – Mainz 1966

Laband, P.: Die Stellvertretung bei dem Abschluß von Rechtsgeschäften nach dem allgem. Deutsch. Handelsgesetzbuch, ZHR 10 (1866), 183

Laforet, Wilhelm: Deutsches Verwaltungsrecht, München 1937

Lang, Arno: Die neuere Rechtsprechung des Bundesgerichtshofes zu Auftrag, Geschäftsbesorgung und Geschäftsführung ohne Auftrag, WM 1988, Sonderbeilage Nr. 9

Lange, Klaus: Die Abgrenzung von öffentlich-rechtlichem und privatrechtlichem Vertrag, JuS 1982, 500

Lange, Hermann: Anmerkung zu BGH, Urt. v. 27.11.1962 – VI ZR 217/61 –, JZ 1963, 550

Langkeit, Herbert: Die öffentlich-rechtliche Erstattung im Bereich der gesetzlichen Krankenversicherung, DOK 1971, 341

Larenz, Karl: Lehrbuch des Schuldrechts, Band 1, 14. Aufl., München 1987, Band 2, Teilband 1, 14. Aufl., München 1987

— Methodenlehre der Rechtswissenschaft, 6. Aufl., Berlin – Heidelberg – New York u.a. 1991

Lassar, Gerhard: Der Erstattungsanspruch im Verwaltungs- und Finanzrecht, Berlin 1921

Lauterbach, Herbert: Gesetzliche Unfallversicherung, Kommentar (Loseblatt), 3. Aufl., Stuttgart – Berlin – Köln 1967 ff., Stand: September 1993

Leinemann, Ralf: Altlastenhaftung und Regreß beim Verursacher, VersR 1992, 25

Lent, Friedrich: Wille und Interesse bei der Geschäftsbesorgung, Leipzig 1938

Leuze, Dieter: Die Ersatzansprüche der Versorgungsverwaltung gegen „wiederaufgetauchte Verschollene", FamRZ 10 (1963), 157

Listl, Joseph: Die Entscheidungsprärogative des Parlaments für die Errichtung von Kernkraftwerken, DVBl. 1978, 10

Loening, Edgar: Lehrbuch des Deutschen Verwaltungsrechts, Leipzig 1884

Lorenz, Dieter: Anmerkung zu BVerwG, Urt. v. 11.6.1991 – 7 C 1.91 –, JZ 1992, 462

Mallmann, Walter: Schranken nichthoheitlicher Verwaltung, VVDStRL 19 (1961), 165

v. *Mangoldt*, Hermann / *Klein*, Friedrich: Das Bonner Grundgesetz, Kommentar, Band 2, 2. Aufl., Berlin – Frankfurt/M. 1964

Marburger, Peter: Grundstückserwerb und Altlastenhaftung in zivilrechtlicher Sicht, UTR 3 (1987), 169

Martens, Wolfgang: Der Schutz des einzelnen im Polizei- und Ordnungsrecht, DÖV 1976, 457

Maunz, Theodor / *Dürig*, Günter u.a.: Grundgesetz, Kommentar (Loseblatt), 6. Aufl., München 1986, Stand: Dezember 1992

Maurer, Hartmut: Polizei und Geschäftsführung ohne Auftrag – BayObLGZ 1968, 200, in: JuS 1970, 561

— Allgemeines Verwaltungsrecht, 9. Aufl., München 1994

Mayer, Franz / *Kopp*, Ferdinand: Allgemeines Verwaltungsrecht, 5. Aufl., Stuttgart – München – Hannover 1985

Mayer, Otto: Deutsches Verwaltungsrecht, Band 1: 1. Aufl., Leipzig 1895; 3. Aufl., München – Leipzig 1924; Band 2: 1. Aufl., Leipzig 1896; 2. Aufl., München – Leipzig 1917; 3. Aufl., München – Leipzig 1924

Medicus, Dieter: Anmerkung zu OLG Nürnberg, Urt. v. 30.3.1966 – 4 U 133/165 – sowie AG Düsseldorf, Urt. v. 20.7.1966 – 14 C 2450/65 –, JZ 1967, 63

— Bürgerliches Recht, 16. Aufl., Köln – Berlin – Bonn – München 1993

Meier-Branecke, H.: Die Anwendbarkeit privatrechtlicher Normen im Verwaltungsrecht, AöR n.F. 11 (1926), 230

Menger, Christian-F.: System des verwaltungsgerichtlichen Rechtsschutzes, Tübingen 1954

— Höchstrichterliche Rechtsprechung zum Verwaltungsrecht, VerwArch. 52 (1961), 92

— Höchstrichterliche Rechtsprechung zum Verwaltungsrecht, VerwArch. 52 (1961), 196

— Zu den Voraussetzungen des Aufwendungsersatzanspruchs eines privaten Geschäftsführers aus öffentlich-rechtlicher Geschäftsführung ohne Auftrag, VerwArch. 69 (1978), 397

Menger, Christian-F. / *Erichsen*, Hans-U.: Höchstrichterliche Rechtsprechung zum Verwaltungsrecht, VerwArch. 61 (1970), 375

Mergler, Otto / *Zink*, Günther u.a.: Bundessozialhilfegesetz, Kommentar, 4. Aufl., Köln – Stuttgart – Berlin – Mainz 1985

Mertens, Klaus: Die Kostentragung bei der Ersatzvornahme im Verwaltungsrecht, Berlin 1976

Meyer, Hans / *Borgs-Maciejewski*, Hermann: Verwaltungsverfahrensgesetz, Kommentar, 2. Aufl., Frankfurt/M. 1982

Meyer-Ladewig, Jens: Sozialgerichtsgesetz, Kommentar, 5. Aufl., München 1993

Meyer-Teschendorf, Klaus G.: Das Rechts- und Amtshilfegebot des Art. 35 Abs. 1 GG: Antwort auf ein Föderalismusproblem, DÖV 1988, 901

Michaelis: Lebensrettung als „Geschäftsführung ohne Auftrag“ ?, ZAkDR 8 (1941), 330

Mitglieder des Bundesgerichtshofes (Hrsg.): Das Bürgerliche Gesetzbuch, Kommentar, Band 2, 2. Teil (§§ 414 – 610), 12. Aufl., Berlin – New York 1978, Band 2, 4. Teil (§§ 631 – 811), 12. Aufl., Berlin – New York 1978, Band 2, 5. Teil (§§ 812 – 831), 12. Aufl., Berlin – New York 1989 (zitiert: *RGRK*-Bearbeiter, BGB)

Mittelmeier, Fritz: Ersatz von Aufwendungen für Arbeiten zur Vermeidung eines Gewässerschadens, VersR 1974, 727

Moebis, Rolf: Geschäftsführung ohne Auftrag im Verwaltungsrecht, Diss., Heidelberg 1934

Möller, Manfred / *Wilhelm*, Jürgen: Allgemeines Polizei- und Ordnungsrecht, 3. Aufl., Köln – Stuttgart – Berlin u.a. 1993

Mörtel, Georg: Buchbesprechung von *Wollschläger*, Geschäftsführung ohne Auftrag im öffentlichen Recht und Erstattungsanspruch, BayVBl. 1980, 575

Moll, Rudolf R.: Die Grundlagen der Amtshilfe, RiA 1957, 214

Morlok, Martin: Anmerkung zu BVerwG, Urt. v. 15.3.1989 – 7 C 42.87 –, DVBl. 1989, 1147

v. Münch, Ingo (Hrsg.): Grundgesetz-Kommentar, Band 3 (Art. 70 – 146), 2. Aufl., München 1983 (zitiert: *v.Münch*-Bearbeiter, GG)

Müller, Wolfgang: Zweifelsfragen zu § 96 Bundessozialhilfegesetz, DÖV 1964, 530

Mugdan, B.: Die gesammten Materialien zum Bürgerlichen Gesetzbuche für das Deutsche Reich, Band 2, Berlin 1899

Nawiasky, Hans / *Schweiger*, Karl / *Knöpfle*, Franz: Die Verfassung des Freistaats Bayern, Kommentar (Loseblatt), München, Stand: Mai 1992 (zitiert: *Nawiasky/Schweiger/Knöpfle*, bayVerf)

Nebinger, Robert: Verwaltungsrecht, Allgemeiner Teil, 2. Aufl., Stuttgart 1949

Neuffer, Hans-M.: Der pflichtgebundene Geschäftsführer ohne Auftrag, Diss., Regensburg 1970

Neumeyer, Dieter: Rechtsschutzprobleme bei Petitionsbescheiden und der allgemeinen Leistungsklage – BVerwG, NJW 1977, 118, in: JuS 1979, 31

Nökel, Detlef: Die Rechtsstellung des Nothelfers, Diss., Freiburg 1968

Obermayer, Klaus: Leistungsstörungen beim öffentlich-rechtlichen Vertrag, BayVBl. 1977, 546

— Kommentar zum Verwaltungsverfahrensgesetz, 2. Aufl., Neuwied – Frankfurt/M. 1990

Oebbecke, Janbernd: Die Einheit der Verwaltung als Rechtsproblem, DVBl. 1987, 866

— Mehrfachzuständigkeiten in der Verwaltung als Verfassungsproblem, in: Beiträge zur Rechtswissenschaft, Festschrift für Walter *Stree* und Johannes *Wessels*, Heidelberg 1993, S. 1119

Oerder, Michael: Ordnungspflicht und Altlasten, NVwZ 1992, 1031

ohne Verfasserangabe: Ersatz für Ausbesserung gemeindlicher Straßen?, PersVerk. 1966, 131

Oldiges, Martin: Polizeirecht, in: *Grimm*, Dieter / *Papier*, Hans-J. (Hrsg.), Nordrhein-Westfälisches Staats- und Verwaltungsrecht, Frankfurt/M. 1986, S. 236 ff.

— Einheit der Verwaltung als Rechtsproblem, NVwZ 1987, 737

— Kostenerstattung einer Gemeinde für polizeiliche Gefahrenabwehr – OVG Münster, NJW 1986, 2526, in: JuS 1989, 616

Ossenbühl, Fritz: Verwaltungsvorschriften und Grundgesetz, Bad Homburg – Berlin – Zürich 1968

— Die Erfüllung von Verwaltungsaufgaben durch Private, VVDStRL 29 (1971), 137

— Der polizeiliche Ermessens- und Beurteilungsspielraum, DÖV 1976, 463

— Staatshaftungsrecht, 4. Aufl., München 1991

— Der öffentlichrechtliche Erstattungsanspruch, NVwZ 1991, 513

Otto, Hansjörg: Ausgleichsansprüche des Geschäftsführers bei berechtigter Geschäftsführung ohne Auftrag, JuS 1984, 684

Pagenkopf, Hans: Kommunalrecht, Bd. 1: Verfassungsrecht, 2. Aufl., Köln – Berlin – Bonn – München 1975

Palandt, Otto: Bürgerliches Gesetzbuch, 53. Aufl., München 1994 (zitiert: *Palandt*-Bearbeiter, BGB)

Papier, Hans-J.: Die Forderungsverletzung im öffentlichen Recht, Berlin 1970

— Die Entschädigung für Amtshandlungen der Polizei, DVBl. 1975, 567

— Altlasten und polizeiliche Störerhaftung, München 1985

— Altlasten und polizeiliche Störerhaftung, DVBl. 1985, 873

Pappai, F.: Gesetz über die Zusammenarbeit der Leistungsträger und ihren Beziehungen zu Dritten, BKK 1993, 57

Parlamentarischer Rat: Stenographischer Bericht aller Sitzungen 1948/49, Bonn 1949

Pawlowski, Hans-M.: Methodenlehre für Juristen, 2. Aufl., Heidelberg 1991

Pestalozza, Christian: Privatverwaltungsrecht: Verwaltungsrecht unter Privaten, JZ 1975, 50

Petersen, Jan: Der gesamtschuldnerische Ausgleich bei einer Mehrheit polizeirechtlich verantwortlicher Personen, Frankfurt/M. 1991

Pfeiffer, Gerd (Hrsg.): Karlsruher Kommentar zur Strafprozeßordnung, 3. Aufl., München 1993 (zitiert: *KK*-Bearbeiter)

Pickel, Harald: Auftragsweise Aufgabenwahrnehmung im Sozialrecht, SGb. 1984, 1

Rabel, E.: Ausbau oder Verwischung des Systems?, RheinZ 10 (1919/20), 89

Rank, Karl P.: Rückgriff des Grundstückseigentümers gegen den Verursacher von Bodenverunreinigungen, BayVBl. 1988, 390

Rasch, Ernst: Bemerkungen zur Rechtsnatur organisatorischer Maßnahmen, DVBl. 1983, 617

Rauball, Johannes / *Pappermann*, Ernst / *Roters*, Wolfgang: Gemeindeordnung für Nordrhein-Westfalen, Kommentar, 3. Aufl., München 1981

Rebmann, Kurt / *Säcker*, Franz J. (Hrsg.): Münchener Kommentar zum Bürgerlichen Gesetzbuch, Band 1 (§§ 1 – 240), 3. Aufl., München 1993, Band 2 (§§ 241 – 432), 3. Aufl., München 1994, Band 3, Halbband 2 (§§ 652 – 853), 2. Aufl., München 1986 (zitiert: *MünchKomm*-Bearbeiter, BGB)

Redeker, Konrad / *v. Oertzen*, Hans-J.: Verwaltungsgerichtsordnung, Kommentar, 11. Aufl., Stuttgart – Berlin – Köln 1994

Reichert, Bernd / *Röber*, Klaus-U.: Polizeirecht, 3. Aufl., Baden-Baden 1988

Reiff, Hermann / *Wöhrle*, Günter / *Wolf*, Heinz: Polizeigesetz für Baden-Württemberg, Kommentar, 3. Aufl., München – Hannover 1984

Renèlt, Götz-D. / *Klowait*, Jürgen: Der Regreßanspruch der Ordnungsbehörde gegenüber eingewiesenen Obdachlosen gemäß § 42 II OBG NW, NWVBL 1992, 195

Rietdorf, Fritz: Grenzen der Geschäftsführung ohne Auftrag im Ordnungsrecht, DÖV 1966, 253

Rietdorf, Fritz / *Heise*, Gerd / *Bockenförde*, Dieter / *Strehlau*, Bert: Ordnungs- und Polizeirecht in Nordrhein-Westfalen, Kommentar, 2. Aufl., Stuttgart – München – Hannover 1972

Rödder, Dieter: Grundzüge der Geschäftsführung ohne Auftrag, JuS 1983, 930

Roll, Hans-A.: Amtshilfe für den Verfassungsschutz?, JuS 1979, 239

Roxin, Claus: Strafverfahrensrecht, 23. Aufl., München 1993

Rupp, Hans H.: Grundfragen der heutigen Verwaltungslehre, 2. Aufl., Tübingen 1991

Sachs, Michael: Die Einheit der Verwaltung als Rechtsproblem, NJW 1987, 2338

Schack, Friedrich: „Auftrag" und „Geschäftsführung ohne Auftrag" im Verwaltungsrecht, RVerwBl. 1934, 221

— „Analogie" und „Verwendung allgemeiner Rechtsgedanken" bei der Ausfüllung von Lücken in den Normen des Verwaltungsrechts, in: Festschrift für Rudolf *Laun*, Hamburg 1948, S. 275

— „Auftrag" und „Geschäftsführung ohne Auftrag" im öffentlichen Recht, JZ 1966, 640

Schäfer, Alfred / *Bonk*, Heinz J.: Staatshaftungsgesetz, Kommentar, München 1982

Schaffstein, Friedrich: Die strafrechtlichen Notrechte des Staates, in: Gedächtnisschrift für Horst *Schröder*, München 1978

Schellhorn, Walter / *Jirasek*, Hans / *Seipp*, Paul: Das Bundessozialhilfegesetz, Kommentar, 14. Aufl., Neuwied 1993

Schenke, Wolf-R.: Delegation und Mandat im Öffentlichen Recht, VerwArch. 68 (1977), 118

— Staatshaftung und Aufopferung – Der Anwendungsbereich des Aufopferungsanspruchs, NJW 1991, 1777

— Polizei- und Ordnungsrecht, in: *Steiner*, Udo (Hrsg.), Besonderes Verwaltungsrecht, 4. Aufl., Heidelberg 1992, S. 161

Scherer, Joachim: Realakte mit „Doppelnatur", NJW 1989, 2724

Schink, Alexander: Grenzen der Störerhaftung bei der Sanierung von Altlasten, VerwArch. 82 (1991), 357

Schleifenbaum, Henrich: Die Revisibilität des Grundsatzes von Treu und Glauben im Verwaltungsprozeß, DVBl. 1969, 350

Schlink, Bernhard: Die Amtshilfe, Berlin 1982

Schlör, Karl: Die Geschäftsführung ohne Auftrag im öffentlichen Recht, Diss., Würzburg 1935

Schmalz, Dieter: Allgemeines Verwaltungsrecht, Teil 1, 3. Aufl., Köln 1983

Schmalz, Dieter / *Hofmann*, Harald: Allgemeines Verwaltungsrecht, Teil 1, 5. Aufl., Köln u.a. 1991

Schmidhäuser, Eberhard: Notwehr und Nothilfe des Polizeibeamten aus strafrechtlicher Sicht, in: *Merten*, Detlef, Aktuelle Probleme des Polizeirechts, 1977, S. 53

Schmidt, Johann: Die Amtshilfe nach dem Verwaltungsverfahrensgesetz, in: Festschrift für den Richard Boorberg Verlag, Stuttgart – München – Hannover 1977, S. 141

Schmidt, Walter: Staats- und Verwaltungsrecht, 2. Aufl., Neuwied – Kriftel – Berlin 1994

Schmidt-Aßmann, Eberhard: Kommunalrecht, in: *v. Münch*, Ingo / *Schmidt-Aßmann*, Eberhard (Hrsg.), Besonderes Verwaltungsrecht, 9. Aufl., Berlin – New York 1992, S. 1 ff.

Schmidt-Bleibtreu, Bruno: Staatshaftungsgesetz, Kommentar, Neuwied – Darmstadt 1981

Schmidt-Bleibtreu, Bruno / *Klein*, Franz: Kommentar zum Grundgesetz, 7. Auflage, Neuwied – Frankfurt/M. 1990

Schmidt-Jortzig, Edzard: Probleme der kommunalen Fremdverwaltung, DÖV 1981, 393

— Kommunalrecht, Berlin – Köln – Mainz 1982

Schmitt Glaeser, Walter: Verwaltungsprozeßrecht, 12. Aufl., Stuttgart – München – Hannover – Berlin 1993

Schmitz-Peiffer, Ulrich: Ansprüche auf Erstattung von Rentenzahlungen, NJW 1960, 134

— Öffentlich-rechtliche Hinterbliebenenbezüge und Unterhaltsrecht, NJW 1960, 1890

Schneider, Harald: Schadensausgleich bei Beschädigung öffentlicher Straßen durch Kraftfahrzeuge, MDR 1993, 193

Schoch, Friedrich K.: Zuständigkeit der Zivilgerichtsbarkeit in öffentlich-rechtlichen Streitigkeiten kraft Tradition (§ 40 Abs. 2 VwGO), in: System des verwaltungsgerichtlichen Rechtsschutzes, Festschrift für Christian-F. *Menger*, Köln – Berlin – Bonn – München 1985, S. 305

— Folgenbeseitigung und Wiedergutmachung im Öffentlichen Recht, VerwArch. 79 (1988), 1

— Der öffentlichrechtliche Erstattungsanspruch, Jura 1994, 82

— Geschäftsführung ohne Auftrag im Öffentlichen Recht, Jura 1994, 241

Schoenenbroicher, Klaus: Miete: Räumung und Folgenbeseitigung, MDR 1993, 97

Schönke, Adolf / *Schröder*, Horst: Strafgesetzbuch, Kommentar, 24. Aufl., München 1991 (zitiert: *Schönke-Schröder*-Bearbeiter, StGB)

Schröder, Meinhard: Kommunalverfassungsrecht, in: *Achterberg*, Norbert / *Püttner*, Günter (Hrsg.), Besonderes Verwaltungsrecht, Band 2, Heidelberg 1992, S. 3

Schroth, Ulrich: Die berechtigte Geschäftsführung ohne Auftrag als Rechtfertigungsgrund im Strafrecht, JuS 1992, 476

Schubert, Werner: Grenzen der Geschäftsführung ohne Auftrag, NJW 1978, 687

— Der Tatbestand der Geschäftsführung ohne Auftrag, AcP 178 (1978), 425

Schüle, Adolf: Treu und Glauben im deutschen Verwaltungsrecht, VerwArch. 38 (1933), 399

Schuppert, Gunnar F.: Die Einheit der Verwaltung als Rechtsproblem, DÖV 1987, 757

Schwab, Dieter: Einführung in das Zivilrecht, 11. Aufl., Heidelberg 1993

Schwabe, Jürgen: Zur Geltung von Rechtfertigungsgründen des StGB für Hoheitshandeln, NJW 1977, 1902

Schwachheim, Jürgen F.: Zum Gesamtschuldnerausgleich unter mehreren Störern, NVwZ 1988, 225

Schwark, Eberhard: Der Fremdgeschäftsführungswille bei der Geschäftsführung ohne Auftrag, JuS 1984, 321

Schwerdtner, Eberhard: Die Klagebefugnis – eine zu enge Sachurteilsvoraussetzung?, NVwZ 1990, 630

Seeger, Richard / *Wunsch*, Hermann: Kommunalrecht in Baden-Württemberg, 5. Aufl., Stuttgart – München – Hannover 1987

Seewald, Otfried: Kommunalrecht, in: *Steiner*, Udo (Hrsg.), Besonderes Verwaltungsrecht, 4. Aufl., Heidelberg 1992, S. 1

Seibert, Max-J.: Gesamtschuld und Gesamtschuldnerausgleich im Polizei- und Ordnungsrecht, DÖV 1983, 964

— Altlasten in der verwaltungsrechtlichen Rechtsprechung, DVBl. 1992, 664

Seibt: Ersatz von Aufwendungen der Obdachlosenbehörde nach § 72 prPVG durch Minderjährige, ZMR 1956, 187

Seiler, Hans H.: Der Tatbestand der negotiorum gestio im Römischen Recht, Köln – Graz 1968

Selb, Walter: Schadensbegriff und Regreßmethoden, Heidelberg 1963

— Der Regreß des Versicherungs- und Versorgungsträgers über § 683 und § 812 BGB, NJW 1963, 2056

Sieg, Karl: Der Regreß des nachrangig haftenden Schuldners gegen den vorrangig haftenden Schuldner im Sozialversicherungsrecht, in: Festschrift für Fritz *Hauß*, Karlsruhe 1978, S. 335

— Buchbesprechung von *Wollschläger*, Geschäftsführung ohne Auftrag im öffentlichen Recht und Erstattungsanspruch, SGb. 1978, 132

Simons, Lothar: Leistungsstörungen verwaltungsrechtlicher Schuldverhältnisse, Berlin 1967

Soergel, Hans T.: Bürgerliches Gesetzbuch, Kommentar, Band 1 (§§ 1 – 432), 9. Aufl., Stuttgart 1959, Band 1 (§§ 1 – 240), 12. Aufl., Stuttgart – Berlin – Köln – Mainz 1988, Band 3 (§§ 516 – 704), 11. Aufl., Stuttgart – Berlin – Köln – Mainz 1980, Band 4 (§§ 705 – 853), 11. Aufl., Stuttgart – Berlin – Köln – Mainz 1985 (zitiert: *Soergel*-Bearbeiter, BGB)

Spannowsky, Willy: Das Prinzip gerechter Lastenverteilung und die Kostentragungslast des Zustandsstörers, DVBl. 1994, 560.

Starck, Christian: Der Gesetzesbegriff des Grundgesetzes, Baden-Baden 1970

v. Staudinger, Julius: Kommentar zum Bürgerlichen Gesetzbuch mit Einführungsgesetz und Nebengesetzen, Erstes Buch (§§ 90 - 240), 12. Aufl., Berlin 1980, Band 2 (§§ 611 - 704), 11. Aufl., Berlin 1958, Zweites Buch (§§ 652 - 740), 12. Aufl., Berlin 1991 (zitiert: *Staudinger*-Bearbeiter, BGB)

Steckert, Uwe: Zulässigkeit und Kosten polizeilich veranlaßter Abschleppmaßnahmen von verkehrswidrig abgestellten Kraftfahrzeugen, DVBl. 1971, 243

Stelkens, Paul / *Bonk*, Heinz J. / *Sachs*, Michael: Verwaltungsverfahrensgesetz, Kommentar, 4. Aufl., München 1993

Stern, Klaus: Zur Grundlegung einer Lehre des öffentlichrechtlichen Vertrages, VerwArch. 49 (1958), 106

Stettner, Rupert: Grundfragen einer Kompetenzlehre, Berlin 1983

Stober, Rolf: Kommunalrecht, 2. Aufl., Heidelberg 1992

Stoll, Werner: Anmerkung zu BSG, Urt. v. 11.9.1975 – 9 RV 170/74 –, SGb. 1976, 157

Süß, Siegwin: Zur gesetzlichen Verankerung des Selbsteintrittsrechts im Bayerischen Verwaltungsverfahrensgesetz, BayVBl. 1987, 1

Sydow, Fritz: § 34 StGB – kein neues Ermächtigungsgesetz!, JuS 1978, 222

Tiedau, Erwin: Rechtsweg und öffentlich-rechtliche Geschäftsführung ohne Auftrag, DÖV 1952, 164

Tietze, Hans-Christian: Zum Ersatzanspruch der Krankenkasse gegen den Unfallversicherungsträger bei Gewährung von Pflege-Krankengeld gemäß § 185c RVO, Soz.-Vers. 1975, 235

Triepel, Heinrich: Delegation und Mandat im öffentlichen Recht, Stuttgart – Berlin 1942

v. Turegg, Egon / *Kraus*, Erwin: Lehrbuch des Verwaltungsrechts, 4. Aufl., Berlin 1962

Ule, Carl H. / *Laubinger*, Hans-W.: Verwaltungsverfahrensrecht, 3. Aufl., Köln – Berlin – Bonn 1986

Vahle, Jürgen: Vollstreckung und Rechtsschutz im Verwaltungsrecht, 3. Aufl., Essen 1991

Vialon, Friedrich K.: Haushaltsrecht, 2. Aufl., Berlin – Frankfurt/M. 1959

Vietmeier, Hans: Die Rechtsnatur der Pflichtaufgaben zur Erfüllung nach Weisung in Nordrhein-Westfalen, DVBl. 1992, 413

— Die staatlichen Aufgaben der Kommunen und ihrer Organe: Auftragsverwaltung und Organleihe in Nordrhein-Westfalen, Berlin u.a. 1992

Völker, Heinrich: Der Selbsteintritt der übergeordneten Behörde, Diss., Tübingen 1970

Waechter, Kay: Bundesverfassungsrechtliche Finanzansprüche von Kommunen bei Auferlegung neuer Selbstverwaltungsaufgaben durch Bundesgesetz, VerwArch. 1994, 208

Wagner, Heinz: Kommentar zum Polizeigesetz von Nordrhein-Westfalen und zum Musterentwurf eines einheitlichen Polizeigesetzes des Bundes und der Länder (Reihe Alternativkommentare), Neuwied – Darmstadt 1987

Wallerath, Max: Das System der öffentlich-rechtlichen Erstattungsansprüche, DÖV 1972, 221

Weber, Eckart: Der Erstattungsanspruch, Berlin 1970

Weber, Hermann: Beitragsrückgewähr nach irrtümlich angenommener Mitgliedschaft in Zwangsverbänden – OVG Hamburg, MDR 1968, 1036, in: JuS 1970, 169

— Der öffentlichrechtliche Erstattungsanspruch, JuS 1986, 29

Weber, Werner: Staats- und Selbstverwaltung in der Gegenwart, 2. Aufl., Göttingen 1967

Weimar, Wilhelm: Die Geschäftsführung ohne Auftrag im öffentlichen Recht, SKV 1957, 81

— Kann Geschäftsführung ohne Auftrag in Ausübung von Hoheitsgewalt erfolgen?, RiA 1964, 19

— Bestehen Schadenersatzansprüche bei Handeln aus sittlicher Verpflichtung?, VP 1966, 174

— Erstattungsansprüche bei Abwehr drohender Gefahr, VP 1966, 56

— Rechtsfragen zur Geschäftsführung ohne Auftrag, MDR 1982, 456

Weißhaar, Erwin: Allgemeines Kommunalrecht in Niedersachsen, 3. Aufl., Herford 1989

Wendt, Rudolf: Die Einheit der Verwaltung als Rechtsproblem, NWVBL 1987, 33

Wilhelm, Bernhard: Kein Selbsteintrittsrecht der übergeordneten Behörde, BayVBl. 1964, 277

Wöhrle, Günter / *Belz*, Reiner: Polizeigesetz für Baden-Württemberg, 3. Aufl., Stuttgart – München – Hannover 1982

Wolf, Manfred: Die aufgedrängte Bereicherung, JZ 1966, 467

Wolff, Hans J.: Verwaltungsrecht I, 7. Aufl., München 1968, 8. Aufl., München 1971

Wolff, Hans J. / *Bachof*, Otto: Verwaltungsrecht I, 9. Aufl., München 1974

— Verwaltungsrecht III, 4. Aufl., München 1978

Wolff, Hans J. / *Bachof*, Otto / *Stober*, Rolf: Verwaltungsrecht II, 5. Aufl., München 1987

Wolff, Wilfried: Allgemeines Verwaltungsrecht, 2. Aufl., Baden-Baden 1991

Wollschläger, Christian: Die Geschäftsführung ohne Auftrag, Berlin 1976

— Geschäftsführung ohne Auftrag im öffentlichen Recht und Erstattungsanspruch, Berlin 1977

Würtenberger, Thomas: Erstattung von Polizeikosten, NVwZ 1983, 192

— Polizei- und Ordnungsrecht, in: *Achterberg*, Norbert / *Püttner*, Günter (Hrsg.), Besonderes Verwaltungsrecht, Band 2, Heidelberg 1992, S. 329

Zimmermann, Reinhard: Der Selbstmord als Gefährdungssachverhalt, FamRZ 26 (1979), 103

Zinn, Georg A. / *Stein*, Erwin / (Hrsg.): Die Verfassung des Landes Hessen, Kommentar (Loseblatt), Bad Homberg – Berlin 1963 ff., Stand: April 1991

Zitelmann, Ernst: Ausschluß der Widerrechtlichkeit, AcP 99 (1906), 1

Zuhorn, Karl: Reform oder Kopie?, DÖV 1949, 49

FSC
www.fsc.org
MIX
Papier | Fördert
gute Waldnutzung
FSC® C083411

Kolibri 360 GmbH
Ferdinand-Jühlke-Straße 7
99095 Erfurt, Deutschland
produktsicherheit@kolibri360.de

Druck:
CPI Druckdienstleistungen GmbH
im Auftrag der
Kolibri 360 GmbH
Ferdinand-Jühlke-Str. 7
99095 Erfurt